中国传统文化研究

（第三辑）

主　　编　刘怀荣

副 主 编　韦春喜　熊　明

编　　辑　丁　涵　马　芳　柳卓霞　黄湘金　鞠　岩

中国海洋大学出版社

·青岛·

图书在版编目(CIP)数据

中国传统文化研究. 第三辑 / 刘怀荣主编. 一青
岛:中国海洋大学出版社,2021.8
ISBN 978-7-5670-2748-0

Ⅰ.①中… Ⅱ.①刘… Ⅲ.①中华文化-研究 Ⅳ.
①K203

中国版本图书馆 CIP 数据核字(2021)第 012409 号

出版发行	中国海洋大学出版社			
社 址	青岛市香港东路 23 号		邮政编码	266071
出 版 人	杨立敏			
网 址	http://pub.ouc.edu.cn			
电子信箱	cbsebs@ouc.edu.cn			
订购电话	0532—82032573(传真)			
责任编辑	孙宇菲		电 话	0532—85902469
印 制	青岛国彩印刷股份有限公司			
版 次	2021 年 8 月第 1 版			
印 次	2021 年 8 月第 1 次印刷			
成品尺寸	185 mm×260 mm			
印 张	14.25			
字 数	330 千			
印 数	1—1100			
定 价	78.00 元			

发现印装质量问题,请致电 0532—58700168,由印刷厂负责调换。

中国传统文化研究

目　录

诗文研究

民俗文化研究

文本与图像研究

经学研究

小说戏曲研究

海外中国文化研究

思想史研究

医疗与文学研究

硕博论坛

特设专栏

诗文研究

《三国志》注译发微

赵伯陶 *

摘　要：《三国志》是一部著名的纪传体断代史书，历代注家众多，近四十年对这部史书的白话翻译也屡有问世。就文本细读而论，目前的有关注本、译本，无论选本、全本，尚不能完全尽如人意。若从相关书证缺位以及制度、名物、地名乃至译文的准确性等四个方面略作梳理，就可以发现诸多问题，至今可能尚未得到尽善尽美的解决。而发现这一问题的存在并提出商榷意见，将有利于学界对这部史书的进一步研讨。

关键词：《三国志》；注释；翻译；献疑

在被传统视为"正史"的二十四史中，陈寿所撰《三国志》荣列"前四史"之列。历代研究《三国志》及其裴松之注的学者众多，至清代达到高峰，校注《三国志》较有名者如杭世骏、沈钦韩、赵一清、梁章钜、潘眉、卢文弨、康发祥、李慈铭等，皆有专书问世。民国间学者卢弼汇集历代学者对《三国志》正文和裴注所作的注释、版本校勘和考证，并时出己见，编纂成《三国志集解》，为后人提供了极大方便，对于《三国志》的研究与整理功莫大焉！20世纪50年代末，中华书局出版陈乃乾校点本《三国志》，属于二十四史整理本之一，甫出版即受到学界肯定。本文引用括注"底××（页码）"。

80年代以后，有关《三国志》的研究与整理工作都取得了长足的进展。文史大家缪钺从60年代初就致力于《三国志选》的编写，他将普及与研究相结合，成果斐然。1984年，中华书局出版缪钺主编《三国志选注》三册，就是他与四川大学魏晋南北朝史研究室马德真、朱大有、杨耀坤三位学者共同努力的结果。其注释原则为"博采通人，间下己意"，对于有关裴注也酌加注释。筚路蓝缕，以启山林，缪先生所主编的《三国志》选注本的学术意义至今仍有较高的认识价值。本文引用括注"缪××（页码）"

田余庆、吴树平主编《三国志今译》，1991年由中州古籍出版社与〔新西兰〕霍兰德出版公司联合出版，583千字。是书为《三国志》较早的全译本，尽管翻译工作由十数位学者分担完成，水平略有参差，但由著名魏晋南北朝研究专家主其事，学术质量大有保证，对于三国历史的普及功不可没。本文引用括注"田××（页码）"。

《三国志》的全注全译本，较早者为苏渊雷主编《三国志今注今译》，1992年由湖南师范大学出版社出版，分为上、中、下三册，2530千字。据其《后记》云："本书的注译从一开始就得到德高望重的老前辈缪钺先生、张舜徽先生、苏渊雷先生热情支持和指导，欣然应允担任本书的顾问和主编，并亲笔题辞、题签、作序。"是书的注释与翻译也由十数位学者分担完成。本文引用括注"苏××（页码）"。

1995年，陕西人民出版社曾出版方北辰《三国志注译》，2008年，陕西出版集团、陕西

　*　赵伯陶，中国艺术研究院《文艺研究》编辑部编审，主要从事中国传统文化与明清文学研究。

人民出版社另出版方北辰《三国志全本今译注》,2011 年再版,共三分册,2500 千字。方北辰是缪钺高第,专治三国史有年。是书成于一人之手,无论注释或译文,皆有后人可借鉴之处。本文引用括注"方××(页码)"。

除上揭两部全注全译本《三国志》以外,有关《三国志》选注译的图书,坊间还有不少,这里就不备举了。

本文拟以中华书局 1982 年所出陈乃乾校点本《三国志》第二版为底本,针对上述注译本中存在的一些疑问,提出商榷意见以就正于读者。

一、《三国志》注译中的书证问题

《三国志》中的记述文字与引用诏令、奏表等,有时融用典籍中语词挥洒自如且浑然一体,有踏雪无痕之妙。为《三国志》作注,不明其书证,就会茫然不解,释义郢书燕说既已无奈,如果南辕北辙就更匪夷所思了。

卷一《武帝纪》:"初,公举种孝廉。兖州叛,公曰:'唯魏种且不弃孤也。'及闻种走,公怒曰:'种不南走越、北走胡,不置汝也!'既下射犬,生禽种,公曰:'唯其才也!'释其缚而用之。"(底 17)魏种为曹操所举荐并被赏识,后一度背叛曹操,被擒拿后不仅没有被杀,反而当上河内太守,曹操将黄河以北的管理全权托付与他。注家对于"唯其才也"四字一概无注,实则四字确有出典,语本《左传·襄公二十三年》:"何长之有?唯其才也。"[1]这是鲁国臣子关于家世继承问题的一段争论语,曹操套用此语,有对自己先前所发誓言自我解嘲的用意,同时反映出他当时亟须用人的无奈心理。历史上的曹操是否真说过类似的话,已无从知晓,但陈寿用此四字刻画曹操的复杂心态,确属神来之笔,凸显了撰写者的良史之才。

如果说"唯其才也"四字不注出处尚无关宏旨的话,那么《武帝纪》中所录《册魏公九锡文》中汉献帝所谓"率土之民,朕无获焉"(底 37)的"无获"二字就必须找出书证方能确切释义。何谓"无获"?意谓不能获得民心。获,即"获民",谓获得民心。语出《左传·昭公三年》:"其爱之如父母,而归之如流水,欲无获民,将焉辟之?"[2]汉焦赣《易林》卷四《萃之姤》:"种一得十,日益有息,仁政获民,四国亲睦。"[3]"获民"与"仁政"的联系可证。但如果不明"无获"两字的出处,望文生义,就有可能产生误解。以笔者所见《三国志》各种注本,似都没有瞩目"无获"两字的确切诠释。或译为:"整个国土上的人民,我都无权管理。"(田 22)或译为:"整个国土上的人民,朕无权管理。"(苏 101)或译为:"各个地方的民众,我也无权统治。"(方 102)这些今译大同小异,递相因袭的成分似很大,都没有把握住"无获"的正确释义,有以讹传讹之嫌。上述八字,若译为"我不能获得境域之内百姓的民心",是否更符合文本原意呢?

上揭《册魏公九锡文》是尚书左丞潘勖的手笔(见《文选》卷三五,文字略有不同),并非出于陈寿,文中有多处涉及《左传》的文字。如"乃诱天衷"(底 37)四字,意即于是感动

---

①　杨伯峻编著《春秋左传注》,中华书局 1981 年版,第 1081 页。

②　杨伯峻编著《春秋左传注》,中华书局 1981 年版,第 1236 页。

③　(汉)焦赣《易林》卷四,《景印文渊阁四库全书·子部·术数类一》,台北商务印书馆 1986 年版,第 808 册,第 388 页。

天的善意,语出《左传·僖公二十八年》:"(君臣)不协之故,用昭乞盟于尔大神,以诱天衷。"①诱,是感动的意思。注家不注出处,于理解文义似无大碍。然而下文又有"大启南阳,世作盟主"(底 38),意谓曹操应当享有如同春秋时晋文公类似的待遇。语出《左传·僖公二十五年》:"戊午,晋侯朝王,王飨醴,命之宥。请隧,弗许,曰:'王章也。未有代德而有二王,亦叔父之所恶也。'与之阳樊、温、原、攢茅之田。晋于是始启南阳。"②大意是:晋文公朝见周襄王,周天子用甜酒招待,又加币帛以助欢。晋文公请求死后能用天子的隧道式葬礼,周襄王加以婉拒说:"这属于天子的典章,无取代周王室的德行而出现两位天子,这也是您所厌恶的。"作为一种补偿,周襄王就赐予晋文公阳樊、温、原、攢茅的土地。晋国从此开始拓展南阳的疆土。南阳,其地位于太行山以南、黄河之北,故晋国谓之南阳。"大启南阳"的《左传》书证,婉转地表明汉献帝与曹操仍为君臣的关系,两部全注全译本概付阙如;出版于两者之前的缪钺主编《三国志选注》反而注明其书证(缪 88),却又未详其本事之前后情势,读者显然仍难以理解这四字的微妙之处。

　　卷七《臧洪传》传后总评有评吕布语云:"轻狡反覆,唯利是视。"(底 237)"唯利是视",意同"唯利是求"或"唯利是图",即行事皆以利为着眼点,谓一心只顾谋取利益,语出《左传·成公十三年》:"余虽与晋出入,余唯利是视。"③卷一九《曹植传》:"以小子志,保家之主也,欲立之。"(底 576)"保家之主",谓可保住家族或家业者,语出《左传·襄公二十七年》:"印段赋《蟋蟀》。赵孟曰:'善哉,保家之主也!吾有望矣。'"④陈寿撰史,追求典雅,行文多用《左传》中语词,注家不指明书证,未免降低了《三国志》的文学性。

　　《三国志》运用前人典籍语词,有一些书证若不揭出,就极易产生误解。卷二八《钟会传》言钟会征伐蜀汉时发布文告晓示蜀地百姓有云:"太祖拯而济之,与隆大好。中更背违,弃同即异。"(底 788)何谓"弃同即异"? 意即抛弃同姓同族而亲近异姓异族,语出《左传·襄公二十九年》:"吉也闻之,弃同即异,是谓离德。"杨伯峻注:"此言弃同姓之国,而亲近异姓之国。"⑤曹操挟天子以令诸侯,俨然是汉室的代表,所以钟会在这里以刘备背弃曹操即为背弃刘姓汉室。"弃同即异",或译为:"但刘备却在中间再次背离太祖,背弃同一志向的友人去另立异端。"(田 543)或注为:"此指刘备参与谋刺曹操之事被发觉后,逃离曹操投奔袁绍。"(苏 1589)或不出注,译文云:"后来他(指刘备)背叛太祖,抛弃共同的目标另走不同的道路。"(方 1580)可见注或译若不联系有关书证,就极易望文生义,曲解原文。

　　卷四七《吴主传》:"忠谠之言,不能极陈,求容小臣,数以利闻。"(底 1133)这是陆逊上孙权书中语。何谓"求容"? 这须有书证的支撑方能准确释义,两字谓取悦于人,语出《左传·定公九年》:"夫阳虎有宠于季氏,而将杀季孙,以不利鲁国,而求容焉。"杨伯峻注:"求容谓博取喜悦。"⑥"求容"或注为:"只求容身苟免。"(缪 826)至于"求容小臣,数以利

---

① 杨伯峻编著《春秋左传注》,中华书局 1981 年版,第 469 页。
② 杨伯峻编著《春秋左传注》,中华书局 1981 年版,第 433 页。
③ 杨伯峻编著《春秋左传注》,中华书局 1981 年版,第 865 页。
④ 杨伯峻编著《春秋左传注》,中华书局 1981 年版,第 1135 页。
⑤ 杨伯峻编著《春秋左传注》,中华书局 1981 年版,第 1158 页。
⑥ 杨伯峻编著《春秋左传注》,中华书局 1981 年版,第 1573 页。

闻"两句,或译为:"只求容身苟免的小人,才屡次以功利的主张向您进谏。"(田782)或译为:"谄媚求容的小人,多次听说他们得逞。"(苏2396)或译为:"请让您身边的侍从小臣们,常常把有利的建议报告给您知道。"(方2278)三种译文都似是而非,不得要领。如果译为:"卑微的小吏为博取主上喜悦,不断讲中听的话给主上听。"堪称虽不中,亦不远矣!

卷三六《关羽传》:"先主于乡里合徒众,而羽与张飞为之御侮。"(底939)何谓"御侮"?即武臣,语出《诗经·大雅·緜》:"予曰有御侮。"毛传:"武臣折冲曰御侮。"唐孔颖达疏:"御侮者,有武力之臣,能折止敌人之冲突者,是能扞御侵侮,故曰御侮也。"①如果注"御侮"为"抵御侵侮"(苏1924)或"抵御外来的欺侮"(方1854),就不准确了。当然这也不能一概而论,卷三二《先主传》载录群臣劝刘备进位汉中王的奏表有云:"操外吞天下,内残群寮,朝廷有萧墙之危,而御侮未建。"(底885)这里的"御侮未建",意即汉室宗亲还没有同心协力地抗击曹操。御侮,即抵御外侮,语出《诗经·小雅·常棣》:"兄弟阋于墙,外御其务。"②"务",通侮。两句谓兄弟相争于内,却能一致抵御外来的欺侮。

卷三六《张飞传》中刘备册封张飞为西乡侯的文书有云:"故特显命,高墉进爵。"(底944)若不明书证,"高墉进爵"就极易郢书燕说。或注云:"高筑城墙,代指设置府邸。"(苏1932)或注云:"高墉:高墙。古代礼制,天子与诸侯国的都城,城墙高度有差别,天子九仞(八尺为一仞),公侯七仞,伯五仞,子男三仞。侯爵的城墙高度,属诸侯中最高一等,所以这里高墉指侯爵爵位。"(方1861)此两说皆属误解。实则"高墉进爵",意谓在待机歼敌中加封爵位。高墉,即高墙,藏头"射隼",语本《易·系辞下》:"易曰:'公用射隼于高墉之上,获之,无不利。'子曰:隼者禽也;弓矢者器也;射之者人也。君子藏器于身,待时而动,何不利之有?"③后即以"射隼"为待机歼敌之喻。晋陆机《与赵王伦笺荐戴渊》:"盖闻繁弱登御,然后高墉之功显。"④繁弱,即古良弓名。登御,谓举用。《张飞传》有关封侯的文书又有"柔服以德,伐叛以刑"(底944)二句,意谓用德政安抚顺服者,而讨伐叛逆者就是刑罚。语出《左传·宣公十二年》:"伐叛,刑也。柔服,德也。"杨伯峻注:"对已服者用柔德安抚之。"⑤如果不明这两句的出典,注释就会茫无头绪。注家明确书证之必要,可见一斑。

卷一《武帝纪》记述袁绍回应曹操起兵方略之语:"吾南据河,北阻燕、代,兼戎狄之众,南向以争天下,庶可以济乎?"(底26)这一段话语本《史记·陈涉世家》:"赵南据大河,北有燕、代,楚虽胜秦,不敢制赵。若楚不胜秦,必重赵。赵乘秦之弊,可以得志于天下。"⑥曹操则针锋相对地说:"吾任天下之智力,以道御之,无所不可。"(底26)所谓"任天下之智力",谓任用四方人才的才智与勇力,语出《管子》卷二〇《形势解》:"能自去而因天下之智力起,则身逸而福多。"⑦所谓"以道御之",谓用道义驾驭民众。语出汉戴德《大戴

① 阮元校刻《十三经注疏·毛诗正义》,中华书局1980年版,第512页。
② 阮元校刻《十三经注疏·毛诗正义》,中华书局1980年版,第408页。
③ 阮元校刻《十三经注疏·周易正义》,中华书局1980年版,第88页。
④ 严可均校辑《全上古三代秦汉三国六朝文》,中华书局1958年版,第2017页。
⑤ 杨伯峻编著《春秋左传注》,中华书局1981年版,第722页。
⑥ (汉)司马迁撰《史记》,中华书局1959年版,第1955页。
⑦ 国学整理社原辑《诸子集成·管子校正》,中华书局1954年版,第334页。

礼记》卷八《子张问入官》:"欲政之速行也者,莫若以身先之也;欲民之速服也者,莫若以道御之也。"①曹、袁两人私下的谈话,陈寿何从而知? 为凸显两人志向的不同,袭用不同文献中语加以刻画,可洞见陈寿撰写史书的方法之一,并不亚于司马迁的文学描述。如此而论,注家确认相关书证,确实不可或缺。《武帝纪》:"夫刘备,人杰也,今不击,必为后患。"裴松之就此注云:"臣松之以为史之记言,既多润色,故前载所述有非实者矣,后之作者又生意改之,于失实也,不亦弥远乎!"(底 18-19)这一番议论堪称洞见症结。

无论人物对话还是史事书写、议论评说,《三国志》都多方运用乃至化用文献典籍。卷七《臧洪传》:"'知人则哲''唯帝难之',信矣!"(底 237)这是化用《尚书》中语,意谓能准确鉴察人的品行、才能,就是明智,这连尧帝都感到困难。语出《尚书·皋陶谟》:"皋陶曰:'都! 在知人,在安民。'禹曰:'吁! 咸若时,惟帝其难之。知人则哲,能官人。'"②大意是:皋陶说:"啊! 要理解臣下,安定民心。"禹说:"哦! 都像这样,连尧帝都认为困难。能理解臣下就是明智,可以任人唯贤。"底本标点于"知人则哲"二句未加引号,当是百密一疏;注家不加详注,不引书证,更是疏漏。

卷三二《先主传》:"夫济大事必以人为本,今人归吾,吾何忍弃去。"(底 877)刘备的这一番话体现了他的仁政思想,所谓"以人为本",确有出处,语本《管子》卷九《霸言》:"夫霸王之所始也,以人为本。本理则国固,本乱则国危。"③注家如能顾及这一书证,无疑会提高注释的质量。

卷一○《荀彧传》:"公以十分居一之众,画地而守之,扼其喉而不得进,已半年矣。"(底 314)其中"画地而守之",语出《孙子》卷六《虚实篇》:"我不欲战,画地而守之。敌不得与我战者,乖其所之也。"④此五字虽不必加引号,但注家仍以注明其出处为好。

卷一一《田畴传》:"诚行此事,则燕、赵之士将皆蹈东海而死耳,岂忍有从将军者乎!"(底 341)其中"蹈东海而死",语出《史记·鲁仲连邹阳列传》:"彼秦者,弃礼义而上首功之国也,权使其士,虏使其民。彼即肆然而为帝,过而为政于天下,则连有蹈东海而死耳,吾不忍为之民也。"⑤这一书证对于刻画田畴的忠义气节有颊上三毫之妙,注家自以注明为好。

卷二一《王粲传》:"使海内回心,望风而愿治。"(底 598)何谓"愿治"? 即意谓希望得到大治,语出《汉书·礼乐志》:"故汉得天下以来,常欲善治……今临政而愿治七十余岁矣,不如退而更化。"⑥对于"愿治"二字,注家多不予理会,若加白话翻译,或作"愿意接受统治"(方 1182),就属望文生义了。

卷二七《徐邈传》:"然后率以仁义,立学明训,禁厚葬,断淫祀,进善黜恶,风化大行,百姓归心焉。"(底 740)其中"进善黜恶",亦作"进善退恶",谓进用贤善,黜退奸恶。语出

---

① (汉)戴德《大戴礼记》卷八,《景印文渊阁四库全书·经部·礼类三》,台北商务印书馆 1986 年版,第 128 册,第 482 页。

② 阮元校刻《十三经注疏·尚书正义》,中华书局 1980 年版,第 138 页。

③ 国学整理社原辑《诸子集成·管子校正》,中华书局 1954 年版,第 144 页。

④ 国学整理社原辑《诸子集成·孙子十家注》,中华书局 1954 年版,第 92 页。

⑤ (汉)司马迁撰《史记》,中华书局 1959 年版,第 2461 页。

⑥ (汉)班固撰《汉书》,中华书局 1962 年版,第 1032 页。

《汉书·何武传》:"刺史古之方伯,上所委任,一州表率也,职在进善退恶。"①陈寿有意化用《汉书》中语词,以表彰身为凉州刺史的徐邈的善政,明其出处,就能读出其间深长的意味。

卷二八《邓艾传》:"则畏威怀德,望风而从矣。"(底780)所谓"畏威怀德",即畏惧声威,感念德惠,语出《国语》卷八《晋语八》:"民畏其威,而怀其德,莫能勿从。"②诸如此类的相关书证,直接化用古籍成语,注家亦当以注出为好。

卷三二《先主传》:"伏惟大行皇帝迈仁树德,覆焘无疆,昊天不吊,寝疾弥留。"(底891)这是诸葛亮上言后主刘禅的一番话,其中"覆焘",亦作"覆帱",犹覆被。谓施恩,加惠。语本《礼记·中庸》:"辟如天地之无不持载,无不覆帱。"③所谓"昊天不吊",谓苍天不怜悯保佑。语本《诗经·小雅·节南山》:"不吊昊天,不宜空我师。"宋朱熹集传:"吊,愍。"④后因以"昊天不吊"为哀悼死者之辞。注家若不注明其出处,会令读者莫名其妙。

卷三五《诸葛亮传》:"事临垂克,遘疾陨丧。"(底927)这是后主刘禅在诸葛亮去世后所下诏书中语,所谓"遘疾",意谓遭遇恶疾。二字亦有所本,语出《尚书·金縢》:"惟尔元孙某,遘厉虐疾。"汉孔安国传:"遘,工豆反。遇也。"⑤如果注家仅出注"遘:遇上",就忽视了古代帝王诏书讲求典雅风格的追求。

卷五七《虞翻传》:"大王躬行德义。"(底1321)这是吴大臣刘基劝谏孙权不要杀害狂放的虞翻的话。何谓"德义"?注家多以为通常用词,不必注,译文或作"道德仁义"(苏2827),或作"仁德道义"(方2682)。其实"德义"在此处谓赏罚得当,语出《国语》卷二《周语中》:"故圣人之施舍也议之,其喜怒取与也亦议之,是以不主宽惠,亦不主猛毅,主德义而已。"三国吴韦昭注:"赏得其人,罚当其罪,是为德义。"⑥

卷五八《陆逊传》:"以为将军之勋足以长世。"(底1345)这是陆逊替代患病的吕蒙后写给关羽的信中语,具有用恭维话语以迷惑对方的用意。所谓"长(zhǎng)世",并非"永垂于世"(苏2881)或"长留世间"(方2728)的意思,也不是"与世长存"(田945)的意思,而是"称雄于世"的意思,语出三国魏刘劭《人物志·英雄》:"英可以为相,雄可以为将。若一人之身,兼有英雄,则能长世,高祖、项羽是也。"⑦书证对于确切注释的必要性,显而易见。

卷六四《诸葛恪传》:"且民恶其上,动见瞻观,何时易哉?"(底1434)这是诸葛恪在孙权去世后写给他弟弟诸葛融信中的一段话,所谓"动见瞻观,何时易哉",两句意谓动不动就有人瞻望关注,自身难得自由,这种状况不知何时得以改变。语出魏曹丕《与吴质书》:"以犬羊之质,服虎豹之文;无众星之明,假日月之光,动见瞻观,何时易乎?"⑧这里诸葛恪

---

① (汉)班固撰《汉书》,中华书局1962年版,第3484页。
② 《国语》,上海古籍出版社1978年版,第448页。
③ 阮元校刻《十三经注疏·礼记正义》,中华书局1980年版,第1634页。
④ (宋)朱熹集注《诗集传》,上海古籍出版社1980年版,第128页。
⑤ 阮元校刻《十三经注疏·尚书正义》,中华书局1980年版,第196页。
⑥ 《国语》,上海古籍出版社1978年版,第79～80页。
⑦ (汉)刘劭撰《人物志》卷中,《景印文渊阁四库全书·子部·杂家类》,台北商务印书馆1986年版,第848册,第775页。
⑧ 严可均校辑《全上古三代秦汉三国六朝文》,中华书局1958年版,第1089页。

有意或无意间袭用曹丕代汉称帝之前二年所撰《与吴质书》的成句,其心高气傲可见一斑。这一书证涉及诸葛恪的野心已萌的问题,不可忽视。"圣人急于趋时,诚谓今日。"（底1436）这是诸葛恪欲出兵北伐向朝中群臣自我辩解的话语,所谓"圣人急于趋时",意谓品德最高尚、智慧最高超的人必须努力去适应当时的具体形势、环境与条件。语出汉王符《潜夫论·救边》:"《周书》曰:'凡彼圣人必趋时。'是故战守之策,不可不早定也。"①《三国志》注家当揭示这一书证,否则难以理清其间的逻辑关联,其重要性不言而喻。

二、《三国志》注译有关制度、名物的问题

《三国志》中有关制度、名物的注译也不能掉以轻心,否则就会出差错。因而注意广泛寻求古文献中相关线索的蛛丝马迹,也是精准注译《三国志》的一门功课。

卷六《袁绍传》有一段关于袁尚、曹操邺城攻守战的精彩描写:"配将冯礼开突门,内太祖兵三百余人,配觉之,从城上以大石击突中栅门,栅门闭,入者皆没。"（底202）何谓"突门"? 有两种注本即以"邺城门之一"（缪184、苏369）为释,另一种全注本则注云:"在城墙大门外再修一个突出的部分,称为城突;城突的大门称突门。突门可以加强内城门的保护,与内城门构成后世所称的瓮城。"（方379）这是以后世城防瓮城的修建想象东汉的城门建制。其实只要考证一下《后汉书·袁绍传》,问题即可迎刃而解。《后汉书·袁绍传下》"开突门内操兵三百余人",唐李贤等注:"《墨子·备突篇》曰'城百步,一突门,突门用车两轮,以木束之涂其上,维置突门内。度门广狭之,令人入门四尺,中置窒突,门旁为橐,充灶状,又置艾。寇即入,下轮而塞之,鼓橐熏之'也。"②至于"突中栅门",就是突门中所设置的栅栏门。

卷一二《崔琰传》:"年二十三,乡移为正,始感激,读《论语》《韩诗》。"（底367）所谓"乡移为正"虽仅四字,却内容丰富,今人作注,不宜简单从事,并应当略事考证。"乡移为正",即谓乡中发移文,令崔琰至京师为国家服一年徭役。移,即移文,指行于不相统属的官署间的公文。正,即正卒,汉代徭役名目之一。男子二十三岁至五十六岁,都须服役。每人每年在本郡或本县服役一个月,称为更卒。每人按一定次序轮流到京师服役一年,称为正卒。《汉书·食货志上》"又加月为更卒,已复为正",唐颜师古注:"更卒,谓给郡县一月而更者也;正卒,谓给中都官者也。"③或谓"乡移",语出《礼记·王制》:"命乡简不帅教者以告。耆老皆朝于庠,元日习射上功,习乡上齿,大司徒帅国之俊士与执事焉。不变,命国之右乡简不帅教者移之左,命国之左乡简不帅教者移之右,如初礼。不变,移之郊,如初礼。不变,移之遂,如初礼。不变,屏之远方,终身不齿。"④若遵从此解,"乡移为正"可释为:乡中不遵循教诲者经过转移乡学而习礼,屡次不合格就要为国家去服徭役。下文"感激",谓感奋激发。汉代能说一经者为儒生（见东汉王充《论衡·超奇篇》）,可以免除徭役。《后汉书》卷七六《循吏列传》:"又造立校官,自掾史子孙,皆令诣学受业,复其

① （清）汪继培笺《潜夫论笺》卷五,中华书局1979年版,第268页。
② （南朝宋）范晔撰《后汉书》,中华书局1965年版,第2417页。
③ （汉）班固撰《汉书》,中华书局1962年版,第1138页。
④ 阮元校刻《十三经注疏·礼记正义》,中华书局1980年版,第1342页。

徭役。章句既通。悉显拔荣进之。郡遂有儒雅之士。"①复,谓免除徭役或赋税。这正是崔琰一心向学的动力所在。

卷三五《诸葛亮传》:"推演兵法,作八陈图,咸得其要云。"(底 927)何谓"八陈图"? 即一般所称之八阵图,何以只辉煌于三国之际,后世失传? 如果注释文能联系马具文化中金属马镫出现的时代因素,也许问题就迎刃而解了。据出土文物显示,金属马镫出现于西晋以后,八阵图当系晋代以前在平原作战,步兵专门对付成队建制的骑兵猛烈冲击的一种阵法。三国时代,骑兵在平原作战的攻击力主要体现在群体快捷迅猛的冲击力上,大队的骑兵一旦丧失速度,则易为步兵集团所困,转优势为劣势。八阵图以迎战一方步兵排阵的迅速变化为要领,具有"导向"性地有效分割对方骑兵的攻击队形为八段,分而击之,属于巧妙阻尼骑兵攻击以速度制胜的有效战术。西晋以后,金属双马镫出现,骑兵双脚有了支点,其单兵回旋自如的作战能力大幅提高,这也是晋以后八阵图战术逐渐失传的原因。《晋书·桓温传》:"初,诸葛亮造八阵图于鱼腹平沙之下,垒石为八行,行相去二丈。温见之,谓'此常山蛇势也'。文武皆莫能识之。"②《魏书·高闾传》:"采诸葛亮八阵之法,为平地御寇之方,使其解兵革之宜,识旌旗之节。"③此时八阵图或许已演变为步兵变换队形训练的方法,而非专门对付骑兵集团的战术了。关于八阵图战术的演示遗址,据《水经注》《太平寰宇记》《明一统志》等文献记述有三处:陕西勉县东南诸葛亮墓东、重庆原奉节县南江边、四川新都北三十里牟弥镇。

今人的相关论文与论著等也为《三国志》的注释提供了有价值的借鉴因子。卷三二《先主传》:"乃顾遗诏,事惟大宗,动容损益……"(底 891)所谓"事惟大宗"的"大宗",20世纪的注释普遍认为指代太子刘禅,因为据周代的宗法,以始祖的嫡长子为大宗,其余为小宗。实则刘备遗诏若将从简办理后事如此托付于太子刘禅,极不合情理,这等于令自己的继承人陷于不孝的境地。方北辰认为"大宗"即"太宗",为西汉孝文帝刘恒的庙号(方 1751)。如此解释符合逻辑,甚是。据《史记·孝文本纪》,汉文帝临终遗诏有云:"其令天下吏民,令到出临三日,皆释服。毋禁取妇嫁女祠祀饮酒食肉者。"④实际上,刘备的丧事也是照此原则办理的。

卷三五《诸葛亮传》:"若嗣子可辅,辅之;如其不才,君可自取。"(底 918)所谓"自取",注家一般不出注,若有译文,则作"您可以自己取而代之"(田 629)或"您可以自己取代他"(苏 1914),而这恰与三国时期蜀汉所持"汉贼不两立"的正统意识相违背。方北辰《刘备遗嘱"君自可取"句辨释》(载《魏晋南北朝史研究》,湖北人民出版社 1996 年版)、《刘备遗嘱再考察》(载《成都大学学报》2008 年第 6 期)对"自取"二字重加认识,所以其全注译本译为:"您可以自行选取处置办法。"(方 1843)意即可以废黜刘禅另立皇子为君。显然,这一解释较刘备欲请诸葛亮自立为帝的说法更合乎情理与史实。

卷四七《吴主传》:"故立坛杀牲,昭告神明,再歃加书,副之天府。"(底 1135)何谓"再歃加书"? 杨伯峻《春秋左传注》于《春秋·隐公元年》"三月,公及邾仪父盟于蔑"注"盟

① (南朝宋)范晔撰《后汉书》,中华书局 1965 年版,第 2463 页。
② (唐)房玄龄等撰《晋书》,中华书局 1974 年版,第 2569 页。
③ (北齐)魏收撰《魏书》,中华书局 1974 年版,第 1201 页。
④ (汉)司马迁撰《史记》,中华书局 1959 年版,第 434 页。

法"云："先凿地为坎（穴、洞），以牛、羊或马为牲，杀于其上，割牲左耳，以盘盛之，取其血，以敦（音对，容器）盛之。读盟约（古谓之载书，亦省称载或书）以告神，然后参加盟会者一一微饮血，古人谓之歃血。歃血毕，加盟约正本于牲上埋之，副本则与盟者各持归藏之。《文物》一九七二年第四期有《侯马东周盟誓遗址》一文，可参阅。①歃，即"歃血"。古代盟会中的一种仪式。盟约宣读后，参加者用口微吸所杀牲之血，以示诚意。一说，以指蘸血，涂于口旁。借鉴杨伯峻《春秋左传注》的注文成果诠释"加书"，简明扼要。或译"再歃加书"为"再歃血盟誓，订立盟约"（苏 2398），显然误会了"加书"；至于翻译为"双方歃血之后在盟誓文书上签字"（方 2280），就未免现代化之嫌了，况且在竹简或木牍上签字，由谁来签？意义何在？反而是较早的全译本译为"再歃血把盟书放在牲口上"（田 784），就极其准确。

注译《三国志》，注意刊物载体或图书载体资源，将有助于名物诠释的准确性。

卷五四《周瑜传》："权拜瑜偏将军，领南郡太守。以下隽、汉昌、刘阳、州陵为奉邑。"（底 1264）何谓"奉邑"，与"食邑"是否同义？或注云："奉邑则是将某县的租税归某人享用。"（缪 890）或注云："将某地的租税划归某人享用，即称该地为某人的奉邑。"（苏 2656）或不出注。然而奉邑并非一般意义上的食邑，而涉及东吴政权的奉邑制度，即以收取赋税作为俸禄以及所领兵众军需的封地。奉，通"俸"。三国吴所实行的奉邑制与其领兵制密切相关，奉邑即给予相关将领取得征赋以供应其领兵军需的资源。可参见刘汉东《东吴领兵、复客、奉邑三制关系之研究》（载《许昌师专学报》1994 年第 1 期），此不赘言。

《周瑜传》："故将军周瑜、程普，其有人客，皆不得问。"（底 1264）何谓"人客"？或注云："这里指重要领兵将领占有的依附人口。其地位接近奴隶。"（方 2526）似未讲清楚。所谓"人客"，即指三国吴所实行复客制下的佃农。这些"人客"不再担负政府的赋税与徭役，其所缴田赋除供给领主家庭消费外，还是三国吴领兵制下的相关将领在世时，所需军饷的来源之一。据胡宝国《对复客制与世袭领兵制的再探讨》（载《中国史研究》1991 年第 4 期），复客制主要针对江北出身的东吴战功卓著的将领实行，以补偿其家族经济尚未充分发展的不足。

卷二九《华佗传》："佗与四物女宛丸，十日即除。"（底 800）何谓"四物女宛丸"？或注云："一种复制的丸药名。女宛丸：卢弼《三国志集解》注释说有人认为宛丸是紫菀，中医学上以根制成药，有化痰止咳之功效。女：小。"（苏 1635）或注云："华佗所制药丸名称。女宛是治疗虚弱腹泻的药物，又名白宛、女腹。以女宛为主，再配以其他四种药物制成这种药丸。故名。"（方 1591-1592）两注皆语焉不详。另据何凌霞《"四物女宛丸"当作"四物女葳丸"》（载《中医药文化》2012 年第 6 期）一文，"四物女宛丸"当作"四物女葳丸"，盖女宛功效为温肺化痰、镇咳平喘，女葳功效方为祛风除湿、止下消食，与小男所患对症。此丸为华佗创制，当由以女葳为主的四味中药煎制而成。五年以后何凌霞所著《三国志专名研究》对此再作辨析，很有说服力。②

近年考古挖掘的一些出土文物也可以为注释《三国志》提供相关佐证。如卷三二《先

---

① 杨伯峻编著《春秋左传注》，中华书局 1981 年版，第 7 页。
② 何凌霞著《三国志专名研究》，复旦大学出版社 2017 年版，第 185～198 页。

主传》言及提刘备先祖刘贞(前 139—前?):"胜子贞,元狩六年封涿县陆城亭侯。坐酎金失侯,因家焉。"(底 871)何谓"酎金"?即汉代诸侯献给朝廷供祭祀之用的贡金,但其是否具有一定形制,历史记载阙如。西汉元鼎五年(前 112),汉武帝以列侯酎金斤两或成色不足为由,蓄意削夺了一百零六位列侯的爵位,此即西汉历史上著名的"酎金夺爵"事件。2011 年 4 月江西南昌市新建区大塘坪乡观西村对西汉废帝海昏侯刘贺墓进行保护性发掘,出土了成色极纯的金饼 285 枚,每枚重约 250 克,其背面或书"臣贺酎黄金一斤"字样,是为今天所见汉代酎金的实物展示。若将这一考古发现吸纳于注释中,当可提升古籍整理质量。

卷五四《吕蒙传》:"蒙对曰:'今操远在河北,新破诸袁,抚集幽、冀,未暇东顾。徐土守兵,闻不足言,往自可克。'"(底 1278)吕蒙的这一段话在时间上与史实有违,当属于陈寿一时失考。清人早已指出,卢弼《三国志集解》卷五四引何焯曰:"尚、熙之死在建安十二年,鲁肃殁于十年之后,而此方云新破诸袁,抚集幽、冀,不乖错乎!即蒙陈此计在代肃之先,曹公亦不得远在河北。甚矣,作史之难也!"又引周寿昌曰:"操之破袁距此已前十年,何云新破?此时操方驻军居巢,何云远在河北?纵敌国传闻不实,而幽、冀早定,天下皆知,何'抚集'之有?不知陈氏何忽有此误语。"①注释当予以借鉴,并且注明文献依据,不掠美外,也为有兴趣探讨此事的读者提供线索。

卷六四《诸葛恪传》:"命恪行酒,至张昭前,昭先有酒色,不肯饮,曰:'此非养老之礼也。'"(底 1429)何谓"养老之礼"?以笔者所见诸多《三国志》注本皆未出注,实则注出此四字对于理解老年张昭与青年诸葛恪这一段斗口的机趣并非无关紧要。养老礼,并非泛泛而言,而是古代对年高德劭的老者按时饷以酒食而敬礼之的礼节。《后汉书·显宗孝明帝纪》:"冬十月壬子,幸辟雍,初行养老礼。"②而"养老",《礼记·王制》早有记述:"凡养老,有虞氏以燕礼,夏后氏以飨礼,殷人以食礼,周人修而兼用之。五十养于乡,六十养于国,七十养于学,达于诸侯。"③有明于此,再阅读下文诸葛恪所言:"今军旅之事,将军在后,酒食之事,将军在先,何谓不养老也?"(底 1429)读者就会体味到诸葛恪回应张昭话语绵里藏针的犀利了。

《三国志》出现的一些人物,有的仅为过场,昙花一现就再也不见踪影,然而有一些人物并非泛泛之辈,当以注出为宜。如卷一〇《荀彧传》有"布既至,遨乃使刘翊告彧曰"(底 308)一句,刘翊,《后汉书》卷八一《独行列传》有传,他字子相(生卒年不详),颍川颍阴(今河南许昌)人。历官陈留太守。为人仗义疏财,乐于助人。一次在途中因救人困馁而杀牛,后竟一同饿死,的确是一位非同寻常的人士。

《荀彧传》:"昔高祖保关中,光武据河内,皆深根固本以制天下,进足以胜敌,退足以坚守,故虽有困败而终济大业。"(底 309)这是荀彧对曹操讲说军事战略的一番话,即先定兖州,暂不取徐州。荀彧以刘邦保守关中、刘秀占据河内为论据加以推演,显示了荀彧高瞻远瞩的战略思维。注家若不注出其本事,或只出注相关帝王名或地域名,荀彧的高明之处就被湮灭了。所谓"高祖保关中",即汉高祖刘邦用萧何镇守关中,并终于统一天下,

---

① 卢弼著《三国志集解》,中华书局 1982 年版,第 1021 页。

② (南朝宋)范晔撰《后汉书》,中华书局 1965 年版,第 102 页。

③ 阮元校刻《十三经注疏·礼记正义》,中华书局 1980 年版,第 1345 页。

刘邦后又欲以雒阳为都，留侯张良劝刘邦入都关中，刘邦于是定都长安。事见《史记》卷八。所谓"光武据河内"，即汉光武帝刘秀南定河内后曾对寇恂说："河内完富，吾将因是而起。昔高祖留萧何镇关中，吾今委公以河内，坚守转运，给足军粮，率厉士马，防遏它兵，勿令北度而已。"①事见《后汉书·寇恂传》。若如此作注，读者阅至此处就不会有雾里看花之感了。

卷二九《华佗传》"佗偶至主人计"（底800），"计"，当作"许"，底本显系形讹致误，当改正，卢弼《三国志集解》卷二九作"许"。所谓"主人许"在魏晋南北朝时期属于习惯用法，许，犹处所。南朝宋刘义庆《世说新语·文学》："孙安国往殷中军许共论，往反精苦，客主无间。"②

《华佗传》："君病肠臃，欬之所吐，非从肺来也。"（底803）何谓"肠臃"？注家或注云："肠内肿烂的毒疮。"（缪676）或注云："肠肿。"（苏1640）或不加注释，译云："肠子上有肿毒。"（方1628）皆难得要领。所谓"肠臃"，《后汉书·华佗传》作"肠痈"，中医当指阑尾炎。汉张仲景《金匮要略·疮痈肠痈浸淫病脉证并治》："肠痈之为病，其身甲错，腹皮急，按之濡如肿状，腹无积聚，身无热，脉数。此为腹内有痈。"③如此为注，华佗医术的高明就显而易见了。

卷三七《庞统传》："拜统父议郎，迁谏议大夫，诸葛亮亲为之拜。"（底956）所谓"拜"，就是授官的意思。最后一句或译为："诸葛亮亲自为他下拜致敬。"（田651）或译为："诸葛亮见到他也行跪拜大礼。"（方1893）显然错解了"拜"的含义。如果译为："诸葛亮亲自为他授官。"（苏1970）就符合原义了。

卷五七《虞翻传》："乃知东南之美者，非徒会稽之竹箭也。"（底1320）这是孔融覆信虞翻中的赞誉之词。竹箭，即篠，谓细竹。孔融之言语本《尔雅·释地》："东南之美者，有会稽之竹箭焉。"④或注为："竹箭：竹竿做成的箭。会稽郡盛产适于做箭的箭竹，古代很有名。"（方2650）就似是而非了。

在注释中，选词还是选字为注，大有讲究，将成词的词组分开为注，也会造成错讹。

卷一〇《荀彧传》："乃心无不在王室，是将军匡天下之素志也。"（底310）所谓"匡天下"，即"一匡天下"，谓使天下得到匡正。语出《论语·宪问》："管仲相桓公，霸诸侯，一匡天下。"三国魏何晏集解引马融曰："匡，正也。天子微弱，桓公帅诸侯以尊周室，一正天下。"⑤这与荀彧始终企盼曹操匡扶汉室的一贯思维是相符的。注家如果只注"匡：匡正"或"匡：拯救"，不再理会"匡天下"的丰富内涵，未免辜负了荀彧劝导曹操的微言大义。

卷三二《先主传》"今但可然赞其伐蜀"（底880），其中"但可"与"然赞"皆成词，前者犹言"只须"；后者即谓"赞同"。如果单注"但"为"只"，单注"然"为"认为对"，反而令读者费解。

① （南朝宋）范晔撰《后汉书》，中华书局1965年版，第621页。
② 余嘉锡撰《世说新语笺疏》，中华书局1983年版，第219页。
③ （汉）张仲景撰，徐彬注《金匮要略论注》卷一八，《景印文渊阁四库全书·子部·杂家类》，台北商务印书馆1986年版，第734册，第162页。
④ 阮元校刻《十三经注疏·尔雅注疏》，中华书局1980年版，第2615页。
⑤ 阮元校刻《十三经注疏·论语注疏》，中华书局1980年版，第2512页。

卷三五《诸葛亮传》："君受大任,干国之重。"(底 924)所谓"干国",成词,意谓治理国家。《后汉书·史弼传》："议郎何休又讼弼有干国之器,宜登台相。"①注家或只注"干"为"承担",或只注"干"为"支持,担任",就不确切了。

卷五四《周瑜传》："窃惟陛下钦明稽古,隆于兴继。"(底 1266)其中"钦明"成词,意谓敬肃明察,语出《尚书·尧典》："曰若稽古帝尧,曰放勋,钦明文思安安,允恭克让。"孔传引马融曰："威仪表备谓之钦,照临四方谓之明。"②后遂以"钦明"为对君主的颂词。如果仅单注"钦"为"敬",反而令读者不知所云。

卷五八《陆逊传》："乃召逊假黄钺,为大都督。"(底 1348)所谓"假黄钺",成词,魏晋南北朝当位高权重之大臣出征时,往往加以"假黄钺"的称号,即代表皇帝亲征的意思。宋司马光《资治通鉴》卷八〇："命贾充为使持节、假黄钺、大都督,以冠军将军杨济副之。"元胡三省注云："黄钺,天子之器,非人臣所得专用,故曰假。"③如果分注"假"为"授予",再注"黄钺",反而造成意义上的含混不清。

卷六四《诸葛恪传》："愿圣朝稽则《乾》《坤》,怒不极旬。"(底 1442)"乾坤",底本未加书名号,以笔者所见诸多选注本、全注本,也皆未加书名号。或加注云："指天地。"(方 2910)前句或译为："希望圣朝效法天地。"(田 1031)或译为："请求圣朝效法天地。"其实此处"乾坤"乃指《周易》中的《乾》《坤》二卦,当加书名号,两者连用,取其慎始敬终之义。《周易·系辞下》："黄帝、尧、舜垂衣裳而天下治,盖取诸《乾》《坤》。"④《大戴礼记·保傅》："《春秋》之元,《诗》之《关雎》,《礼》之《冠》《昏》,《易》之《乾》《坤》,皆慎始敬终云尔。"⑤如此解释,临淮郡人臧均上表乞求收葬诸葛恪,对大臣须慎始敬终的请求就显豁了;如果释"乾坤"为天地,实在难以自圆其说。

三、《三国志》有关地名的注译问题

《三国志》中涉及的一些地名,因陵谷变迁以及时代的因革因素,古今的变化很大,欲注释精当就有一定难度。史为乐主编《中国历史地名大辞典》,中国社会科学出版社 2005 年出版,全书收录七万余词条,内容包括古国、都邑、各级政区、山川、泽薮、津梁、关隘、城镇、堡寨、交通道路、水利工程及与重大历史事件和人物有关的地名。这部辞书的编写注意吸收最新研究成果,反映最新水平,纠正了以往同类工具书中的许多错讹,无论规模和质量,都达到当代之最。显然,这部工具书对于当今《三国志》的地名注释大有助益。

对于东汉三国时期历史地名的注释,应当注意"点"与"面"的区别,特别在郡名与县名同一的情况下,区以别之就尤为重要了。如"广陵",卷二九《华佗传》："军吏梅平得病,除名还家,家居广陵,未至二百里,止亲人舍。"(底 800)注释此处之"广陵",即当明确为广陵县并详其沿革："秦置,属东海郡,治所今江苏扬州市西北蜀冈上。西汉为广陵国治,东

① (南朝宋)范晔撰《后汉书》,中华书局 1965 年版,第 2112 页。
② 阮元校刻《十三经注疏·尚书正义》,中华书局 1980 年版,第 118~119 页。
③ (宋)司马光撰《资治通鉴》卷八〇,中华书局 1956 年版,第 2558 页。
④ 阮元校刻《十三经注疏·周易正义》,中华书局 1980 年版,第 87 页。
⑤ (汉)戴德撰《大戴礼记》卷三,《景印文渊阁四库全书·经部·礼类三》,台北商务印书馆 1986 年版,第 128 册,第 426 页。

汉为广陵郡治。"否则,若指广陵郡,则是一大片地域,正文"未至二百里"就无意义了。卷四七《吴主传》:"九月,魏文帝出广陵,望大江。"(底1131)此处"广陵",当亦指广陵县。同是《吴主传》:"自庐江、九江、蕲春、广陵户十余万皆东渡江,江西遂虚。"(底1118)此处"广陵"则当指广陵郡,以与庐江、九江、蕲春三郡形成并列关系。广陵郡,东汉建武十八年(42)改广陵国置,辖境相当今江苏扬州、邗江、江都、高邮、宝应、金湖等市县地,治所广陵县(今江苏扬州市西北蜀冈上),东汉末移治射阳县(今江苏宝应东北射阳镇),三国魏移治淮阴县(今江苏淮阴西南甘罗城)。

有时地名的变迁与时代密切相关,注出其沿革损益尤为必要。如卷三二《先主传》中刘备因镇压黄巾军有功授职安喜尉,安喜,东汉末当作安熹,东汉章帝改安险县置,属中山国,治所今河北定州市东南三十里。三国魏改为安喜县。显然陈寿在叙事中采用了该事件发生以后魏国的县名写法。

卷三五《诸葛亮传》:"使赵云、邓芝为疑军,据箕谷。"(底922)"箕谷"何在?或注云:"箕谷:地名。通常认为在今陕西汉中市西北褒城镇北,即褒斜道的南口附近,这是不对的……箕谷的正确位置,应在今陕西太白县附近的褒河谷中。参见郭荣章《石门摩崖刻石研究》中《三国时的褒斜栈道》一文。"(方1819-1820)所云甚是。

《三国志》叙事简要,是其优点,但有时过于疏略,易致混淆,反映于地名称谓,更是如此。如卷二八《邓艾传》"于是留艾屯白水北"(底776),此白水,即今甘肃南部之白龙江。白龙江,一名岷江,嘉陵江的支流,源出甘、川边境岷山北侧,东南流经甘肃舟曲、武都、文县,至今四川广元市入嘉陵江。北魏郦道元《水经注》卷二〇《漾水丹水》:"白水西北出于临洮县西南西倾山,水色白浊,东南流与黑水合。"①而卷二八《钟会传》言蜀将姜维"退趣白水"(底788),此处白水乃指白水县,西汉置,属广汉郡,治所今四川青川县东北沙州镇。三国蜀属梓潼郡。卷三二《先主传》中"璋增先主兵,使击张鲁,又令督白水军"(底881),这里的白水,所指即白水县的白水关,亦名关头,东汉置,属白水县,位于今四川青川县东北沙州镇北。晋常璩《华阳国志》卷二《汉中志》:"白水县有关尉,故州牧(刘)璋将杨怀、高沛守也。"②即可为佐证。

《三国志》中有一些地域名未见著录,或系魏晋时代的习惯称谓。卷三六《张飞传》:"曹公破张鲁,留夏侯渊、张郃守汉川。"(底943)"汉川"何在?注家或不出注,或注云:"县名,属江夏郡,在今湖北省安陆县。"(苏1932)这与汉中堪称风马牛不相及。其实"汉川"即指汉中平原,位于汉中郡沔阳(今陕西勉县)至城固(今属陕西)一带。川,就是平原的意思。

《张飞传》:"部别督诸军下巴西,欲徙其民于汉中,进军宕渠、蒙头、荡石。"(底943)实则"宕渠蒙头荡石"六字不当点断,注家对此多未理会。考"宕渠"与"蒙头荡石"系从属关系,宕渠,即宕渠县,西汉置,属巴郡,治所今四川渠县东北七十四里土溪乡渠江南岸城坝古城。东汉建安末为宕渠郡治。《蜀中广记》卷五四《渠县》云:"汉宕渠县也。石过水为

---

①　王国维校《水经注校》卷二〇,上海人民出版社1984年版,第652页。

②　(晋)常璩撰《华阳国志》卷二,《景印文渊阁四库全书·史部·载记类》,台北商务印书馆1986年版,第463册,第150页。

宕,水所居为渠。蜀汉、晋、隋皆置郡于此。"①蒙头荡石,则为一处,更不当点断,位于今四川渠县东北七里八濛山。今传拓本"汉将军飞率精卒万人大破贼首张郃于八濛立马勒铭"二十二字,汉隶字体,据说即张飞所书,即后世所称"八濛摩崖",又称"桓侯碑"。

有一些地名不宜简注,明其来龙去脉大有必要。如卷四七《吴主传》:"八年春二月,丞相陆逊卒。夏,雷霆犯宫门柱,又击南津大桥楹。"(底1146)"南津大桥"何在? 即建业(今江苏南京市)南城门朱雀门外的浮桥,横跨秦淮河上。三国吴时称南津桥,晋改名朱雀桁,亦称朱雀航。桥为连船而成,长九十步,广六丈。因在台城南,又称"南航"。秦淮河上二十四航,此为最大,又称"大航"。《江南通志》卷三〇:"朱雀航在江宁县,晋置,即吴之南津桥也。桥在宫城朱雀门南,亦谓之南航,又曰大航,以秦淮诸航此为之最也。"②

《三国志》中有一些地名即使精确到县的区划,仍觉粗糙,须据其他文献补注。如卷一《武帝纪》:"公与荀彧书曰:'贼来追吾,虽日行数里,吾策之,到安众,破绣必矣。'"(底15)地名安众,无论选注还是全注本,皆以安众县县名为释,实则此乃谓安众港,位于今河南邓州市东北赵河畔。北魏郦道元《水经注》卷二九《湍水》:"涅水又东南径安众县,竭而为陂,谓之安众港。魏太祖破张绣于是处,与荀彧书曰:绣遏吾归师,迫我死地。盖于二水之间,以为沿涉之艰阻也。"③用《水经注》为证,即可明确出安众港的确切位置。

《武帝纪》:"术退保封丘,遂围之,未合,术走襄邑,追到太寿,决渠水灌城。"(底10)"太寿"何在? 文献未见著录,今人作注多袭用清人说法。卢弼《三国志集解》卷一引赵一清(1709—1764)云:"太寿不见于两《汉志》,大约在宁陵、襄邑之间。"④张舜徽主编《三国志辞典》也大致采用赵一清说法:"太寿:聚落名。大约在宁陵、襄邑之间,即今河南宁陵与睢县之间。"⑤按,太寿或系水渠名,东汉后干涸消失,故其名后世不彰。卷九《夏侯惇传》:"复领陈留、济阴太守,加建武将军,封高安乡侯。时大旱,蝗虫起,惇乃断太寿水作陂,身自负土,率将士劝种稻,民赖其利。"(底268)此与《武帝纪》中"决渠水灌城"一句适相对应。

卷九《夏侯渊传》:"使张郃督步骑五千在前,从陈仓狭道入,渊自督粮在后。"(底271)何谓"陈仓狭道"? 为之作注如果只出注陈仓县"陈仓:县名。在今陕西省宝鸡市东"(苏497),显然没有触及问题的核心,令读者一头雾水。所谓"陈仓狭道",即故道,自陈仓(今陕西宝鸡市东)西南行出散关,沿故道水(今嘉陵江上游)谷道至今凤县,折东南入褒谷,至汉中,长五百余里。

卷九《曹爽传》"发才人五十七人送邺台"(底285),"邺台"何在? 建安十五年(210),曹操为魏王时,在邺起冰井、铜雀、金虎三台,其中以铜雀台最为有名。三台故址位于今河北临漳城西南三台村。注家于"邺台"或不出注,或注为"邺城过去的魏王宫"(方523),

———————————

　　① (明)曹学佺撰《蜀中广记》卷五四,《景印文渊阁四库全书·史部·地理类三》,台北商务印书馆1986年版,第591册,第735页。

　　② (清)黄之隽等编纂《江南通志》卷三〇,《景印文渊阁四库全书·史部·地理类一》,台北商务印书馆1986年版,第508册,第31页。

　　③ 王国维校《水经注校》卷二九,上海人民出版社1984年版,第944页。

　　④ 卢弼著《三国志集解》卷一,中华书局1982年版,第14页。

　　⑤ 张舜徽主编《三国志辞典》,山东教育出版社1992年版,第54页。

当属智者偶疏。

《三国志》中的有关地名，古人作注也会偶有疏失。卷一一《田畴传》："畴乃更上西关，出塞，傍北山，直趣朔方。"（底 340）宋司马光《资治通鉴》卷六〇也有略同的记述："畴乃自选家客二十骑，俱上西关，出塞，傍北山，直趣朔方。"元胡三省注云："西关，即居庸关。北山，即阴山。"[1]今人也多沿袭胡三省的说法，将"北山"或注为："北山：即阴山。"（缪265）或注为："北山：山名。在今内蒙古包头市北。即阴山。"（方 635）或注为："北山：即阴山。在今内蒙古自治区中部。"（苏 626）。实则"北山"当谓今北京市以北的东西走向的燕山山脉，蜿蜒数百里，"傍"作为动词即"沿着"的意思，西关（今居庸关）正位于燕山山脉，从西关出塞，只能沿着燕山山脉西行，与地处今内蒙古的阴山当无关涉。

四、《三国志》翻译中的主语、宾语确定及其他

运用白话翻译《三国志》，除与注释需要相互呼应外，还有一个主语的确定问题。文言中的主语往往省略，转为白话就须明确。

卷三二《先主传》："吴遣将军李异、刘阿等蹑踪先主军，屯驻南山。秋八月，收兵还巫。"（底 890）蜀、吴究竟是哪一方收兵？或译为："秋八月，先主收兵回到巫县。"（缪 610）或译为："秋季的八月，刘备收兵返回巫山。"（苏 1831）蜀昭烈帝章武二年（222），刘备兵败夷陵之战，退入白帝城（今重庆市奉节东），直到去世。巫县在白帝城以东，位于荆州与益州北部的交界地带，吴军追踪刘备的军队，曾驻扎在位于今重庆市奉节县东北的南山，因而收兵还巫县者只能是吴军，谓蜀汉"收兵还巫"就弄错了方位。

卷四四《蒋琬传》："琬以为昔诸葛亮数窥秦川，道险运艰，竟不能克，不若乘水东下。乃多作舟船，欲由汉、沔袭魏兴、上庸。会旧疾连动，未时得行。而众论咸谓如不克捷，还路甚难，非长策也。于是遣尚书令费祎、中监军姜维等喻指。"（底 1058-1059）这一段话最后一句的主语是何人？或译为："于是蒋琬派遣尚书令费祎、中监军姜维等人向刘禅说明自己的意图。"（缪 740）或译为："于是派尚书令费祎、中监军姜维等人向大家宣传解释这个意思。"（苏 2235）虽未明确主语，但仍暗指是蒋琬的派遣。实则派遣人是后主刘禅，正因为"众论"不同意蒋琬的主张，后主才向群臣"喻指"，蒋琬并没有"喻指"的资格。或译为："于是后主派尚书令费祎、中监军姜维等前去说明意思。"（方 2138）是为得之。

卷四四《姜维传》："二十年，魏征东大将军诸葛诞反于淮南，分关中兵东下。"（底 1065）后一句的主语是何人？或译为："魏国征东大将军诸葛诞在淮南反叛，分裂出关中的一部分军队东下。"（缪 745）或译为："曹魏征东大将军诸葛诞在淮南郡反叛，分领关中部分兵马向东进军。"（苏 2240）或译为："魏国征东大将军诸葛诞在淮南造反，魏朝调一部分关中驻军东下平叛。"（方 2134）显然最后一种译法最为准确。

原文宾语省略，译文也会发生逻辑上的问题并易生误解。卷五八《陆逊传》："先是，二宫并阙，中外职司，多遣子弟给侍。"（底 1353）由于句中"并阙"下缺少宾语，注译者极易将两字视为动宾结构，即宫阙对峙，于是就有了如下的三种译文。或译为："在此之前，太子和鲁王两宫并立，内朝和外朝的官职，多派遣子弟担任。"（缪 954）或译为："当初，太子

---

① （宋）司马光撰《资治通鉴》卷八〇，中华书局 1956 年版，第 1947 页。

孙和的东宫与鲁王孙霸的鲁王宫各立门户,宫廷内外的职务多半派官宦子弟担任。"(苏2890)或译为:"在此之前,太子孙和与鲁王孙霸两处宫府的侍从官员都有不少空缺;所以京城内外的在职官员,很多人都把自己的子弟派去做太子和鲁王的侍从。"(方2739)第三种译法看出首句宾语"侍从官员"的省略,因而译文顺畅,且与下文陆逊劝说全琮"不宜私出以要荣利"的话构成逻辑关系,较为准确。

翻译《三国志》绝非一件轻松的事情,稍有疏忽就会产生注释所不及的谬误。卷一一《田畴传》:"今道路阻绝,寇虏纵横,称官奉使,为众所指名。愿以私行,期于得达而已。"(底340)或译为:"现在道路阻塞断绝,贼寇任意劫掠;我受众人指名推荐,说是能够称职地完成使命;我请求带领私家的武装前往,时间上也希望不受限制,只要能到达就可以了。"(方674)如此翻译,似乎夹杂了译注者过多的想象成分,不够谨严。如果译为:"如今道路阻塞断绝,盗贼遍地,我若以官方名义出使,将会被众人指点哄传,希望作为以私事出行的官员行事,不过期盼将使命送达而已。"两相比较,后一种译法是否比较符合原意呢?

卷二一《刘劭传》:"体周于数,凡所错综,源流弘远。"(底619)三句十二字,如何准确地用白话译出,并非易事。或译为:"效法周朝的礼制,凡是他创立改革的制度,都有古制可循。"(田400)或译为:"对于各种事理体察周全,他所综合融汇的学问、思想,源流既大且远。"(苏1213)或译为:"生性擅长周密的计算。他所做的综合分析,都有清晰的条理。"(方1192)刘劭在人才选举制度建设方面的贡献以及在有关律法制订方面的努力,皆具有学以致用的实学性质,但他终究与魏晋玄学有些瓜葛,讲求数术,精通《周易》的所谓预测之学当不在话下。所谓"体周于数",即谓其禀性擅长于事理、预测。所谓"交错综合",语出《易·系辞上》:"参伍以变,错综其数。"唐孔颖达疏:"错谓交错,综谓总聚,交错总聚,其阴阳之数也。"[1]通过此一番注释,译文即可作:"禀性擅长于事理、预测,凡所占验交错综合,其源流广大深远。"如此译法,是否更符合原意呢?请读者不吝赐教。

卷二七《徐邈传》:"昔子反毙于谷阳,御叔罚于饮酒。臣嗜同二子,不能自惩,时复中之。"(底739)这段话的前两句系用典,明其内容是译好白话文的保证。子反事见于《左传·成公十六年》,春秋鲁成公十六年(前575),楚国与晋国战于鄢陵(今河南鄢陵西北),楚国主帅子反在决战之前喝酒大醉,贻误战机,导致楚军大败,子反因而羞愧自杀。谷阳,即子反的仆从谷阳竖,决战前取酒令子反喝醉者就是他。御叔事见于《左传·襄公二十二年》,春秋鲁襄公二十二年(前551)的春天,鲁国大夫臧武仲出使晋国,天下雨,就去探望鲁国御邑大夫御叔。御叔在他自己的封邑里,打算饮酒,就说:"哪里用得着圣人(指臧武仲)!我要喝酒了,而臧武仲却冒雨出行,还要他那聪明做什么?"鲁国大夫穆叔闻知这一番话后,就说:"御叔他不配出使,反而对使者臧武仲傲慢,是国家的蛀虫。"于是下令惩罚御叔,将其封邑的赋税增加一倍。翻译这两句,对其本事不明就会失准,或译为:"过去子反死在谷阳,御叔用饮酒罚人。"(田503)这两句译文真不知从何说起,可见译文不可简单从事。若译为:"从前春秋时楚国主帅子反即因其仆从谷阳竖怂恿,在决战前饮酒大醉,失败自杀;春秋时鲁国御邑大夫御叔因饮酒对使者傲慢,受到增加赋税一倍的惩罚。"如

---

① 阮元校刻《十三经注疏·周易正义》,中华书局1980年版,第81页。

此翻译方能将徐邈为嗜酒而自我辩解的幽默态度呈现于读者面前。

卷二八《邓艾传》："羌胡与民同处者，宜以渐出之，使居民表，崇廉耻之教，塞奸宄之路。"（底776）所谓"民表"，谓编民之外（编民，编入户籍的平民）；所谓"奸宄"，谓违法作乱的事情。《尚书·舜典》："蛮夷猾夏，寇贼奸宄。"孔传："在外曰奸，在内曰宄。"唐孔颖达疏："往者蛮夷戎狄猾华夏，又有强寇劫贼外奸内宄者为害甚大。"①这是讲中国民众受蛮夷的影响而强取财物、杀害百姓并作乱于内外。如果注释明确，再加翻译，就运用自如了。或译为："凡是羌族人在内地与汉民杂居的，应当逐渐把他们迁回边境地区，使之居住在内地民众的外围；这样才容易对内地民众进行重视礼义廉耻的教化，从而堵塞犯法作乱的途径。"译文中"迁回边境地区"，原文并无此义。若译为："羌胡在内地与汉民杂居的，应当令羌胡逐渐从汉民中剥离，使居于编民之外，向编民推崇礼义廉耻的教化，以堵塞违法作乱者的途径。"如此是否更准确一些？

卷四七《吴主传》："乃欲哀亲戚，顾礼制，是犹开门而揖盗，未可以为仁也。"（底1115）这正是成语"开门揖盗"的原始出处，谓在危难之时还讲求礼节，比喻不合时宜；绝非引狼入室或欢迎盗贼进门的取义。或译为："顾念传统的丧礼，这如同打开大门招引强盗，不能把这种行为称为仁。"（缪773）或译为："事事奉行丧礼，这就好像大开家门欢迎坏人，这不能算是仁德啊。"（苏2387）或译为："这时您却想哀哭亲人，顾及礼制；岂不等于是开门请盗贼进家吗？这可算不上是有仁爱之心啊！"（方2266）三种译文的前后逻辑关联似皆含混不清，令读者不知所云。若译为："这种时候您为失去兄长而哀哭，顾及丧礼的传统，就如同开门揖盗一样不合时宜，在危难之际还讲求礼节，实在算不上仁爱之心的体现。"如此翻译是否更明晰？

《吴主传》："是以《春秋》晋侯伐卫，先分其田以界宋人。斯其义也。"（底1135）这是吴大帝黄龙元年（229）吴蜀修好盟约中的文字。据《左传·僖公二十八年》，在晋、楚之战中，晋国为孤立楚国并促使齐、秦两国对楚作战，就先将楚国盟国曹、卫的一部分土地分与宋国，再让宋国交好齐、秦两国，终于达到目的。或译为："所以《春秋》记载晋文公讨伐卫国，首先把它的土地分给宋国人，就是这个道理。"（缪784）或译为："因此《春秋》记载晋侯将要攻打卫国，首先便将卫国的田土分给宋国的民众，我们正是遵从《春秋》所确定的原则。"（苏2398）或译为："《春秋》上记载晋文公讨伐卫国，先就把卫国的田地分给了宋国；正是这个道理。"（方2280）吴蜀盟约之所以使用春秋的典故，其目的在于说明土地分占对于吴蜀两国修好的意义，无涉于某种道理的说明或某种原则的确立。是否可以这样翻译："因而《春秋》记述晋国为孤立楚国并促使齐、秦两国对楚作战，就先将楚国盟国曹、卫的一部分土地分与宋国，再让宋国交好齐、秦两国，终于达到目的。这就是土地分占的实际意义所在。"

职司文学编辑，于史学本属外行。以上四部分"发微"，未必皆确切无误，不过野人献曝，敬请专家学者不吝赐教！

---

① 阮元校刻《十三经注疏·尚书正义》，中华书局1980年版，第130页。

历历楼台与渺渺云烟

——论李白、李商隐诗歌艺术特征的差异性

吴振华*

　　摘　要：李白是盛唐时期最重要的诗人，其诗既代表雄浑飘逸的盛唐风格，又是雄壮浑厚的盛唐气象的代表；李商隐是晚唐时代最杰出的诗人，其诗既代表晚唐又超越晚唐，具有哀感顽艳、深情绵邈的特征。从李白到李商隐，既有前后相接的继承关系，又有艺术的新变。李白与李商隐都是注重抒情强烈主观化的诗人，都具有惊人的想象力，都擅长描写梦境、仙境等虚幻的世界。李白纯任主观想象，梦境、仙境大多是现实生活场景的写真，而李商隐则着重描绘心灵景观，描写的梦境、仙境更为飘忽怪异；李白运用典故具有单向性特征，旨意明晰，容易理解，而李商隐运用典故变化复杂，能指多端，难以蠡测；李白诗歌多向身外的世界敞开怀抱，携带惊人的联想飞越万水千山，井然有序，清晰可辨，而李商隐诗歌则展现内心世界的幽邃与繁复，渺茫混沌，时空交错，难以捉摸。如果说李白诗歌是现实世界（包含神仙世界）的历历楼台，那么李商隐诗歌就是心灵世界的渺渺云烟，二者都是诗国的奇观，不宜强分高下，相互轩轾。

　　关键词：李白；李商隐；诗歌；艺术特征；差异性

　　唐代诗坛蝉联簪组的近三百年间，才华横溢的诗人如繁星丽天，前后交相辉映，其中有盛唐、中唐、晚唐的三位李姓诗人，被文学史家称为"诗家三李"。他们就是李白、李贺与李商隐。其中，李白被尊为浪漫飘逸的诗仙，李贺被称为奇诡幽丽的诗鬼，李商隐则被认为是深情绵邈的开掘心灵世界的朦胧诗人。本文选择李白与李商隐诗歌的艺术特征做一比较研究，敬期通家指正。

一、李白纯任主观的想象与李商隐描绘心灵景观的差异

　　李白和李商隐都是注重抒情强烈主观化的诗人，而且都具有惊人的想象力。李白的想象壮丽神奇，如日月同照的金碧辉煌的仙国奇观，体现的是盛唐时代激情澎湃、昂扬奋发的精神。而李商隐则想象缥缈幽微，多仙道氛围，缠绵悱恻，朦胧奇幻，能指多端，难以蠡测，体现出心灵世界莫可名状的深邃与繁复，表现的是晚唐时代日落黄昏、一片衰微的氛围中，诗人深感无力回天又不甘沉沦的痛苦挣扎，以及挣扎之后仰望长天的无奈叹息。

　　李白与李商隐对梦境的描写颇能显示二者的差异。如《梦游天姥吟留别》，其创作的

　　* 吴振华，文学博士，安徽师范大学文学院教授、博士生导师，韩国外国语大学客座教授，主要从事古代文学及中国诗学研究。本文为国家社科基金重大招标项目"唐诗学研究"（编号 12&ZD156）的阶段性成果。

动因是"海客谈瀛洲，烟涛微茫信难求"及"越人语天姥，云霞明灭或可睹"的情境下，转欲梦游天姥山。① 而更深层的原因是现实困境中，虽然壮志难酬，无所事事，却风骨傲岸，不想"摧眉折腰事权贵"，因此只有归隐林泉，骑白鹿访名山，方能一展愁怀。这是李白遭谗毁被"赐金还山"后最常见的心情，他那愤世嫉俗、蔑视权贵的激烈情感几乎是随时爆发的，像此诗就借"留别东鲁诸公"的特殊情境，通过梦境的描写喷发出来。诗的核心是一个充满奇思妙想、壮丽辉煌且景物真切明晰的梦境：诗人伴随明月一起飞渡镜湖，来到剡溪后，在谢灵运曾歇宿之处稍作停留，随即穿上谢公屐登上青云梯一样陡峭的山岩，途中闻到天鸡的啼叫，看到苍茫大海上一轮旭日东升，何等壮丽啊；但突然之间，千岩路转不辨东西，山花灿然绽开，天色忽变暗，眼前乌云密布，雨意浓郁，身边绿水澹荡，烟雾缭绕，好一派神秘幽微的神仙境界；正在此时，刷亮的闪电劈开天空，震雷撼地仿佛山峦崩摧，只见那洞天的石门轰然大开，展现在眼前的是浩荡无边的青暝世界，日月同照金碧辉煌的宫殿，穿着五彩云霓的衣裳，骑着骏马似的飘风，众神仙从九天高空飘然而下，猛虎鼓瑟，骄龙驾车，浩浩荡荡的仙人密密麻麻地排成阵势。这与其说是李白的梦境，不如说是他先前经历过的大唐朝廷宏大辉煌景象的再现。本来梦境就是对现实生活的曲折反映，古人言"日有所思，夜有所梦"，而李白的梦境显然与他惊人的想象是分不开的，更与他的神仙信仰有关。他登山览游的时候，也常常是与各路神仙神游相遇的时候，如《游太山六首》其一："四月上泰山，石屏御道开。……洞门闭石扇，地底兴云雷。登高望蓬瀛，想象金银台。天门一长啸，万里清风来。玉女四五人，飘飘下九垓。含笑引素手，遗我流霞杯。稽首再拜之，自愧非仙才。旷然小宇宙，弃世何悠哉。"情境与《梦游天姥吟留别》有相似之处，不同的是遇见了四五个玉女，还送给诗人盛满"流霞（玉液琼浆）"的酒杯。其二又说："清晓骑白鹿，直上天门山。山际逢羽人，方瞳好容颜。扪萝欲就语，却掩青云关。遗我鸟迹书，飘然落岩间。其字乃上古，读之了不闲。感此三叹息，从师方未还。"这是骑着白鹿登山，遇见了仙人赠送给他写满鸟迹文字的天书。其四接着说："清斋三千日，裂素写道经。吟诵有所得，众神卫我形。云行信长风，飒若羽翼生。攀崖上日观，伏槛窥东暝。海色动远山，天鸡已先鸣。银台出倒景，白浪翻长鲸。安得不死药，高飞向蓬瀛。"更幻想去大海寻找到不死之药，然后高飞向蓬莱瀛洲仙境。大概海上仙山难觅，又转向天上，故其六说："朝饮王母池，暝投天门关。独抱绿绮琴，夜行青山间。山明月露白，夜静松风歇。仙人游碧峰，处处笙歌发。寂静娱清晖，玉真连翠微。想像鸾凤舞，飘飘龙虎衣。扪天摘匏瓜，恍惚不忆归。举手弄清浅，误攀织女机。明晨坐相失，但见五云飞。"在天上尽情游乐，龙飞凤舞，处处笙歌，甚至在银河里手弄清水，误攀织女的织布机。尽管纷纭复杂，情景变幻，但基本意象都差不多，其实李白的所谓游仙、梦游，都是他心造的幻境，都是想象的结晶，在李白笔下，登山临水必定想象有神仙陪伴，而梦中神游又是现实游览的映射，梦境的飘忽、神仙的缥缈与现实的真切是紧密融合在一起的。但我们可以看到他的梦境整体上还是清晰可辨的，这些奇丽的梦或想象，都是李白心中的理想境界，都与现实的污浊黑暗形成对照，他想跟神仙一起飞渡红尘，但最终还只剩下"忽魂

---

① （唐）李白撰，瞿蜕园、朱金城校注《李白集校注》，上海古籍出版社1980年版，第898～899页。本文所引李白作品均出自该书，以下不再一一注明。

悸以魄动,失向来之烟霞""明晨坐相失,但见五云飞"的无奈,不得不落入无边的苦闷之中,游仙与梦仙都难以超脱他所处的时代制约。最典型的莫过《古风·十九》:

> 西上莲花山,迢迢见明星。素手把芙蓉,虚步蹑太清。
> 霓裳曳广带,飘拂升天行。邀我登云台,高揖卫叔卿。
> 恍恍与之去,驾鸿凌紫冥。俯视洛阳川,茫茫走胡兵。流血涂野草,豺狼尽冠缨。

西上莲花山所见壮丽的景象和对神仙境界的向往,终究被洛阳川上"流血涂野草,豺狼尽冠缨"的严酷现实粉碎了,此诗虽没有梦境,但其游仙的部分与前面的梦境应该是相通的。此外,像"忽复乘舟梦日边"(《行路难》),"莫卷龙须席,从他生网丝。且留琥珀枕,或有梦来时"(《白头吟》),"湘潭几日到,妾梦越风波"(《长干行·二》),"白马黄金塞,云砂绕梦思"(《塞下曲六首·四》),"忆昨鸣皋梦里还,手弄素月清潭间"(《鸣皋歌奉饯从翁清归五崖山居》),"纵为梦里相随去,不是襄王倾国人"(《系寻阳,上崔相涣三首·三》),"昨宵梦里还,云弄竹溪月"(《送韩准、裴政、孔巢父还山》),"昨夜巫山下,猿声梦里长"(《宿巫山下》),"使人对此心缅邈,疑入嵩丘梦彩云"(《观元丹丘坐巫山屏风》),等等,都有梦的意象嵌入。总体上讲,因为李白诗歌整体上向外界展开,故运用梦境或梦意象的并不多,然而就是这不多的梦境,仍然给人清晰的印象,也许我们可以说李白诗中的梦境或梦意象,就是他联想或想象的一部分,像梦游天姥不妨看作现实的印象,而登太山的游仙诗则是面对壮丽河山的一个虚幻的白日梦境。总之,李白诗歌的主观化特征在他的梦游诗或游仙诗中被发挥到极致。

相较李白的明晰而言,晚唐李商隐描写梦境就显得更加扑朔迷离了。如著名的《无题四首》其一:

> 来是空言去绝踪,月斜楼上五更钟。梦为远别啼难唤,书被催成墨未浓。
> 蜡照半笼金翡翠,麝熏微度绣芙蓉。刘郎已恨蓬山远,更隔蓬山一万重。①

此诗题材显然是关于爱情的,写一位女子在深闺等待心爱的情郎,虽然有梦有书信,但身处华丽而寂寞的深闺,却无法到达情人的身边,只能默默经受远隔万水千山的痛苦煎熬。诗的核心是"梦为远别啼难唤"一句,点明因远别而思虑成梦,梦中又再现似乎是现实情境中的远别场面,看着心上人义无反顾远去的背影,不禁悲伤啼哭,撕心裂肺却哭不出声来,等到醒来发现已经是五更残夜,天将拂晓了,只见朦胧的斜月空照楼阁,远处传来悠长而凄清的报晓钟声,一轮残月增添的无非是独守空床的寂寞,几声钟鸣带来的也只不过是难以排遣的惆怅。于是女子发出一声长叹!但内心为情所迫,还是迅速披衣起床,急切地草成给对方的书信,这才发现匆忙中竟连墨还未磨浓。"墨未浓",是一个精妙的细节,可谓是墨淡情浓,纸短情长,与白居易《长恨歌》"揽衣推枕起徘徊,珠箔银屏迤逦开。云鬓半偏新睡觉,花冠不整下堂来"写仙山上太真"闻道汉家天子使"时的急切心情,有异曲同工之妙,这四句梦境与现实,前因与后果,环境与人物,行为与心理交错缠络,既真切自然,又真幻莫辨。接下来的颈联是最具李商隐特色的诗句,充满珠光宝气的

---

① (唐)李商隐撰,刘学锴、余恕诚集解《李商隐诗歌集解》,中华书局 1998 年版,第 1467 页。本文所引李商隐作品均出自该书,以下不再一一注明。

装饰意味,将视觉、味觉、触觉等感觉搅和在一起,创造出一个玲珑剔透、精致温馨、充满阴柔美且脂粉气味浓郁的闺阁空间,尽管意象繁复,但是充溢在其中的却是无边的空虚与寂寞,外物与内心形成冲突与映衬。"金翡翠",有两种解释:一指用金线绣成翡翠鸟图案的帷帐(翡翠也可能是指床褥,如白居易《长恨歌》:"鸳鸯瓦冷霜华重,翡翠衾寒谁与共");一指画有翡翠鸟的烛台上的罗罩笼(温庭筠《菩萨蛮》:"画罗金翡翠,香烛销成泪")。"绣芙蓉",指绣有芙蓉图案的床褥,也可以指绣有芙蓉图案的帷帐(白居易《长恨歌》:"芙蓉帐暖度春宵")。"烛照",也有两解:一作名词,指烛光;一作主谓结构短语,指蜡烛照射。"麝熏",也有两解:一作名词,指古代富贵人家将名贵香料放在香炉中熏被帐衣物,指麝香的芬芳气味;一作主谓结构短语,指麝香熏出香味。"半笼",因为有灯罩遮住上面的光线,所以烛光只能照射一半的帷帐。"微度",指香气幽微浅淡,若有若无,轻轻熏过床褥。这两个词具有典型的柔弱低沉格调,显然缺乏李白诗歌"塞满"画幅的阳刚之气,带有女性柔媚温软的特质,与那种缠绵悱恻的伤感情调非常切合。加上前面几个词语的多重能指和不能确指,造成一种朦胧隐约的氛围,与梦醒时分迷离恍惚的感觉十分切合:烛光半笼,室内或明或暗,恍然犹在梦中;而麝熏微度,更疑所爱的人真的来过这里,还留下依稀的余香。上句以实境为梦境,下句疑梦境为实境,写一时的错觉和幻觉生动传神。尾联"刘郎已恨蓬山远,更隔蓬山一万重"将主人公绝望的心理推向无限渺远的空间。这尾联中的"恨"可以是女子的"恨",她所处的"蓬山"本来就与心爱的刘郎相隔遥远,更何况还有千万重"蓬山"阻隔在其中,哪里还有见面的可能?! 也可以是男子的"恨",他本来是要去赴约的,无奈他们之间阻隔了重重困难因而未能相见,尽管他们之间可能就近在咫尺,但分明就是远在天涯,更何况他与心爱的女神所处的地方相隔着万重蓬山! 总而言之,都是一个永远无法见面的长恨。与其说这是一个李商隐式的夸张,不如说这是李商隐在描述人类心灵的一种渺茫无望心态,是展现人类的心灵空间的无比阔大。

李商隐描写相思恋爱,注重情感的真挚内涵,突出爱情具有至高无上的尊严性,两心相爱必须真挚专一,但有间隔难通的苦痛,写得隐约朦胧,注重环境气氛的渲染,运用暗示与象征,呈现给读者梦境般的华美碎片印象,尤其是浓重的色块组合,很像法国印象派画家的油画,是意识流的写法,很难寻觅常规的逻辑联系。此诗写面对负约的心爱情郎而产生的那种爱恨交加的心路历程,有幽怨也有幻梦,是欣喜更是绝望。考察义山一生的遭遇,有如一场幻梦,扑朔迷离。仕途上蹭蹬无望,使他"欲回天地"之志成虚,爱情上苦恋追求,即使"春蚕到死"一样执着,到头来终是蓬山万里,相思成灰;亲交密友,或零落而死或反目成仇;相濡以沫的爱妻,又在盛年撒手而逝。人生的迷惘失落幻灭之感,经常萦绕心头,因而"梦"就成为这种感慨最适合的形式。义山诗中"梦"共出现 81 次。如"归梦不宜秋","远书归梦两悠悠","明朝惊破还乡梦","悠扬归梦惟灯见","映帘梦断无残语","重衾幽梦他年断","一春梦雨常飘瓦","阊阖门多梦自迷","怜我秋斋梦蝴蝶","庄生晓梦迷蝴蝶","可要五更惊晓梦","锦瑟惊弦破梦频","神女生涯原是梦","三百年间同晓梦"等,或以梦象征美好的抱负与追求,或以梦象喻变幻莫测的身世,其中都渗透着人生的迷惘幻灭之悲。总的说来,"低迷不已断还连"的梦境是义山一生境遇的变形反映,但身在梦中时只有孤灯陪伴,醒来回味却只得"未背寒灯枕手眠",这双醒眼怎么也看不透这梦的幻境,因而产生一种失落的迷惘感。因追求而幻灭,却要坚持幻灭中的追求,但最终还是跌入了"无端"而来的四大皆空的虚幻。

可以说,李商隐通过诗歌将其心灵对爱情的渴望和不能实现的悲剧性感受,在这些梦幻一般的对象上,找到了载体,或者说这些与义山一样执着多情的女子的爱情悲剧,通过义山的心灵品味、酝酿,而以义山诗(多为无题或准无题诗)的形式被表达出来,从而在人类情感的表达过程中找到了一种合适的形式。

综合起来看,李白的人生也何尝不是一场"庄生梦蝶"式的"幻梦"?!他虽然生长在盛世,沐浴着大唐的雨露阳光,尽管他才华盖世,早年就怀着兼济天下"使寰区大定,海县清一"(《代寿山答孟少府移文书》)的宏伟志向,但一生飘零不偶,用世之抱负成空,正如韩愈所说是"家居率荒凉。帝欲长吟哦,故遣起且僵。剪翎送笼中,使看百鸟翔"(《调张籍》)。如果用"梦"来比喻的话,那么李白就是境界宏阔、神奇壮丽的梦境,李商隐则是难测前途也不知归途的幻梦。李白的梦给人以振奋激励,而李商隐的梦则让人分明感到锦绣繁华之后的寂寞凄凉,让人感受到即将梦醒之后无路可走的悲伤绝望。

二、李白与李商隐运用典故的差异

运用典故是李白、李商隐诗歌的一个突出特征,这与二李的主观化创作特点密切相关,也是对传统的继承与发展。让我们先来看看李白诗歌运用典故的特点,为了全面考察的需要,我们挑选李白各种诗体运用典故的例子。如《古风·十五》:"燕昭延郭隗,遂筑黄金台。剧辛方赵至,邹衍复齐来。奈何青云士,弃我如尘埃。珠玉买歌笑,糟糠养贤才。方知黄鹤举,千里独徘徊。"这首诗歌核心的部分是运用《史记·燕召公世家》中燕昭王筑黄金台招引贤才的故事,典故确切没有任何歧义,其现实指向也是不存在问题的,正如陈沆《诗比兴笺》所说:"刺不养士求贤也。天宝之末,宰臣媢嫉,林甫贺野无遗贤,国忠非私人不用。庙堂惟声色是娱,而天地闭贤人隐矣。"①陈沆《诗比兴笺》多穿凿附会之说,然此篇笺释寓意相当准确,令人信服。原因是李白引用的典故与当时的现实恰好形成鲜明对比,李白引古照今,抒发对现实黑暗的感喟相当明显,不可能产生歧义。李白诗歌运用典故绝大多数是这种类型,很少对原典进行深层次加工,一看就会明白,笔者称这种用典为"平面用典",关注的是典故的单面性意义,在诗歌中有明显的标志。像诗中"燕昭""郭隗""黄金台""剧辛""邹衍"等名词就是典故的指示路牌,也是用典最直接最显豁的方式,只要找出原典的故实,对诗意的把握就会比较确切。当然也有稍微复杂一些的运用典故,就是围绕某一中心,将几个典故用在一首诗里。如《古风·十六》:"宝剑双蛟龙,雪花照芙蓉。精光射天地,雷腾不可冲。一去别金匣,飞沉失相从。风胡殁已久,所以潜其锋。吴水深万丈,楚山邈千重。雌雄终不隔,神物会当逢。"这首诗的核心意象是一双宝剑,运用的典故有《越绝书》中越王勾践使薛烛相剑、楚王召风胡子询问欧冶子和干将铸剑、《晋书·张华传》中使雷焕掘得宝剑二柄最后双双化龙的故事,三个典故都有史传原文故事可资引证,这首诗一般被认为是对鲍照《赠故人马子乔》诗的模仿,是借宝剑的雌雄分离来抒发"知己不存"的感叹,与鲍照赠别故人抒发惜别之意还是有所不同。从用典

---

① (唐)李白撰,瞿蜕园、朱金城校注《李白集校注》,上海古籍出版社1980年版,第123页。

的角度看,这首诗比上引诗浑融一些,因为对典故进行了一些想象性的描写,但典故的平面性、单向性特征并没有改变。再来看看其他诗体,如五绝:

秋浦歌·七

醉上山公马,寒歌宁戚牛。空吟白石烂,泪满黑貂裘。

夜下征虏亭

船下广陵去,月明征虏亭。山花如绣颊,江火似流萤。

七绝:

越中览古

越王勾践破吴归,义士还家尽锦衣。宫女如花满春殿,只今惟有鹧鸪飞。

苏台览古

旧苑荒台杨柳新,菱歌清唱不胜春。只今惟有西江月,曾照吴王宫里人。

东鲁门泛舟·一

日落沙明天倒开,波摇石动水萦回。轻舟泛月寻溪转,疑是山阴雪后来。

清平调词三首·二

一枝红艳露凝香,云雨巫山枉断肠。借问汉宫谁得似?可怜飞燕倚新妆。

七古:

金陵城西楼月下吟

金陵夜寂凉风发,独上高楼望吴越。白云映水摇空城,白露垂珠滴秋月。
月下沉吟久不归,古来相接眼中稀。解道澄江净如练,令人长忆谢玄晖。

乌夜啼

黄云城边乌欲栖,归飞哑哑枝上啼。机中织锦秦川女,碧纱如烟隔窗语。
停梭怅然忆远人,独宿孤房泪如雨。

行路难·三

金樽清酒斗十千,玉盘珍羞直万钱。……闲来垂钓碧溪上,忽复乘舟梦日边。……
长风破浪会有时,直挂云帆济沧海。

五律:

夜泊牛渚怀古

牛渚西江夜,青天无片云。登舟望秋月,空忆谢将军。
余亦能高咏,斯人不可闻。明朝挂帆去,枫叶落纷纷。

七律:

登金陵凤凰台

凤凰台上凤凰游,凤去台空江自流。吴宫花草埋幽径,晋代衣冠成古丘。
三山半落青天外,二水中分白鹭洲。总为浮云能蔽日,长安不见使人愁。

　　从上面挑选的各类诗体来看,李白运用典故除了单一性、平面性为其一贯作风外,还有这样一些特点:就是往往将典故与自己勾连起来,是在对自己的陈述中将典故的内涵与自己的心境、情感相结合,因此不会产生歧义;也有一些将典故本身进行描写的,像《苏台览古》《越中览古》,这种对典故故实进行生动描写的手法,对后来者启发影响很大。表面上看是为了让诗歌形象生动,实际上是将典故当作过去发生的故实作真实描述,目的则指向当今现实情境,起到古今对照、借古喻今的作用。与只在诗句中提到典故字面的手法相比,这种描写性运用典故显然具有更大的丰富性,因而富有隽永的韵味。但是,纵观李白诗歌的大量典故,都基本上具有单向性特征,内涵指向是明晰的,情感态度也是明确的,不容易产生歧义纷纭的状况。

　　而李商隐运用典故则大不相同。

　　第一种情况是李商隐运用典故来借代现实中某种现象,让人可以意会,显得比较隐含曲折。如《随师东》中"军令未闻诛马谡,捷书唯是报孙歆"用诸葛亮斩违抗军令而失街亭的马谡和伐吴晋将王濬虚报斩获吴国都督孙歆首级两个典故,通过"未闻"与"唯是"的虚实映照,托古讽今,讽刺讨伐不臣藩镇将领的唐军军纪败坏、虚报战功的现象。类似的例子还有像《重有感》中"窦融表已来关右,陶侃军宜次石头",《安定城楼》中"贾生年少虚垂涕,王粲春来更远游"等,也是如此。

　　第二种情况是对典故的故事进行重新虚构,运用强烈的咏叹语气,表达强烈的讽喻或深沉的感喟。如《汉宫词》:"青雀西飞竟未回,君王常在集灵台。侍臣最有相如渴,不赐金茎露一杯。"汉武帝求仙与司马相如消渴两件并不相关的事情,李商隐通过在两者之间进行巧妙的联想,包含丰富的意蕴,在驱遣和融化典故方面具有创造性。诗既深婉不露,又笔笔转折,变化莫测,精警异常。类似的还有《贾生》:"宣室求贤访逐臣,贾生才调更无伦。可怜夜半虚前席,不问苍生问鬼神。"通过刻画汉文帝召回贾谊在宣室内夜半谈鬼不觉前席的细节,将贾谊真正的怀才不遇之悲表现得何等深刻,而对汉文帝的虚伪求贤又讽刺得入木三分!又如《梦泽》:"梦泽悲风动白茅,楚王葬尽满城娇。未知歌舞能多少,虚减宫厨为细腰。"也是对"楚灵王好细腰,而国中多饿人"的典故进行夸张的描写,既表现出对那些为了求得君王宠幸而不惜饿死的宫女愚昧的嘲讽,又对她们被"葬尽"的悲惨命运深表同情,同时对楚灵王的愚顽和残暴加以深深的挞伐。最有代表性的是《隋宫》:"紫泉宫殿锁烟霞,欲取芜城作帝家。玉玺不缘归日角,锦帆应是到天涯。于今腐草无萤火,终古垂杨有暮鸦。地下若逢陈后主,岂宜重问后庭花?"这是李商隐政治讽刺诗最高水平的代表作,运用典型化的艺术手法,深入揭示讽刺对象的本质与灵魂。颔联、尾联运用虚拟的推想,从已然推想未然,从生前预拟死后,深刻揭露隋炀帝的贪婪昏顽、至死不悟的本性。在深刻揭示讽刺对象本质、抒写深沉感慨的同时,也展现出诗人自己既尖刻又含蓄、既嬉笑怒骂又深沉严肃的形象。典故在李商隐高超的想象与组合中,在虚词的盘旋咏叹中,变得浑融有味,耐人咀嚼。

　　第三种情况就是以《锦瑟》为代表的运用典故具有朦胧多义的特征,这是李商隐用典完全不同于李白的地方。颔联"庄生晓梦迷蝴蝶,望帝春心托杜鹃"的两个典故并没有难解之处,其奥妙在于李商隐不是原文复述原典故事,而是加以改造,给人的印象是表现"庄生"和"望帝"两位典故中的人物的情态与心境,是庄生在一场晓梦之中深感迷惘,望帝悲怨不屈的春心在死后仍然要化成杜鹃啼血哀鸣,典故里的已经作古的人物因而成为鲜活的形象,故能够引起现实中人们相似的感慨,产生多方面的联想与沟通;加上李商隐故意隐去典故喻象的本体,因此就将原典的多种解释的可能性发掘出来,无形之中造成理解上的困难,也带来诗歌风格的朦胧绵缈。再看颈联"沧海月明珠有泪,蓝田日暖玉生烟",如果说上联是对典故中的人物进行刻画的话,那么这一联就是对典故中的景物境界进行描摹。在苍茫的大海上、在无边的皎洁月光中,呈现出来的却是颗颗闪耀着柔润的清辉和泪光的珍珠;在暖洋洋的太阳照射下,在苍翠深幽高峻的蓝田山中,呈现出来的却是美玉温润的若有若无的轻烟。两个境界要么清旷阔大,要么清雄宏雅,极富于象征性。如果从典故的原文来看,无论如何是没有如此歧义的可能性的,但一旦到了李商隐的笔下,就展现出如此奇异的景观,如此的能指多端,实属奇迹。李商隐运用典故的创造性表现在他开掘出了典故所蕴含的多重含义,以及在他的咏叹、联想之中,典故获得了新生,化腐朽为神奇。后来宋人学习李商隐运用典故只不过是徒有其表而未得义山精髓,他们所谓的"点铁成金""夺胎换骨",也只不过是在选择典故字面时候进行一些小结裹式的花样翻新,或者专门寻找偏僻的语典故作高深以炫神奇,但李商隐这样的擅长融化典故进行新的艺术构思的技巧,以及将自己对现实人生的深沉感叹融入典故之中,形成唱叹有神、传神空际的韵味,他们是没有学到的。李商隐运用典故可以说达到了杜甫之后新的艺术高峰。

三、李白诗歌意境的向外展开与李商隐诗歌向内心深处拓展的差异

尽管李白与李商隐都是主观化强烈的诗人,但他们诗歌的意境还是存在很大差异,主要表现为:李白诗歌意境宏阔,多向身外的世界展开壮丽的想象,而李商隐诗歌主要表现诗人或诗中之人内心世界的深邃与繁复。

先看李白的诗歌,如《宣州谢朓楼饯别校书叔云》,当作于天宝十二载(753)秋天,时李白客居宣州不久,在谢公楼设宴送别将赴朝廷任职的族叔李云,这首诗反客为主,抒发满腔愁情,纠结于昨天一事无成、今天又无所事事、将来还要在一片渺茫中挣扎,诗人的情感,既像喷涌的岩浆,又像一团乱麻。因为弃他而去的,不仅是已经消磨的岁月,也包括欣欣向荣、带给人们无限希望的开元盛世,而让诗人烦忧的,也不只是个人状态,还有渐趋衰乱、暗伏危机的时局。然而面对长风万里送秋雁的壮阔景象,便产生酣饮高楼的欲望,诗情也从极度苦闷中摆脱出来,转到爽朗阔大的境界,因李白素怀远大抱负,长期为黑暗污浊的环境所压抑,故时刻向往自由驰骋的空间。酒酣耳热之际,忽然生发九天揽月的逸兴壮思和豪迈情怀,可见诗人对朗朗乾坤、对理想自由境界的向往追求。接着忽转悲愤,"抽刀断水水更流,举杯浇愁愁更愁",从幻想世界又回到现实世界,遂逼出"人生在世不称意,明朝散发弄扁舟"的愤懑。结尾不免消极,但历史与他所处的时代以及他所代表的社会阶层都规定了他不可能找到更好的出路。李白要"济苍生""安社稷",他最"不称意"的,是报国无门,壮志难酬。李白"散发弄舟"是愤激之语,是对黑暗现实的抗议,是在无法摆脱现实与理想的矛盾状态下,在无法脱去精神枷锁的条件下,别无选择的选择。这是古代知识分子最普遍的悲剧命运。诗虽极写烦忧苦闷,却并不阴郁低沉,依然能给人阳刚劲健的印象。只有像李白那样,既有阔大的胸襟抱负、豪放坦率的性格,又

有高度驾驭语言的能力,才能达到豪放与自然和谐统一的境界。

又如同为喝酒的五古《月下独酌》,一般都认为写于长安供奉翰林时期,他以为到了皇帝身边,可以一展怀抱,做出一番动地惊天的伟业,但玄宗只把他当作御用文人,写些应酬歌颂文章,并没有重用他的意思。不仅如此,他还受到一些人的排挤和谗毁。因此,他感到孤独、苦闷,常常借酒浇愁。诗人在花丛中自斟自饮,只有月亮成为他精神世界中光明皎洁的知己。漂泊漫游,作客他乡,月光总能勾起他浓重的乡情;面对秋月,他神游古今并与古人结为知己。明月在李白的诗中,常常作为纯洁至美的象征。尽管内心愁怀深重,却偏要寻找快乐;明明孤独飘零不偶,却硬要追寻热闹。故诗人尽管寂寞失意,却仍不失潇洒飘逸的风度。此诗描写月亮和影子,主要是反衬作者茕茕子立、形影相吊的寂寞孤单,但在表现深沉的孤独感时,又显示出旷达超脱的襟怀,《唐宋诗醇》说"尔时情景虽复潦倒,终不胜其旷达",是理解了李白心境的。诗中的感情历程富于曲折变化,其变化正是由潦倒和旷达交织而成的。

由此可见,李白诗歌向身外世界展开怀抱的特征,李白很少孤居局限在比较狭小的房间里,即使极度的孤独苦闷,一个人喝闷酒,也要到室外邀明月对饮,"举杯邀明月,对影成三人";他喝酒时候,要么看到"黄河之水天上来",要么面对"长空万里送秋雁";即使写幽闭深宫的小宫女,也是坐在玉阶上望着玲珑的秋月,就算她回到房中,还是要拉下水晶帘,望着窗外辽阔深邃的夜空。还有像"明月出天山,苍茫云海间。长风几万里,飞度玉门关"(《关山月》),"登高壮观天地间,大江茫茫去不还。黄云万里动风色,白波九道流雪山"(《庐山谣》),"仰天大笑出门去,我辈岂是蓬蒿人"(《南陵别儿童入京》),"海风吹不断,江月照还空"(《望庐山瀑布》),"飞流直下三千尺,疑是银河落九天"(《望庐山瀑布》),"孤帆远影碧空尽,唯见长江天际流"(《送孟浩然之广陵》),"腾身转觉三天近,举足回看万岭低"(《别山僧》),"楚水清若空,遥将碧海通。人分千里外,兴在一杯中"(《江夏别宋之悌》),等等,都是向辽阔的身外世界展开怀抱,他的眼光总是携带着惊人的想象飞越万水千山。因此李白诗歌境界无比阔大,充满恢宏豪迈的气概,具有雄壮浑厚的盛唐气象。

而李商隐的诗歌(以无题诗为代表)总喜欢描写带有温馥绮靡格调的闺阁空间。如《无题二首》:

其一

凤尾香罗薄几重,碧文圆顶夜深缝。扇裁月魄羞难掩,车走雷声语未通。
曾是寂寥金烬暗,断无消息石榴红。斑骓只系垂杨岸,何处西南待好风?

其二

重帏深下莫愁堂,卧后清宵细细长。神女生涯原是梦,小姑居处本无郎。
风波不信菱枝弱,月露谁教桂叶香。直道相思了无益,未妨惆怅是清狂。

其一首联说女主人公深夜用凤尾香罗缝制有青碧花纹的圆顶罗帐,期待着与所思念的人会合。两句应该用互文手法来理解,一件缝帐子的简单事情,李商隐通过交错使用"凤尾香罗""碧文圆顶"两个精心修饰的词组,达到了引起对温馨爱情联想的暗示效果,而且"薄""深"一前一后相映成趣,增添了柔媚与温情的意味。次联是女子对昔日邂逅情景的追忆：对方驱车匆匆走过，自己则含羞以团扇半掩面庞，露眼偷看，虽相见而未及通一语。描绘路遇情景鲜明如画，刻画初恋心理细致入微。追忆中有温馨甜蜜，也有遗憾惆怅，艳而不流于亵。颈联写邂逅之后长期的隔绝和悠长的思念，意谓：已经独伴黯淡下去的残灯度过多少寂寥的长夜，但对方却是杳无音讯，转眼间石榴花又红了。"金烬暗"，兼寓心境黯然神伤，相思无望；"石榴红"暗示青春易逝。石榴花开当初夏，其时春事已过，女主人公在寂寥的期待与思念中，忽然瞥见窗外石榴花红，不免引起青春易逝的感伤。"曾是"与"断无"两个虚词组合，将女主人公在长期寂寞中期待坚守到终于陷入心情悲伤并确信希望断绝的心路历程表现出来了，语气的忧伤与愤决令人感动。尾联说所思念的人离自己并不远，因为他的斑骓马就系在垂杨岸边，但什么时候能等到美好的西南风，将自己吹送到他的身边呢？"斑骓""垂杨""好风"三个意象本来已组合成温馨浪漫富有诗意的境界，但由于其中暗含了两个悲伤的典故，遂将女主人公那种身处绝望深渊但仍不放弃希望的心态表现出来了，悲剧的爱情中体现了人性的坚韧与执着，而执着中又散发出崇高的精神之光。

其二首联说堂室中层帷深垂，独卧床上，追思前事，倍感静夜漫长。"细细"二字把女子自思身世时辗转不眠的情景和夜的深沉寂静，时间的缓慢推移都生动地表现出来。次联言自己的生涯就像巫山神女，原来是一场幻梦；自己正如小姑独处，没有郎君可以相依相托。"原是梦"，暗示以前曾有过某种遇合，但到头来却如逝去的幻梦，且包含整个生涯都是一个梦。"本无郎"暗示现实境况虽然如此，却遭到人们的猜疑误解，带有辩解意味。李商隐的用典总是融入诗中人物的行为与心理之中，成为人物心象的比附对象，而典故意象词语的选择别具匠心，如这两句的"神女—梦"与"小姑—郎"，再连缀以"原是""本无"这样的带有强烈感叹语气的词语，遂将诗歌典故装饰里面的人物及其心灵状态表现出来，从而使诗歌蒙上一层朦胧曼妙的纱巾，给人一种隐约缥缈的感受。其显然跟李白的飘逸、杜甫的沉郁不同，但又含有李杜的影子，体现李商隐继承李杜又有所改进的用典技巧。如果说李白的用典只关注典故的典实，是单边比喻，给人明晰的印象，杜甫的用典只关注典故的典实与情感因素与自己遭遇的关联，给人以深沉含蓄的印象的话，那么李商隐的用典则是剑走偏锋，专门选择典故中给人印象深刻的片段加以暗示，是多边的比喻，因而可以作多方面的理解，显得含义丰富、隐约其词、难详端绪，是一种能够增殖意蕴的高超技巧。加上李商隐运用典故还喜欢用虚词咏叹，喜欢搭配鲜艳的色彩，因而能将视觉、味觉、听觉等多种感受沟通起来，显得闱帏重重。颈联意谓自己正像柔弱的菱枝，却偏遭受风波的摧折；又像具有芬芳美质的桂叶，却无月露滋润使之飘香。与李商隐《深宫》中"狂飙不惜萝阴薄，清露偏知桂叶浓"相比，"风波"与"狂飙"具有相同的残忍本性，可以作为诗人命运摧残者的比喻或象征，前者"不信"是明知"菱枝"柔弱却故意摧残，后者"不惜"是明知"萝阴"薄弱还要恣意蹂躏，都是通过拟人化的心态描写展现摧残者恃强凌弱的本性，令人产生对其厌恶甚至愤怒的感情。"谁教"与"偏知"相比则前者曲后者直，前者反后者正。前句中的"月露"明明知道她可以滋润桂叶使之芬芳袭人，也有能力做到这一点，但是她就是不愿意作为，不愿意施以援手，可以想见本质芳洁的桂叶命运何其悲惨；后句中"清露"却不学"狂飙"那样摧残"萝阴"而是给浓郁芬芳的桂叶锦上添花，让她更加芳艳，可见深宫中存在着毫无理由的摧残与无须原则的恩惠，对比中让人顿生无限感喟。李商隐的这类以芳洁之物遭受到不公正对待命运的诗句，从远的方面说是继承屈原离骚美人芳草的比兴传统，从近的方面说，是学习柳宗元而加以改进。请看柳宗元的"惊风乱飐芙蓉水，密雨斜侵薜荔墙"，尽管偏重对自然景物的客观描写，但是通过赋中有比兴的手法，还是让人看到"惊风""密雨"两位大自然的摧残者凶狠暴虐的丑恶嘴脸，"乱"与"斜"也是通过写实手法体现摧残的程度相当严酷。柳宗元显然是暗示自己仕途遭遇宦海风波受到摧折并产生心悸的独特意蕴。而李商隐与其相比，则推进了一步，不仅运用比兴象征，而且着重刻画摧残者的邪恶心理，这就更加突出了现实的残酷严峻，而且对读者产生强烈的震撼。柳宗元的诗运用比兴象征，寓意让人一看便明，读者在欣赏的时候产生的是对柳宗元命运的同情，而李商隐的诗中除了对其命运产生同情之外，还对诗中遭受凌辱的"菱枝""桂叶"等本无生命的东西也产生深刻同情，因为它们已经与诗中的诗外的所有弱者融为一体了，因而李商隐的诗歌蕴含更为深邃，更具有普泛性的意味。尾联说即使相思全然无益，也不妨怀抱痴情而惆怅终身，具有一种坚韧的为爱情而殉情的精神。

　　两首都写少女的相思寂寥，又都采取深夜追思抒慨的心里独白方式，但前篇近赋，后篇近比，前篇不但点明女子深夜缝制罗帐，男子的系马垂杨岸边，而且用细致的笔墨具体描述双方邂逅、未通言语的戏剧性场景，写实意味较浓，很像是纯粹的爱情诗。后篇则不重具体情事的描绘刻画，而以抒写身世境遇为主，笔意空灵概括，托遇痕迹较为明显。颔联慨叹生涯处境，隐见诗人遇合如梦、无所依托的遭遇。腹联如单纯写女子遭际，则意蕴虚涵，不易捉摸；从比兴寄托着眼，反而容易会意。作者地位寒微，"内无强近，外乏因依"，屡次遭受朋党势力摧抑，而未遇有力援助，故借菱枝遭风波摧折，桂叶无月露滋润致慨。前篇所抒写的企盼佳期而不得的心情，与寂寥中的相思期待、青春易逝之感，也和作者的人生际遇、悲剧心理有着潜在的联系。即使把它作为纯粹的爱情诗来欣赏，也并不排斥其中可能渗透诗人某种身世之感。

　　此外，像《无题四首·三》："飒飒东南细雨来，芙蓉塘外有轻雷。金蟾啮锁烧香入，玉虎牵丝汲井回。贾氏窥帘韩掾少，宓妃留枕魏王才。春心莫共花争发，一寸相思一寸灰。"首联说：从东南方向飘来飒飒细雨，芙蓉塘外传来阵阵轻雷。运用一系列与爱情相关的词语，给予读者以丰富的暗示联想。细雨轻雷，隐隐传出生命萌动的信息，暗逗末联"春心（欲）共花争发"；而凄迷黯淡的色调又透出女主人公的怅惘忧伤和寂寞的期待。次联最富李商隐特色的诗句，首先是善于化静为动，将香炉和辘轳两个静物表现得栩栩如生（"啮""牵"两个动词是化静为动），然后是省去"烧香""汲井"两个动态的主体，使静物的动态（虚）与人的动态（实）结合起来，再加上"入""回"两个半实半虚（香料添"入"，井水被汲"回"，这是"实"；心境被外物触动进"入"，情思被情景感染引"回"，这是"虚"）。"金""玉"等字眼富有华丽精致的装饰意味，从而增强了意象的女性阴柔美。此外，不仅两句对仗工整，而且一"入"一"回"，如辘轳上下交往，使诗句产生一种回环往复的韵味。尾联陡转反接，并发出内心郁积的悲愤：向往美好爱情的心愿，切莫和春花争荣竞发，要知道寸寸相思都化成了寸寸灰烬！相思无望，终归幻灭，是抽象的概念，诗人由香销成灰生出联想，创造出"一寸相思一寸灰"的奇句，不但化抽象为形象，而且以强烈的对照显示出美好情愫的被毁灭。在绝望、幻灭的悲愤中所显示的，正是永不泯灭的春心。

李商隐的爱情诗所写的是爱恋中的人们那种独特的感受，而略去大量真切细致的情节。爱情诗不管你写得多么含蓄隐晦，但总会涉及对方的音容笑貌，会写一些与爱情生活相关的情节或细节。像叙事诗《长恨歌》就将李隆基与杨玉环的初次见面、结合、恩爱、死别、寻觅、致辞等生前死后的过程作了全面细致的叙述。即使是抒情的作品，如《秦风·蒹葭》："蒹葭苍苍，白露为霜。所谓伊人，在水一方。"尽管朦胧，但还是点出了那个变幻莫测的"伊人"存在。而李商隐写爱情，总是含糊其辞，一点儿具体情况都不作交代或者描写，只是单纯地写抽象的相思离别，这就让人怀疑他写诗时，心中到底有没有一个具体的女性存在。也就是说，他到底是真的在思念某一个女子，还是运用这种形式，比喻象征，寄托某种感情。再说，从爱情的排他性、专一性来看，一生只有一次的爱情应该是唯一的，就像贾宝玉与林黛玉、梁山伯与祝英台那样，而李商隐诗中所写的女性众多，有贵家姬妾、邻家的商人之女柳枝，还有道观的女冠，似乎是一个泛爱主义者，这就有违爱情纯洁的道德观念。李商隐曾说："南国妖姬，丛台妙妓，虽有涉于篇什，实不接于风流。"（《上河东公启》）说虽然写了大量的美艳女子，但实际上跟他们没有怀香握玉的情事，只不过通过女子来寄托情感而已。现实生活中的李商隐其实是一个忠于爱情的人，妻子王氏去世后，幕主给他找了一个叫张懿仙的歌妓，为他缝缝补补，照顾他的生活，他毅然拒绝了，晚年的李商隐就在对王氏的绵绵思念中走完人生余程。所以，李商隐的无题诗应该看作抒发人类爱情体验的一种形式。

如果从中国古代诗歌比兴发展来看，从《诗经》《楚辞》开始到李白、杜甫，形成了运用美人香草寄托政治情感的比兴传统。而李商隐又有新的进展。从总体上看，《诗经》的比兴寄托，具有意象单纯、寓意简朴的特点，显得自然天成；《楚辞》的比兴寄托具有意象复杂、辞藻华赡的特点，显得雕琢华赡；阮籍的比兴寄托具有朦胧晦涩、主旨难测的特点，显得隐晦深邃；陈子昂、李白的比兴寄托具有主旨明晰、主观性强的特点，显得明晰真切；张九龄、杜甫的比兴寄托具有委婉含蓄、强调客观的特点，显得含蓄深沉。而李商隐这类以求女来寄托某种感情的作品，比起他的前辈来，一方面是要把要寄托的感情隐藏得更深；一方面是把求女写得更像是在相思爱恋，而不是像曹植、李白等人的同类作品那样，读者一看就知道是在比兴寄托，而不是真正追求思念女性。李商隐的这类诗正因为有这两方面的特点，所以往往使人感到真假难辨。这种把借以寄托的爱情，写得真切而形象，把寄托的内容写得抽象而朦胧，正是李商隐对比兴寄托传统的发展。即李商隐将寄托与形象完美融合统一起来，因此他的诗歌（尤其是无题诗）获得了多重含义，可以作多方面的理解。换一句话说，李商隐无题诗写出了一种涵盖多重感情的"通情"，创造出了一种包括多重境界的"通境"。

综上所述，我们看到李商隐诗歌总是将人物（多为女性）生活空间局限在闺阁之内，弥漫着浓重的脂粉气息，五彩斑斓的精致小空间里充满柔媚雅致的情调，如真似幻的梦境与现实交织在一起，配上金碧红黄的香艳颜色，显示的是温馥绮靡的格调，表现的是晚唐的"枇杷晚韵"。其诗表现了诗人心灵世界的神秘幽邃；因为那里没有时空的限制，既可以思接千载，也可以视通万里，能够在现实世界与幽冥世界自由穿越，能够在天上人间来回往返，所以深邃浩渺、变幻莫测。

如果说李白的诗歌展现的是自身之外的浩瀚空间的话，那么李商隐则是发掘自身之内的一个更为神秘莫测的心灵空间。因此,李商隐被称为"发掘心灵世界的诗人"。有一句话说得好:世界上最广阔的是海洋,比海洋更广阔的是天空,而比天空更广阔的是人的心灵。如果说李白的诗歌描写的现实世界(包含神仙世界),是秩序井然的历历楼台的话,那么李商隐的诗歌(以无题诗为代表),则是展现人类心灵世界混沌无序的一片渺渺云烟。二者都是诗国的奇观。

民俗文化研究

民俗研究视域下的身体与性别民俗实践

张举文*

摘　要：随着现代社会的发展，以女性为主体的女性民俗研究逐渐发展起来，成为与女性性别研究呼应的学术领域，同时，以身体为主的民俗研究也作为身体民俗成为民俗学的一个新方向。两者的关系密不可分，将两者联系起来研究不但可行，而且必要。本文试图对有关概念与研究方法试做些初步界定和探讨，以期抛砖引玉，推动相关话题的研究。

关键词：身体民俗；性别民俗；生理性别；文化性别；认同

以身体和性别作为民俗学的研究主体，分别构建"身体民俗"与"性别民俗"研究领域，这是近些年来民俗学的新发展，是与其他学科交叉的结果。这两个概念各自相对独立，但又有密切关系；有必要合在一起概括论述。

传统的民俗学研究多以"民"和"俗"（或"行为"）等概念将民俗活动中人的身体、性别、言语、动作以及思维合为一体来探讨"民俗"作为"事件"的传统性及其传承与功能。尽管有些研究分别突出"民"或"俗"的作用，但多是将人的身体和性别作为"民"的整体部分来看待。即使是对民间文学中的故事讲述与民间艺术中的歌舞表演和工艺传承，或对社会组织、过渡礼仪等事项的研究中，也常常是笼统地概述"身体"的行为性和"性别"的社会功能方面的问题。但是，近 20 多年来，借助其他学科的新概念，民俗研究愈发关注作为"主体"的"身体"或"性别"问题，特别是"女性民俗"的研究，推动了身体民俗与性别民俗的研究，成为民俗学的新基础领域。总之，虽然"身体民俗"与"性别民俗"可以是两个研究领域，但它们的关系是密不可分的，有必要将它们视为一枚硬币的两个面来对待。

一、身体民俗的界定与研究

身体民俗（bodylore）是指以人体作为生理、心理以及文化和社会的聚合体所形成的民俗。对身体民俗的研究是将身体视为民俗的载体与传承机制，融合多学科理论与方法，对身体在社会意义上的构建和它在民俗交际中的角色作用等问题的研究。依此观点，身体承载和记录着文化，展示着我们如何通过身体构建我们的信仰、象征、认知体系。同时，身体也不断地被赋予社会意义和特征，印证我们作为社会成员的身份认同。民俗学对身体民俗的研究就是要通过身体来揭示社会成员的文化含义，及其在文化交流中的意义假设与构建。

＊　张举文，美国崴涞大学（Willamette University）东亚系教授，美国西部民俗学会（Western States Folklore Society）会长，美国民俗学会会士（Fellow, American Folklore Society）。

　　身体民俗一词，如同儿童民俗（childlore）和互联网民俗（internetlore）等一样，是根据民俗（folklore，由"民"folk 和"俗"lore 两个词合成）的构词法，最早由美国民俗学家凯瑟琳·扬（Katharine Young）在 20 世纪 80 年代末提出和界定。这个概念意味着对之前的以文本为中心的学科视角的拓宽。通过将文本的使用者，即民俗的传承者的身体也作为整个文化传统传承中的一个有机组成部分来研究，这个概念是学科应用范式的一次转换。

　　身体民俗这个概念的范畴有多个层面。在广义上，可以从哲学、宗教、社会、心理、教育等多个学科角度去将身体分别作为主体和客体来研究。在历史和社会意义上，可以将身体作为特定文化的载体、表现以及传承来认识。从人类交际的角度，可以将身体作为交流的媒介、生活意义的网络节点来研究，甚至是作为亚语言（即身体语言，如姿态和表情等）来理解人类如何在交际中构建意义。同时，与身体相关的各种禁忌、身体变形和装饰等方面又构成民俗传统的重要组成部分。总之，通过将身体作为民俗传承的一个主体，民俗学的研究领域得到拓展，也为当代身体研究做出了独特贡献。当然，对身体民俗的研究目前仅处于起始阶段。

　　在对身体民俗的探索中，一个核心的问题是哲学意义上的"身"与"心"的对立，也就是对物质与存在的关系的再思考或再想象。这也提出了如何处理这些二元对立关系的问题：主体与客体、抽象与物质、男性与女性、文化与自然、典范与异常等。对此，从中国民俗实践出发，可以利用中国古典哲学中的"灵魂不灭"和"天人合一"观，特别是"身—心—自然"的一体观，以及"身　心"与"健康"的传统医学观，构建与西方哲学观的对话。其中的问题可以包括身体如何被写入文化传统？如何构成文化话语？如何在这些进程中展演身体本身？人的身体与社会（组织机构的）机体的关系？身体如何有助于对公共知识、身心平衡的理解？

　　在哲学（如现象学）意义上，不同文化产生了不同的身体价值观，对身心的关系有不同阐释。如身与心的二元对立，中国哲学中的身体与灵魂的关系（如阴阳魂魄），中国的"天人合一"宇宙观，等等。相关的宗教意义下的身体，更是突出了不同宗教观中的身体观。如《圣经》中的女性夏娃是来自男性亚当的肋骨，由此形成基督教中对两性地位关系的观念基础。各个民族的起源神话便包含着不同信仰或宗教观对身体与生命、家庭、社会关系的价值观。

　　美学意义下的身体审美体现在绘画、雕塑、舞蹈等艺术形式中。社会学意义下的社会身体关注的是在公共场合中身体的展演。其中，身体形象与自我认同以及群体认同的关系至关重要。而身体与周围环境的关系，从生态学意义下的社会和文化景观层面来说，也是群体认同的重要部分。此外，对身体的认知、书写（如写文化、民族志的书写）、描绘（如美术、媒体、视觉等）、评判、利用等都表明了对身体的不同学科视角。在这些研究中，对"身体"的界线的划定是一个最基本的前提概念。每个个体对自己的身体都有特定的时间与空间意义上的界线范畴。但是实践者与研究者的概念常常不是一样的。此外，对性别的界定，也是日常生活中较突出的身体民俗的一部分，但性别民俗研究不等同于身体民俗研究，尽管两者有着密切关系。

　　对身体民俗的研究，可以"由表及里"地开始，即先界定和分类身体表面的"符号"与

"语言",包括服饰、纹身、首饰佩戴、体型、化妆等。例如,仅仅是针对"皮肤"的肤色就涉及所谓的"种族""民族""社会地位""行业""地域"等本身与附加的意义与假设。各种对身体的变形(如拔牙、纹身、穿洞、带环、割礼、整容手术等)都体现着特定的传统和群体认同符号。还可以"由里向外"地研究,借助心理分析或认知科学等方法,利用"自我"(self)的多重定义、人格的构成(如弗洛伊德心理学中的本我、自我、超我)、心理镜像,以及对身体的"幻想"与"臆想"等概念进行深入研究,因为对生理差异的观念、有关的心理或思维活动都是文化的结果,也是文化的表现。

对身体民俗的研究需要研究者具有跨学科的视野,以便达到这样的目的:基于特定文化,通过对"身体"的构建、解构以及重构来揭示身体作为"主体"与"客体"之不同文化意义。例如,身体的政治意义、社会意义、伦理意义都是身体民俗研究不可忽视的方面。从文化意义上看,日常生活中通过握手、拥抱等身体接触所产生的身体感觉(如气味、温度)对交际的意义、方式和目的都有很大影响。身体与医学、病理学、生理学、理疗、治愈的关系也是民俗传统的一部分。如中医的"望、闻、问、切"便是从身体民俗活动中归纳出的认知身体的系统路径。

虽然对身体民俗的关注只是近些年的研究课题,但是,中国民俗学者通过译介外来理论已经在开拓基于中国文化传统的身体民俗研究领域。例如,通过对美国民俗学在身体转向中的社会与学术思潮的翻译介绍,中国民俗学者借助身体民俗的基本理论视角,关注着身体本质、身体知识与民俗知识的属性问题。基于美国现实,美国民俗学的身体研究走在前沿,甚至超越了对身体习俗的探究,不仅把身体实践看作一个可以和口头叙事、仪式行为等相提并论的研究类型(genre),而且将身体看成民俗学一个基本的理论视角。①

以往的中国民俗学研究在涉及"身体"的研究中,多是关注有关人体禁忌、性行为习俗、占卜(如相面术、手相术)等。传统文献中,诞育礼中有求子礼,是对生男生女的各种秘方与预测,以及相关的饮食禁忌等。在涉及女性社会地位时,多是描述青楼文化、妓女文化、妻妾制,乃至当代的性工作者所涉及的法律和公共健康等问题。这些多是将身体作为客体的记述,缺少对当事者,无论是男性还是女性,作为主体的分析。在过去,中国文化传统中儒家的"身体发肤,受之父母"思想导致对身体的认识主要是从社会和文化功能方面去解读,将身体作为"客体"而不是"主体"。

日常生活中与身体有关的词语反映出的不仅是字面的意义,还有深层的社会、宗教、文化等不同层面的意义。例如,献身(或捐躯)、净身、沐浴、剃度、断发、割发代首、结发(束发)、结发夫妻、赎身、验身、投身、卖身、出身、身价、护身符、纹身、残疾、身外之物、终身大事、以身作则、修身与修心、安身等。此外,民间的说法有:(手术)伤元气、有身子(身孕)、身怀六甲、有身份、身正不怕影子斜等。现代生活中的新概念:整容、器官捐献、身心健康、健身等也都是对身体的新认识结果。

对身体民俗研究的另外一个路径是从"身体叙事"角度来看待身体,将身体视为民俗

---

① 彭牧《民俗与身体——美国民俗学的身体研究》,《民俗研究》2010 年第 3 期;李靖《美国女性主义民俗学研究的理论之路——20 世纪 70 至 90 年代》,《民俗研究》2012 年第 4 期。

实践的表现方式和民俗传承媒介,并在此基础上去分析人体感官与民俗、性别、社会地位等问题。① 基于实地调查,以身体民俗学的角度对个人叙事的分析也体现了民俗学的独特视角。② 又因为对"身体"的概念,东西方不同文化有着不同的宗教和哲学内涵,以中国文化的历史与实践为基础,在与西方对话的同时,构建出新的观念和思路也成为中国民俗学者的期待。③

例如,通过对广西龙胜瑶族"六月六"晒衣节的观察和研究,"凝视"他者与女性身体展演成为旅游场域中的核心。这样的公共展演不仅是对局内人的一种社会话语权的建构,而且也是与局外人的一种认同关系构建,同时成为对"原生态"传统的想象对象,由此构成了"双向凝视"。④

无疑,通过梳理中外有关理论观点的发展线索,结合实践,提出新的定义与研究范围与方法,是一个必要的路径。例如,有学者认为,"身体民俗学是研究与身体相关的民俗事象与民俗文化建构过程的学科领域",其研究对象是"与身体有关的民俗事象、民俗过程中主客体双方的身体应用与身体经验、身体民俗学的理论方法与学术史"⑤。这些对身体民俗的关注还需要将对性别民俗的研究紧密结合在一起,这样才更有意义。

身体这个源自西方学术话语体系的理论概念,与中国的历史和现实既有紧密的相关性又有特别的张力。这也使身体具有特殊的学术和现实意义。从"体知"实践的角度,我们可以考察身体如何被文化所刻写,身体又如何形塑文化,从而探讨民俗生活内在的丰富的身体内涵,探讨中国文化独特的身体观念与现实。在中西文化的比较中,我们有可能从悠久的文化实践传统中发现和发展出可以有效阐释中国文化的理论方法体系。

二、性别民俗的界定与研究

性别民俗是指与性别有关的各种民俗表现形式,是与身体民俗密切相关的概念。性别民俗与女性民俗是相关但不同的概念。女性民俗研究与妇女研究又是一对相关的概念。对女性的民俗学研究与人类学研究也有着不同的侧重点和方法。目前的性别民俗研究较多地关注女性民俗研究,对男性民俗的研究还很少,也还没有系统地对跨性别和多性别方面的民俗研究。总体来说,无论是作为议题还是视角,性别民俗研究在民俗学研究中仍处于新兴和较为边缘的状态。⑥

针对目前学界有关的性别研究,民俗学者康丽认为可以概括出这样三种类型:①将女性群体作为性别研究的重要对象,但在分析过程中,强调性别主体文化实践的差异与多样;②将性别视为剖析文化事象的视角,而不侧重对某个性别群体的特殊关注;③侧重

① 邢莉主编《身体叙事》,《民俗学概论新编》,北京师范大学出版社2016年版。
② 刘铁梁《身体民俗学视角下的个人叙事——以中国春节为例》,《民俗研究》2015年第2期。
③ 彭牧《身体与民俗》,《民间文化论坛》2018年第5期。
④ 冯智明《"凝视"他者与女性身体展演——以广西龙胜瑶族"六月六"晒衣节为中心》,《民间艺术》2018年第1期。
⑤ 王霄冰、褟颖《身体民俗学的历史、理论与方法》,《文化遗产》2019年第2期。
⑥ 例如,目前似乎还没有关于性别与民俗的专著出版。2016年华东师范大学举办了"性别与民俗"的暑期班,是有关专题的首次研讨。另见近期研究,谌骁《发现女性:女性民俗学的发展脉络及反思》,《民间文化论坛》2020年第2期;王均霞《实践民俗志与女性民俗研究的一种可能性》,《民间文化论坛》2020年第2期。

主体性别建构动态机制的研究。具体来看,有关女性民俗的研究还有待深入,一些需要讨论的问题包括如何将多样性的认知真切地纳入对性别问题的理解? 怎样说明在生活世界中女性与其他性别的文化被忽略或未被辨识的情况? 如何能在反思原有性别规制存在的合理性与合法性的前提下,唤起文化享有者对这些弱势群体的关注? 如何解释相关诠释与文化政策将性别刻板印象合法化的过程?①

　　针对女性民俗研究,也存在着视角的问题。与女性研究在其他学科中的表现相似,女性视角进入到民俗学的研究中,也是通过对性别社会建构变量的强调和提升,使得被边缘化甚至无形化的众多女性问题或所谓非正统的议题"浮出水面",并被纳入研究范围,从而改变民俗学以男性及相关议题为唯一正统和标准的局面。需要注意的是,"女性/性别视角"的加入,在强化了探索日常世界的女性主义立场的同时,也有可能因为对两性二元性别架构的固守,引发知识霸权的诟弊,容易显露出一种强烈的"精英"意识,把作为研究者的女性"我们"与作为被研究者的"她们"分离开来,形成一种知识内部的等级体系。而"女性"概念的普适化与均质化,也有可能抹杀在性别主义压迫中不同女性群体经验的差异和多样化,使女性主义研究带有一种殖民主义倾向。同时,越来越多的研究成果呈现出一个事实,在世界范围内,性别认知与实践以多元化的方式存在着,简化性别认知的倾向与对性别二元框架的僵化遵从,会在极大程度上疏离于对性别多样性的尊重。②

　　在中国民俗学发展史上,虽然对女性民俗的研究只是 20 多年来的事,但已有很大发展。民俗学者邢莉较早地以"女性民俗文化"的概念为女性民俗研究打下基础。③ 从民俗学和人类学两个角度,李霞通过"娘家和婆家"等日常生活概念提出女性是社会关系的"依附者还是构建者"的问题。④ 陈秋和苏日娜呼吁对"女性民俗"研究的重视,并强调女性民俗研究不同于妇女民俗研究,女性民俗研究是有关女性的民俗文化和民俗事象,关注民俗生活中性别的习俗化问题,更着重思考性别关系下女性俗民群体和个体的主体性表达。⑤ 王均霞指出,作为女性学与民俗学交叉的女性民俗研究,拥有"关于妇女"与"为了妇女"的双重使命,但以往的研究因将女性民俗实践者抽象成普遍意义上的"妇女"而导致了女性民俗实践者在研究中的缺席/失语。⑥

　　不同民族的民俗文化有其特定的性别概念与意识。民俗学者刘晓春认为,社会性别差异建构了一整套区别男女生理差异的社会文化制度以及习俗惯例。这些习俗惯例与社会文化制度共同形成了一种强大的话语力量,规范了女性的社会行为与思想情感。在传统汉人社会中,社会文化制度对于女性的规范约束因不同社会阶层的妇女而异。社会性别认同的形成,与他者的认同关系密切。与女性有关的民俗禁忌、规范,几乎都与社会

① 康丽《性别与民俗学研究》,《民间文化论坛》2018 年第 4 期。
② 康丽《性别与民俗学研究》,《民间文化论坛》2018 年第 4 期。
③ 邢莉《中国女性民俗文化》,中国档案出版社 1995 年版。
④ 李霞《依附者还是构建者? ——关于妇女亲属关系的一项民族志研究》,《思想战线》2005 年第 1 期;《娘家与婆家——华北农村妇女的生活空间与后台权力》,社会科学文献出版社 2010 年版。
⑤ 陈秋、苏日娜《女性民俗研究发微》,《中央民族大学学报》2012 年第 4 期。
⑥ 王均霞《以女性民俗实践者为中心的情境研究》,《民俗研究》2016 年第 2 期。

对于男性的宽容和放纵相对应；换言之，女性的社会性别认同是由男性他者的承认而获得的，社会性别认同正是在与男性他者长期的历史对话之中形成，并构成了社会对于男女不同性别的心理期待和行为方式。长期以来，男性在社会政治、经济、文化生活中处于主流地位，女性社会性别认同是在一种男性霸权的氛围中获得的。这种霸权不仅仅是男权社会的主流话语，更为可怕的是，霸权的图像已经使女性被迫接受，成为一种压迫的形式，进而把女性自身边缘、卑贱的图像内化为一种自我意识。男权世界预设了一系列关于女性的性别形象，这些形象可以说是对女性性别扭曲的一种认可。在漫长的历史过程中，汉族女性基本处于被贬损、被扭曲的不公正的状态之中。[①]

近些年来，除了针对性别民俗传统的文献整理与考证外，如对中国历史上的"艺伎""裹足""青楼"等习俗的文献综述[②]，上述的民俗学理论研究逐渐开拓出性别民俗研究的新领域。同时，越来越多的有关性别民俗，特别是女性民俗的民俗志研究也得以发表传播。例如，民俗学者刁统菊针对女性民俗学者在田野作业中优势与劣势等问题进行了调查研究。[③] 还有从民俗与文学角度对女性民俗的研究。[④] 对已成为国家级非物质文化遗产的"女书习俗"的研究和保护也体现了民俗学在性别民俗研究中的学科作用。

纵观中国民俗学发展史上对"女性民俗"的关注，民俗学者王均霞认为，整个百年史可以分为四个时期。①20世纪10年代到40年代：与妇女解放运动紧密相连的发轫期；②20世纪40年代到70年代：阶级分析法与民间文艺作品的搜集与研究；③20世纪80年代到90年代：主体客体化的女性民俗研究，即女性民俗研究的成型期；④2000年之后："情境化"的女性民俗研究，即女性民俗研究的发展期。[⑤] 所谓"情境化"研究，是将女性民俗研究置于中国民俗学研究的整体框架下，通过对中国民俗学整体研究观的借鉴与反思，同时借助后现代女性主义的"情境化知识"概念以及现象社会学的相关理念，尝试构拟一种个体的女性民俗实践者及其视线在场，并以此为出发点和落脚点，考察具体日常生活情境中女性民俗实践者与女性民俗文化的互动关系的女性民俗研究范式。[⑥]

三、理解日常生活中的身体民俗与性别民俗

身体民俗与性别民俗在实践中是与其他民俗类型交融在一起的，如行业民俗等物质民俗和社会组织民俗。在学科研究中，饮食与身心健康、性别与医疗和理疗、信仰行为与健康和性别行为、巫术与心理学、医学人类学、营养人类学、健康民俗学等视角都为认识日常生活中的身体民俗与性别民俗提供了理性认知的路径，同时有待进一步发展。在具体研究中，研究的第一步是要进行实地搜集与记录，然后将与身体和性别有关的民俗进行整理和分类，最后，根据课题的核心来侧重研究其文化意义、象征应用、性别和年龄角色或是仪式进程与角色等问题。例如，可以依据下面三种分类做进一步的观察、记录、分

---

① 刘晓春《民俗与社会性别认同——以传统汉人社会为对象》，《思想战线》2005年第2期。
② 高洪兴等编《妇女风俗考》，上海文艺出版社1991年版；高洪兴《裹足史》，上海文艺出版社2007年版。
③ 刁统菊《女性民俗学者、田野作业与社会性别制度》，《民族文学研究》2017年第4期。
④ 毛海莹《江南女性民俗的文学展演研究》，中国社会科学出版社2015年版。
⑤ 王均霞《从"事象"到"情境"：中国女性民俗研究的范式转换与目标生成》，《民俗研究》2014年第4期。
⑥ 王均霞《以女性民俗实践者为中心的情境研究》，《民俗研究》2016年第2期。

类和分析。

（一）身体变形

身体变形是指永久或临时性对人的身体的改变，其目的可以是为了仪式或展演需要，为了审美，为了医疗或健康，或为了惩罚等。身体变形可以是承受者自愿的或是不自愿的。身体变形的形式包括打孔或穿洞（耳环、鼻环、唇环等）；变形（脖环、整容术等）；切割（剃须发、断牙或拔牙、断指或截肢、割礼、胃切除等）；添加或扩充（补牙、丰胸手术等）；压缩（裹足、束胸等）；涂饰（化妆、纹身、身体涂染、染指甲等）；腐蚀（烙印、受戒、激光切除手术等）；刻磨（指甲、职业性变形等）；粘附（假发、眼睫毛等）等。

进入现代社会以来，随着人们对这些习俗的观念发生变化，有些行为或习俗不再存在了，如古代的殉葬（有时是先截肢或断头后殉葬）、"断头""裂身"，以及对罪犯的"烙印"或"刺配"。这也说明了对身体的变形与特定社会的法律和文化等环境有关。而有些行为或习俗似乎更为普遍，甚至流行（如纹身和各种身体部位的穿洞），同时各种整形或美容手术也成为日常行为。

可以看出身体变形习俗的变化也与价值观、法律、技术等多方面的社会变化有关系。例如，以"纹身"为例，在殷商时期，"纹"字指身体上的纹理和涂染身体，即纹身的意思。而且，纹身成为高地位的象征。随着儒家文化的兴起，"身体发肤，受之父母，不敢毁伤，孝之始也"的思想逐渐成为上风，这一习俗被赋予了负面意义，纹身或刺青、刺配成了社会越轨或罪犯的符号，并成为一些传统社会或组织的认同符号，成为"加入礼"的一部分。例如，《水浒传》中的宋江和林冲就在脸上刺青作为惩戒，史进、鲁智深、燕青、阮小五等的纹身也表明了他们当时是不循规蹈矩的社会成员的意思。但是，也有以纹身作为正面意义的。例如，《精忠说岳》中岳母给岳飞后背刺字，成为"精忠报国"精神的积极榜样。

现代社会中，许多文化都将纹身等身体变形行为视为个人审美取向的表现或文化时尚，更多地展示个人或群体认同。例如，近些年来，汉字纹身也成为国际纹身时尚的一个热点。

在许多文化传统中，各种"加入礼"①常伴有特定的身体变形仪式部分。例如，在传统婚礼前对女性的"开脸"、入佛门的"削发为尼"或"剃度"以及"受戒"、一些社会或社团组织的"歃血为盟"等。与此相关的是针对血液、精液、经血、唾液、汗液等的禁忌习俗，这些也应该被视为身体民俗的一部分。怀孕女性在身体上的变化所涉及的各种禁忌民俗和性别民俗也是不可忽视的研究领域。同样，那些没有明显的身体变形，但又直接涉及身体的一些民俗也对研究身体民俗具有重要意义，如苗族的"上刀山"、瑶族的"上刀山"（爬刀梯）和"过火海"、傈僳族的"上刀山"和"下火海"（洗火澡），以及民间的"缩骨术""点穴术"等。

天生的生理残疾、因事故而残废、因医疗原因而截肢等身体变形不属于上述范畴。有关这些种类的身体变形发展出其独特的口头和行为民俗，也需要民俗学家去关注、搜集、记录以及研究。这方面民俗的研究有助于改变社会对这些弱势群体的歧视和偏见。

---

① 另如"成人礼"，详见〔法〕阿诺尔德·范热内普《过渡礼仪》，商务印书馆 2010 年版，第51～86 页。

(二)身体装饰

身体装饰是指服饰、头饰或发饰等装饰或修饰身体的习俗。其功能或目的是多重的,如为了应对天气变化、不同的社交场合、身体健康,或特定审美标准等。其中,性别与群体认同的表现尤其重要。例如,各种民族服饰及其内部认知性别与年龄或婚姻状况的象征符号等都是这部分民俗研究需要关注的。

例如,在中国的五十六个民族中,已经有多个民族的民族服饰被列入国家级非物质文化遗产名录。各个民族也都将服饰作为重要的族群认同符号。当然,每个民族的传统,无论是服饰还是饮食,都是在不断吸收新文化的进程中发展起来的。20世纪初的"中山装"是作为新的国家认同符号而被创造出来的。近年来的"汉服"和"唐装"等现象也体现出对汉民族服饰传统的重构努力。但是,当代城市里的婚礼中所展示出的中国"传统婚礼服"与西方"现代婚礼服"的结合,充分表明了在作为文化符号的服饰方面,传统与现代的跨文化融合与创新。这些都反映了个体和群体以及国家层面上以身体装饰为认同符号的实践,也逐渐成为新日常生活的一部分。

与之对应的是身体装饰在特定场合作为群体认同符号的运用,突出体现在各种仪式或节庆等公共展演中。这些从日常到非日常的活动反映的是特定的仪式中服装所承载的特定象征意义,其角色意义不同于日常生活中的着装。例如,节庆中的舞龙或舞狮、跑旱船、飘色,各地的社火或庙会演出,地方戏曲的表演,甚至是"春晚"中的"地方性"与"民族性"的展示,都是在借助服饰达到强化认同的目的。

集体性的统一标准服装是构建群体认同的重要符号之一。例如,军队的军装,不仅是社会一个特定组织的标准,同时,其装饰也表明了每个成员在其组织内部的地位身份。现代社会中许多部门或行业都有标准服装,如校服、厂服、警服、飞行员和乘务员服等。这些群体认同符号是为了强化社会组织的集体意识以及该组织在整个社会中的地位。

发展于近些年俗称的"广场舞",从以中老年女性为主的群体发展到包括不同年龄和性别的集体性活动,从邻里休闲娱乐发展到更大社会空间的民众健身运动,也从多数人不认同转变为多数人认同的社会行为。尤其是对参与者来说,从中获得的是个人认同及其群体认同感,并使自己和家庭的日常生活更有意义。同时,广场舞也包容和融合了各种舞蹈形式与风格,如民族舞、地方舞、现代舞、拉丁舞等,成为多元文化融合的一个有意义的路径,改变了社会对性别和身体的认知与态度。2017年国家体育总局发布了《关于进一步规范广场舞健身活动的通知》,这也有助于整个社会对身体民俗与性别民俗的再认识。

现代日常生活中的"化妆"与"打扮"等身体服饰行为,随着交际群体的扩大,具有更加复杂的象征意义和功能,同时丰富了相关的其他民俗表现。这些还都有待于民俗学者去进一步的分析与研究。

(三)作为文化机制的生理性别与社会性别

人类的生理性别构成人类繁衍机制的核心,并由此形成一定的生活组织结构。而社会性别作为一种文化机制,凝聚和承载着人类社会生活的组织结构原则,界定着社会关系、社会地位以及行为模式。物质生产和生活民俗、社会组织民俗等社会实践都是通过性别、年龄、身体等具体机制而运作的。研究这些问题,可以将相关的民俗实践作为一种社会进程、一种社会组织结构,或者一种社会阶层结构来看待,可以是多学科和多视角的。对这些问题的探讨,无论是在民俗学还是其他社会科学方面,都是近半个世纪来的新发展。

在现实生活中,有关身体和性别的民俗传统构成日常生活的有机组成部分,体现在婚姻与家庭生活的各个方面。在婚姻与丧葬礼仪上,通过言语、色彩、服装、行为、象征物等民俗事象维系着特定文化和社会的有关身体与性别的观念。例如,诞生礼中与新生儿性别有关的服装、命名、亲属称谓等都关系到家族成员的角色问题。在婚礼的"闹洞房"和丧葬礼的"哭丧""送葬"等仪式性行为中,都常常有明确的性别区分。在日常言语中,在故事、神话、童话和笑话中,性别角色尤其突出。例如,在男权社会中,民间传说和故事的主角则多是女性,像中国的"四大传说"(孟姜女、梁祝、白蛇传、牛郎织女),和西方各种有关"公主"的童话。再如,中国历史上的"缠足""童养媳""妻妾"等习俗,以及当代的"小三"现象等都反映出特定的伦理和性别政治等社会问题。而在女性群体中,或由女性讲述的故事中,常常表达的是不同于男性的对社会现实的态度。现代提倡的男女平等的思潮对民俗研究产生了重大影响,使更多的民俗学者,特别是男性学者开始关注身体与性别习俗。例如,各地"香会"或"庙会"等信仰习俗也开始被从身体与性别角度来认识和分析,由此拓宽了人们对社会、家庭、个人、男性、女性等角色认知的视野。

当代社会在性别的界定上无疑形成了与传统的民俗观的冲突。例如,通过医学和法律层面的跨性或变性,同性恋或婚姻等社会现象,愈发受到社会的认可与接受。其实,民间故事中早已有大量的相关内容,有助于理解这些行为。例如,通过故事类型和母题的研究,可以看到有大量的传统故事是有关"身体转换"的,如人变成动物或动物变成人,男人变成女人或女人变成男人,以及动物或物件可以说人话等的"巫术转换"故事,都映射了不同社会对性别和身体的多重性的认识。其中,对人的身体与动物的比较,女性与男性的性别力量的比较,都体现出特定的价值观,如民间故事中的一些常见类型:301"三个公主遇难";301A"寻找失踪的公主";312A"母亲(或兄弟)入猴穴救女";313A"女孩助英雄脱险";314"青年变马";333C"老虎外婆";400C"田螺姑娘";400D"其他动物变的妻子";411"国王和女妖";433D"蛇郎";465"妻子慧美,丈夫遭殃";480D"仁慈少妇和魔鞭";507A"妖怪的新娘";510A"灰姑娘"(中国版的"叶限");876"聪明的侍女与求婚者们";882"对妻子的贞洁打赌";884A"一个姑娘化装成男人和公主结婚";930A"命中注定的妻子"(如"月老婚配")等。①

无疑,身体与性别问题是故事学研究中的一个重要问题,有待深入研究。例如,在中国有千年历史的"妙善"和"碧霞元君"(千花公主)故事,以及类似的"龙女"故事,都属于923B"负责主宰自己命运的公主"类型。通过从身体、超越、家庭观念以及宗教信仰方面比较这个类型的中国故事和法国故事,可以清楚地看出"其相似之中又蕴含很多细节上的不同,正是这些细节折射出两张宗教文化的本质差异",从中看出中国女性在社会与自

① 〔美〕丁乃通《中国民间故事类型索引》,郑建成等译,华中师范大学出版社 2008 年版,第 42、43、50、52、56、64、77、78、83、84、96、105、113、114、182、187、188、212 页。

然、美与恶的灵魂观、神圣与世俗的宗教观之间，如何用自己的身体"实现家庭价值来解决终极危机"[①]。

总之，对身体民俗和性别民俗的研究毕竟是民俗学研究的一部分，而民俗实践和民俗研究的核心都是认同，即个体与群体如何通过日常生活实践重构和维系个体认同、群体认同、文化认同。因此，身体民俗与性别民俗都是民俗认同的符合表象，反映的是特定文化中的文化价值观，并包含着特定时代与社会环境的印记，以及意识形态。[②]

现代生活的商业化进程也充分利用了有关身体和性别的民俗，特别是相关的民俗符号。例如，生日礼中（如"满月"或"百日"）通过色彩体现出新生儿的性别：粉红色代表女性；蓝色代表男性。服装业和玩具业也制作大量相关的礼物，在获得商业利益的同时使得传统的习俗更加突出。同样，成人礼、结婚礼和丧葬礼也在商业化进程中进一步强化了身体与性别的民俗。现代生活中的化妆品，通过人的嗅觉与视觉等感官，揭示出对身体与性别的新认识。甚至通过"身体味"来分析"人味"，进而将人的神经生理系统与社会文化价值观体系结合起来，由此来看民俗在社会文化的发展与传承中的作用。现代的"无痛纹身"和电动纹身技术在与传统纹身技术与图案结合的同时展示了新的消费和审美观。现代社会在打破传统的身体与性别禁忌的同时，又创造了新的禁忌等民俗。文学艺术更体现出现代思潮的发展与变化。除了民间故事和文学作品外，大众传媒、绘画、雕塑、音乐等作品也通过身体和性别来表达不同的思想和象征意义。此外，在互联网时代，以年龄和性别（如 LGBTQ＋）以及特殊兴趣为基础所形成的虚拟群体如何传承和实践民俗传统，这些互动与现实群体及其日常生活之间的互动等问题，都是研究身体民俗和性别民俗不可忽视的方面。因此，现代生活中的身体与性别的民俗研究为人类对自身的认识提供了新的视角，是认识现代社会中的各种认同问题的有益途径。

---

① 鞠熙《身体、家庭与超越：凡女得道故事的中法比较》，《民俗研究》2015 年第 2 期，第 81～90 页。另见，林兰主编《龙女》，《渔夫的情人》，北新书局 1929 年版。

② 张举文《民俗认同是日常生活与人文研究的核心》，《文化遗产》2021 年第 1 期。

民间传说、革命记忆与历史叙事

——以运河流域英雄人物传说为中心的讨论

毛巧晖 *

摘　要：20 世纪以来,"英雄"的文化内涵始终处于不断被修改和再生产的动态过程之中。运河流域英雄人物传说在适应于地方及时代需求的改编和创制中,赋予了民众一种新的主体意识想象。本文通过梳理运河流域英雄人物传说的建构路径,探讨其产生、发展及流变中对"革命性"与"人民性"的建构;英雄人物传说的在地化生产亦为人们提供了一种历久弥新的精神核心,在强调传说"地方性"的同时,也建构起运河之于革命的重要意义。

关键词：运河流域;英雄人物传说;革命记忆;在地化生产

19 世纪与 20 世纪之交,在国族主义的风潮鼓荡下,晚清知识分子为了"唤起国魂""振兴民族",建构了一套有着特定"框架、声音与叙事策略"的论述策略。[①] 以晚清为滥觞,中国"民族英雄"系谱逐渐得以建构,"英雄"被当作凝聚近代中国国族认同的重要象征资本(symbolic capital)。1904 年,梁启超在《中国之武士道》[②]中择取春秋战国以迄汉初,"我先民之以武德著闻于太史者","为学校教科发扬武德之助焉"。1905 年,蒋智由在《论中国人崇拜岳飞之心理》一文中即指出:英雄之"复活",实为教育观者,使"国人发生英雄心"。陶成章在《中国民族权力消长史》中谈及"英雄者,历史之产出物也;历史者,英雄之舞台也。表赞已往之英雄,而开导未来之英雄,亦历史家之责任,且国民之分应尔焉"[③]。于是,晚清诸人埋首于故纸堆,务以"本国英雄"为模范,"染我神圣学生军"。[④] 此外,陈去病的《明遗民录》、马叙伦的《啸天庐搜幽访奇录》、刘师培的《刊故拾遗》等笔记杂志,记载了宋明时期英雄人物之烈行。这些原本存在于地域民俗记忆中的英雄人物被提升到国家层面,他们在历史叙事中脱离原先所附着的时空场域,成为全中国歌颂与表彰的对象。[⑤]

"每一次历史断裂,每一个新的主人能指的到来,都回溯性地改变了一切传统所具有

---

　　* 毛巧晖,中国社会科学院民族文学研究所研究员,主要从事中国民间文学学史、民俗学研究。本文为国家社会科学基金项目"新中国 70 年少数民族民间文学学术史"(项目编号:20BZW190)的阶段性成果;北京市委宣传部重大委托项目"北运河流域民俗文化普查及民俗文化志编纂"(批准号:京财科〔2018〕86 号)的阶段性成果。

　　① 沈松侨《振大汉之天声:民族英雄系谱与晚清的国族想像》,《"中央研究院"近代史研究所集刊》2000 年第 33 期,第 39 页。

　　② 梁启超《中国之武士道》"自叙",中华书局 1936 年版。

　　③ 陶成章《中国权力消长史·叙例》,参见汤志钧编《陶成章集》,中华书局 1986 年版,第 214 页。

　　④ 沈松侨《振大汉之天声:民族英雄系谱与晚清的国族想像》,《"中央研究院"近代史研究所集刊》2000 年第 33 期,第 47 页。

　　⑤ 其复杂多变之复杂面相亦在此过程中被抹杀,他们"忠君爱国"的事迹均经历了传奇打造(legend-making)的阶段。

的意义,重构了对过去的叙述,使其以另外一种新方式具有可读性。"①从 1918 年的歌谣运动到 20 世纪 30 年代中共革命根据地的红色歌谣创作风潮,再到 1958 年文艺领域出现了"全党全民办文艺"浪潮,英雄人物传说在新文化运动及文学革命的感召下,从晚清时期"同质化""整体性"叙述中被解放,以"革命"的昂扬姿态参与了中国新文学的重构。与晚清时期自上而下的政治解读和文人想象不同,延安时期强调客观地搜集整理英雄人物传说并予以意识形态化的改写、重塑及创制。② 新中国成立后,随着"为人民大众"的文艺样式与实践活动在全国范围内推广③,英雄人物传说被纳入"革命中国"的构建中。从历史叙述到民间传说,在英雄人物传说的更迭过程中,它凭借着"革命性"及"人民性"的文化表征参与并推动了中国社会的现代转型。

一、英雄人物传说的产生与发展

"流域"作为人—地—水交叉互动的复合系统,同时是文化多样性的承载单元。④ 民间传说在运河流域传播的过程,也是重新塑造连接自我—他人、地方—世界的多重关联网络的过程。流动的运河为传说的"认同"提供了一种物质表征和真实存在,而传说的"在地化"(localization)又将物质现实转化为身份认同的代表性符号。

运河流域的英雄人物传说以其明显的历史感与解释性,演述着人们的欲望、动机、观念、情感与策略。"人物传说主要是关于历史上著名人物的故事。劳动人民对各种人物都有自己的评价。在传说中他们对革命领袖和劳动英雄、民族英雄进行歌颂,记载他们的丰功伟绩,对暴君、国贼进行鞭笞和咒骂。"⑤流传丁运河流域的英雄人物传说根据内容大致可分为古代英雄人物传说、义和团传说、抗日战争传说、解放战争传说等。

以义和团传说为例,此类英雄人物传说原本以义和团运动⑥为本事,通过对那些具备英雄想象价值的主体形象的塑造与深描,在"层累"演变中做出了适应于地方及时代需求的改编和创制。19 世纪末,义和团开始在近畿一带活动。⑦ 1900 年春,北京临近州县的义和团进入北京城内及近郊,南郊的黄村镇和庞各庄由于地处交通要道,成为义和团活动的中心地带。4 月,宛平县齐家司马兰村的坎字义和团发出"晓谕"揭帖,旨在"扶清灭洋,替天行道"。6 月,冀中和顺天府属各州县的义和团,也陆续进入北京。当时,有一篇名为《关帝鸾语》的揭帖盛赞义和团运动之意义:

---

① 〔斯洛文尼亚〕斯拉沃热·齐泽克《意识形态的崇高客体》,季广茂译,中央编译出版社 2002 年版,第 78 页。

② 关于延安时期"民间"的改写、重塑及创制,具体参见笔者拙文《从解放区文艺到人民文艺:1942 年—1966 年革命民间文艺对人民性的凝铸》,《华中学术》2020 年第 2 期,第 215~225 页。

③ 毛巧晖《民研会:1949—1966 年民间文艺学重构的导引与规范》,《中央民族大学学报》(哲学社会科学版) 2019 年第 1 期,第 168~176 页。

④ 毛巧晖、张歆《运河记忆与村落文化变迁:以北京通州里二泗小车会为中心的考察》,《西北民族研究》2021 年第 2 期,第 30 页。

⑤ 段宝林《中国民间文学概要》,北京大学出版社 2003 年版,第 63 页。

⑥ 〔美〕柯文《历史三调:作为事件、经历和神话的义和团》(典藏版)"英文版序言",林继东译,社会科学文献出版社 2015 年版。

⑦ 1895 年在都城附近,即有山东义和拳投效清军;1899 年,京城开始出现群众练习神拳的活动,有的拳民公开"授人以艺"。

四海风云驾海潮，争权争教又争朝。西风未尽南风起，兵火相连野火烧。天下各省谁为主，满天星斗与妖孽。生灵到底归何处？只见明灯路一条。①

面对发展势头强劲的义和团运动，清政府于 5 月 5 日批准《禁拳章程》②，后又派遣武卫中军将领孙万林、同知林绍清会同地方官员到长辛店、良乡、涿州等地，对义和团"晓以大义，反复开导"③。据史部尚书刚毅所述，自卢沟桥以南，"拳民三五成群，所在皆有"；在良乡县境内，"各村乡镇，均设有拳厂，声言灭洋"；在琉璃河左近，"聚集甚伙"。④ 凡此种种，实言此时义和团运动之盛。⑤ 当时，"北运河沿岸共有 87 个村庄，其中有 75 个有了义和团组织，几乎是村村立坛口，个个都练拳"⑥。从这一时期开始，关于义和团"繁赜多变""众声喧哗"的历史逐渐在论争、对抗和位移的过程中，不断厘定界域，并被赋予新的意义。据阿英搜集整理的《庚子事变文学集》⑦中《关于庚子事变的文学》一文所述，20 世纪初反映义和团运动的文学作品，在各方面都比过去的对外战役多。⑧ 书中分为"诗词""小说""说唱""散文"四卷，"说唱"一卷记录汪孝侬的《时调唱歌》(北调)、无名氏的《庚子纪略》(牌子曲)、洪寿山的《时事志略》(三十八段)、李伯元的《庚子国变弹词》、林纾的《蜀鹃啼传奇》、陈季衡的《武陵春传奇》等。其中，李伯元的《庚子国变弹词》初载《繁华报》辛丑(一九〇一年)至壬寅(一九〇二年)刊完。"是年冬，由报馆刊成单本六册"⑨。李伯元在自序中谈及其创作初衷：

殊不知我们中国的人心，是有了今日，便忘了昨朝，有了今日的安乐，便忘了昨朝的苦楚。所以在下要把这拳匪闹事的情形，从新演说一遍。其事近而可稽，人人不至忘记，又编为七言俚句，庶大众易于明白，妇孺一览便知，无非叫他们安不忘记危，痛定思痛的意思。⑩

1924 年，以陈独秀发表《我们对义和团两个错误的观念》⑪一文为标志，中国共产党开始有计划、系统性地重构有关义和团的历史叙事，肯定其民族反抗精神。⑫ 1933 年，《燕京大学图书馆报》专门撰文介绍新时代史地丛书之一《义和团运动史》⑬，认为"义和团运动是中国民众运动史上的划时代运动"。义和团运动"领导中国民众运动走向一个新

① 孙敬《义和团揭帖》，《近代史资料》1957 年第 1 期，第 12 页。

② 由步军统领衙门、五城监察院和顺天府等联合发布。《五城公牍汇存·中城公牍》，光绪二十六年二月至二十七年二月呈稿。

③ (清)荣禄《荣文忠公集》第 3 卷，《清代诗文集汇编》编纂委员会编《清代诗文集汇编 751 存悔斋文稿 荣文忠公集 烟霞草堂文集 不慊斋漫存》，上海古籍出版社 2010 年版，第 84 页。

④ 国家档案局明清档案馆编《义和团档案史料》上册，中华书局 1959 年版，第 137 页。

⑤ 廖一中、李德征、张旋如等《义和团运动史》，人民出版社 1981 年版，第 155 页。

⑥ 1958—1960 年期间，南开大学历史系与天津历史博物馆合作调查北运河流域义和团运动史料所载。参见南开大学历史系《天津义和团调查》，天津古籍出版社 1990 年版，第 49 页。

⑦ 阿英编《庚子事变文学集》，中华书局 1962 年版。

⑧ 阿英编《庚子事变文学集》，中华书局 1962 年版，第 7 页。

⑨ 阿英编《庚子事变文学集》，中华书局 1962 年版，第 29 页。

⑩ (清)李伯元著，阿英编校《庚子国变弹词》，上海良友图书印刷公司 1935 年版，第 2 页。

⑪ 独秀《我们对于义和团两个错误的观念》，《向导》第 81 期，1924 年 9 月 3 日。

⑫ 马思宇《中共早期对义和团的历史叙述与革命宣传》，《中共党史研究》2019 年第 12 期，第 35 页。

⑬ 陈捷纂述，吴敬恒、蔡元培、王云五主编，何炳松校阅《义和团运动史》，商务印书馆 1931 年版。

的阶段,展开了中国革命的新路线",其在中国近代史上之地位,不言可知。①《义和团运动史》作为一部博大精深的义和团运动革命史,描写和分析了这个伟大的革命运动。此书绪论部分亦谈到"义和团者,殆帝国主义压迫之反动,吾国民族主义运动之雏形也。论者责其方法不善可已;至其反抗压迫之精深,则正中国民族性之表现也"②。

20世纪20年代至40年代期间,围绕着义和团的历史叙事仍处于一个不断调整、发展的状态中,"深受时势演变和革命进程的双重影响",但这一时期记录、搜集、整理的义和团故事、歌谣、趣史等实可视为运河流域义和团传说之先声。

如1931年《北大学生周刊》刊载《义和团叛变中的故事》,谈及小时候夏天乘凉时母亲讲述的义和团故事,虽然也谈及义和团勾结乡里无赖"诈财"之恶行,但其中亦谈及邻人之妻在遇到义和团追赶之时,恰逢她的婆婆赶了上去,才得以脱困。原因竟是因为"义和团们,都是她婆婆的娘家村里的和她婆婆全认识"。后来"义和团们"逃到了穆山,首领苏老坚带着徒子徒孙们竖起了"扶清灭洋""为国牺牲"的大旗,并在穆山上和"鬼子们"进行了激烈的战争。③

1936年,《歌谣周刊》刊载一则"塞北歌谣"《义和团》④,其后特别注明此为形容清末义和团闹乱的情形:"义和团,红灯罩,一心要灭天主教。拆洋楼,拉铁道,电信杆子全不要。"1940年儿童刊物《小主人》⑤刊载《故事:义和团的趣史》⑥,以戏谑的口吻介绍了义和团的"拳法"和"咒语",侧重描写义和团战斗时的可笑举动:他们面对敌人的枪炮,念起"左青龙,右白虎""北方洞天开,洞中请出铁佛来,铁佛坐在铁莲台,铁盔铁甲铁壁塞,闭住炮火不能来"。

这些以"义和团运动"为内容的通俗文艺创作,一方面有利于义和团传说的产生及跨地域传播,义和团传说"反抗外敌入侵""争取民族解放"的开创意义逐渐凸显;另一方面又使本地民众能够深入了解义和团传说及反抗外辱的故事,加深了传说的地方性。相似的民间传说流传于天津武清县(现为武清区)、河北廊坊安次县(现为安次区)及北京良乡、长辛店一带,并沿着运河水系延伸,故事中的社会经济与文化景观呈现出某种"结构性的相似"。

二、历史、叙事与回忆:英雄人物传说的流变

运河将"上中下游和左右岸的自然体和人类群体连接为一个不可分割的整体"⑦,内部凝结着共同价值、经验、期望和理解的意义体系。作为一种与运河的"流动"紧密相关的文化模式,运河流域英雄人物传说通过对运河记忆的重述及共有文化符号的认同,增强了运河文化的交流、交融及和谐。

---

① 健《义和团运动史》(新时代史地丛书),《燕京大学图书馆报》1933年第53期,第2页。
② 陈捷纂述,吴敬恒、蔡元培、王云五主编,何炳松校阅《义和团运动史》"绪论",商务印书馆1931年版。
③ 属实《义和团叛变中的故事》,《北大学生周刊》1931年第2卷第2期,第25~26页。
④ 宗丕风《塞北歌谣:义和团》,《歌谣周刊》1936年第2卷第35期,第7页。
⑤ 1938年9月在上海创刊,周刊,属于儿童读物。刊内设置了固定栏目,主要有图画、谈话、短篇小说、趣闻、连续趣画、新童话、小常识、社会、诗歌等。
⑥ 危忠义《故事:义和团的趣史》,《小主人》1940年第4卷第21期,第16~18页。
⑦ 曾江《作为方法的流域:中国人类学新视角——流域人类学大有可为》,中国社会科学网。

　　从 20 世纪 30 年代中国左翼文艺运动到 20 世纪 30 年代末毛泽东提出的"民族形式""中国作风""中国气派"等理念①,再到 1942 年的《在延安文艺座谈会上的讲话》②发表后"文艺为人民"话语的确立,文艺领域逐步形成了"文艺为人民"的新的话语体系,这"决定性地影响到 1949 年后中国的政治、经济和思想文化的发展"③。以"文字"为中心的"文学"由于文化背景的变化而发生了非"文字"为中心的"文艺转向",从而造就了"人民文艺"的繁荣。④

　　围绕运河流域民间传说的搜集整理工作正是在这一历史语境中展开。以 1930 年 10 月 13 日出生于河北省安次县(现廊坊市)董常甫村的张士杰对义和团传说的搜集整理为例,据他自己回忆,幼年时期开始,他就特别喜爱听当地的老人回忆义和团痛打洋毛子的故事,也时常讲给一起去龙河岸边打草拾柴的小伙伴听。⑤ 1952 年,他从廊坊简师毕业之后,先后到熊营、东张务、淘河等村任教。这一时期,他开始对运河流域的民间传说进行调查、搜集、整理。⑥ 1957 年 12 月,中国民间文艺研究会⑦主办刊物《民间文学》第 12 期,首次刊登了张士杰搜集整理的《灶王爷》《通天塔》《无梁寺》《金沙滩》《逆水行船》《烧画》《腊八粥》共 7 篇民间故事。1958 年 2 月,河北人民出版社出版张士杰搜集整理的民间故事集《西瓜女》⑧,同年 5 月,《龙河故事集》⑨出版。1958 年 4 月开始,《民间文学》⑩陆续发表《红缨大刀》《托塔李天王》《铁金刚》《宗老路》《渔童》等 11 篇民间故事。顾颉刚和汪曾祺均专门撰文讨论他对于义和团传说的搜集整理工作。⑪ 其后,张士杰陆续出版了《金沙滩》⑫《托塔李天王》⑬《张绍桓包打西什库　义和团传说故事》⑭《洪大海　义和团的故事》⑮等故事集。

————————

　　① 1938 年 10 月毛泽东在《中国共产党在民族战争中的地位》中即谈到"中国老百姓所喜闻乐见的中国作风和中国气派",提倡利用"民族形式"。中国共产党晋察冀中央局《毛泽东选集·中国共产党在民族战争中的地位》,新华书店晋察冀分店 1938 年版,第 20 页。

　　② 《在延安文艺座谈会上的讲话》最初是 1942 年 5 月毛泽东在座谈会上口头发言时的速记稿,1943 年 10 月在《解放日报》的第一次公开发表,被称为"四三年版本"。1953 年毛泽东进行了修订,将其编入《毛泽东选集》第三卷,在这个过程中,毛泽东对其中的一些论点和文字,作了两次较大修改,形成了三个不同版本。参见毛巧晖《涵化与归化——论延安时期解放区的"民间文学"》,华东师范大学 2005 年博士学位论文。

　　③ 高华《革命年代》(第二版),广东人民出版社 2012 年版,第 206 页。

　　④ 罗岗《"人民文艺"的历史构成与现实境遇》,《文学评论》2018 年第 4 期,第 16 页。

　　⑤ 刘化田《著名民间文学作家张士杰小传》,中国人民政治协商会议河北省廊坊市委员会学习文史工作委员会编《廊坊文史资料》(第 1 辑),1989 年版,第 56 页。

　　⑥ 刘化田《著名民间文学作家张士杰小传》,中国人民政治协商会议河北省廊坊市委员会学习文史工作委员会编《廊坊文史资料》(第 1 辑),1989 年版,第 57 页。

　　⑦ 1987 年 5 月其更名为"中国民间文艺家协会"(简称"中国民协")。该组织首任主席为郭沫若,周扬、钟敬文、冯元蔚、冯骥才为历任主席,现任主席为潘鲁生。

　　⑧ 张士杰整理,刘汉宗绘图《西瓜女》,河北人民出版社 1958 年版。

　　⑨ 张士杰整理,刘佩武绘图《龙河民间故事》,河北人民出版社 1958 年版。

　　⑩ 《民间文学》在第七、十、十一、十二期上连续发表了张士杰整理的多篇民间故事。

　　⑪ 顾颉刚《读了义和团故事之后》,《民间文学》1959 年第 2 期;汪曾祺《仇恨·轻蔑·自豪——读"义和团的传说故事"札记》,《民间文学》1958 年第 4 期。

　　⑫ 张士杰记录《金沙滩》,上海文艺出版社 1959 年版。

　　⑬ 张士杰搜集整理《托塔李天王》,百花文艺出版社 1960 年版。

　　⑭ 张士杰搜集整理《张绍桓包打西什库　义和团传说故事》,上海文艺出版社 1960 年版。

　　⑮ 张士杰《洪大海　义和团的故事》,河北人民出版社 1979 年版。

　　汪曾祺曾表示："义和团的传说故事是真实的人民的历史……刘老爹、张头和李头、铁金刚、宗老路等这些人未必可以查考，但是它却能比较真切地告诉我们一些关于当时运动的情况，其可靠程度是超过许多官方和私家的记载的。"①如《"秃和尚"吓退了何瘸子》《洪大海》《白母鸡》《战落堡》《梁三霸团》等民间传说中，尤为强调那些能够表征与满足意识形态诉求，促进集体文化记忆形成的英雄话语的生成与建构。以《"秃和尚"吓退了何瘸子》为例，其中提到永清县的义和团"大师兄"叫"秃和尚"，他领着大家，在永清县里杀恶霸、砸财主、拿二毛子、捉洋毛子、烧教堂、打官兵、砸赌局、宰收税的……张士杰在《民间流传着的义和团的有关资料》中也提到了这位带着大家进行斗争的大师兄，他最终"到底是被害了"，人们送葬的时候，还糊了纸人、纸马、纸枪、纸刀，一齐烧掉，但是谁也不许哭——如果一伤心，就不灵了；如果不哭，过一个时期大师兄还会活。② 这种文本建构无疑达成了一种历史与记忆的共识。莫里斯·哈布瓦赫（Maurice Halbwachs）在《论集体记忆》中指出，"过去作为一个连续与变迁、连续与更新的复合体"③，不是被保留下来的，而是在现在的基础上重新构建的。"当下"社会赋予"义和团运动"这一段革命记忆以新的选择性、重要性和价值性，进一步强调那些与集体命运相关的记忆内容，给生活在运河流域的大众带来强烈的认同感与归属感。

　　义和团传说展现的"中国人民反抗帝国主义野蛮侵略罪恶行径的英勇壮烈精神"④与运河流域流传的抗日战争传说有着一脉相承的内在关联，同样是反抗帝国主义侵略，但其"特质和结局"却截然不同。抗日战争"彻底打败了日本军国主义侵略者，捍卫了中华民族5000多年发展的文明成果"⑤，由这场伟大战役中孕育而出的英雄人物传说，以其辉煌色彩和感人魅力流传于世。如饭仓照平教授在他的《现代中国民间故事中看到的日本》⑥一文中引述了三十则中国军民抗击外辱的传说，涉及东北抗日联军、华南东江纵队及华北平原游击队、白洋淀雁翎队的抗日斗争。如河北滦县的《豆腐炮大楼》、北京平谷的《一百颗炮仗》、北京顺义的《西瓜计》、河北定县的《标语牌子》、河北白洋淀的《苇塘大戏》等。⑦ 到了解放战争时期，国民党占领北运河两岸的诸多村落。北运河东部的宜兴埠、小淀、刘安庄、小贺庄、刘快庄、潘庄，西部的青光、双口、陈嘴、王庆坨和北部的屈家店闸、双街等地，建满了炮楼和据点，国民党抓兵抢粮，欺压百姓，妄图做最后的挣扎。⑧ 运河流域也由此形成一条联络冀中和冀东两大革命根据地的"生命线"。民间传说《秘密交通线》即源自1947年彭真同志"借道武津，跨过运河"去晋察冀边区开展工作的真实故事。⑨ "秘密交通线"指的就是"从安次县的得胜口经武清县的西肖庄、陈嘴、马家口过津

---

①　汪曾祺《仇恨·轻蔑·自豪——读"义和团的传说故事"札记》，《民间文学》1958年第4期。

②　《民间流传着的义和团的有关资料》，张士杰搜集整理《托塔李天王》，百花文艺出版社1960年版，第253页。

③　〔法〕莫里斯·哈布瓦赫《论集体记忆》，毕然、郭金华译，上海人民出版社2002年版，第46页。

④　刘守华《抗日战争与民间叙事——从日本学者的相关评述说起》，《民间文化论坛》2015年第5期，第48页。

⑤　钟声《纪念伟大胜利 捍卫世界和平》，《人民日报》2020年9月3日第3版。

⑥　饭仓照平《中国现代民间故事中看到的日本》，载《民话集刊》，1988年春季中国民话特集。

⑦　刘守华《抗日战争与民间叙事——从日本学者的相关评述说起》，《民间文化论坛》2015年第5期，第47页。

⑧　中国人民政治协商会议，天津市北辰区委员会文史委员会编《北辰文史资料·北运河》（第9辑），天津古籍出版社2003年版，第176页。

⑨　天津市档案馆编《天津运河故事》，天津人民出版社2014年版，第171页。

北郊的小街、高庄、韩盛庄到宁河县的大龙湾"①这一线路,途经北运河与永定河。

此外,还有很多讲述民间的"奇人异士"参与革命的传说,如《杨村好汉沙铁杆》讲的是清末民初的摔跤能手沙长旭(沙昶旭)的故事,讲的是北运河岸边一个普通的摔跤手在经历"受辱长志""初试锋芒""威震张五霸""擂台抖威风""脚踩日本兵"之后,最终成长为一个革命英雄。当地亦有诗赞曰:"国破山河在,虎瘦有雄风。铁杆爱国志,乡民传美名。"②

三、英雄人物传说的在地化生产

运河流域英雄人物传说的传承与传播始终与民众的日常生活密切相关,共享的运河文化亦成为不同群体互动和新传统形成的驱动力。新时期以来,围绕"中国民间文学三套集成"编纂所展开的民间文学普查,大量收录英雄人物传说的故事集、连环画、资料汇编等陆续出版,这些经过整理的英雄人物传说又反向流向民间,民众将其与运河文化交融,在涵化与合成中完成了传说的在地化生产。运河流域的革命记忆与历史叙事相互呼应,在特有的文化想象中形塑了人们对传说的感知机制,亦获得了一套相对固定的文化符码。

21世纪以来,"文化遗产"(cultural heritage)的内涵和类型渐趋丰富。文化遗产中的活形态表现形式(living expressions)被凸显,如口头传统,表演艺术,社会实践、仪式和节庆活动,有关自然界和宇宙的知识与实践,以及制作传统手工艺的知识和技能。③ 2006年,我国开始推行三级非遗保护体系,设置国家级、省级、区级非遗名录,非遗的保护和传承工作在国家管理体系中逐步开展。④ 沧州武术(劈挂拳、燕青拳、孟村八极拳、六合拳等)"传统体育、游艺与杂技"被纳入国家级非物质文化遗产代表性名录。⑤《河西务血战八国联军》《护送彭真过运河》《黄金祥献计北仓之战》《河西务走出的杨家将》《杨村好汉沙铁杆》《北运河畔穆家军》《温世霖母子办女学》《陈立夫与天津桃花堤》《赵老大怒杀盖易思》等传说通过革命记忆与历史叙事的叠加,逐渐建构起一个运河文化的表意体系。

英雄人物传说的生产,起初乃是"民族解放意识"召唤下的产物,如《张头和李头》⑥讲述了"洋人威逼人民修铁道"的故事,面对帝国主义与封建势力的压迫,张头、李头发出了"我们该听我们自己的啦"之感慨,揭示了中国人民最为可贵的觉醒意识。在传说的结尾,人民一同脱下脚上的鞋子,给了帝国主义和封建势力"一顿鞋底子",单是鞋上附着的泥土就把他们埋葬起来了。这种豪迈、乐观的话语表述,体现了"集体主义名义"之下人民群众的斗争形态。

近年来,面对全球化带来的文化流动与变迁,"遗产通过传递支撑身份认同的永恒价

---

① 杨光祥编著《天津津辰史迹》,天津古籍出版社2007年版,第160页。
② 天津市档案馆编《天津运河故事》,天津人民出版社2014年版,第194～197页。
③ 联合国教科文组织《何谓非物质文化遗产?》,巴莫曲布嫫译,《民间文化论坛》2020年第1期,第115页。
④ 焦洪涛、李卓然《〈中华人民共和国非物质文化遗产法〉出台的历程及意义》,陈平主编《中国非物质文化遗产发展报告(2015)》,社会科学文献出版社2015年版,第269页。
⑤ 中国非物质文化遗产网・中国非物质文化遗产数字博物馆,http://www.ihchina.cn/project.html♯target1.
⑥ 张士杰搜集整理《张头和李头》,贾芝、孙剑冰编《中国民间故事选》,作家出版社1958年版,第29～33页。

值观及完整血脉而为人类提供存在意义"①。通过"记忆的建构"与"认同的缔造"，英雄人物传说的在地化生产在某种程度上成了构建运河文化网络的演进形式。《拳匪纪闻》《义和团运动文献资料汇编》《义和团运动史》中对通州、北仓和河西务等几个运河周边地区爆发的大规模反帝斗争描述颇为详尽。② 英雄人物传说借助于对围攻贾家瞳（法国天主教所在地）、焚毁南地、南仓教堂和牧师住宅等诸多事件的重述，试图表达出更具普遍性的文化政治意涵。如《黄金祥献计北仓之战》中侧重展现的是黄金祥的过人智慧，他所献三条妙计（引水东灌、修筑工事、以工代赈）在实战中发挥了重要作用。杨村、北仓等处布置之周密，"诚出于列国意料之外"③。香河一带的民间传说《痛杀洋毛兵》则提到"洋毛子"在河西务同义和团爆发的大规模战争，战势之惨烈，甚至染红了运河水。④

此外，还有张德成、黄莲圣母、曹福田、刘十九、韩以礼、杨寿臣、刘德胜、王荫荣等英雄人物的传说。他们在人们的想象中逐渐成为一种神化的"象征符号"。以张德成为例，据"天下第一团"的旗手李振德老人回忆，1900 年 6 月，张德成率领团民顺运河下天津，两岸百姓夹道欢迎：

> 张德成所率团民至小稍直口，在福寿宫等处，休息一日。第二天裕禄亲自带领人马，携带绿色八抬大轿迎接张德成。张德成坐在轿中，裕禄扶着轿杆，御河沿岸的天津街坊的人民都焚香跪迎，嘴里不断喊着："张活神仙来了，咱们天津卫有救了。"⑤

在传说中，这些带领群众抗击侵略者的英雄大多出身平凡且从事的职业多与运河相关，如张德成家为船户，以操船为业，他常和三弟一起操"大木头""二木头"两船，沿大清河、子牙河、御河（南运河）往来于胜芳、独流、王家口、杨柳青等集镇以及天津一带，为铺面运送白灰（石灰）、煤等货物；刘十九原为山东人，因受其排挤和逼拿，于庚子年春天随其父从山东老家迁到河北静海境的二堡地方，住在一个给地主扛活的老乡李财源的家里；黄莲圣母原本为运河船夫李有的女儿，后在"侯家后归贾胡同口"的南运河岸边成立红灯照，以传授医术为名，配合义和团的抗击活动；韩以礼原籍山东武城人，居住于天津县西城西南之大南河村，由于每年春天孵鸡出卖，因而外号又叫"韩倒蛋"。⑥ 传说在演述中直接触及运河沿岸的历史与现实，运河意象与地方感的建构在英雄人物传说的生产中得到充分的开掘。

需要指出的是，北运河流域还流传着许多"群像性"的英雄人物传说，传说主体被设定为"老大爷""老大娘""某村人"等，他们的抗争，被赋予了一种新的主体意识想象，这样

---

① 〔澳〕劳拉·简·史密斯《遗产利用》，苏小燕、张朝枝译，科学出版社 2020 年版，第 30 页。
② 如《拳匪纪闻》记载："光绪二十六年五月十六日，通州教堂房屋俱被'团匪'焚毁，幸教士早经见机脱逃，现已安抵北京。"参见全国政协文史资料委员会编《文史资料存稿选编 1　晚清·北洋·上》，中国文史出版社 2002 年版，第183 页。
③ 《抗击八国联军北仓之战》，中共天津市北辰区委员会，http://qw.tjbc.gov.cn/system/2014/06/30/011173883.shtml
④ 中国民间文艺家协会组织编写，罗杨总主编，陈建伶本卷主编《中国民间故事丛书·河北廊坊·香河卷》，知识产权出版社 2016 年版，第 240～241 页。
⑤ 南开大学历史系编《天津义和团调查》，天津古籍出版社 1990 年版，第 110 页。
⑥ 南开大学历史系编《天津义和团调查》，天津古籍出版社 1990 年版，第 109～116 页。

一种非中心的底层视角,加固了国家、群体或个人的群体认同,为英雄人物传说的在地化生产提供了强有力的意义支撑。如《火烧洋教堂》中香河县城北的"一老一少爷孙俩"坚决不把"红靛颏"卖给黄头发,绿眼睛,鹰钩鼻子的外国传教士。爷爷因此被传教士踹了一脚,口吐鲜血,扑倒在地,最终不治身亡,孙子小金水在埋葬了爷爷之后抱着给爷爷报仇的志向,投奔了义和团。①《水灌洋耗子》《炮轰魁星楼》《痛杀洋毛兵》《铜菩萨》《火神爷》中运用"帮狗吃屎""主子的二毛子""跟在屁股后面的""无赖"等感情色彩强烈的词语,体现了人们对"二毛子"的深恶痛绝。在兼顾其"幻想性"与"民间性"的同时,运河流域英雄人物传说努力展现革命战争的壮丽图景与革命英雄的成长道路,革命的神圣、伟大与崇高被凸显与强化。

---

① 罗杨总主编《中国民间故事丛书·河北廊坊·香河卷》,知识产权出版社 2016 年版,第 234～235 页。

文本与
图像研究

编者按：2021 年 1 月 6 日，由《探索与争鸣》主办，中国海洋大学文学与新闻传播学院和中国海洋大学古代文学与传统文化研究团队承办的第一届全国优秀青年学人年度论坛"工业文明演进中的媒体、性别与文学"在线上举行。本栏目刊发 3 篇会议交流论文，以飨读者。其中，会议主题报告人乔光辉教授的讲演——《文学图像学研究之反思》，从文学图像学的学科高度对当前文学图像学研究现状做了高屋建瓴的剖析与反思。关鹏飞的《〈周易〉与苏轼的观看之道》，集中探讨《周易》对苏轼视觉观看的影响，努力将文图关系的研究融入思想史领域。彭志的《窒碍与挣脱：明清女性书写的文献载体及理论省思》，聚焦于明清女性书写的共相与自相，发掘女性意识从窒碍难行到挣脱锁链的历时进程，并从方法论层面省思文字、图像两类不同文献载体在呈现同一对象时的奥义所在。3 篇论文从宏观与微观、历时与共时，共性与分殊三重视角对文本与图像关系进行研究，耳目一新，颇多启发。（彭敏哲）

文学图像学研究之反思

乔光辉 *

摘　要：绘本《我怎样毁了我的一生》不是单纯地用文字在讲故事，而是运用图像、文字及其他媒态共同讲故事。不同载体的讲述之间呈现出相反、冲突、差异等张力，故事的意义由多声部传达。文学图像学研究应扎根于本土，熟悉对象的自身规律，紧贴民族精神。不同学科之间的整合可以形成合力，以推进既有研究；从文本实际出发，而不是从概念出发，寻找具体文本的研究方法而不是简单套用，这是努力的方向。

关键词：《我怎样毁了我的一生》；文学图像；多模态

我先请各位和我一起分享一个文本——《我怎样毁了我的一生》。《我怎样毁了我的一生》是法国作家贝尔当·桑蒂尼的绘本作品，一共 58 个页面，不到 100 个字："小时候我住在一个巨大的城堡里，文字是……图像是……"（图 1）第 5 页："城堡坐落在一片奇妙的森林之中，图像、文字分别是……"我想，由这两页的展示，各位已经看出来了：图像是一个油烟滚滚的工业区，而作者所谓"巨大的城堡"实际上是一个类似于贫民窟的住宅。"每一天都是阳光明媚"，但是我们看到的画面是细雨淋漓，"我"坐在一角，打着伞欣赏我的橡皮鸭。"我"从来不会感到孤独，但问题是，画面的展示是"我"永远孤独（图 2）。当别人嬉戏打闹的时候，"我"很孤独，但文字却说"我"从来不感到孤独。"我有数不清的宝贝"，而图像中所谓"数不清的宝贝"，不过是树上掉下来的树叶和随风吹来的破纸团。我们再看文字"我很英俊"，主角对着镜子，看到的是一个高大的鼻子，其实非但不英俊，鼻

　＊　乔光辉，东南大学人文学院教授，主要从事元明清的文学与艺术研究，国家重大项目"明清小说戏曲图像学研究"（19ZDA256）首席专家。

子与面部的比例也不协调。"我很聪明"，作者对着黑板回答老师的问题，"2＋2＝22"，同学们一片嬉闹声，"我"自信满满地面对着同学的嘲笑和老师的疑惑，那时候"我很聪明"。

小时候，我住在一座巨大的城堡里

图 1 　《我怎样毁了我的一生》，
三联书店 2011 年版，第 3 页

我从来不会感到孤独

图 2 　《我怎样毁了我的一生》，
三联书店 2011 年版，第 9 页

可是有一天"我"长大了。"我变得愚蠢"——画面展现的是"我"出现在博士学位的颁发仪式现场，所有人向"我"祝贺，但文字却是"我变得愚蠢"。"我学会了说谎"——画面是在一个教堂举行婚礼，男主和女主在那儿发誓："从今往后无论境遇好坏，家境贫富，生病与否，誓言永不分离"，"我学会了说谎"也许是每个走入婚姻殿堂的人都会说的谎。"我变得庸俗"，"我变得虚荣"——画面的"我"住在整个城市最繁华的地段，有最新的平板电视、穹隆高大的豪宅、水晶茶几，地板铺了一张巨大的熊皮地毯，"我"坐在舒适而又宽大的靠背椅中，志得意满地看着这一切，"我变得虚荣"。"我一贫如洗"——对应的画面是"我"的股票直线上升，所有人都在打开香槟为"我"祝贺。"我丑陋不堪"——画面中"我"刚刚做了一个手术，把长鼻子削减了，手术非常成功，医生向"我"道贺。"我没有人爱"——沙滩的棕榈树下，比基尼女郎簇拥着"我"，但是文字是"我没有人爱"。金碧辉煌的水晶灯下面，酒会上所有的衣冠楚楚者都是"我"的朋友，画面上呈现这样一个内容，但文字却说"我没有朋友"。

"我"就是这样毁了"我"的一生。最后一页画面展示的是，"我"坐在董事长的这个位置，圆桌的一圈都是"我"的部下，"我"轻轻地咳嗽一声，所有人都为之战栗，"我"站起身来，他们都争先恐后地搀扶，"我"的喜好被所有人所尊重，"我"的话语为所有人所服从，但"我"就是这样毁了"我"的一生。"我"的巨幅照片被挂在大厅中央。各位注意，最后一页没有文字。

我想以这个绘本引出一个话题，就是绘本文学研究不是单纯用文字载体向我们讲故事，实际上是图像和文字以及相关的媒态共同在向我们讲故事。不同载体的故事与故事之间，呈现出冲突、相反、差异的张力，故事是多声部的讲述。由此，我们在看绘本、插图本、动漫、广告或者相关影视的时候,不仅要关注语言语音,更要关注文字以外的载体,如图像、动作、色彩、符号等。现在流行一个词语叫"多模态"(图3)。这就是我要向各位汇报的一个问题,即我近年从事明清小说戏曲图像学研究这个领域的进展情况,与各位同人交流一下。

请各位看这样一幅画,这幅画是闵齐伋的《西厢记》六色套印本,现藏于德国的科隆东方艺术馆,这幅图是第十一幅图,展现的是"张生跳墙"情节(图4)。请各位找一下张生在哪个位置?……画家的高明之处是以假山将张生遮蔽住了:我们看不到张生的身体,只看到张生趴在墙上却映在水中的倒影!张生原来在假山石头后面!透过假山缝隙,隐隐约约看到一点影像(如袖口等),水面折现出天空、月亮等,月亮倒映在水中,树、花也倒映在水中,莺莺和红娘在水面都有倒影。我请乔东同学做了画面的光线折射分析,看是否符合焦点透视原理。请各位看乔东同学

图3　王荣斌《态度意义的多模态实现研究》书影,江苏人民出版社 2019 年版

的光线折射分析,大致是符合的。那么,我们传统理论认为东方绘画是散点透视,这固然不错,但具体问题具体分析,这幅画部分符合焦点透视原理。凡此,都可引出相关议论。另外,如此这样六色套印,制工付出的代价是相当大的。就是说在中国古代图像领域,无数绘工和刻工都投入了巨大精力,且留下了他们的杰作,面对他们非常精致的作品,当代学者不能无动于衷。

图4　"张生跳墙"(德国科隆东方艺术馆藏)

什么是明清小说戏曲图像?图像诉诸视觉如插图,也包括与文学相关的独立艺术品,如各种各样的文学绣像,独立画也可以,但其背景语境应依附于文学作品。我在 2016 年出版的《明清小说戏曲插图研究》(图5)中,根据《古本小说集成》《古本小说丛刊》《古本

戏曲丛刊》等有限的数据,统计出来的插图数量是 20 余万幅,这个 20 余万幅,各位同人,20 年来有几个人关注?文学图像依然长期处于边缘状态。

从图像学介入来看,明清小说戏曲的图像学研究应该包含三方面内容:一是文献,二是理论,三是分类展开研究。真正的学问,应该有它的方法论,同时应在实践层面展开,即所谓"体用不二"。从事这方面的研究,相关的知识储备也是必需的,要了解既有的研究状况,如涉及潘诺夫斯基的图像学研究(图 6)、贡布里希的《艺术与错觉》(图 7)等系列作品,西方图像学的东西,还有中国传统的画论,相关的既有研究都要很熟悉。

图 5 《明清小说戏曲插图研究》
书影,东南大学出版社 2016 年版

图 6 《图像学研究》书影,
三联书店 2011 年版

图 7 《艺术与错觉》书影,
广西美术出版社 2012 年版

文献这一块既有的研究已经做得相当不错。虽然图像学发源于西方,但我们做这一种研究,应该扎根于本土,熟悉对象自身的规律,并且紧贴我们自身民族的精神。这样才能把借鉴的图像学的理论用于解决我们自身的问题。比如说各位看到的,我们在做的《虬川黄氏宗谱》的点校工作,这个内容有很多刻工的记载,一旦把这些刻工的生平理清楚了,基本上很多的本子就迎刃而解了,这是文献学给我们提供的最大的一个好处。另外很多独立的画家,如陈洪绶、丁云鹏、王文衡、萧云从,都介入了文学图像的绘制。以往我们把他们当作版画家,但他们在绘制版画的时候,其语境是文学作品规定的,绘画与文学有千丝万缕的联系,他们的图像绘制背后,是其对文字作品的熟悉程度。既往我们研究这么多画家,但实际上对文学性内容介入的并不多。

就文字与图像的交叉研究来看,图像属于美术学研究范畴,美术学研究如果仅从版画角度来做,实际只是研究了美术这个方面。版画是依附于文学作品的,另一头是文学,必须把美术和文学结合起来。反思以往的整理和研究,我感觉还是偏重于版画,如果研究止于版画,实际上是把文学图像的一半价值给抹杀掉了。插图本对于意义的构建,除了语言文字之外(语言文字当然也有各种解读方法,文字本身也呈现出模糊的不确定的相互冲突的东西,我们重新批评这个角度进行文本细读),还有就是要注重非语言文字的其他"模态",比如说图像、色彩、相关动作、语音等,探究各种模态之间的互动意义。由模态互动所产生的整体增殖,才是插图本研究重心所在。现在好多出版社在整理古代插图本时,实际上是把插图都删掉了,因为觉得插图没有用,而且占用版面,浪费。

关于理论研究,这方面可以延伸发出的思考较多。比如说插图与阅读的关系,因为文学文本介入图像,按照理论界的看法是对"沉浸式阅读"的解构,"图说"是对"言说"的有效抵抗。沉浸式阅读是我们单纯地借助文本,沉浸在文本的阅读之中。但因为有图像,沉浸式阅读被打断了,这种暴力干扰,把我们从沉浸式阅读中牵扯出来。再如,插图除了有增饰、美化、广告的功能外,还反映出特定群体的文学接受。我觉得更是一种文学批评。从小说戏曲评点这一块来看,谭帆老师做了中国古代小说评点(图8),但在研究中忽视了图像这一块(当然近年来谭老师关注了)。图像这一块不仅仅是作为美术的图像,而且包括像赞、题画诗等。我们从央视一个"FAMILY"的公益广告解释之中,也会获得启发。"FAMILY"本义是"家庭",被拆解成"father and mother I love you"。一开始father是一个遮风挡雨

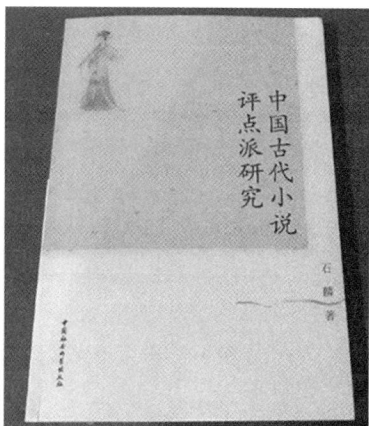

图8　谭帆《中国古代小说评点派研究》书影,中国社会科学出版社2011年版

的形象,我们从这个图像来看,没有文字,图像已经在讲故事了,后来"我"成长壮大了,而父亲母亲衰老了,"我"要为爸爸妈妈撑起一片天,这个就是字母符号、动漫色彩在讲故事,且成为故事意义的重要载体,而文字已经边缘化了(图9)! 这个就是大家现在所关注的多模态分析。

图9　"FAMILY"动画广告截图

理论思考的延伸还可涉及绘画心理、艺术治疗等方面。如我的一个学生蔡漫毓在做沈从文《湘行书简》研究的时候,发现沈从文为自己的作品所绘制的插画中有一种符号,一组隐喻出轨冲动的符号,传递了沈从文特定的心理,学生为此写了一篇文章(图10)。我觉得这个角度以往研究沈从文的同人并没有关注到,沈从文自己给自己的作品做插画,难道没有意义么? 无独有偶,另一个同学姜雯滢做张爱玲研究,张爱玲为自己的作品绘制插画,这个插画实际上也是有丰富的信息含义的(图11)。

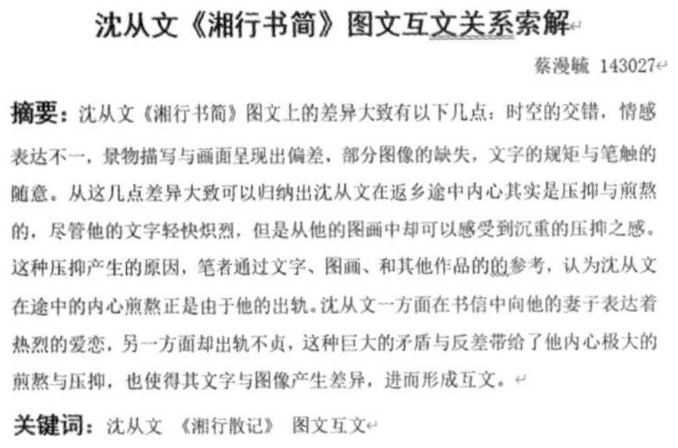

沈从文《湘行书简》图文互文关系索解

蔡漫毓 143027

摘要：沈从文《湘行书简》图文上的差异大致有以下几点：时空的交错，情感表达不一，景物描写与画面呈现出偏差，部分图像的缺失，文字的规矩与笔触的随意。从这几点差异大致可以归纳出沈从文在返乡途中内心其实是压抑与煎熬的，尽管他的文字轻快炽烈，但是从他的图画中却可以感受到沉重的压抑之感。这种压抑产生的原因，笔者通过文字、图画、和其他作品的的参考，认为沈从文在途中的内心煎熬正是由于他的出轨。沈从文一方面在书信中向他的妻子表达着热烈的爱恋，另一方面却出轨不贞，这种巨大的矛盾与反差带给了他内心极大的煎熬与压抑，也使得其文字与图像产生差异，进而形成互文。

关键词：沈从文　《湘行散记》　图文互文

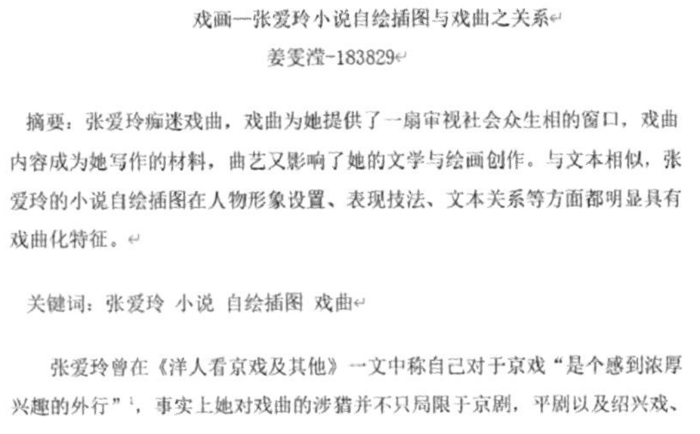

戏画—张爱玲小说自绘插图与戏曲之关系

姜雯滢-183829

摘要：张爱玲痴迷戏曲，戏曲为她提供了一扇审视社会众生相的窗口，戏曲内容成为她写作的材料，曲艺又影响了她的文学与绘画创作。与文本相似，张爱玲的小说自绘插图在人物形象设置、表现技法、文本关系等方面都明显具有戏曲化特征。

关键词：张爱玲　小说　自绘插图　戏曲

张爱玲曾在《洋人看京戏及其他》一文中称自己对于京戏"是个感到浓厚兴趣的外行"[1]，事实上她对戏曲的涉猎并不只局限于京剧，平剧以及绍兴戏、

图 10　学生论文截图　　　　　　　　图 11　学生论文截图

我们传统古典文学的研究者，当然可以固守传统考据，但时代的变迁逼迫我们的研究必须拓展视野，一代学人有一代学人的使命。我当年没有练过写生与素描，现在年轻一代的大学生，琴棋书画往往是兼通的，在年轻人身上或许可以把不同媒介打通，从而进行跨媒介研究。也就是说，理论的阐发当然重要。我不以理论见长，大道至简，插图本或文学图像研究实际经历了由单一到多元，由单纯的文本解读到多声部的转换，由单弦到交响。你弹一个弦是可以的，但弹吉他的时候，是多弦之间的配合。单弦的演奏跟多声部的合奏、交响乐之间，显然不同。原先我们吃单一的西红柿炒鸡蛋，现在我们吃自助餐，自助餐就是通过排列组合而产生新意义。实际上，中国古代的文学文本一旦写定之后，就没有办法改变了。原文本既然不能变动，只能从评点、插画以及相关的注释等方面入手，为读者提供自助餐，使它的意义由单一到多元。无论理论怎么阐发，最终都要落地。注重个案的具体研究，理论落地才是高手。

再如，图像学理论的介入与民族特性之间的关系。图像学本是西方话语。我的导师张道一先生做二十四孝图解读时(图12)，看不到西方理论的影子，但是其研究与潘诺夫斯基"图像志"方法近似。将潘诺夫斯基的《图像学研究》读透之后，你会发现，他的研究对象是西方文艺复兴时期的图像，东方的东西他并没有关注。贡布里希倒是深度介入东方的图像，但是他绝不轻言东方图像，他觉得东方的东西应由东方自己去研究，我是研究西方的。在此前提下，用西方图像学大师的理论解读中国图像的时候，就很难得出本土意义的结论，充其量是西方理论的附庸与佐证。借鉴不等于袭用。本土学者只有在对文学文本领域有深入的体察，熟悉中国传统美术的表达程式，才有可能打通两者之间的关系，从而在文学与美术之间架起一座桥梁。理论家往往是浮于空中的，理论落地难，落地的话还是需要对文本个案做研究。

图 12　张道一《孝道图》书影，山东教育出版社 2015 年版

学术研究也讲究缘分，缘分督促你在没有路的地方耕耘出一片天地。我做这一领域的研究与我的博士后联系导师民艺学家张道一先生密不可分(图13)。张老师起初让我

做民间艺术，我不熟悉这块，我是由文学转过来的，必须充分考虑到自己所擅长的领域，所以只有选择小说戏曲图像。我一直想写张先生晚年对中国艺术研究走向的文章，总结下他对《孝道图》《汉画故事》《民间木版画》的研究。我们也可以借鉴一下袁行霈老师的《陶渊明影像》研究。当我们面对自己不熟悉的研究对象时，该如何切入？可以看前人怎么研究它，在前人的指引下，尝试闯出一条道路。我也参与了赵宪章老师主持的《中国文学图像

图13　作者与博士后导师张道一先生合影

关系史》写作，2012年我与赵老师交流过，赵老师更注重个案分析与小中见大，这个与我的思路是一致的。另外，我们要关注既有同行的研究，了解既有研究，究竟走到了哪一步。从学位论文来看，既有文学图像学研究呈现出多学科交叉的面貌，美术学、建筑学、艺术学、中国文学等诸学科的硕博论文很多，大家都在做这一块，那么该如何推进呢？一个是文献方面可以进一步深入；二是图像学研究方法方面，也可以进一步深入。图像学研究说到底是潘诺夫斯基等西方学者建立起来的，有人对潘诺夫斯基的图像学做过专题研究。对于潘诺夫斯基的图像三段式，国内学人大多沿用他的研究方式，但这种方式解决不了中国的问题。潘诺夫斯基的图像解读"依赖对不同历史过程的洞察"加以修订，但实际上解读中国的图像，要回到中国历史传统中去。贡布里希将南高师（东南大学前身）化工系蒋彝的水墨画，与描绘同一个地点的西方石版画进行比较，他觉得中国画有一个中国模式，跟欧美的不一样，他有一句经典的结论："我们讨论绘画时所用的语言跟远东的批评术语有着如此根本的不同，以致一切要把一种语言译为另一种语言的努力，由于在类目上有这种根本差别而均遭失败。但是，继续探索那些经受得住任何美学变化和目的变迁考验的人类共同特性——对习得公式的需要——反而是更有趣味的事情。"就是说用西方的东西解释中国的东西，用中国的东西解释西方的东西，最后由于类目上的根本差别均会遭到失败。所以他提到"习得公式"研究非常重要，这个习得公式就是一套语汇，这套语汇就是"画谱"。画谱传达了的意义，根源于中国传统美学。香草美人，有隐喻和象征的功能，贡布里希很少评论中国绘画，但他懂中国美学精神，他主张从画谱中来找中国图画的隐喻方式。"图像或象征符号的目的严格地限制着设计者的想象力。"①如《西厢记》中的插图（图14），中国画中"梧"是雄的，"桐"是雌的，"梧桐"象征着张生的爱情。如果不了解梧桐、孔雀等意象的象征寓意，如何解读文学图像？雄梧雌桐、孔翠相依，都是陈洪绶对张生与崔莺莺的祝福，与《西厢记》"愿天下有情的都成了眷属"的主题一脉相承。

综观既有研究，文学图像研究也呈现出一些具体问题。首先是如何发挥不同学科的

---

① 〔英〕贡布里希《艺术与错觉》，广西美术出版社2012年版，第106页。

图 14　国家图书馆藏《张深之正北西厢记》（双叶联插图）

长处，形成合力以推进既有研究。文学图像学研究者的学科背景与研究风格关系密切。第一类是熟悉西方图像学理论，如中国美院范景中教授的团队翻译了大量的西方图像学书籍。第二类是以文艺学与艺术理论见长，理论如何落地，仍需个案研究印证。第三类是文学背景研究者。图像学、文艺学、中国文学三类学者从事文学图像研究，学科印记特别明显。这里还有一个问题就是，文字优先还是图像优先？图像优先有图像优先的好处，图像有更多的信息，文字优先可能遮盖了图像的意义。文学图像研究强调的是一加一大于二的效果。

其次是个性化的学术研究和技术操作的模式化问题。检索既有研究，可以发现套用西方图像学理论解读中国文学图像，几乎成为一种模式。比如从题目来看，诸如《〈雪夜访普图〉的图像学解读》《〈西园雅集图〉中女性形象的图像学研究》，"个案＋图像学解读"成为一个模式化的命题方式。有些论文的论证方式也基本采用潘诺夫斯基的三层次说，忽视了对文本的个性化特征之体悟。如何从文本实际出发，而不是从概念出发，寻找适合具体文本的研究方法而不是简单套用，这是该领域研究努力的方向。

再次就是技术路径与意义呈现的关系。研究文学图像，难免夹杂理论先入的倾向，由一般共性入手导出具体文本的表现，那么文本的个性就淹没在共性之中了。我现在还是从具体的文本出发做研究，理论不是不懂，但是尽量不碰它。未来的研究趋势应是往个案研究发展，在个案领域可进一步深化。比如中国台湾学者毛文芳《遗照与小像》从崔莺莺肖像画这样一个角度切入，就是一个非常好的视角，人物绣像是文学图像研究的重要内容。就文学图像的呈现来看，不外乎三种：一个是情节画，第二个是人物图，第三个是诗意图。这三种图像基本代表中国文学图像的三种类型，可以从不同角度来专攻它。

至于具体个案如何推进，我想推荐年轻学者朱浩博士的论文《从演剧习俗到美术传统：论中国古代演剧图中的窥帘及其成因》（图 15），其立论与文本分析结合非常紧密，是由文本而演发的对图像的思考。我最近对《西厢记》的插图解读，抓住了"唱与图合"，演唱是艺术表演，插图是美术再现。艺术表演与美术再现之间有着某种一致性，这是立足文本而演发的一个论题。任何一项研究都是长期积累的过程，我指导的多届学生，都是做图像这一块。中国的图像有中国图像的精神，例如《牧牛图》（图 16），一开始牛是全黑的，后来牛头变为半白，进而只有尾巴是黑的，最后全牛变白，这就是佛学中的"大白牛喻"，最终连大白牛都没了。这其中的颜色没有意义？即便没有文字，一头牛由全黑到全白，最终连牛自身都忘了，两相忘，这就是一个完整的修心历程。再比如说楹联、像赞和图咏等都承担了批评的功能，像赞既是对图像的评论，也是对文本的批评。如双清仙馆《红楼梦》中以花喻人，都传达出一种意义。其他如评点在图像当中呈现，比如对孙悟空

从演剧习俗到美术传统：论中国古代演剧图中的"窥帘"及其成因

原创 朱浩 戏曲研究 2020-12-14

作者简介：朱浩，1986年生，江苏沭阳人，南京大学艺术学博士，现任中南财经政法大学新闻与文化传播学院讲师，主要研究方向为中国古代戏曲史、明清戏曲图像。已发表《从戏文名称看南戏传奇的变迁》《"十二寡妇征西"故事新考》《年画：最深入民间的戏曲图像——以戏曲为本位对年画的研究》等论文，其中《戏出年画不早于清中叶——论〈中国戏曲志〉"陕西卷""甘肃卷"中时代有误之年画》被人大复印资料全文转载。主持教育部人文社会科学青年基金项目1项。获得第十一届湖北省社会科学优秀成果奖二等奖。

图 15　朱浩论文截图

图 16　明万历三十七年袾宏序本《牧牛图》，摘自《中国古代版画丛刊二编》，
上海古籍出版社 1988 年版

管蟠桃园这一情节的图像中有评点文字："着他管蟠桃园，分明使猫管鱼，和尚守寡妇也。"图中文字不仅是对图像的说明，也很明显地承担了批评的功能。图像与意识形态之间的关系，如改琦《红楼梦图咏》中的元妃娘娘绣像，画面不显示元妃正面相貌，就是意识形态在起作用。福建余象斗作为著名书商，其插图题榜楹联云："一轮红日展依际，万里青云指顾间。""一轮红日"是王者之相，出版商以红日自比，显示了极强的自信，固一世之雄也！无独有偶，悟元子刘一明《西游原旨》也是这样，以"一轮红日"自比，"一轮红日"是高贵之相，可见出版商的自信！

　　（本文由中国海洋大学文学与新闻传播学院硕士研究生赵梦雪根据录音整理而成，并经乔光辉教授审阅。）

《周易》与苏轼的观看之道

关鹏飞 *

摘　要：苏轼的观看之道与他的易学思想关系密切，苏轼把观看分为两种形态，强调观看与被观看的双重性和统一性。苏轼观看之道集中体现在避免观看（观鱼之观）与被观看（观兵之观）中带来的比较之心，是其"致道"的重要路径，可从三个方面展开："观其生"强调只有通过"正且一"的"贞观"，才能明白天地之道没有分别，也就能够更平等、公正地看待天地万物；"观我生"是观看我们自身而获得的存在感，是"性命自得"的体现，苏轼通过易象和爻辞的分析，完整地构建出了他的"性命自得"奥义；"民我互观"是逆数、顺数之法结合而成的主客体之间的互相观看，使苏轼的观看之道不仅体现出理论意义，更大大增加了其操作层面上的实践价值。

关键词：周易；观看之道；苏轼；性命自得；民我互观

所谓的观看之道（ways of seeing），是约翰·伯格（John Berger）在《观看之道》中提出的概念，原指影像的观看方法，他认为，"每一影像都体现一种观看方法"，都表现出"人为"的"题材的选择"[①]。贡布里希也指出："一个用于传达视觉信息的图像不管多么忠实于原型，它的选择过程总是表现了制作者对他认为有关的东西的解释。"[②]拙文指出："观看之道既包括观看方法，也指向观看方法背后折射出来的看法或观点。"[③]苏轼在《东坡易传》中强调"观之道"说："无器而民趋，不言而物喻者，观之道也。"[④]认为观之道主要是通过艺术形式而不是通过具体的器物或语言来达到使百姓向心、使事物明白的效果，而一旦抱有这样的观念，其实就是把自己的看法或观点融入观之道中，与观看之道有异曲同工之处。如果我们从这些相同处入眼，强调"观看之道"和"观之道"的共同点[⑤]，那么苏轼就给"观看之道"注入了新的内涵，也就是把艺术的实用功能放在突出的位置。苏轼的观看之道究竟有哪些内涵？其形成原因何在？是我们需要着重研究的问题。通过细读苏轼的学术著作与文学作品，我们发现苏轼的观看之道与他的易学思想关系密切，正是在朴素的二元对立的易学观念指导之下，苏轼把观看分为两种形态，强调它们的区分与联系，即强调观看与被观看的双重性："此二观，所自言之者不同，其实一也。观我生，读如

---

　　* 关鹏飞，南京晓庄学院文学院讲师，东南大学人文学院访问学者，主要从事唐宋文学与诗画关系研究。本文为 2019 年度教育部人文社会科学研究青年基金项目《北宋士人画与诗学研究》(19YJC751005)的阶段性成果。
　　① 〔英〕约翰·伯格《观看之道》，戴行钺译，广西师范大学出版社 2015 年版，第 7 页。
　　② 〔英〕贡布里希《图像与眼睛：图画再现心理学的再研究》，范景中、杨思梁等译，杨思梁校译，广西美术出版社 2016 年版，第 139 页。
　　③ 关鹏飞《论改琦〈红楼梦图咏〉的观看之道》，《红楼梦学刊》2019 年第 5 辑第 121 页。
　　④ 苏轼著，李之亮笺注《苏轼文集编年笺注·东坡易传》，巴蜀书社 2011 年版，第 155 页。
　　⑤ 观之道原是指观卦之道，但无论是观卦还是观之道，都与观看之道密切相关，为便于研究和论述，此处以观看之道来加以统摄。

观兵之观;观其生,读如观鱼之观。九五以其至显观之于民,以我示民,故曰:'观我生。'上九处于至高而下观之,自民观我,故曰:'观其生。'今夫乘车于道,负者皆有不平之心,圣人以其一身擅天下之乐,厚自奉以观示天下,而天下不怨,夫必有以大服之矣。吾以吾可乐之生而观之人,人亦观吾生可乐,则天下之争心将自是而起,故曰:'君子无咎。'君子而后无咎,难乎其无咎也。"①在苏轼看来,观看主体必然也会成为观看对象,如何在观看(观鱼之观)与被观看(观兵之观)中避免天下不平之争,避免观看带来的比较之心,苏轼受到的启发就是像圣人那样"以其一身擅天下之乐,厚自奉以观示天下",把自身跟天下结合起来,才能"以大服之",使天下不怨。苏轼的观看之道在他的《东坡易传》中得到较为系统的呈现,我们可从三个方面,即观其生、观我生和民我互观展开论述,其中前二者主要是苏轼对《周易》思想的传承,而后者则主要是苏轼的新创。

一、观其生:通过"贞观"来看世间万物

观看世间万物,对大多数人而言,是认识世间万物的重要途径。而在观看世间万物的时候,究竟是在看什么呢?用苏轼的话来说,就是看可见的,并由可见的去探索不可见的,而不可见的往往是更为根源的所在,苏轼说:"元之为德,不可见也,其可见者,万物资始而已。天之德不可胜言也,惟是为能统之,此所以为元也。"②把不可见的元,视作万物滋生的开端,并认为可见之物已经不是元了,所以不可见的元可以统摄可见的万物。他又说:"象者,可见之谓也。天之生物不可见,既生而刚强之者可见也。"③如能可见,就已非创物之初了,而形象则是已生可见之谓,是变化可见的基础:"天地之间,或贵或贱,未有位之者也。卑高陈而贵贱自位矣。或刚或柔,未有断之者也。动静常而刚柔自断矣。或吉或凶,未有生之者也。类聚群分而吉凶自生矣。或变或化,未有见之者也。形象成而变化自见矣。是故刚柔相摩,八卦相荡,雷霆、风雨、日月、寒暑更用迭作于其间,杂然施之,而未尝有择也;忽然成之,而未尝有意也。及其用息而功显,体分而名立,则得《乾》道者自成男,得《坤》道者自成女。夫男者,岂《乾》以其刚强之德为之?女者,岂《坤》以其柔顺之道造之哉?我有是道,物各得之,如是而已矣。圣人者亦然,有恻隐之心,而未尝以为仁也;有分别之心,而未尝以为义也。所遇而为之,是心著于物也。人则从后而观之,其恻隐之心成仁,分别之心成义。"④苏轼指出,形象生成之后,变化便会随之得以显现,因为显现出来的变化而被我们归纳

图1　明万历三十七年刊本《三才图会》中的两种孔子像

---

①　苏轼著,李之亮笺注《苏轼文集编年笺注·东坡易传》,巴蜀书社2011年版,第156页。
②　苏轼著,李之亮笺注《苏轼文集编年笺注·东坡易传》,巴蜀书社2011年版,第113页。
③　苏轼著,李之亮笺注《苏轼文集编年笺注·东坡易传》,巴蜀书社2011年版,第221页。
④　苏轼著,李之亮笺注《苏轼文集编年笺注·东坡易传》,巴蜀书社2011年版,第253~254页。

成万物,圣人也是这样,并没有想要成仁成义,只不过是心与物化,自然地表现出来仁义的行为,后人加以概括,就成为仁义之道了,实际上真正的仁义之道在圣人之前就已存在,而不是后人概括之后才有。总之,道借形象加以展现,展现之后形象就会依道而成,故苏轼解释"形而上者谓之道,形而下者谓之器"说:"道者,器之上达者也;器者,道之下见者也,其本一也。化之者,道也;裁之者,器也;推而行之者,一之也。"①万物向上演绎则是道,道之向下衍生则是万物,本来并没有区别,而通过寻找共同点的方法来"一之",就能推动它们之间的无穷化生。

既然万物之道通过形象来展现,换句话说,如果我们要通过万物来明白所在之道,则需要明白形象与变化才可以达到,苏轼说:"天下之理,未尝不一,而一不可执。知其未尝不一而莫之执,则几矣。是以圣人既明吉凶悔吝之象,又明刚柔变化本出于一,而相摩相荡,至于无穷之理。曰变化者,进退之象也;刚柔者,昼夜之象也。象者,以是观之之谓也。夫出于一而至于无穷,人之观之,以为有无穷之异也。圣人观之,则以为进退昼夜之间耳。见其今之进也,而以为非向之退者,可乎?见其今之明也,而以为非向之晦者,可乎?圣人以进退观变化,以昼夜观刚柔,二观立,无往而不一也。"②圣人看透形象之变化,实乃有规律可循,便能明白其规律,并预测其变化,即通过可见之形象来推论不可见之理:"必其所见而后知,则圣人之所知者寡矣。是故圣人之学也,以其所见者,推至其所不见者。"③不仅形象会变化,形与象之间也是会产生变化的,苏轼说:"天地,一物也。阴阳,一气也。或为象,或为形,所在之不同,故在云者,明其一也。象者,形之精华,发于上者也④。形者,象之体质,留于下者也。人见其上下,直以为两矣,岂知其未尝不一邪?繇是观之,世之所谓变化者,未尝不出于一,而两于所在也。自两以往,有不可胜计者矣。故在天成象,在地成形,变化之始也。"⑤苏轼对形与象作出区分的同时,也进行了共同点的寻找,这样一来,就使形象与天地对应,从而把形象之异同作为所有变化的开端,不是没有道理的。我们在使用"形象"一词的时候,主要着眼于其共同点,因此不再作区分。

形象具有两面性,一方面如前所述是通往道理的必经之路,另一方面又常常显得并不太可靠:"万物皆有常形,惟水不然。因物以为形而已。世以有常形者为信,而以无常形者为不信。然而方者可斲以为圆,曲者可矫以为直,常形之不可恃以为信也如此。今夫水,虽无常形,而因物以为形者,可以前定也。是故工取平焉,君子取法焉。惟无常形,是以遇物而无伤。惟莫之伤也,故行险而不失其信。由此观之,天下之信,未有若水者也。"⑥有形之物常常不可信,而无形之形,也就是因物以为形者,却往往可靠一些。如果这里还是说到无形之形的可靠,那么,当具体回到形体时,苏轼还是指出其对深层认识的阻碍作用,比如身形有时候就是通神的桎梏:"夫神者将遗其心,而况于身乎?身忘而后神存,心不遗则身不忘,身不忘则神忘。故神与身,非两存也,必有一忘。足不忘屦,则屦

① 苏轼著,李之亮笺注《苏轼文集编年笺注·东坡易传》,巴蜀书社 2011 年版,第 268 页。
② 苏轼著,李之亮笺注《苏轼文集编年笺注·东坡易传》,巴蜀书社 2011 年版,第 255 页。
③ 苏轼著,李之亮笺注《苏轼文集编年笺注·东坡易传》,巴蜀书社 2011 年版,第 256 页。
④ 《周易·系辞》说:"是故夫象,圣人有以见天下之赜,而拟诸形容,象其物宜,是故谓之象。"
⑤ 苏轼著,李之亮笺注《苏轼文集编年笺注·东坡易传》,巴蜀书社 2011 年版,第 253 页。
⑥ 苏轼著,李之亮笺注《苏轼文集编年笺注·东坡易传》,巴蜀书社 2011 年版,第 174 页。

之为累也甚于桎梏,要不忘带,则带之为虐也甚于缧绁。人之所以终日蹑屦束带而不知厌者,以其忘之也。道之可名言者,皆非其至。"①指出忘形与存神之间的一致,实际上也就是指出得形有碍于存神,而这种形不仅仅是指脚、腰之类的身体,也指形名和语言,当然也包括图画。不过,形象之局限性,亦是形象的应有之义,因为形象本无专有之法,是随着其道之变化而变化的,苏轼在解释《象传》"黄裳元吉,文在中也"的"文"时说:"夫文生于相错,若阴阳之专一,岂有文哉?六五以阴而有阳德,故曰文在中也。"②此处之"文",也指"纹",跟前面所谓之形象正同,能够在一定程度上揭示形象的非独立性。尤其需要注意的是"六五"虽阴而含"阳德",所以前面所说之阴阳相交错,不仅是指不同事物的交错,更是指同一事物不同性质的交错,是故苏轼指出形象中的形迹与深意亦有区别,他说:《蛊》之为灾,非一日之故也。及其微而干之初,其任也见。《蛊》之渐,子有改父之道,其始虽危,终必吉。故曰:'有子,考无咎。'言无是子,则考有咎矣。孝爱之深者,其迹有若不顺,其迹不顺,其意顺也。"③指出父子之间形迹看似不顺,所用之深意则反而顺和,换言之,如果形迹顺和,则深意反而有差了,这就是"貌离神合"。

因为形象存在以上问题,苏轼认为,能够在没有形象展现之前(也就是前文所说的"前定")就加以调整,才是真正的恒久之道,他说:"物未有穷而不变者。故恒非能执一而不变,能及其未穷而变尔。穷而后变,则有变之形;及其未穷而变,则无变之名,此其所以为恒也。故居《恒》之世,而利有攸往者,欲及其未穷。夫能及其未穷而往,则终始相受,如环之无端。"④只有在变化没有显示出形象之前,随之加以改变,才能使变化在更小的范围内产生,如果做到极致,看上去就跟没变一样,这样来施政的话就能尽可能少地扰民,与苏轼的政治观点吻合,而在形象发生变化之前所需要调整的对象,实际上才是根源所在,因为可见者是形象,而不可见者往往才是根本,他说:"象者,可见之谓也。天之生物不可见,既生而刚强之者可见也。圣人之创业,其所以创之者不可见,其成就熟好,使之坚凝而不坏者可见也。"⑤万物生成之后我们才能看见,至于万物如何生成的规律,是无法通过表面看见的,圣人之创业垂统也是如此,他们所留下来的可见的功绩,是因为确实有效,而他们怎么做到的,则无法通过眼睛就能看清。这实际上已经触及表象和本质的区分,只不过苏轼用的是举例的方式来阐释。因此,那些能够在没有形迹之前就防患于未然的人是谓"知":"见于未然之谓知。"⑥能够透过形象看到内在规律和本质的人,才是真正智慧的人。

如何成为这类智慧通达之人呢?苏轼对此提出了较高的要求,他解释"是故夫象,圣人有以见天下之赜,而拟诸形容,象其物宜,是故谓之象。圣人有以见天下之动,而观其会通,以行其典礼,系辞焉,以断其吉凶,是故谓之爻。极天下之赜者,存乎卦;鼓天下之动者,存乎辞;化而裁之,存乎变;推而行之,存乎通;神而明之,存乎其人;默而成之,不言

---

①　苏轼著,李之亮笺注《苏轼文集编年笺注·东坡易传》,巴蜀书社 2011 年版,第 179 页。
②　苏轼著,李之亮笺注《苏轼文集编年笺注·东坡易传》,巴蜀书社 2011 年版,第 120 页。
③　苏轼著,李之亮笺注《苏轼文集编年笺注·东坡易传》,巴蜀书社 2011 年版,第 152 页。
④　苏轼著,李之亮笺注《苏轼文集编年笺注·东坡易传》,巴蜀书社 2011 年版,第 181 页。
⑤　苏轼著,李之亮笺注《苏轼文集编年笺注·东坡易传》,巴蜀书社 2011 年版,第 221 页。
⑥　苏轼著,李之亮笺注《苏轼文集编年笺注·东坡易传》,巴蜀书社 2011 年版,第 154 页。

而信,存乎德行"时说:"有其具而无其人,则形存而神亡。有其人而修诚无素,则我不能默成,而民亦不能默喻也。"①也就是说,能够把神明"存乎其人"的人,就要达成"修诚有素"的内在要求。德形虽分内外,却紧密相连,苏轼说:"刚而无心者,其德易,其形确然。柔而无心者,其德简,其形聩然。论此者,明八卦皆以德发于中,而形著于外也。故爻效其德而象像其形,非独《乾》《坤》也。"②指出德充其内,才能在外在形象上显露出来。细化到观看之道,则主张"贞观",苏轼在解释"天地之道,贞观者也。日月之道,贞明者也。天下之动,贞夫一者也"时说:"不以贞为观者,自大观之,则以为小;自高观之,则以为下。不以贞为明者,意之所及则明,所不及则不明,故天地无异观,日月无异明者,以其正且一也。"③"贞"者,苏轼解释为"正也,一也"④,苏轼认为如果不"以贞为观",则会有大小高下之别,而只有通过"正且一"的"贞观",才能明白天地之道没有分别,也就能够更平等、公正地看待天地万物了,因此,所谓的"贞观"之道,就是"致一"观念在观看层面的体现。

二、观我生:通往性命自得的象与言

苏轼指出,智慧通达之人,通过"循理无私"来更好地观看、认识万物。实际上,主客体的区分有时候不过是为了论述的便利,因为观看万物其实也就是透过万物来观看我们自身,禅宗语录中经常利用观景,提示观景者也就是观看主体"我"的存在,便是如此,我们把"观我生""观其生"分开来,实属无奈之举,不意味着两者是截然相反的(恰恰相反,苏轼是将它们合二为一的),只不过这样区分之后,我们可以更好地归纳和表达。因此,这一节就主要来集中地谈谈如何观看"观看主体"的问题。用秦观评价苏轼的话来说,观看我们自身就是"性命自得",也就是获得自身,用我们今天的话来说就是感觉到我们自身的存在。苏轼经常在诗中寻找自得,也就是自我的存在。想要通过观看之道获得性命自得的境界,就要首先明白苏轼如何看待道,然后可以从图像本身的意义和解释图像的语言两个方面来展现苏轼观我生的要义。

图2　苏轼行书《治平帖卷》卷首的东坡先生像

首先,在苏轼看来,如果把道视作客体,性命之学就是主体,它们是没有差别的。苏轼解释"故神无方而《易》无体。一阴一阳之谓道,继之者善也,成之者性也"时说:"阴阳果何物哉? 虽有娄、旷之聪明,未有得其仿佛者也。阴阳交然后生物,物生然后有象,象立而阴阳隐矣。凡可见者,皆物也,非阴阳也。然谓阴阳为无有,可乎? 虽至愚,知其不然也。物何自生哉? 是故指生物而谓之阴阳,与不见阴阳之仿佛而谓之无有者,皆惑也。圣人知道之难言也,故借阴阳以言之,曰:'一阴一阳之谓道。'一阴一阳者,阴阳未交,而物未生之谓也。喻道之似,莫密于此者矣。阴阳一交而生

---

① 苏轼著,李之亮笺注《苏轼文集编年笺注·东坡易传》,巴蜀书社2011年版,第269页。
② 苏轼著,李之亮笺注《苏轼文集编年笺注·东坡易传》,巴蜀书社2011年版,第270页。
③ 苏轼著,李之亮笺注《苏轼文集编年笺注·东坡易传》,巴蜀书社2011年版,第270页。
④ 此处文字李之亮本有误,故参以龙吟点评《东坡易传》,吉林文史出版社2002年第314页文字。

物,其始为水。水者,有无之际也,始离于无而入于有矣。老子识之,故其言曰:'上善若水。'又曰:'水几于道。'圣人之德虽可以名言,而不囿于一物,若水之无常形,此善之上者,几于道矣,而非道也。若夫水之未生,阴阳之未交,廓然无一物而不可谓之无有,此真道之似也。阴阳交而生物,道与物接而生善。物生而阴阳隐,善立而道不见矣。故曰:'继之者善也,成之者性也。'仁者见道而谓之仁,智者见道而谓之智。夫仁智,圣人之所谓善也。善者道之继,而指以为道则不可。今不识其人而识其子,因之以见其人则可,以为其人则不可。故曰:'继之者善也。'学道而自其继者始,则道不全。昔者孟子以善为性,以为至矣,读《易》而后知其非也。孟子之于性,盖见其继者而已。夫善,性之效也。孟子不及见性,而见夫性之效,因以所见者为性。性之于善,犹火之能熟物也。吾未尝见火,而指天下之熟物以为火,可乎?夫熟物,火之效也。敢问性与道之辨,曰:难言也,可言其似。道之似则声也,性之似则闻也。有声而后有闻邪?有闻而后有声邪?是二者果一乎?孔子曰:'人能弘道,非道弘人。'又曰:'神而明之,存乎其人。'性者,其所以为人者也,非是无以成道矣。"①这篇大论非常重要,因此全文摘引。从中可知,苏轼认为,凡是可见的都是物,而道不可见,只能打比方,最接近的比方就是"一阴一阳之谓道",盖道是规律也,而规律之最先在生命发展方面体现出来的成果就是水,水生万物,也包括人类,人既有其性,也自然要受其道之约束,而性与道之差别,正是我们现在所常说的主客体之别,如"声闻",声是主体发出的,闻是客体听到的,作为主客体,他们发出的和听到的,是一样呢?还是不一样呢?苏轼并没有给出回答,这就提示我们,要想回答这个问题,本身不是最难的,难的是如何去根据具体的现实条件而调整,在没有现实条件的介入之前,不回答就是最好的回答,而一旦现实条件介入,问题本身就会变化,原来的问题也不必再去回答。同样,那些规律跟万物结合就产生善,所谓善,是使万物生发的动力之一,也就是有利于生命的就是善,而万物(包括人)所呈现出来的有利于生命的效用就是性,这种性当然要通过符合规律的道来实现,但这个道跟性究竟有没有关系,就如"声闻"一样,是不可回答的。苏轼当然没有明说,这实际上已经进入信仰领域,而不再是哲学探讨的问题。总之,苏轼相信《周易》所讲的道与性都是存在的,而要学道,就不能学善或其他低于道的东西,就应该学道本身,才有可能得其全。同时苏轼还相信"神而明之,存乎其人"的说法,认为性即是人之所以为人的根本,也是存道之存的地方,由此生出道义来,苏轼说:"性所以成道而存存也,尧舜不能加,桀纣不能亡,此真存也。存是,则道义所从出也。"②只有相信这样的宇宙观,才能演化出人的价值观来。

值得注意的是,苏轼认为,对变化规律的准确把握固然是顺应自然,但若能跳出规律,则可谓是"阴阳不测之谓神",但跳出的规律本身并非神:"神之所为,不可知也,观变化而知之尔。天下之至精至变,与圣人之所以极深研几者,每以神终之,是以知变化之间,神无不在,因而知之可也。指以为神,则不可。"③神体现在变化之中,因而相信变到极致就是神即可,如果把变化本身当作神,那就大错特错了,圣人之道也是如此:"圣人之道,求之而莫不皆有,取之而莫不皆获者也。以四人者之各有获于《易》也,故曰:'《易》有

---

① 苏轼著,李之亮笺注《苏轼文集编年笺注·东坡易传》,巴蜀书社 2011 年版,第 257～258 页。
② 苏轼著,李之亮笺注《苏轼文集编年笺注·东坡易传》,巴蜀书社 2011 年版,第 260 页。
③ 苏轼著,李之亮笺注《苏轼文集编年笺注·东坡易传》,巴蜀书社 2011 年版,第 264 页。

圣人之道四焉。'而昧者乃指此以为道，则过矣。"①圣人之道虽通于道，但并非道之本身，我们运用苏轼的方法来看待苏轼之学说，也能从其《东坡易传》和其他作品中得到东坡之道，但如果说这就是道则不可。只有把神悬置起来，存而不论，像康德的物自体一样，圣人之道才是对的，否则变化一起，时事一变，圣人之道如果还固化而无反应，就是自毁长城。

其次，由于道不可见，圣人通过卦爻之象来揭示，苏轼说："象卦也，物错之际难言也。圣人有以见之，拟诸其形容，象其物宜而画以为卦，刚柔相交，上下相错，而六爻进退屈信于其间。其进退屈信不可必，其顺之则吉、逆之则凶者可必也。可必者，其会通之处也。见其会通之处，则典礼可行矣。故卦者，至错也；爻者，至变也。至错之中有循理焉，不可恶也。至变之中有常守焉，不可乱也。"②苏轼指出卦爻便是圣人有所见而通过形迹来描画出来的，并将吉凶之理蕴含其中，而用绘画之象来表达的效果远过于用文字来表达："天生神物，圣人则之。则之者，则其无心而知吉凶也。天地变化，圣人效之。效之者，效其体一而周万物也。天垂象，见吉凶，圣人象之。象之者，象其不言而以象告也。河图洛书，其详不可得而闻矣，然著于《易》，见于《论语》，不可诬也。而今学者或疑焉。山川之出图书，有时而然也。魏晋之间，张掖出石图，文字灿然。时无圣人，莫识其义尔。河图、洛书，岂足怪哉？且此四者，圣人之所取象以作《易》也。当是之时，有其象而无其辞，示人以其意而已。故曰：'《易》有四象，所以示也。'圣人以后世为不足以知也，故系辞以告之，定吉凶以断之。圣人之忧世也深矣。"③上天通过"象"来展现吉凶，圣人加以取法，起初也是通过形象来加以展现，后来担心后世之人看不懂图像，便用系辞来加以阐释，以便后人能看明白。这就说明系辞之类的阐释语言，距离图像之类的视觉语言，距离天道更远，但也没有办法不用，因此这里的图像、语言和天道是天道、图像、语言的顺序，而与道德、文诗、书画的顺序不同。

但象也有不足，且后世之人，如何能读懂圣人之图？所以要以语言来命名并加以解释，苏轼说："夫道之大全也，未始有名，而《易》实开之，赋之以名，以名为不足，而取诸物以寓其意，以物为不足而正言之，以言为不足而断之以辞，则备矣。名者，言之约者也；辞者，言之悉者也。"④又说"夫名者，取众人之所知，以况其所不知"⑤，因此，从取名、取物到正言、断辞，都是为了进一步阐释其意，只要其意能够被正确传达，从后世而言，理解言辞反而比读懂图像更精准一些，故后人不能远离文辞之书，也正是从这个意义上来说，图像和文字的重要顺序被重新编排了，苏轼又说："凡言为书者，皆论其已造于形器者也。其书可以指见口授，不当远索于文辞之外也，其道则远矣。"⑥书指《周易》，《周易》所论都是图像已成之后的内容，可以"指见口授"，如果要抛弃这些文辞，来探索"易道"，那就离易道更远了。然而，一旦通过这些文辞而达道了，就要不受这些文辞之约束，所以苏轼又

---

① 苏轼著，李之亮笺注《苏轼文集编年笺注·东坡易传》，巴蜀书社 2011 年版，第 264 页。
② 苏轼著，李之亮笺注《苏轼文集编年笺注·东坡易传》，巴蜀书社 2011 年版，第 261 页。
③ 苏轼著，李之亮笺注《苏轼文集编年笺注·东坡易传》，巴蜀书社 2011 年版，第 267～268 页。
④ 苏轼著，李之亮笺注《苏轼文集编年笺注·东坡易传》，巴蜀书社 2011 年版，第 275 页。
⑤ 苏轼著，李之亮笺注《苏轼文集编年笺注·东坡易传》，巴蜀书社 2011 年版，第 275 页。
⑥ 苏轼著，李之亮笺注《苏轼文集编年笺注·东坡易传》，巴蜀书社 2011 年版，第 277 页。

说:"不可远者,其书也,非其道也。不可以远索,故循其辞,度其所向而已。初者,为未达者言也。未达者治其书,用其出入之度,审其内外之惧,明其忧患之故而蹈其典常,可以寡过。达者行其道,无出无入,无内无外,周流六位,无往不适,虽为圣人可也。"①没有达道的人需要研究《周易》,通过辨明其意,能使自己少犯错误,而达道者当然就可以直接像圣人那样无所分别地行道,就会自然无往而不适,不必再拘泥于书本上的语言文字。那么圣人是如何做的呢?苏轼说:"道德之变,如江河之日趋于下也。沿其末流,至于生蓍倚数、立卦生爻而万物之情备矣。圣人以为立于其末,则不能识其全而尽其变,是以溯而上之,反从其初。道者,其所行也。德者,其行而有成者也。理者,道德之所以然,而义者,所以然之说也。君子欲行道德,而不知其所以然之说,则役于其名而为之尔。夫苟役于其名而不安其实,则大小相害,前后相陵,而道德不和顺矣。譬如以机发木偶,手举而足发,口动而鼻随也。此岂若人之自用其身,动者自动,止者自止,曷尝调之而后和,理之而后顺哉?是以君子贵性与命也。欲至于性命,必自其所以然者泝而上之。"②如前所述,用秦观的话来概括,就是苏轼的"性命自得"之理,具体来说就是,通过道德的道理来达到道德的境界,而道德的道理需要用文字来解释,这就是义,通过语言文字之义来抵达道理,再从道理抵达道德,也就是我们常说的"义理之学"的作用。

最后,系辞对于卦爻的解释,也有助于我们更好地理解圣人之道,从而抵达性命自得的道德境界。苏轼说:"孔子之述彖、象也,盖自为一篇,而题其首,曰《彖》曰《象》也欤?其初无'《彖》曰''《象》曰'之文,而后之学者散之卦、爻之下,故以'《彖》曰''《象》曰'别之。然孔子所谓'彖'者,盖谓卦辞,如'乾,元亨利贞'之类是也。其所谓'象'者有大小,其大象指八卦,《震》为雷、《巽》为风之类是也。其小象指一爻,'潜龙勿用'之类是也。初不谓己所述者为'彖''象'也。而近世学者失之,乃指孔子之言为'彖''象',不可以不辨也。象者,像也。像之言似也,其实有不容言者,故以其似者告也。达者因似以识真,不达则又见其似似者而日以远矣。"③苏轼认为孔子的"彖"即卦辞,"象"即卦爻,卦为大象,爻为小象,孔子是在卦爻的基础上用卦辞来描述其形似者,为什么只能表达形似之处呢?因为"其实"无法用语言表达,都在象中,如果达者能够通过形似识出真意,是为得之,如果执着于形似,则反而越学越远了。其中可见,第一,苏轼认为象离道、离真更近,而要想让象包含道真,则需要提升自己对道真的体悟。第二,解释者必须要能够穿过形似,抵达道真,才不会停留在图像的画面上而已。而图画在解释上的妙处有时也高于文字就好理解了:"圣人非不欲正言也,以为有不可胜言者,惟象为能尽之,故孟轲之譬喻,立象之小者也。"④正言无法达到图像所蕴含的丰富意蕴,因此圣人多从立象入手,而想要获得圣人之道,有时候通过字义还未必能得,只能以象求之,苏轼说:"《易》有圣人之道四焉,以制器者尚其象,故凡此皆象也。以义求之则不合,以象求之则获。"⑤比较明显的是《序卦》,苏轼说:"故《序卦》之论《易》,或直取其名而不本其卦者多矣,若赋诗断章,然不可以一理

① 苏轼著,李之亮笺注《苏轼文集编年笺注·东坡易传》,巴蜀书社 2011 年版,第 278 页。
② 苏轼著,李之亮笺注《苏轼文集编年笺注·东坡易传》,巴蜀书社 2011 年版,第 282～283 页。
③ 苏轼著,李之亮笺注《苏轼文集编年笺注·东坡易传》,巴蜀书社 2011 年版,第 272 页。
④ 苏轼著,李之亮笺注《苏轼文集编年笺注·东坡易传》,巴蜀书社 2011 年版,第 268 页。
⑤ 苏轼著,李之亮笺注《苏轼文集编年笺注·东坡易传》,巴蜀书社 2011 年版,第 272 页。

求也。"①苏轼发现,《序卦》中对卦名的解释,并没有准守本卦的特点,如果以序卦来推究卦理,则不合适了,还不如直接从图像中解读,反而会有更多收获。

如前所述,形似即可见者,往往不能抵达性命之本,而需要通过"循理无私"②去把握,而苏轼所谓的性,便是难以用世间万物比拟的,也就是性＝性。苏轼说:"古之言性者,如告瞽者以其所不识也。瞽者未尝有见也,欲告之以是物,患其不识也,则又以一物状之。夫以一物状之,则又一物也,非是物矣。彼惟无见,故告之;以一物而不识,又可以多物眩之乎? 古之君子,患性之难见也,故以可见者言性。夫以可见者言性,皆性之似也。君子日修其善以消其不善,不善者日消,有不可得而消者焉。小人日修其不善以消其善,善者日消,亦有不可得而消者焉。夫不可得而消者,尧、舜不能加焉,桀、纣不能亡焉,是岂非性也哉? 君子之至于是,用是为道,则去圣不远矣;虽然,有至是者,有用是者,则其为道常二,犹器之用于手不如手之自用,莫知其所以然而然也。性至于是,则谓之命;命,令也。君之令曰命,天之令曰命,性之至者亦曰命。性之至者非命也,无以名之而寄之命也。死生祸福,莫非命者,虽有圣者,莫知其所以然而然。君子之于道,至于一而不二,如手之自用,则亦莫知其所以然而然矣,此所以寄之命也。"③性的根本就是性,没有其他类似之物可以比拟,一旦到达这种境界,其实离圣人就不远了,在这种情况下,努力达到境界的和直接使用这种境界的人之间还略有区分,那些直接使用这些境界的人,他们直接就可以运用到实践中,而不需要通过道理、语言来说服或理解,也就表现得好像"莫知其所以然而然",一旦如此,就说明其人真的对性命之学洞然于心了。苏轼还指出,一旦把握住这种根本的性,去掉"无我"则为"命",想要"有为"则为"情":"情者,性之动也,泝而上,至于命;沿而下,至于情,无非性者。性之与情,非有善恶之别也,方其散而有为,则谓之情耳。命之与性,非有天人之辨也,至其一而无我,则谓之命耳。"④从这个意义上来说,苏轼通过易象和爻辞,完整地构建出了他的"性命自得"奥义。

三、顺数与逆数:民我互观之道

无论是观其生还是观我生,最终的目的是要能够指导实践,这从前文"有至是者,有用是者,则其为道常二,犹器之用于手不如手之自用,莫知其所以然而然也"的分析中也可以看出来,真正掌握了道的表现不是语言上获得了,而是在行动中自觉地加以运用,也就是行知还是知行的问题。这类实用主义当然也有其局限,但从大的方向上来说,仍然是中国传统文化中的精髓所在,即不仅从学理上要重实用,而且从操作上也要重实践。但北宋的实用功能也分很多种,我们围绕观看之道来梳理,大致可以看出两类,即道学家的理性实用功能和文学家的诗性实用功能,在同样强调学以致用的前提之下,前者偏向

① 苏轼著,李之亮笺注《苏轼文集编年笺注·东坡易传》,巴蜀书社 2011 年版,第 286 页。
② 苏轼说君子顺应之道是:"君子之顺,岂有他哉? 循理无私而已。故其动也为直,居中而推其直为方。既直且方,非大而何? 夫顺生直,直生方,方生大,君子非有意为之也,循理无私,而三者自生焉。"(苏轼著,李之亮笺注《苏轼文集编年笺注·东坡易传》,巴蜀书社 2011 年版,第 119 页。)
③ 苏轼著,李之亮笺注《苏轼文集编年笺注·东坡易传》,巴蜀书社 2011 年版,第 114 页。
④ 苏轼著,李之亮笺注《苏轼文集编年笺注·东坡易传》,巴蜀书社 2011 年版,第 114 页。

枯燥的理论,后者兼顾到艺术的丰富性;前者以邵雍、王安石等道学家为代表①,后者以苏轼等诗文家为代表。先看前者。杨时记载了邵雍的一段话,表现出道学家一定要把理论放在前面的用意和原因,文中说:"问邵尧夫云:'谁信画前元有易,自从删后更无诗。画前有易何以见?'曰:'画前有易,其理甚微。然即用孔子之已发明者言之,未有画前,盖可见也。如云神农氏之耒耜,盖取诸益。日中为市,盖取诸噬嗑。黄帝尧舜之舟楫,盖取诸涣。服牛乘马,盖取诸随。益、噬嗑、涣、随,重卦也。当神农黄帝尧舜之时重卦未画,此理真圣人有以见天下之赜,故通变以宜民,而易之道得矣。然则非画前元有易乎?"②提问者的疑惑是,都说画面出现之前就有《周易》了,可是《周易》不是通过六十四卦的画面呈现出来的吗? 在没有画面之前,《周易》怎么就存在了呢? 邵雍的回答是先承认这个道理确实不好懂,然后通过传说中的神农等事来比附重卦,得出结论说,虽然这些重卦还没有画出来,却已经在圣人们的日用之中体现出来了,所以他们在没有画出来之前,就已经得到"易之道"了。邵雍的回答涉及颠倒因果和偷换概念等问题,此处所要关注的是,他这么做的原因,就是要推尊易学,用他的话来说也就是"易之道"。这就说明邵雍这样的道学家,他们的出发点和落脚点都在构建道学上。

苏轼虽然也强调诗画要"有为而作",强调其实用功能,但他对道学家一味以道学为标准来取舍万物的演绎做法有所质疑,而更倾向于归纳。苏轼说圣人设象传道之初,是顺数,也就是后世所说的演绎法:"圣人既得性命之理,则顺而下之,以极其变,率一物而两之,以开生生之门,所谓因贰以济民行者也。故兼三才,设六位,以行于八卦之中,天地、山泽、风雷、水火纷然相错,尽八物之变,而邪正、吉凶、悔吝、忧虞、进退、得失之情,不可胜穷也,此之谓顺。"③圣人通过性命之理,演绎万物,不可穷尽,但前提得是圣人,如何成为圣人呢? 也就是如何得道呢? 则是逆数,也就是后世所说的归纳法:"欲至于性命,必自其所以然者沂而上之。夫所以食者,为饥也;所以饮者,谓渴也,岂自外入哉? 人之于饮食,不待学而能者,其所以然者明也,盍徐而察之饥渴之所从出,岂不有未尝饥渴者存乎? 于是性可得而见也。有性者,有见者,孰能一是二者,则至于命矣。此之谓逆……"④由于圣人难成,一般情况下学习圣人比较保险,起码不会误入旁门左道。

在苏轼看来,圣人逆数得道,又通过顺数传道,是为《易》,那后人如何通过《易》来得圣人之道呢? 苏轼认为还是以归纳法的逆数为是⑤,他说:"断竹为籥,窍而吹之,唱和往来之变,清浊缓急之节,师旷不能尽也。反而求之,有五音、十二律而已。五音、十二律之初,有哮然者而已。哮然者之初,有寂然者而已。古之作乐者,其必立于必然者之中乎? 是以自性命而言之,则以顺为往,以逆为来。故曰:数往者顺,知来者逆。六十四卦、三百八十四爻,皆据其末而反求其本者也。故《易》,逆数也。"⑥苏轼虽然认为演绎法和归纳法

---

① 司马光亦类此,如《温国文正公文集·故枢密直学士薛公讳田诗集序》说:"杨子法言曰:言,心声也。书,心画也。声画之美者,无如文。文之精者,无如诗。诗者,志之所之也。然则观其诗,其人之心可见矣。今之亲没则画像而事之,画像,外貌也,岂若诗之见其中心哉。"

② 邵雍著,郭彧、于天宝点校《邵雍全集·邵雍资料汇编》,上海古籍出版社 2015 年版,第 145 页。

③ 苏轼著,李之亮笺注《苏轼文集编年笺注·东坡易传》,巴蜀书社 2011 年版,第 283 页。

④ 苏轼著,李之亮笺注《苏轼文集编年笺注·东坡易传》,巴蜀书社 2011 年版,第 283 页。

⑤ 逆数和顺数当然不等同于归纳法和演绎法,但为了便于今人理解,故作此类比。

⑥ 苏轼著,李之亮笺注《苏轼文集编年笺注·东坡易传》,巴蜀书社 2011 年版,第 283 页。

都好,但他认为演绎万物,会无穷无尽,一不小心就会出错,而归纳万物则不断寻找更为本源的相同点,就能提纲挈领,《易》就是这样。其好处显而易见,不会陷入主观。

这种逆数、顺数之法的结合,表现在观看之道上,就是主客体的互相观看,用苏轼的话来说就是"民我互观"。苏轼关注、看到民生疾苦,百姓也看到苏轼的良苦用心,在史书上比比皆是,此处不再赘言。正是因为民我互观,苏轼才真正达到与民同乐的境界,使其快乐真正建立在人间,具有了审美功能之外的实用功能。苏轼在《虔州八境图八首》引中说:"《南康八境图》者,太守孔君之所作也。君既作石城,即其城上楼观台榭之所见,而作是图也。东望七闽,南望五岭,览群山之参差,俯章贡之奔流,云烟出没,草木蕃丽,邑屋相望,鸡犬之声相闻。观此图也,可以茫然而思,粲然而笑,嘅然而叹矣。苏子曰:此南康之一境也,何从而八乎?所自观之者异也。且子不见夫日乎?其旦如盘,其中如珠,其夕如破璧,此岂三日也哉?苟知夫境之为八也,则凡寒暑、朝夕、雨旸、晦明之异,坐作、行立、哀乐、喜怒之变,接于吾目而感于吾心者,有不可胜数者矣,岂特八乎?如知夫八之出乎一也,则夫四海之外,诙诡谲怪,《禹贡》之所书,邹衍之所谈,相如之所赋,虽至千万,未有不一者也。后之君子,必将有感于斯焉。"[1]苏轼指出,观看风景之不同,并非风景真的不同,而是"所自观之者异也",也就是观看者所观看的角度和位置发生了变化。这样一来,他就不仅仅关注被观看的风景,还关注看风景的人,使"互观"的观念得到进一步发展。在这种互观视野下,苏轼所谓八,乃指景,所谓一,乃指人,故八诗中皆有景有人,有景自不必说,有人如"使君高会""倦客登临""故人应在""渔樵人去""使君那暇""山水照人""想见之罘""云外高人"等,使眼前的风景不再仅仅是一种审美对象,也成为"高会""渔樵"等实在的生活场景。

图3 明蒋乾绘《赤壁图》卷中的山水局部图

此类互观之眼亦可观人世,如苏轼元丰二年(1079)《罢徐州,往南京,马上走笔寄子由五首》其一说:"道边双石人,几见太守发。有知当解笑,抚掌冠缨绝。"[2]汪师韩认为这四句"杂以诙谐,含蕴靡尽",赵克宜则说"石人何与太守事?胸次灵通,触处皆成妙论,便不为诗境所窘"[3],都认为此句甚妙,原因就在于苏轼的观看之眼,将万物作为观看者,而

① 苏轼著,张志烈、马德富、周裕锴主编《苏轼全集校注·诗集》,河北人民出版社2010年版,第1631~1632页。
② 苏轼著,张志烈、马德富、周裕锴主编《苏轼全集校注·诗集》,河北人民出版社2010年版,第1951页。
③ 苏轼著,张志烈、马德富、周裕锴主编《苏轼全集校注·诗集》,河北人民出版社2010年版,第1953页。

自己离任徐州的事情则成为被观看的对象,是一次典型的互观。当然,也可以用来观自己,如《送参寥师》:"阅世走人间,观身卧云岭。"①卧在云岭上却可以观看自身,当然并不是真的通过云岭来看自己,而是通过观看那个观看云岭的自我而达到自观的效果。我们被我们的眼力所局限,以至于只能看到眼力允许我们看到的东西,如元丰八年(1085)《记梦》就说:"不信天形真个样,故应眼力自先穷。"②不相信天真如此,只不过我们的眼力有限,只能看到我们的眼力允许我们看到的样子罢了。这当然有庄子"天之苍苍,其正色邪? 其远而无所至极邪? 其视下也,亦若是则已矣"的影响,但或许也与佛教有关,同年《赠眼医王彦若》就说:"空花谁开落。"③即引用《楞严经》:"亦如翳人,见空中花,翳病若除,花于空灭。"④指出自身观看的局限所在,但主要还是跟前面所述的苏轼那样由易学思想所形成的观看之道有关。而观看的重要性和现实性,也就由此可见了。

---

①　苏轼著,张志烈、马德富、周裕锴主编《苏轼全集校注·诗集》,河北人民出版社 2010 年版,第 1893 页。
②　苏轼著,张志烈、马德富、周裕锴主编《苏轼全集校注·诗集》,河北人民出版社 2010 年版,第 2774 页。
③　苏轼著,张志烈、马德富、周裕锴主编《苏轼全集校注·诗集》,河北人民出版社 2010 年版,第 2788 页。
④　苏轼著,张志烈、马德富、周裕锴主编《苏轼全集校注·诗集》,河北人民出版社 2010 年版,第 2791 页。

窒碍与挣脱：明清女性书写的文献载体及理论省思

彭　志[*]

　　摘　要：女性书写是性别史研究的重要论域，依托的文献载体不同，发掘出的具体现象及其主要特征亦会存在一定差异。对烈女、才女形象的刻绘是明清方志的重要构成部分，前者呈现出叙事模式化、融汇真实与想象，后者更为丰富生动，而两者的共通之处则是均以男性视角形塑楷范，彰显道德教化的巨大力量。以《女子世界》为代表的晚清女报通过女校群像、个体肖像、历史人物版画的方式，推动着女性自我意识的觉醒萌动。当从宏观层面观照蕴藏在两类文献载体之中的演进轨迹，可见新女性从窒碍难行到挣脱锁链的进阶。从方法论层面展开省思，文字史料、图像史料在表现同一对象时，探察的要义之处在于寻找分殊处、走向普适性与契合现实。

　　关键词：女性书写；明清方志；《女子世界》；文献载体；理论向度

　　在历史分期中，晚清是个颇为重要的时段，彼时因西风东渐的推促，以及本土日渐明显的胎动，诸如政治经济、思想文化等众多领域都发生着或显或隐的蜕变，女性书写亦概莫能外。在鸦片战争之前，明清两朝的制度体系中，对女性的一生，包括及笄之前禁足绣楼习得女红、出嫁之后勉力相夫教子以及去世后关乎德行的评骘臧否，都有着极为烦琐严苛的规训。而自鸦片战争以迄五四新文化运动，对女性自我意识的重重限制慢慢地出现了一些松动，长久以来积压在女性胸腔中的不同声音也终于得以呐喊出来。如果将明清两朝的女性作为整体对象进行观照，则分明可见身陷窒碍难行境况到历尽艰辛终得挣脱枷锁的嬗递过程。上揭演进脉络在明清方志、晚清女报中体现得尤为显著，方志人物传记中关涉烈女、才女的书写，以楷模的层累叙述感导女性日常的立身处世；女报插图对女校群像、女性身体的生动呈现，则表征着突破叠加在女性之上重重禁锢的复杂心绪和不竭努力。从方法论省思层面来说，方志是古代正史体系中的一种，主要以文字叙写的方式将一府一县的风土人情展现出来；晚近出现的女报则兼具图、文两种形式，相较于前者，插图在表现女性的张力上也映现出不同的情形。对举方志、女报这两类不同的文献载体，细致考察蕴藏其间的共相与自相，或将助益于加深对建基于精致个案剖解之上的文本、图像研究的理论省思。

一、形塑楷范：明清方志中关涉烈女、才女的书写

　　语源学上，"方志"一词应可追溯到《周礼·地官》"诵训：掌道方志，以诏观事"[①]，从职官功能上界定了方志意指四方所记久远之事。其后，东汉及之后出现的主要描写建置沿

　　[*]　彭志，文学博士，中国艺术研究院中国文化研究所助理研究员，兼任《中国文化》杂志执行编辑，主要从事明清文学与文献、艺术学研究。

　　[①]　李光坡著，陈忠义点校《周礼述註》卷十"地官司徒第二"，商务印书馆 2019 年版，第 163 页。

革、山川风物、人物故事的地记、郡书、图经、耆旧传、水道记等可视为方志的雏形。而到了两宋时期，宋敏求《长安志》、范成大《吴郡志》及著名的临安三志的相继梓版，标志着方志这种史书体裁正式进入了成型阶段。明清两朝，修志蔚然成风，官方也以颁布修志诏谕的方式确立统一凡例，繁盛之状竟至达到"下至府州县，虽僻陋荒岨，靡不有志"①，可见其时纂修方志已进入全盛期。在缕述方志学史过程中，可以发现方志编纂体例、编写人员、功能呈现等日益规范化，就编纂体例而言，书写烈女、才女生动事迹的人物传记一般位于方志"列女志"；就编写方法而言，方志作为地方性官修史书，一般由知府、知县挂名修纂②；就功能呈现而言，方志无疑具有风向标指向，风俗民情的著录，兼具存史和训导的双重作用。将讨论聚焦到明清方志中关涉烈女、才女的生动书写，亦可发掘出在地官员希冀通过模范女性事迹的层累叙述，以求达到对行政区划之内女性立身处世的形塑和规训。

　　明清方志的编纂者，对女性事迹的著录，主要有两种模式，一种是简单列举大量的烈女，只提供女性丈夫及其姓氏信息，如《（光绪）松江府续志》卷二十九"列女传·完节"仅罗列了华亭县从"盛琮璧妻周氏"以迄"裴金海妻丁氏"③的烈女，并无详细的事迹介绍。另一种是以史传写法细致描摹女性的生平事迹，尤其突显其在生死存亡之际的品性表现，可看明嘉靖十五年（1536）刻本《始兴县志》卷下"忠节·国朝烈女"记载的烈女邓氏的故事。

　　邓氏，监生钟鼎妻。天顺八年流寇逼境，夫妇被虏。贼驱其夫以执役，见妇有姿容胁污。妇绐贼曰："我有金在他所，与尔共取。"贼以为实，遂同行至井边。妇抱幼子投井中，贼怒下石击之，遂死于井。后七日出尸，丽质不改，众以为烈气致然。④

　　邓氏居家时，遭逢流寇滋扰，因长相姣好，面临着失身风险。为了保护贞洁不被玷污，邓氏巧施妙计，得以投井全节。有意味的是，人们将邓氏尸体丽质天成不改往昔的神迹归结为危机时刚烈气节所致。明崇祯六年（1633）刻本《肇庆府志》卷二十三"列女传"记载的烈女罗氏与上述始兴县烈女邓氏的故事高度相似。

　　罗氏，高要古耶甲，罗德正女，适上陆湾村谭佳。万历三年正月，富林贼略村焚屋，罗还抱六月儿付。夫踰垣先遁，罗遂被执，度不能免，绐贼家有厚赏，入收之，遂赴火死。郡人多为诗文吊焉。⑤

　　罗氏与邓氏一样，都被寇贼威逼，而全节方式也惊人的一致，或诓骗"有金在他所"，或哄骗"家有厚赏"，结果则分别为投井、赴火以死。清乾隆十五年（1750）刻本《顺德县

　　①　张松孙《重修蓬溪县志序言》，见张松孙修、谢泰宸纂《（乾隆）蓬溪县志》卷首，清乾隆五十一年（1786）刻本，日本内阁文库藏。

　　②　彭志《清代方志文庙舞佾图考论》，《北京舞蹈学院学报》2017年第6期，第24页。

　　③　博润修、姚光发等纂《（光绪）松江府续志》卷二十九"列女传·完节"，清光绪十年（1884）刻本，国家图书馆藏。

　　④　汪庆舟修，袁宗与等纂《（嘉靖）始兴县志》卷下"忠节·国朝烈女"，明嘉靖十五年（1536）刻蓝印本，宁波市天一阁博物馆藏。

　　⑤　陆鳌、陈烜奎纂修《（崇祯）肇庆府志》卷二十三"列女传"，见殷梦霞选编《日本藏中国罕见地方志丛刊续编》，第15册，北京图书馆出版社2003年版，第191页。

志》卷十四"人物列传·烈妇"记载的烈女潘氏亦有类似表现。

> 梁明妻潘氏,逢简人黄萧养伏诛,元戎并杀胁从者。明与妻隐于草野间,军逼其妻,明捍之,为所杀。掳潘而去,潘曰:"吾腰领中有金珍首饰,缓我缚解,以相赠,相从未晚也。"即投江而死,年二十四岁。①

潘氏同样遇到了被胁从的险境,为了避免被贼人玷污,同样以藏有金珍首饰诓骗,并最终以投江的方式保全了名节。清道光二十一年(1841)刻本《新会县志》卷十"列女"中记载的烈女何氏身逢险境的选择亦复如是。

> 何氏,河村人。父宏大,元时为乌府史。赘同邑萧积善为婿。至正丁酉八月,乡贼陈有得杀积善,意在何氏,遣众劫致之。氏度不免,饮贼众于堂,绐伴者曰:"吾埋金钗井旁,可取为饰。"得至井,遂投入死。父母出其尸,与夫合葬,时嫁一载耳。明知县丁积建亭井上,曰双义,仍建贞节坊,置祭田五十二亩。②

何氏于危机中保全贞操的方法依然是以"埋金钗井旁"的方式骗取歹人信任,并趁其看押不备,投井全节。稍有不同的是,《(道光)新会县志》补续了知县丁积修建双义亭、贞节坊,并置办祭田的事,身后表彰推扬之意颇为明显。

如果将《(嘉靖)始兴县志》卷下邓氏、《(崇祯)肇庆府志》卷二十三罗氏、《(乾隆)顺德县志》卷十四潘氏及《(道光)新会县志》卷十何氏的故事并置起来进行观照,可发现四位传主虽然生活在不同时代、地域,但其在贞洁被威胁时的表现几乎一致。方志的文本叙述模式可以抽绎成"地方动荡(背景)——女性被流寇抓获(事件)——面临被奸污(危险)——以取财产哄骗贼人(计策)——借机自杀(殉节)——死后各类神奇现象(结局)"。不唯上揭明清时期广东地区四种方志对烈女事迹的描绘高度雷同,其他地域的方志也存在着大量的同质化案例。由这众多的案例可以分析得出,明清方志中烈女形象的塑造已具有了较为浓厚的模式化倾向,所刻画的烈女除却姓名、籍贯、时代不同外,烈女的日常言行及殉节形象日益趋向一致,呈现出千人一面的状况。此外,叙事也具有规范化趋势,即在社会动荡之际,烈女为了保存自我的贞洁不被玷污,在面对强权暴力时,选择死亡的情节高度相似。考虑到具体的时代环境、人物处境等诸多方面的不同,如此多的烈女事迹雷同,对此现象的可能性解释就是方志编纂者对烈女事迹及形象一定程度上的虚拟与构想,即在男性视角下建构烈女应有的性格特征,为社会树立道德榜样,并以此推广儒家正统教化所强调的立身应以忠孝节义为重的观念。有鉴于此,可以推导出这样一个结论,在明清方志烈女传中记载的诸多烈女,其言论、事迹、形象的趋同,是男性方志编纂者施加于这些烈女的结果,在面临困厄时,烈女能够舍生以保持贞洁,借以彰显正统道德与日常教化的巨大力量。

对女性的书写,除了刻绘身处困境的烈女形象之外,方志编纂者亦非常关注对才女的表现。清康熙二十五年(1686)刻本《杭州府志》卷三十三"贤媛"记载了才女顾若璞。

---

① 陈志仪修,胡定纂《(乾隆)顺德县志》卷十四"人物列传·烈妇",清乾隆十五年(1750)刻本,国家图书馆藏。

② 林星章修,黄培芳等纂《(道光)新会县志》卷十"列女",《中国方志丛书》华南地方广东省,成文出版社1974年版,第282页。

顾若璞，字知和，仁和人，按察使汝学孙女。幼娴诗书，适诸生黄茂梧。茂梧为江西参议汝亨子，早卒。时汝亨方宦游，遗孤长者八岁、次者六岁。每从外傅入，辄为陈说诗书及秦汉百家言命之。汝亨致政，归，太息曰："儿死，犹不死矣。"老年尝纂辑《黄氏宗谱》，立祭田以永祀事，亦涉猎内典，独痛疾。优婆彝曰："若辈无知，徒乱人耳。"性坦直，临财丝粟不苟，能恤人隐。素负敏异姿，一览记忆，所著有《卧月轩稿》。年九十岁卒。①

先介绍顾若璞表字籍贯、亲属婚配等基本信息，继之叙述其在丈夫早卒后，勉力抚育遗孤的德行，以及素负诗书的满腹才华，而公公黄汝亨的高度评价，更具有了盖棺论定的意味。清康熙五十七年（1718）刻本《钱塘县志》卷二十八"列女·贞女"描写了才女吴柏。

吴柏，孝廉杉女弟，许字陈允璧。将嫁，允璧卒，号恸，誓不嫁。或以微词动之，辄阖户自缢。父母怜之，乃许归陈。入门泣拜，姑嫜曰："今日得称归矣，子亡妇在，子职即妇职也。"布衣操作为陈妇七载病瘵，抚允璧之枢，一恸而卒。柏能诗，有集曰《樾阴》，吴宫詹太冲序而传之。②

比顾若璞更为悲惨的是，吴柏尚未过门，其结亲之人陈允璧便去世了，不惜以自缢的极端方式表明誓不二嫁的志向，更因巨深创痛随亡夫而去。清乾隆五十七年（1792）刻本《绍兴府志》卷六十五"人物志二十五·列女二"记载了才女王端淑的故事。

王氏名玉映，字映然，季重女也，作配丁睿之。幼聪颖，喜读书，稍长益沈酣史传。古大家，工于诗，能临池，亦间游戏水墨。诗则标新探奥，敌体沈宋。其论断古人处，绝似龙门，毫无儿女口角。虽翁官詹事而家世清白，际鼎革之后，一椽不保，日食不继，处之怡然，惟以书史消岁时、山水为良朋。每花晨月夕，则哦吟自得，几不知寝废食亡。所著有《吟红全集》《论古诸书》行世。③

对王端淑的书写，将笔墨集中至对其诗才的刻画，"沉酣史传""敌体沈宋""绝似龙门"云云，皆为推举传主的横溢才华。清光绪十三年（1887）刻本《桐乡县志》卷十八"列女志下·才媛"记载的清代才女张俪青的故事亦复如此。

乌程诸生沈思美妻张氏，名俪青，素工吟咏。与夫少年伉俪，情好甚笃。尝于春暮并坐红窗，扫笺涤砚，以唱酬为乐，忽见双燕穿帘，呢喃相语。氏感之赋诗曰："闲庭花落燕归迟，人倚雕阑欲倦时。禽鸟犹能知静好，一帘斜影语相思。"无何病卒。明年燕复来，思美触物伤怀，作诗题壁曰："双翦仍来寻故垒，一枝愁已谢东风。雕阑依旧人何在，惆怅闲庭落满红。"为之长号不已。④

上引沈思美与妻子张俪青的故事更为凄美，张俪青因吟诗伤春而病卒，沈思美于来

---

① 马如龙修，杨鼐等纂《（康熙）杭州府志》卷三十三"贤媛"，清康熙二十五年（1686）刻本，国家图书馆藏。

② 魏㟷修，裴琔等纂《（康熙）钱塘县志》卷二十八"列女·贞女"，《中国地方志集成》浙江府县志辑4，上海书店1993年版，第487页。

③ 李亨特修，平恕、徐嵩纂《（乾隆）绍兴府志》卷六十五"人物志二十五·列女二"，《中国地方志集成》浙江府县志辑40，上海书店1993年版，第535页。

④ 严辰纂修《（光绪）桐乡县志》卷十八"列女志下·才媛"，《中国地方志集成》浙江府县志辑23，上海书店1993年版，第801～802页。

年触物伤怀，亦作题壁诗唱和，伉俪间的笃厚深情甚至可以突破时空、生死的限囿，因外物触动内心，或悲或死，颇有彼时盛行的才子佳人小说的风格特征。

若将《（康熙）杭州府志》卷三十三顾若璞、《（康熙）钱塘县志》卷二十八吴柏、《（乾隆）绍兴府志》卷六十五王端淑及《（光绪）桐乡县志》卷十八张俪青并置起来进行考察，顾若璞是德才兼备一类女性的典型，吴柏以诗词发抒遭逢困厄时的心绪，王端淑是才华卓异、吟哦自得一类形象的代表，张俪青是夫妇诗酒酬唱、相伴相随的范例。不同于烈女形象书写的模式化，明清方志中对才女形象的描写则显得更为丰富生动，呈现出了不同风貌，尤为引人入胜。明清方志中的女性，有善良孝顺且才华横溢的女儿，有蕙质兰心并诗酒唱和的姐妹，有知书达理且为夫分忧的妻妾，有慈祥仁爱并教导子女的母亲，有遭逢险境不惜身死殉节的烈女，共同构成了别具特色的传统文化视域下的女性群体。这些烈女、才女是男性书写者着意刻画的对象，其中有纪实性的再现，也有虚构性的表现，但无疑这些德才兼备的女性，是方志编纂者的心之所系。通过对烈女、才女形象的生动加工，塑造了足以垂范今人与后世的道德榜样，而道德训诫的巨大力量又促进后出方志对烈女、才女形象形塑得愈演愈烈。

二、觉醒萌动：《女子世界》插图的性别视域阐解

据史和等编《中国近代报刊名录》统计，清末陆续出现了近30种的女报，虽然中国第一份妇女报刊《女学报》诞生于光绪二十四年（1898），但要论具体册数、内容类型及持续时间，则《女子世界》应属此期最为举足轻重者。《女子世界》首期由常熟女子世界社于癸卯年腊月朔日（1904年1月17日）在上海推出，由丁祖荫负责报纸的日常编务事宜。《女子世界》的栏目主要有图画、论说、演坛、史传、译林、谈薮、小说、专件等，供稿作者多为当时名流，如丁祖荫、金天翮、柳亚子、周作人、徐念慈、蒋维乔等，而其流通区域"主要在江浙，而辐射到长江沿岸的安徽、江西、湖北、四川，并及湖南与广东，北方则只有山东与北京两处"①，学界对《女子世界》的研究多聚焦于晚清报刊史及晚清女性史两种论域之中②，此外，还有以具体问题切入剖析其重要地位的文章。③ 从学术史上来看，《女子世界》业已引起了一定重视，但仍有部分空间有待于继续深入发掘，各期的插图便属其中之一。

《女子世界》中的插图主要可分三大类型，其一为刊物封面，或为简笔花卉图，或为人

---

① 夏晓虹《晚清女报的性别观照——〈女子世界〉研究》，见氏选编、导读《〈女子世界〉文选》，贵州教育出版社2014年版，第4页。

② 相关学位论文主要有赵立军《20世纪初女性报刊——〈女子世界〉研究》（东北师范大学2010年硕士学位论文）、余若瑶《〈女子世界〉在辛亥革命时期对妇女解放话语的建构》（河北经贸大学2018年硕士学位论文）、谭红花《丁编〈女子世界〉（1904—1906）作者群体的女性观》（宁夏大学2019年硕士学位论文）、松哈尔《清末〈女子世界〉传记文学的女性形象研究》（长春师范大学2020年硕士学位论文）等。

③ 以具体问题切入剖解的主要有刘钊《清末小说女性形象的社会性别意识与乌托邦想象——以〈女子世界〉小说创作为例》（《南开学报（哲学社会科学版）》2012年第6期）、谢仁敏《〈女子世界〉出版时间考辨——兼及周氏兄弟早期部分作品的出版时间》（《鲁迅研究月刊》2013年第1期）、谢丽《反传统与被传统：从两份〈女子世界〉看近代女子世界的艰难建构》（《史学月刊》2014年第9期）、潘华凌等《晚清女性刊物〈女子世界〉的编辑策略》（《南通大学学报（社会科学版）》2017年第5期）、马勤勤《晚清女报与近代中国女性小说创作的发生——以〈女子世界〉为观察中心》（《云南大学学报（社会科学版）》2018年第6期）等。

物故事图；其二为图画栏目中的女性照片、历史人物版画；其三为文章配图。上述三类插图以第二类最具特色，盖因其以直接刊载照片、版画的方式将以往困守在深闺中的女性直接推向世人的面前，成为被窥视、被观看的对象。先看《女子世界》第 1 期登载的由上海文明书局制版印刷的《癸卯十月务本女塾教习学生摄影》(图 1)。

图 1　《癸卯十月务本女塾教习学生摄影》①

　　照片天头位置标示了该合影拍摄于清光绪二十九年(1903)十月，而上海务本女学塾由吴馨于光绪二十八年(1902)创办。作为中国最早的女子学校之一，振兴女学及改变长久以来重男轻女的积习是其推崇的办学宗旨。此外，倡导女学生放足，严禁奢华攀比之风，皆对当时社会风气的改变有所助益。《女子世界》在其创刊号的显著位置刊登这张照片，足见其对女学的重视，报纸其余专栏中更有《振兴女学》《创办女塾》《女学生入学歌》等文章与其遥相呼应，形成了女报内部的互文关系。此外，在第 8 期中登载有《广东女学堂学生摄影》、第 10 期有《石门女学讲习所会考各塾学生摄影》、第 11 期有《日本实践女学校中国留学生》、第 13 期有《天津淑范学堂》、第 14 期有《常熟竞化女学校摄影》、第 15 期有《苏州同里明华女学校之摄影》、第 16～17 期合刊本有《黎里求我蒙塾女生摄影》《无锡竞志女学校摄影》、第 18 期有《日本实践女学校附属清国女子师范工艺速成科第一回卒业写真》等，凸显了《女子世界》对女性教育的持续重视，希冀通过推动女校发展，实现对既有女性意识的变革。

　　对女学的呈现，往往是以人物群像的方式，而《女子世界》中亦不乏对单个女性肖像的表现，如第 2 期的《女士薛锦琴》、第 6 期的《周红梅女士遗影》、第 7 期的《杜清持女士》、第 9 期的《张竹君女士小影》、第 12 期的《石门文明女塾教员吕筼青女士小影》、第 18 期的《女士杨寿梅》等。择选《张竹君女士小影》(图 2)予以重点分析。

①　江苏常熟女子世界月刊社编《女子世界》第 1 期，王长林、唐莹编《中国近现代女性期刊汇编》，第 1 册，线装书局 2006 年版，第 7 页。

张竹君(1876—1964),广东番禺人,早年肄业广州南华医校,后转夏葛女子医学校,曾开办褆福医院、南福医院,创设育贤女学、女子中西医学院,发起组织中国赤十字会,是中国历史上第一位女西医,亦是女权运动的先驱。[①] 张竹君著有《妇女的十一危难事》,反对缠足、卖淫等戕害女性的积弊,主张妇女解放。《女子世界》其余刊期登载的女性肖像也多为进行女权运动的先驱、干将,如薛锦琴是第一位当众演讲的中国女性,杜清持矢志推动女子教育的发展,杨寿梅为了继续求学而不惜寻短见。这些走在时代前列的新女性,努力发出觉醒之后的声音,并尝试着突破传统社会笼罩在女性之上的重重限囿。

除了女性群像、个体肖像之外,《女子世界》中还有一类关涉历史女性的图像亦别具韵味,主要有第 3 期的《木兰从军》、第 4 期的《聂隐娘 红线》、第 5 期的《看护妇南的㛷尔》等。上述图像的独特之处不仅在于借古喻今、西体中用,更是通过报纸内相应篇章的叙写,形成自洽的语图互文关系。择选《木兰从军》(图 3)予以具体阐述。

图 2   《张竹君女士小影》[②]

图 3   《木兰从军》[③]

花木兰是古代文学作品中塑造的重要女性人物,其以女儿之身替父出征、抗击柔然的英勇事迹感天动地,而南北朝叙事诗《木兰诗》,以及明代文坛巨擘徐渭改编的杂剧《雌木兰替父从军》等文学作品更是将花木兰推举到巾帼英雄的位置。花木兰作为传统社会里非同一般的卓异女性,《女子世界》自然对其给予了重点关注。除了以版画方式生动刻绘花木兰"万里赴戎机,关山度若飞"[④]的飒爽英姿,更是在"传记"栏目中以 8 个版面刊出柳亚子撰写的《中国第一女豪杰女军人家花木兰传》,着力将花木兰改写为新女性形象,

①   广州市地方志编纂委员会编纂《广州市志》卷十九"人物志",广州出版社 1996 年版,第 190～191 页。

②   江苏常熟女子世界月刊社编《女子世界》第 9 期,王长林、唐莹编《中国近现代女性期刊汇编》,第 2 册,线装书局 2006 年版,第 768 页。

③   江苏常熟女子世界月刊社编《女子世界》第 3 期,王长林、唐莹编《中国近现代女性期刊汇编》,第 1 册,线装书局 2006 年版,第 173 页。

④   郭茂倩编撰,聂世美、仓阳卿校点《乐府诗集》卷二十五"横吹曲辞",上海古籍出版社 1998 年版,第 307 页。

传记收尾"万丈军魂千里血,春风开遍自由花"①便是刊物宗旨的集中体现。

值得特别提及的是,《女子世界》初创时期的刊物封面采用的是较为保守的简笔花卉图,而自第10期开始则另辟蹊径更换成了一幅颇具张力的人物故事图,一直保留到第14期,从第15期起又重回简笔花卉封面图模式。下面重点分析第10期的这幅封面图(图4)。

图4　《女子世界》第10期封面②

上引封面图被区隔成了上下两个部分,上半部分以花环围绕刊名、刊期交代当期报纸基本信息;下半部分则是一伫立于石柱之上,用力挥舞国旗的西方女子。将首先映入眼帘的封面图由既往稍显保守的简笔花卉图,改变成站立呐喊状的女性形象,充满了象征意义,用意在将女性解放运动以更为直白生动的方式呈现出来。

之所以强调《女子世界》插图的重要性,缘由主要有三个方面。其一,文字、图像这两种载体在表情达意上存在着较为明显的区别,相较于文字,图像对人物、事件的表现更为直接形象,因此更易产生视觉上的冲击力,普罗大众对其意旨的接受也会更强一些。其二,《女子世界》几乎在每期都有讨论女校话题,其中数期更是将上海务本女塾、广东女学堂、石门女学讲习所、天津淑范学堂、常熟竞化女学校、苏州同里明华女学校、黎里求我蒙塾、无锡竞志女学校等各地著名的女校师生合影照片放置在报纸显著位置,振兴女学的用意颇为明显。其三,择选晚清那些勇于突破传统陋习限囿的新女性肖像进行刊载,如薛锦琴、周红梅、杜清持、张竹君、吕筼青、杨寿梅,以及历史上那些萌发女性意识的花木兰、聂隐娘、红线女,旨在以女性典范的标举引领社会上各个阶层的传统女性从传统陋习中突围。正是基于以上的考量,《女子世界》中的插图显得至关重要,其是构成近代女性意识觉醒萌动的表征。

三、向度何为:寻找分殊处、走向普适性与契合现实

其实,明清两朝关涉女性书写的文献载体远非上文所重点讨论的方志、报纸两类,更为常见的则是古典文学中的诗词、小说、戏曲之类。诗词方面,既包括女性自撰的描写日常闺阁生活及复杂心绪的作品,如顾太清《水调歌头·和周紫芝〈竹坡词〉》"老去心情依旧,莫负良辰好景,去日不能重"③之类;又涵盖男性细致刻画女性生活及多样心态的作品,如纳兰性德《金缕曲·亡妇忌日有感》"还怕两人俱薄命,再缘悭、剩月零风里"④之类。

---

①　江苏常熟女子世界月刊社编《女子世界》第3期,王长林、唐莹编《中国近现代女性期刊汇编》,第1册,线装书局2006年版,第206页。

②　江苏常熟女子世界月刊社编《女子世界》第10期,王长林、唐莹编《中国近现代女性期刊汇编》,第2册,线装书局2006年版,第853页。

③　顾太清著,胥洪泉校笺《顾太清词校笺》,巴蜀书社2010年版,第8页。

④　张秉戍编著《纳兰性德词新释辑评》,中国书店2001年版,第66页。

小说戏曲方面,女性书写更是不可或缺的重要组成部分,这在盛行的才子佳人小说里便可窥见端倪。上文从众多的文献载体中拈出了方志、报纸这两类,关涉烈女形象的书写择选了明清两朝广东地区的四种方志,从明嘉靖十五年(1536)刻本《始兴县志》到清道光二十一年(1841)刻本《新会县志》,在归纳文本叙述模式基础之上,分析列女传的真实意旨所在。而涉及才女形象的书写则择选了清代浙江地区的四种方志,从清康熙二十五年(1686)刻本《杭州府志》到清光绪十三年(1887)刻本《桐乡县志》,通过文本细读,明晰才女书写呈现出更为丰富生动的特点。报纸拣选了较具特色的《女子世界》,彼时清廷摇摇欲坠,而女报也在风云突变的大时代中发出了振兴女学、推动女权的声音。上述两类文献载体,在表现同一对象时,呈现出了不同的叙述模式和意旨特征。

经过前文对明清两类文献载体中关涉女性书写部分的细致考察,我们可以尝试从形而上层面思考不同文献载体在书写女性时所具有的可能向度。基于文献性质、适用范围及现实意义,或可将上揭讨论的具体向度析分成三个层面。第一层面,寻找不同文献载体的分殊之处,分别考察作为文字史料的明清方志,以及作为图像史料的各类报纸插图,探察两者在建构女性文化的具体面向上存在的共相与自相,突显图像与文字两者在文献性质上的特性和关系,即相互补充、形成互动或新的脉络的生成,重在梳理学科视域下的比较与分野。第二层面,以更多的能够走向普适性的案例支撑庞大的理论体系,明清方志中存录的烈女、才女形象,以及晚清报刊中著录的女性图像,特别是探究古与今、内与外、身与心三重视域之下女性书写的历时嬗递、共时情形、意识论域,是否可以迁移到其他类型的文献载体或研究对象上,比如诗词歌赋、小说戏曲等文献中关涉女性的书写,重在探赜案例的普适性特征。第三层面,不仅仅停留于对过去的观照,更为重要的是追求那些契合现实的关怀,以历时视角界定使用明清方志、近代报纸这两类文献研究女性书写及其思想底色的坐标,可预设三种情景,即明末的女性、清末民初的女性、21世纪20年代初的女性,当仔细爬梳纵向上的三个坐标时,或可建立起五百年里的女性文化演进脉络,考察重在突出其中的传承与新变。要言之,寻找分殊处、走向普适性与契合现实正是进行理论省思时理应关注的三大向度。

作为层累性的文献,从理论意义上来说,方志中的众多烈女、才女传记应都有其史源,换言之,方志编纂者在修志时多是将各类史料糅合重组在一块。那么,竭力推求其史料来源,并将两种文本进行细致对照,便可发现具体的改动所在,而这些更改之处正是方志编纂者想要重点强调的地方。作为新兴的媒体,晚近出现并蔚成大势的报刊,是观看、剖解晚清社会的利器,其语体风格、体例特征及内容分布,皆是值得留心探索之处,相较于传统媒介,由报刊之中探查到的历史情形会呈现出怎样的面貌,两者是补充、互动抑或是宕开新境的关系,亦是值得用心思忖的命题。而对上述具体问题的条分缕析,通过一个个案例的精致研究,或可拨开笼罩在相关思考之上的层层迷雾,让无垠的思考落到实处,亦以实处的切实推进夯实相关思考的深度。

经学研究

胡安国《春秋传》在元代北方的接受

张 欣*

摘 要：胡安国《春秋传》（以下或简称胡《传》）在金末通过民间书籍流通传至北方，受到了金末官僚知识分子王若虚的批驳和民间布衣学者徐之纲的接受。赵复北上传播理学，是胡《传》在北方传授的正式开端，具有相当政治影响力的姚枢、杨惟中、田和卿等人主持了胡《传》的刊刻，极大地促进了其在北方的传播。郝经、齐履谦的春秋学著述对胡安国的援引和推重，表明在元代初期，胡《传》已在北方获得了相当的影响力，但非绝对权威，金代春秋学传统在北方仍有较大势力，胡《传》依旧受到批评质疑。直到科举复开，胡《传》立为官学，才在北方取得压倒性优势。元代统治阶层的正统自觉，理学势力在元代思想文化决策层的扩张，对"尊王""忠君""天理人心"的强调，是胡《传》被立为官学的主要原因。

关键词：胡安国；春秋；元代；北方；科举

  胡安国《春秋传》作于南宋初年，是南宋以来影响最为深远的春秋学著述。胡安国私淑二程，以理学思维解经，着重阐发《春秋》中尊王攘夷复仇大义，与南渡之初的政治氛围颇为契合，因此胡安国《春秋传》受到了官方的青睐和学界的好评，"学者以为标准"[①]，成为南宋春秋学的主流。元代延祐元年科举复行，"《春秋》许用三传及胡安国《春秋传》"，标志着胡《传》正式列为官学，取得了和三传相同的学术地位，于是胡《传》在元代大行其道。明代科举沿袭元代旧制，《春秋》仍尊胡《传》，永乐年间官定《春秋大全》即以元儒汪克宽之《春秋胡氏传纂疏》为蓝本，直到清初，仍以胡《传》为科举定本。可见胡安国《春秋传》在南宋以降的地位之崇与影响之巨。当前学界的研究多集中于胡《传》本身，对胡安国春秋学的接受发展史鲜有涉及。[②] 在宋金对峙时期，南北隔绝，人员书籍流通极少，学术交流微乎其微，北方学者对胡安国《春秋传》了解甚少。1234 年蒙古灭金，并继续南侵，打破了南北疆域界限，南学北上，胡安国《春秋传》开始在北方传播，逐渐为北方学者接受。元代科举复行，首次将胡《传》立为官学，这是胡《传》获得深远影响力的关键一环，而北方学者在科举程式的制定过程中起了主导作用。因此，本文着力探讨胡安国春秋学在

---

  * 张欣，文学博士，中国石油大学（华东）文法学院讲师，主要从事古典文献学、春秋学研究。本文为教育部人文社科青年基金项目"金元春秋学研究"（批准号：16YJC720025）的阶段性成果。

  ① （宋）楼钥《止斋春秋后传左氏章旨序》，《攻媿集》卷五十一，丛书集成初编本，第 697 页。

  ② 王雷松对胡《传》历史地位升降的原因进行了初步的探讨，详见《胡安国〈春秋传〉校释与研究》，北京师范大学出版社 2016 年版，第 410～435；康凯淋则阐述了清统治者出于政治上的考虑，从康熙开始，对胡《传》的批判愈演愈烈，导致胡《传》在清代地位的急剧下降，详见《论清初官方对胡安国〈春秋胡氏传〉的批评》，台湾《汉学研究》2010 年第 28 卷第 1 期，第 295～321 页。

元代北方的接受，以就正于大方。

一、科举复行前胡《传》在北方的传播

胡安国春秋学在元代北方的接受主要以赵复北上、科举复行为转折点分为三个时期：在赵复北上之前，胡安国《春秋传》在北部中国有零星的传播；赵复是在北方讲授《春秋传》的第一人，标志着胡《传》在北方的正式传播；延祐元年（1314）科举复行，"《春秋》许用三传及胡安国《春秋传》"，使胡《传》从一家之说顿成官方学术。

从现有资料来看，胡安国《春秋传》最迟在金末已经在北方有零星传播。12—13 世纪金与南宋对峙时期，尽管书禁严厉，但是通过榷场贸易、走私、战争掠夺等途径，南宋书籍得以流传至北方[①]，其中就有胡安国《春秋传》。金末著名学者王若虚（1174—1243）曾对胡《传》做出如下评价：

> 近代胡安国既不废此例（笔者按，指杜预"凡弑君称君，君无道也"之例），而随事揣量，卒无定论，是皆不足据焉。[②]

> 东莱谓学者所当朝夕从事者，程氏《易传》、范氏《唐鉴》、谢氏《论语》、胡氏《春秋》。予素不明《易》，程氏《传》未敢知。若谢氏、胡氏之书，尝略观之，大抵喜为凿说，过正者多，惟《唐鉴》实为纯粹耳。[③]

从上面的评论来看，最迟在金代晚期，南宋春秋学者的著述在中国北部已有流传。只不过与引起金代知识分子强烈关注的理学相比，胡安国春秋学似乎并未给金代的春秋学研究带来太多的影响。尽管王若虚旗帜鲜明地反对金代主流的《左传》及杜预之学，学理上更接近胡安国春秋学一脉。然王若虚为金代经义进士，官至翰林直学士，与修章宗、宣宗《实录》，金亡后，号滹南遗老，隐居不仕长达十余年，可见其以金为正统的政治立场，政治立场必然辐射其学术立场，故王若虚对两宋学术文艺多持天然的批判态度，如《文辨》对两宋文人的观点，不赞成者十二条，赞同者仅一条，对两宋经论亦鲜有肯可，更何况是高揭"攘夷""复仇"大旨、矛头直指金廷的胡安国《春秋传》，王若虚自然攻驳不遗余力。

与王若虚恰好相反，同时稍晚的济州（今属山东济宁）人徐之纲（1189—1263），则是胡安国《春秋传》的拥护者：

> 君讳之纲，字汉臣。金以词赋举进士，君为词赋，大有能名。会金将亡，不得试，作《赋说》以示学者。……益探道理，以河南二程、江南朱、张、胡、蔡为根柢，穷《春秋》、《易》二经。其言《春秋》失始《三传》，《左氏》诬为甚。常事不书，圣人之旨也。……当是时，南

---

① 参见刘浦江《文化的边界：两宋与辽金之间的书禁及书籍流通》，载张希清等主编《10—13 世纪中国文化的碰撞与融合》，上海人民出版社 2006 年版，第 138～163 页。

② （金）王若虚著，马振军点校《王若虚集》卷一《五经辩惑上》，中华书局 2017 年版，第 5 页。

③ （金）王若虚著，马振军点校《王若虚集》卷三十一《著述辩惑》，中华书局 2017 年版，第 369 页。按，王若虚《滹南遗老集》中诸《辨》的撰写时间无法断定，但大致在金亡之前。孔凡礼先生据王鹗《滹南遗老集序》，认为王若虚"《杂著》原稿壬寅（1242）前若干年已经完成，此乃王若虚的学术结晶，长时间积累而成。其成稿的下限，大致可定为金亡前"。详见孔凡礼《南宋著述入金述略》，载《孔凡礼古典文学论集》，学苑出版社 1999 年版，第 468 页。舒大刚则将其写作时间定为 1232 年左右，详见舒大刚《王若虚年谱》，载《宋代文化研究（第五辑）》，巴蜀书社 1995 年版，第 178 页。

北盖未混也，意识卓绝，尚友于千载。其言论金士疑之，宋号以儒立国，论亦如君言。……皇元略中原定地，戊戌岁，始招辑儒士，君以明经选益都。①

徐之纲很显然是一个受南宋理学影响很大的学者，他对南宋诸儒的学习似乎在金末，通过民间流通传到北境的书籍来了解和学习南宋学术。② 与王若虚在金代的仕宦通达相反，徐之纲在金朝既未获功名，又无一官半爵，金亡之后，以明经中戊戌选试，入李璮幕府，以府学教授佐府事，继任滕县尉，很快加入了大蒙古国治理汉地的官僚体系。从这点而言，政治身份对王若虚学术立场的影响，在徐之纲身上体现得并不明显。

袁桷称其春秋学以胡安国《春秋传》为根基，这是关于金末学者研习胡《传》的珍贵记载。但从徐之纲自言"《春秋》失始三传，《左氏》诬为甚，常事不书，圣人之旨也"来看，却与胡《传》差异颇大。胡安国对三传之长短有十分理性的认识，其作《春秋传》，兼采三传，大抵"按《左氏》义，取《公》《穀》之精者"③。虽然认为"《左氏》繁碎（《宋史·胡安国传》）"，但是他在解经时，却十分倚重《左传》之史实，往往以"按《左氏》"展开，对《左传》之义也屡有称引。与胡氏持平的立论相较，徐之纲则偏激得多，其谓"《春秋》失始三传"的论调与王通"《三传》作而《春秋》散"的观点十分相似。尽管对胡《传》的态度对立，研治《春秋》的取迳各异，但是徐之纲对《左传》的批评，则与王若虚异曲同工，都是对金代学术界独尊《左传》的矫正。

上述胡安国《春秋传》在金末元初北部中国的传播，起端于南宋学术著述突破宋金书禁，通过民间渠道在北地的零星流传，极少数北方学者接触到胡《传》文本，并基于各自的学术立场对其进行批判或学习。这种通过文本学习而非师生传授的被动传播局面，直到赵复被俘北上才得以改变。

胡安国《春秋传》在北方的正式传播，滥觞于赵复。1235 年，蒙古以南宋"端平入洛"为借口，遣师伐宋，相继攻克枣阳、光化、均州、德安等地。跟随杨惟中随军搜求儒、释、道、医、卜工、乐等人的姚枢（1203—1280），从德安俘虏中寻得了赵复。赵复在当时并不是一个出色的学者，但是这个偶然的机遇，却使他成为宋元之际南学北传的关键人物。1236 年，赵复与数十个名士随姚枢北上燕京，传授南宋理学，同时或稍后杨惟中"收集伊、洛诸书载送燕都"④，这是南宋理学和著述的首次大规模北传。而赵复亦是胡安国《春秋

---

① （元）袁桷《滕县尉徐君墓志铭》，袁桷撰，李军、施贤明、张欣校点《袁桷集》卷二十九，吉林文史出版社 2010 年版，第 433 页。此铭是应徐之纲次孙、庆元路总管府经历徐凤的委托而作。据《（延祐）四明志》卷二，徐凤在庆元任职是在大德二年（1298）之后，袁桷曾在大德十年（1306）回老家庆元暂居，此铭殆作于此时，上距徐之纲卒已 43 年。这篇《墓志铭》的写作年代，正是元代南北学者倾轧的关键时期，可能出于推崇南方学术的需要，袁桷加入了很多想象之词，极力赞誉作为北人徐之纲对南学的接受与习学，"寥寥道统孰异分，正辙前驱南北贯"，夸大了南方学术在北方的影响。

② 根据《墓志铭》的时间线，徐之纲在金末开始以南宋诸儒为根基研学《易》《春秋》，而在 1238 年戊戌选试时，他已在经学上小有名气了。尽管在此前，赵复已于 1235 年被俘至燕京，开展理学的传授，并"以所记程、朱所著诸经传注，尽录以付枢。（《元史·赵复传》）"，同时或稍后，杨惟中"收集伊、洛诸书载送燕都"，但是这些书没有在途中流落山东，徐之纲也没有游学燕京的经历，因此从这个途径接触南宋学术的可能性不大。

③ （宋）晁公武撰，孙猛校证《郡斋读书志校证》卷三，"胡氏春秋传"条，上海古籍出版社 1990 年版，第 118 页，标点有所改正。

④ （元）郝经《故中书令江淮京湖南北等路宣抚大使杨公神道碑铭》，李修生主编《全元文》第 4 册，江苏古籍出版社 1998 年版，第 441 页。

传》在北方的第一个传授者：

> 自宋季德安之溃，有赵先生者北至燕，燕赵之间，学徒从者殆百人。尝乎出一二经传及《春秋胡氏传》，故今胡氏之说特盛行。①

在北方传播理学的意义和贡献，学界已有共识，此不赘述。② 赵复在燕京讲授南宋理学经学，许多对日后元政权结构产生重要影响的汉人知识分子如姚枢、窦默、杨惟中、许衡、窦默等，都欣然从学，助之推之，包括胡《传》在内，南宋学术在北方迅速传播。为了扩大影响，1247 年，赵复携所著《伊洛发挥》数百本南游，结识了对南宋道学尚有疑虑的郝经，通过多次讨论，郝经深为赵复所折服，彻底接受了道学，推扬并自觉学习南宋理学著述。其所作《春秋外传》八十一卷，将《公》《穀》《左》三传的学术源头皆归于曾子，援三传以入道统，同时糅合汉唐与两宋学术，对汉唐注疏、两宋议论之学表示了同样的敬意，而将胡安国《春秋传》作为两宋经学的代表，视之为"真儒之学"：

> 至宋，《易》有程氏传，《书》有夏氏解，《诗》有朱氏传，《春秋》有胡氏传，《礼》有方氏、王氏解。于是六经传注于汉，疏释于唐，议论于宋，圣人之大义备，真儒之学与天地并，而立人极焉。③

赵复的讲授，为胡安国《春秋传》在北方的传播开辟了新途径，而胡《传》更大范围的流传还离不开文本的刊刻。

胡《传》在北方的首次出版刊刻，是由姚枢完成的。姚枢是最早接受赵复所传程朱理学的北方学者。1241 年，任燕京行台郎中姚枢鄙弃唯视货赂的上司牙鲁瓦赤，罢官隐居苏门山（今河南新乡辉县），于家庙作为别室奉孔子像，读书期间，以道学自名。姚枢隐居期间，还进行了一项重要的工作——刊印理学诸书：

> 自版《小学书》《语孟或问》《家礼》，俾杨中书版《四书》、田和卿版《尚书声》《诗折衷》《易程传》《书蔡传》《春秋胡传》，皆脱于燕。又以《小学书》流布未广，教弟子杨古为沈氏活版，与《近思录》《东莱经史说》诸书，散之四方。④

这是南方理学书籍第一次在北方刊刻，姚枢虽弃官隐居，然先前任大蒙古国南下期间统治汉地最高政府机构燕京行台的郎中，政治影响力不弱；杨中书即杨惟中，窝阔台之养子，深受器重，后接替耶律楚材为中书令；田和卿，官至尚书。⑤ 由于主持人及襄赞者的政治身份，这次刊刻具有了某种程度上的官方性质。

赵复的讲授、影响加上姚枢的刊刻散布，胡安国《春秋传》在北方影响越来越大，然仍未取得压倒性优势，金源学术遗产继续产生影响。金代春秋学的主流是独尊《左传》及杜

---

① （元）吴莱《春秋通旨后题》，《全元文》第 44 册，2004 年版，第 94 页。
② 参见魏崇武《赵复在北方传播理学的意义和贡献》，《殷都学刊》1995 年第 2 期，第 59～63 页。
③ （元）郝经《续后汉书·郑元传》，第六十五卷，商务印书馆 1936 年版，第 12 册，第 718 页。
④ （元）姚燧《中书左丞姚文献公神道碑》，《全元文》第 9 册，2004 年版，第 575 页。
⑤ "田和卿"，苏天爵《元朝名臣事略》卷八《左丞姚文献公》作"田尚书"，则所据文献不同，"和卿"或为字，"尚书"则为官职。参见苏天爵撰，姚景安点校《元朝名臣事略》，中华书局 2019 年版，第 163 页。

预注①，这种风气在元初仍然存在，直到金亡后半个多世纪，北方地区"治《春秋》者第知读《左氏》，不考正经"②。得到道学加持的胡《传》在北方仍只属于一家之说，在受到关注的同时，也面临着质疑，如齐履谦《春秋诸国统纪》。

齐履谦（1262—1329），字伯恒，大名人（今河北大名县）。曾从许衡、杨恭懿治历，任职太史院三十余年，饱读太史院的亡宋官方藏书，学问日益博洽，后任国子监丞、国子司业。其《春秋诸国统纪》最终成书于延祐四年（1317），陶铸诸说，不主一家，而以经义为断。该书自觉引用南宋胡安国、陈傅良诸说，如卷二"单伯至自齐"条，齐氏谓"大夫恒出不书至，惟见执于大国，则书，故'单伯至自齐'"③，很明显是对胡安国《春秋传》"大夫不至，必见执也而后至，亦危之也④"的承袭。但是，对胡安国某些观点的指责也或明或暗地在《统纪》中有所展现。如胡安国赞同《左传》的赴告之说，齐履谦则提出针锋相对地批评为"泥于赴告之说之弊也"⑤。"夫人姜氏薨于夷，齐人以归"条，胡安国以为书曰"齐人以归"，乃是齐国"归葬于鲁也"，齐履谦则认为是将姜氏的尸体运回齐国，"使绝之鲁"⑥，与胡安国意见相左。更为重要的是，齐履谦出于对"务以褒贬为工"的质疑，从《春秋》的产生源头上着力，把《春秋》视为孔子对当时诸史的重新编排，强调《春秋》经来源于"史"。这样，经文里的文字，带有浓厚的旧史痕迹和色彩，难以例统的《春秋》时例、名爵，恰恰是旧史遗迹。这与胡安国推崇的"一字褒贬""日月时例"有着本质上的对立。

从上述齐履谦《春秋诸国统纪》对胡安国《春秋传》的援引及批判来看，尽管胡《传》在北方地区已经有了较为广泛的影响力，北方学者的春秋学著述，都对胡《传》有所关注，甚至将之作为宋代最为杰出的春秋学著作而加以引用，但是并未取得独尊的地位，对胡《传》的质疑和对金源遗风的继承仍然存在。胡《传》独尊地位，直到元代科举的复行才最终确立。

二、胡安国《春秋传》被立为官学探因

延祐元年（1314），在北方中断了八十年的科举重新施行。元代科举规定，"《春秋》许用《三传》及胡氏《传》"。按照常理，蒙古作为游牧民族，经济文化与中原农耕汉族格格不入，偏居漠北草原，凭借武力征服包括南宋在内的诸国，实属胡《传》所"攘"的对象。但是在蒙古族混一南北之后，竟然将这样一部敌对意味浓厚的学术著作列为官学推行，使天下读书人必读之，并在至正年间将胡安国从祀孔子，且封为楚国公，实在是令人匪夷所思。与之形成鲜明对比的是清朝。同样作为少数民族征服中原王朝而建立起来的统一帝国，清统治者出于政治上的考虑，对胡安国《春秋传》"攘夷狄"之说多有忌讳，从康熙开始，对胡《传》的批判可谓是愈演愈烈，甚至在《日讲春秋解义》《钦定春秋传说汇纂》《御纂

①　张欣《金代春秋学考论》，《儒藏论坛》2017年第1期，第259~280页。

②　（元）苏天爵《默庵先生李君行状》，苏天爵撰，陈高华、孟繁清整理《滋溪文稿》，中华书局2007年版，第365页。

③　（元）齐履谦《春秋诸国统纪》卷二，中华再造善本景元刻本，第6页。

④　（宋）胡安国《春秋传》，台湾商务印书馆影印文渊阁《四库全书》本，第151册，第211页。

⑤　（元）齐履谦《春秋诸国统纪目录·陈国》，中华再造善本景元刻本，第9页。

⑥　（元）齐履谦《春秋诸国统纪》卷三，中华再造善本景元刻本，第14页。

春秋直解》与《四库全书》中对胡《传》乃至所有春秋学著述中涉及"夷狄""蛮夷"之类的文字加以删改，与夷狄有关的字义多有改动，甚至毫不保留地直接泯去整段文字。今天看来，其删削文字的痕迹清楚可见。[①] 元、清两代对胡传截然相反的态度，是一个很值得玩味，更值得探讨的问题。

对元代将胡《传》列为官学原因的探讨略见于沈玉成、刘宁《春秋左传学史稿》和赵伯雄《春秋学史》中。沈著认为胡《传》在元朝受到尊重的原因有四：蒙古贵族文化水平低，重武轻文，思想统治薄弱；蒙古贵族没有可能在短时间内重建新的思想体系；胡《传》中"攘夷"之外的"尊王""正人心"等是封建社会永恒的法则；胡《传》便于初学。[②] 赵著以为最主要的原因在于儒学本身不为元朝统治者所重视，故虽有违碍也不深究，其他如元统治者文化水平低下，胡《传》中存在维护上下等级秩序思想等与沈著同调。[③] 两部著作总结的原因，非常有益于对此问题的进一步探讨。笔者认为，元代统治者及知识分子以正统自居的定位，是胡《传》被立为官学的政治基础；朝野上下理学势力的扩张是学术基础；胡《传》对"尊王""忠君""正人心"的凸显是自身原因，今分述之。

首先，以元政权为正统，以元朝为道统、政统所在，而不是荒蛮异族依仗武力建立起来的少数民族政权，这个观念得到了元代大多数知识分子和普通民众的认同。10—13世纪的北部中国充满了社会变动与更革，400年间，先后出现了五代（907—960）、辽（916—1125）、北宋（960—1127）、西夏（1038—1227）、金（1115—1234）、元（1206—1368）等政权统治北部中国，除了北宋和五代中的部分政权外，皆为异族政权。异族政权的轮番统治，促进了民族大融合和夷夏之防的消解，"民族色彩逐渐淡薄而政治色彩愈益凸显；人们意识中印象更深的是'政权'的更替而非统治民族的更迭"[④]。因此我们不难理解许衡"华夷千载亦皆人"[⑤]和郝经"苟有善者，与之可也，从之可也，何有于中国于夷"[⑥]的论调。这种思想能够很好地解决出仕异族政权汉人的道德困境，而将问题解决的关键转移到异族政权身上：假若非汉族的统治者能够向慕华夏之风，行中国之道，那么这个以武力征服中原的少数民族政权，就为博大精深的汉文化所征服，其政权性质就发生了由夷至华的质变，获得了统治中国的正统性，与历代王朝无异了；出仕的汉人，不再是腆颜事夷的"汉奸"，而是以夏变夷的功臣，其出仕的正当性也得以确立。

而蒙古人恰好具有"由夷至华"的巨大潜质。这与当时蒙古族统治者的心态以及早期加入蒙古族政权的汉人孜孜不倦的诲导有莫大关系。当时蒙古族统治者的心态，按照叶子奇的说法："大抵北人性简直，类能倾心以听于人。故世祖既得天下，卒赖姚枢牧菴先生、许衡鲁斋先生诸贤启沃之力。"[⑦]这种"简直"而"倾心以听于人"的性格特点，让元朝

---

① 康凯淋《论清初官方对胡安国〈春秋胡氏传〉的批评》，台湾《汉学研究》2010年第28卷第1期，第318～319页。

② 沈玉成、刘宁《春秋左传学史稿》，江苏古籍出版社2000年版，第224页。

③ 赵伯雄《春秋学史》，山东教育出版社2004年版，第571页。

④ 邓小南《试谈五代宋初"胡/汉"语境的消解》，载张希清等主编《10—13世纪中国文化的碰撞与融合》，上海人民出版社2006年版，第135页。

⑤ （元）许衡《病中杂言》之六，许衡撰，许红霞校点《许衡集》卷十一，中华书局2019年版，第375页。

⑥ （元）郝经《辨微论·时务》，《全元文》第4册，1998年版，第259页。

⑦ （明）叶子奇《草木子》，卷三上《克谨篇》，中华书局2010年版，第47页。

的开创者忽必烈受益匪浅。忽必烈年轻时常和汉地人物接触，对汉文化有一定的了解，开府金莲川之后，身边聚集了一大批汉地精英名流，在他们的善言劝诱下，忽必烈对历史上的大有为之君倍加钦慕，唐太宗、宋太祖都是学习模仿的对象。其潜邸旧侣，如刘秉忠、窦默、姚枢等，也多以帝王之术导之，从龙之士的潜移默化和期许，使忽必烈以承继汉族文化传统上的明君自期，在潜意识中自觉地接受了这些明君所象征的"正统"。忽必烈对汉文化表现出来的极大兴趣、在掌管的地区推行汉法、在伐宋的军事行动中禁令杀戮以及与蒙古保守派势力的斗争，这些实际行动让汉族士人感受到了他们"用夏变夷"的丰硕成果[1]，也更加坚定了"今日能用士，而能行中国之道，则中国主也"的观念。忽必烈及其潜邸旧侣的正统观念在《中统建元诏》和《建国号诏》中表露无遗，虽然这两份骈偶规整的诏书绝非忽必烈亲笔，但是完全体现了忽必烈君臣居于"大一统"和"绍百王而纪统"的自我定位。在这种观念的指导之下，以忽必烈为代表的开明元统治者和汉族士人以占据中原的元政权为正统，为华夏汉文化的唯一承续[2]，而将偏安江南的南宋政权视为蛮夷。于是，在至元十一年（1294）的伐宋檄文中，出现"宅中图大，天开一统之期；自北而南，雷动六师之众。先谓吊民而伐罪，盖将用夏而变夷"[3]这样在今人看来匪夷所思、黑白颠倒的文字。无独有偶，徐世隆和孟祺的《贺平宋表》也将南宋称为"岛夷""蛮夷"[4]。《元史·世祖本纪》末的一段赞语实际上体现了明初官方对元世祖的评价，对他"以夏变夷"的功绩给予了肯定：

> 世祖度量弘广，知人善任使，信用儒术，用能以夏变夷，立经陈纪，所以为一代之制者，规模宏远矣。[5]

第一，这种正统观的自觉和夷夏界限的泯灭在元朝灭亡南宋、混一中国之后的几十年内，成了绝大多数文化精英和普通民众的共识。元代统治者和知识精英以正统自居，此为胡《传》被元代官方认可的政治基础。

第二，程朱理学在朝野上下渐成独尊之势，理学支持者成为制定元代文化政策的主要制定人，而胡安国《春秋传》则是程朱理学最为认可的春秋学著述。蒙古统治者对汉文化了解程度不深，加之蒙古族自有的尚实精神，使元朝统治者疏于文治。再者，元朝自建立之初就在政治体制的构建上存在难以弥合的缺陷，即元朝的制度，基本上是以中原王

① 萧启庆对忽必烈之潜邸旧侣及其贡献有深入的研究，详见《忽必烈"潜邸旧侣"考》，萧启庆著《内北国而外中国：蒙元史研究》，中华书局 2007 年版，第 113～143 页。

② 忽必烈曾敕从臣秃忽思等录《毛诗》《孟子》《论语》等，在《论语·八佾》中有"夷狄之有君，不如诸夏之无也"一段文字，近侍中有认为此语"若讪今日者"，建议删去。忽必烈询问于贺胜，贺胜答曰："夫子为当时言，距今二千余载，岂相及哉！且我国家受天命，为天子，有天下，固当下比古之遨远小君而自居乎？"忽必烈深以为然，令不加删。事见虞集《贺忠贞公墓志铭》，《全元文》第 27 册，2004 年版，第 511 页。

③ 《世皇下江南檄》，（元）陶宗仪《南村辍耕录》卷一，齐鲁书社 2007 年版，第 15 页。

④ （元）徐世隆《东昌路贺平宋表》，《全元文》第 2 册，1998 年版，第 386 页；孟祺《贺平宋表》，《全元文》第 11 册，1999 年版，第 700 页。

⑤ （明）宋濂等撰《元史》，中华书局 1976 年版，第 377 页。这里的"以夏变夷"与伐宋檄文中的"夏而变夷"含义不同：檄文中是指蒙古灭宋，而赞语则是称赞忽必烈推行汉法，改变蒙古旧俗。这是对元朝实行汉法的肯定，承认元朝为上接汉唐的合法、正统王朝。

朝传统仪文制度为主干,参考辽金制度,而又糅合并保存大量蒙古旧制的成分而成。① 多种政治制度成分的杂糅使元朝从未形成稳定的政治格局,宫廷政变、党派斗争、权臣擅权与元朝相始终。在这样的政治格局下,统治者也无心思想文化控制。思想文化领域的建设则由朝中的汉族知识分子掌控。通过赵复的讲授,姚枢、许衡等人的推广,理学在北方渐成燎原之势,尤其是许衡一派,尽管关注焦点在于《四书》而不及《春秋》,属于理学中浅近一派,然许衡在元政府中多次担任要职,本人及其门生长期掌控国子监,培养和影响了大批具有理学背景的官员,是元朝官方崇奉程朱理学的最大推动者。尽管元政权中存在与理学派学术风格不同甚至对立的汉族知识分子群体和以经济财政能力受到赏识的色目权臣,前者如以耶律楚材、王恽、徒单公履等人为代表的"文苑派",后者则有阿合马。他们对理学在元代上层的拓展形成了实质性阻挠。② 但是随着南宋的灭亡,以及程矩夫江南访贤,大批受过正宗理学教育的南宋官员、学者北上大都,与北方理学融汇磨合,理学势力越来越大,成了元代思想文化政策的实际决策者。元仁宗时期,理学支持者李孟、程矩夫、许师敬等人制定科举之法,元明善、贯云石、邓文原也参与拟议,基本上采用了理学家的观点,"多采考亭朱氏《贡举私议》"③,罢去词赋,以《四书》《五经》为主要考试内容,以程朱之注解为主要根据。朱熹《贡举私议》对治经采用何人之说有明确的建议,"《春秋》则啖助、赵匡、陆淳、孙明复、刘敞、程颐、胡安国",啖、赵、陆、孙、刘五人皆早于程朱,非道学中人,程颐《春秋传》仅解至桓公九年,无成书,朱熹则无春秋学著述。唯有胡安国私淑程颐,以继承程颐学统自任,自谓"吾所闻在《春秋》,自伊川先生所发"(《宋元学案·龟山学案》)。目前学界普遍认为,胡安国《春秋传》则无论从主旨大纲而言,还是在微辞奥义上,都是对程颐春秋学的继承。④ 而尽管朱熹对胡安国《春秋传》有不少质疑,但是他也不得不多次承认其"明天理、正人心、扶三纲、叙九法者深切著明""体用该贯""据经论事,刚大正直之气,亦无所愧于古人"⑤,"义理正当""有开阖精神"⑥。既以继承程颐春秋学自任,得到朱熹首肯,在南方又极为流行,一旦得到掌握元朝文化话语权的北方学者的认同,胡安国《春秋传》便成了科举《春秋》经注的不二之选。将其定为官学,反映了元朝统治者对学术现状的认可和接受。

第三,胡安国《春秋传》对"尊王""忠君"的凸显,对"正人心"的强调,符合大一统王朝的需求。中国传统的"尊王"和"攘夷"两个观念的重要性是不同的。概言之,"尊王"是主流,在中国帝制时代是普适的,是最高的政治正确;"夷夏"观念则是支流,是偶然的,是权宜的。与"尊王"相比,"攘夷"更像是一个需要激活的备用功能:只有当中原王朝面临外

① 韩儒林主编《元朝史》(修订本),人民出版社 2008 年版,第 268 页。
② 女真人徒单公履,是一纯粹的文士,长期任职翰林院,曾数次倡言恢复金代以词赋为重的科举,并不怀好意地进言忽必烈,将道学不恰当地比拟为蒙古贵族所轻视的佛教禅宗,从而引起忽必烈对道学的盛怒(《元史·董文忠传》);阿合马与理学派的冲突更为明显,朝堂上与许衡针锋相对,将许衡逼出决策核心,并以破坏国子监后勤的方式施加报复,致使"诸生多引去",许衡也最终退出政治舞台,程朱理学在元廷上层的传播受顿挫(《元史·许衡传》)。
③ (元)黄溍《岭北湖南道肃政廉访使南阳郡公谥文肃邓公神道碑》,《全元文》第 30 册,2004 年版,第 184 页。
④ 赵伯雄《春秋学史》,山东教育出版社 2014 年版,第 497~500 页。
⑤ (宋)朱熹《建宁府崇安县学二公祠记》,朱熹撰,朱杰人、严佐之、刘永翔主编《朱子全书》第 24 册,上海古籍出版社、安徽教育出版社 2002 年版,第 3708 页。
⑥ (宋)黎靖德编、杨绳其、周娴君校点《朱子语类》卷第八十三,岳麓书社 1997 年版,第 1924~1937 页。

族入侵压力时，这个议题才会被激活，受到政治与时事的鼓动，张扬地凸显出来。而外族政治压力一旦消解，夷夏问题便重新归于平寂。入元的南宋太学生戴表元曾这样描述《春秋》在宋元的兴衰，可为注脚：

> 咸淳中，余备员大学。博士子弟见学官月讲必以《春秋》，窃怪而问诸人，曰："是自渡江以来以为复仇之书，不敢废也"。……及其久也，《春秋》之编未终，仇不得复，而鼎迁科废，学者不待申临川之禁，而绝口不复道矣。①

宋南渡以后，以《春秋》为复仇之书，不敢不讲，一旦南宋灭亡，南北混一，甚至无须如王安石以政令禁废《春秋》，学者就已经自觉地抛弃了《春秋》之攘夷复仇之义。可见《春秋》攘夷复仇之义的权宜性。

并且当"忠君""尊王"和"夷夏"两种观念产生了矛盾，往往是"夷夏之大防"退避三舍。胡安国《春秋传》以揭攘夷复仇大义著称，然其《春秋传序》，将春秋大义总括为"尊君父、讨乱贼、辟邪说、正人心"，最后才是"用夏变夷"②，更不敢以"攘夷"破"尊王"，多次阐发"兵权不可假人"之论，矛头直指对皇权构成实际威胁的抗金主将岳飞等人，招致王夫之之讥。又如，胡安国认定弑君为绝对的罪恶，"弑君之贼，人人所得讨"（庄公二十二年，"陈人杀其公子御寇"条），人臣必须绝对忠诚于君，"君虽不君，臣不可以不臣"（昭公三年"北燕伯款出奔齐"条）。可见胡氏更多关注的是王朝内部的纲常秩序的维护，这也是政权统治者乐于见到的。其"攘夷复仇"之义的发挥，只是时事所激③，王夫之认为胡安国沿袭北宋盛行的"尊王"余风，确实慧眼独具。④ 胡安国《春秋传》继承程颐思路，以"天理"和"人欲"的矛盾来解说《春秋》经义，发挥"尊君父、讨乱贼、辟邪说、正人心"的政治功用，既与宋元以来理学发展的趋势相符，有深契政权构建意识形态的需求，这是其被立为官方学术的自身原因。

要之，南宋时高揭"攘夷""恢复"的胡安国《春秋传》在元代被列为官学的主要原因，是蒙元统治者和元代文化精英具有高度的正统自觉性，不以夷狄自视，而是以一种大居正的姿态承继汉唐，使他们能以更宽容的态度来对待胡《传》。而作为程朱学派承认的解释《春秋》的权威著述，胡《传》通过赵复的讲授、姚枢的刊刻在北方迅速传播，为理学信奉者接受，这些理学支持者本身就是元政权中的汉族知识分子的代表，日后成为元代科举程式的制定者，从而直接促成胡《传》得到官方的认可。而胡《传》本身对"尊王""忠君""天理人心"的强调，也符合统一王朝的统一意识形态的需要。因而胡安国《春秋传》被立为官学成为必然。

---

① （元）戴表元《春秋法度编序》，戴表元撰，李军、辛梦霞校点《戴表元集》，吉林文史出版社 2008 年版，第 88 页。
② （宋）胡安国《春秋传》，岳麓书社 2011 年版，第 2 页。
③ 诸多宋元学者都承认胡安国《春秋传》高揭"复仇攘夷"的时代局限性，以为并非《春秋》通论本旨，参见（元）戴表元《春秋法度编序》，戴表元撰，李军、辛梦霞校点《戴表元集》，吉林文史出版社 2008 年版，第 88 页；吴师道《春秋胡传附辨杂说序》，《全元文》第 34 册，2004 年版，第 86 页；吴莱《春秋通旨后题》，《全元文》第 44 册，2004 年版，第 94 页；戴良《春秋案断补遗序》，李军、施贤明校点《戴良集》，吉林文史出版社 2009 年版，第 132 页。
④ （清）王夫之，舒士彦校点《宋论》卷十，中华书局 2011 年版，第 185 页："胡氏沿染余风，沁入心肾，得一秦桧而喜其有同情焉。呜呼！夫岂知疑在岳、韩，而信在滔天之秦桧？"

三、科举复行后胡《传》在北方的接受

元代科举在停顿数十年之后,终于在延祐元年(1314)重新举行。作为一项从知识分子阶层中选拔官员的制度,是中国近世政治、社会与文化互相连锁的重要机制。① 为知识分子晋身官僚体制的关键一步,科举对知识界的导向性影响不言而喻,葛兆光先生对此有过精彩的论述:

尽管在元代,这种给读书人提供前途的渠道(指科举,笔者按)还不是特别宽,也就是说思想与权力之间这种制度化的链接,还不能容纳更多的士人,但是,它的象征意义却相当强烈,给很多士人暗示了一个知识与利益交换的方式。②

尽管元代科举程式规定《春秋》许用《三传》及胡氏《传》,但是从现存的程文评语来看,合乎胡《传》的答卷更受考官青睐:

延祐元年(1314)湖广乡试,第三名孙以忠答卷,考官批云:是两节援得胡《传》。(卷一)

延祐四年(1317)江浙乡试,第六名陆文圭答卷,初考官彭庭玉评语云:融会胡《传》,如自胸中流出,必老于麟经者。(卷二)

延祐七年(1320)江西乡试,第八名周自得考卷,考官批云:以胡《传》为主,视它卷为优。同卷甘楚材评曰:说本胡《传》而不杂以它说,诚为老笔。(卷三)

至治三年(1323)江西乡试,十五名曾立民考卷,考官批云:《春秋》义本胡《传》,文字婉曲,必一作者。(卷四)

天历二年(1329)江浙乡试,第六名应才考卷,覆考汪推官泽民批:义深得胡氏之意,文亦缜密。(卷六)

同年江西乡试,十二名刘闻考卷,考官甘县尹楚材批:行文明,立说本《胡传》。(卷六)

同年湖广乡试,第一名曾策考卷,考官方县丞回孙批:挈出陈郑而以胡氏之旨断之。既得经旨,且有深度,众中之杰然者。行文婉而当,用事富而整。(卷六)③

不尊用《胡传》的答卷则被黜落,如泰定元年(1324)进士冯翼翁曾参加过延祐七年(1320)的乡试,"考官以义与胡氏小异,将斥之",幸而得到欧阳玄的维护方得入选,然在次年会试中,又"以不专主胡传斥"④。尽管上述诸例皆发生于南方,然《胡传》在科考中的权重之大,超过三传,当为全国普遍现象。在这种情况下,北方学者迅速地做出了调整,出现了如张在《四传归经》之类的著述。

张在(1275—1330),字文闰,真定藁城人。延祐元年(1314)以《春秋》领乡荐,明年春试不利,授真定路学正,中调濮州教授。至顺元年卒,年五十六。所撰《四传归经》,顾名思义,乃是对三传及胡《传》的研究。其书不存,据苏天爵所撰《濮州儒学教授张君墓志铭》:

① 萧启庆《元代进士辑考·导论》,"中央研究院"历史语言研究所 2012 年版,第 1 页。
② 葛兆光《中国思想史》第二卷,复旦大学出版社 2001 年版,第 284 页。
③ (元)刘霖编《类编历举三场文选·春秋义》,静嘉堂文库藏本。
④ (元)王礼《高州通守冯公哀辞》,李修生编《全元文》第 60 册,凤凰出版社 2004 年版,第 776~777 页。

君既明习《春秋》，以贡举唯许用左氏、公羊氏、谷梁氏、胡氏之传，然四家言义互有异同，君比辑其合于经者为《四传归经》以授学徒。[①]

张在的意图很明显，科举许用三传及胡《传》，而四传对经文的解释存在诸多不一致的情况，学者往往不知取舍。其《四传归经》便是对四传进行取舍，以经为断，将合于经者编次排列于经文之下，以便于学者研习。更是将胡《传》与最古老最基本的三传并列，可见其对胡《传》的推重。

类似于《四传归经》的著述并非北方独有，科举复行后在全国范围内大量出现，如徽州俞皋《春秋集传释义大成》、曾震《春秋五传》及江西李廉《春秋诸传会通》等，以上诸书，虽然其著述本意不一定为科举而作，但是或多或少都是受到了科举的影响，将三传与《胡传》同列于经文之下，而凸显出《胡传》的重要性。由此可知，立为官学之后的胡《传》已经取得了春秋学领域的绝对权威，凡研治《春秋》，欲以科举获取功名者，必以胡《传》为根本，南方如此，北方亦然。

结语

本文梳理了胡安国《春秋传》在北方的传播接受过程，可以发现，胡《传》在北方的传播接受是与南宋理学的北传同步的。赵复之前，胡《传》就已通过民间的书籍流通传至北方，因为身份地位和政治立场的不同，胡《传》受到了金末官僚知识分子王若虚的批驳，但为民间布衣学者徐之纲所接受。赵复的北上传播理学，也是胡《传》在北方传授的正式开端，大批汉族知识精英，一方面跟随赵复学习理学；一方面利用自身的政治身份，刊刻理学书籍、传授理学思想，胡《传》在北地的首次刊刻即由具有相当政治影响力的姚枢、杨惟中、田和卿等人主持，极大地促进了胡《传》在北方的传播。郝经、齐履谦是受理学影响极深的北方学者，他们的春秋学著述对胡安国的援引和推重，表明在元代初期，胡《传》已经在北方获得了相当的影响力，但非绝对权威，金代重视《左传》及杜预注的研治传统在北方仍有较大势力，胡《传》依旧受到批评质疑。直到科举复开，其程式规定"《春秋》许用《三传》及胡氏《传》"，而在实际操作中，胡《传》的权威性远超三传，北方学者翕然从之，胡《传》在北方取得压倒性优势。因此被立为官学是胡安国《春秋传》命运的关键点，也是影响元明春秋学走向的转折点。尽管蒙古人及所建立的元政权，为胡《传》"攘夷""复仇"的对象，但是胡《传》在元代立为官学这一匪夷所思的存在，有其内在合理性，元代统治阶层的正统自觉，扫除了胡《传》被官方认可的政治障碍，理学势力在元代思想文化决策层的扩张，使科举复行并且按照程朱理学的模式施行成为可能，而胡《传》是当时唯一获得程朱后学认可的春秋学著述，其对"尊王""忠君""天理人心"的强调，也符合统一政权思想意识形态的建设需要。

被立为官学之后，胡《传》成为元代春秋学的权威解释，但是许多纯粹的学者并未盲从，而是对胡《传》进行了纠偏匡补，如吴师道《春秋胡传附辨杂说》、吴莱《胡氏传考误》、张以宁《春秋胡传辨疑》，甚至提出针锋相对的意见，如彭丝、吴迁、陈栎、黄景昌、戴良、吴

---

① （元）苏天爵《濮州儒学教授张君墓志铭》，苏天爵撰，陈高华、孟繁清整理《滋溪文稿》，中华书局 2007 年版，第229 页。

师道、王惟贤、吴澄等都对胡安国"夏时冠周月"发表过各种反对意见,黄泽甚至认为"其为圣经之害者,莫此为甚"①。更有一些学者,如吴澄、程端学和赵汸,延续朱熹思维诠释《春秋》,形成了异于胡《传》的解经体系,这些都是南方学者的贡献。与南方学者相比,北方学者对胡安国春秋学的推进似乎不多,但是我们不能据此忽视或者否认北方学者在胡《传》传播接受史中的重要作用,须知,主持科举程式制定工作,将胡安国《春秋传》定为官方学术的,恰是北方学者。

---

① （清）朱彝尊撰,林庆彰等校《经义考新校》卷一百八十五,"胡氏安国《春秋传》条",上海古籍出版社 2010 年版,第 3393 页。

《大学》篇"格物"本义新思

凌俊峰[*]

摘　要:《大学》篇格物概念在先秦时期的意义与"尽物之性"接近,且符合人格完成与获取物性认识正反向跨越的思维逻辑,在具体的认识上,早期格物论要求以灵动的方式从事物中体会德性的精神,借助外物帮助人修身成德。

关键词:格物;本义;《大学》

一、问题的提出与学术史回顾

《大学》篇是《礼记》中的一篇重要学术文献,它创造性地提出人的内在修为与外在功业之间的关系,被总结为"三纲领八条目",也被宋代儒学家拔高为《四书》的首篇,被认为是"初学入德之门"[①]的重要文献。

然而由于宋代理学家的过度推崇,人们对《大学》篇的认识掺杂了太多理学的色彩。宋儒在拔高"正心、诚意、格物、致知、修身、齐家、治国、平天下"的理论体系的同时,对这一体系提出了太多的私人意见。格物学说尤其是这样,以程颐为代表的理学家认为原本《大学》中本来有关于解释格物、致知之义的内容,但是却因错简而亡佚了。出于构建新儒学系统的需要,朱熹在《四书章句集注》中大胆地将程颐的意见补入经文。他认为:

> 右传之五章,盖释格物、致知之义,而今亡矣。闲尝窃取程子之意以补之曰:所谓致知在格物者,言欲致吾之知,在即物而穷其理也。盖人心之灵莫不有知,而天下之物莫不有理,惟于理有未穷,故其知有不尽也。是以大学始教,必使学者即凡天下之物,莫不因其已知之理而益穷之,以求至乎其极。至于用力之久,而一旦豁然贯通焉,则众物之表里精粗无不到,而吾心之全体大用无不明矣。此谓物格,此谓知之至也。[②]

由于《四书章句集注》的深远影响,这一说法也被人们熟知。但是宋儒的私人见解不能代表先秦思想的原始形态,且这一解说过于繁复抽象,让学者不知要领,我们不能因为这个说法广为传播就不假思索接受这个观点。我们要讨论的是《大学》篇的"格物"在先秦时的含义,而非宋明理学家叠床架屋的格物思想史。

在汉儒的学术体系中,格物学说远不及其在宋儒学术体系中的地位。而郑玄在注解《礼记》时,对格物的意见是这样的:"格,来也。物、犹事也。其知于善深,则来善物。其知于恶深,则来恶物。言事缘人所好来也。此致或为至。"[③]

---

　*　凌俊峰,北京师范大学历史学院博士研究生。

①　(宋)朱熹《四书章句集注》,中华书局1983年版,第3页。

②　(宋)朱熹《四书章句集注》,中华书局1983年版,第7页。

③　吕友仁主编《礼记正义》,上海古籍出版社2008年版,第12137页。

汉儒与宋儒两派学者在一些问题上是有共同意见的。汉儒释"格"为"来",宋儒释"格"为"至",无论是物来就我,还是我至于物,其实都指向物我关系。在认识论的角度上说,"物"与"我"的关系构成了格物的全过程,若"正心、诚意、格物、致知、修身、齐家、治国、平天下"是一个完整的体系,这一体系中就应该没有"知恶深则来恶物"的含义指向。郑玄的本意认为先秦时《大学》篇展现的认识论内涵为,对善良德行了解的深入,则能认识到善良之物,对邪恶德行了解的深入,就能认识到邪恶之物,是人受到外在事物影响,却相对忽视了人在认识外物的主动权。八条目中的其他七个,都要求培养人们的善良德行,而不培养恶的德行,这是郑玄观点颇值得质疑的地方。

除此之外,近人章太炎也提出:"汉人短名理,故经儒言道亦不如晚周精至。然其高义傀见,杂在常论中者,遂为宋明心学导师。"尽管对郑玄饱加赞扬,但是他不完全赞同郑说。他指出:"郑王于道最卓,而非本记文旨。"①原因是:"当云知至而后物格,于本记之文为因果相倒,犹惧非作者意也。"②即郑玄的体系在逻辑上把"格物"与"致知"的顺序颠倒了,这个观点也得到了毛子水的赞同。钱穆先生则认为:

> 格物,即止于至善也。为人君止于仁,为人臣止于敬,此即君与臣之至善。在未能致知以前,尚未能真知其为至善之义,则变其辞曰格物。必待知之既至,然后知万物之皆备于我,然后知亲民即我固有之明德,而止于至善之意始诚。故曰:知止而后能定、能静、能安、能虑、能得也。③

但是应当注意,钱穆先生将"格物"与"止于至善"之间直接建立联系,却直接跳过了"八条目"中其他步骤。

近世佛教高僧印光法师认为:"倘人欲之物,不能极力格除,则本有真知,绝难彻底显现,欲令真知显现,当于日用云为,常起觉照,不使一切违理情想,暂萌于心。"④以此看,其解释"格"为"格除",认为格物为革除人欲,显示真心。而由此"格物而致知,由致知而克明明德"。以融汇儒佛的角度解释"格物",而彰显道德修养的指向,即"诚明一致,即凡成圣"。这一思路与王阳明心学颇为接近。

当代学者们也有一些思考,或力图从宋学角度思考格物概念,或阐述格物学史,成果蔚然可观,但试图从源流本义上去思考格物概念的研究,在众多的研究中只是一小部分。

饶宗颐在《固庵文录》的《格物论》一文中提出:"格物者,谓成于物而动不失其正也……格物之格之训得于物,以本乎天道,循乎德性,故能如此仁民爱物,物我一间,固一致也……"⑤这种解释思维,亦回归到德性与"仁民爱物"的角度。

张岱年在其著作中提出:"《大学》'格物'之'格',应训为'量度之也','格物'即衡量事物的本末先后。"⑥又如裴锡圭,他在《说格物》一文指出郑注不合经旨。同时,他认为在战国时代,出现了"强调外在事物是知识源泉的思潮",这个时期的格物思潮,被赋予了时

①　章太炎《章太炎全集》,上海人民出版社1985年版,第五册,第63页。
②　章太炎《章太炎全集》,上海人民出版社1985年版,第五册,第62页。
③　钱穆《四书释义·大学中庸释义·大学古本》,九州出版社2011年版,第300页。
④　印光法师著《印光法师文钞·二》,巴蜀书社2015年版,第33页。
⑤　饶宗颐《固庵文录》,辽宁教育出版社2000年版,第197页。
⑥　张岱年《中国古典哲学概念范畴要论》,中华书局2017年版,第280页。

代新义。所以冯友兰曾经说"格物"学说为"必须和外物接触,然后才知道正确和错误",裘锡圭认为这种说法大体可信,且进一步提出(格物)"可能有强调跟事物接触的主动积极性的意思"①。

张学君发表过《〈大学〉原貌与"格物"本义考》,这篇文章认为:"(格物的本义)即尽物之性。通观《大学》全文,'格物致知'的要领在于守静。"②廖永安硕士论文《原格物致知》认为:"(格物)原本侧重于人的道德修养而言,兼带有认识上的意义。"③王前、李贤中在《"格物致知"新解》中提出"通过使某种事物处于适当位置上,以获得有关事物的本质和规律性的知识"④。

二、述评与新思

一方面,与宋以后的格物思想相比,先秦时期格物思想尚不具有一定的系统性,学者们对仍处于萌芽状态的它自不会有太多兴趣。另一方面,思想材料与理论深度的有限也制约了研究工作的进行。在"格物学史"大热的背后是"早期格物思想"乏人问津的无奈。上述研究固然都是有意义的探索,但在一些具体的认识上,笔者却有一些新的想法。

朱翔飞曾发表过《大学格物解平议》一文,对许多说法都提出了一些个人意见,惜乎破而不立,没有折中诸说,有所发明。但是该文提出"以本经证本经,严格遵循文本"⑤的治学经验与思考路径,这个意见相当可贵。如果我们没有"本经"来探索格物本义的话,那就应该找相近学者的意见作为佐证或推断的依据。

为了认识这篇文献的重要思想命题,首先应该了解该文献的成型年代与作者。而这一问题古今学者业已多有探讨,如朱熹就提出过:"子程子曰:《大学》,孔氏之遗书,而初学入德之门也。……右经一章,盖孔子之言,而曾子述之。其传十章,则曾子之意而门人记之也。"⑥,此说影响甚广。当然,这个说法也有许多学者进行过质疑。近代对这个问题加以探索的学者众多,其中又以劳幹与钱穆最为代表。劳幹认为:"《论语》仁义分别言之,而时以礼代义,而《大学》、《孟子》皆并言仁义,故《大学》实远于《论语》,而近于《孟子》,《孟子》深明仁义之辨,开宗明义答梁惠王之言即开始发挥,而全书几无不承此以为关键",《大学》"国不以利为利,以义为利"的结论,实为"孟子之教"。而《大学》是性善论,故晚于孟子。⑦

现代有部分学者也提出一些新意见,如梁涛先生《〈大学〉早出新证》提出:"近代以来认为《大学》晚出的各种理由均不能成立,《大学》应成于曾子或其弟子之手。通过与帛书《五行》经、传的对比,认为传统分《大学》为经、传两个部分不能成立,《大学》应为独立的一篇。程颢修订的《大学》最接近原貌。"⑧贾艳红、姜亦刚《〈大学〉的著述时代考》提出:

---

① 裘锡圭《裘锡圭学术文集》,第五卷,复旦大学出版社 2012 年版,第 319 页。冯友兰观点亦见此。
② 张学君《〈大学〉原貌与"格物"本义考》,《江汉大学学报(人文科学版)》2010 年 4 月第 2 期,第 68 页。
③ 廖永安《原格物致知》,湖南师范大学硕士论文,2011 年,第 1 页。
④ 王前、李贤中《"格物致知"新解》,《文史哲》2014 年第 6 期,第 130 页。
⑤ 朱翔飞《大学"格物"解平议》,《孔子研究》2003 年 1 月,第 54 页。
⑥ (宋)朱熹《四书章句集注》,中华书局 1983 年版,第 3~4 页。
⑦ 劳幹《大学出于孟学说》,郑良树编著《续伪书通考》,台湾学生书局 1984 年版,第 874 页。
⑧ 梁涛《〈大学〉早出新证》,《中国哲学史》2000 年第 3 期,第 88 页。

"《大学》的著述时代当在战国末至秦初。这可以从《礼记》所据之'记'的时间,《大学》被秦火壁藏的特征,《学记》的成书年代,引用《尚书》等几方面得以证明。"[1]胡治洪《论〈大学〉的作者时代与思想承传》认为:"《大学》为特重德性德行亦即内圣外王之道的曾子学派的作品,其文本完成于战国中前期至西汉初期二三百年间。"[2]

学者们众说纷纭的观点,充实了对《大学》篇的认识,但是以目前的资料,想要从中得到一个确定的答案,可以说是徒劳无功。我们只能跳出这个不能取得定论的问题,尽可能用《大学》的思想线索为我们的研究服务。从这个角度上看,罗新慧指出:"《大学》一篇是由曾子创建其理论框架,而由曾子一系的儒家弟子进行补充而成的。"[3]这是抓到了问题关键的。而本文拟讨论之主题,正得益于这样的总结才得以开展。

既然《大学》篇的学术基础是由曾子奠定的,那曾子在个人的著作中是否会对"格物"提出一些见解呢? 我们知道,曾子的思想在《论语》《礼记》与《大戴礼记》"曾子十篇"中都可见,但遍观这些文献,我们发现,曾子学说中充满了内在心性修养和讨论礼制的内容,却无对外认识论的材料。这一情况的出现也是相当可惜的。若格物这一重要命题真的是由曾子本人总结、发展并最终在《大学》篇中明确提出的,那么在他的个人著作中,竟无一语涉及于此,这是不符合常理的。且曾子在孔子弟子之中,性格内向保守、对师说默识心传,较少提出个人意见,在其后又将自己的学说传授给子思,开创了"七十子时期"极重要的一脉学统,那在"孔子—曾子—子思"这一脉学术传统中寻找"格物"学说之真意则成了唯一的思考方式。既然从现存材料中我们没有发现曾子对这个学说的系统解释,那我们上溯孔子,下寻思、孟,说不定也可以找到一些线索。

三、"格物"与"尽物之性"的逻辑关系

孔子在去世之后,儒家学派逐渐发生了分裂与演化。大要言之,大约是两个路径。即曾子、子思以降的"传道"系统,以及子夏的"传经"系统。可以说这两个大的学术流派彼此之间存在着师法传承的对立,又在一定程度上相互借鉴。这种矛盾关系影响到了中国古代学术思想史上的"经今古文之争""汉宋之争"等重大命题,其宏旨非本文所能囊括,然而其都以述先圣之言的方式继承与发展了孔子的思想,并都自认为自己最得孔学之精义。

曾子—子思—孟子,被后人逐渐认为是"道统"。曾子是孔子晚年最得意的弟子,将孔子的学术观点"默识心传",进行总结并予以升华。以曾子专门向孔子求学的经历来看,他是跟着孔子亦步亦趋,并以自己的个性、学术兴趣为基点逐渐建立一个围绕着孔子,并有所创新的学术体系。后学只能站在孔子的立场上,替孔子总结符合儒家义理的学说。曾子以后的子思,更是承接自己老师的学术路径,并直接上承祖父孔子的遗义,想要表达一个承接与创新孔子思想的新系统。故子思在其口授心传的《中庸》篇中,他提出:

① 贾艳红、姜亦刚《〈大学〉的著述时代考》,《山东师大学报(社会科学版)》1998年第3期。
② 胡治洪《论〈大学〉的作者时代及思想承传》,《陕西师范大学学报(哲学社会科学版)》2008年第5期。
③ 罗新慧《曾子与大学》,《济南大学学报》1999年第9卷第6期,第34页。

唯天下至诚,为能尽其性;能尽其性,则能尽人之性;能尽人之性,则能尽物之性;能尽物之性,则可以赞天地之化育;可以赞天地之化育,则可以与天地参矣。①

此《中庸》第二十二章。"诚",一般有两说。朱熹谓"诚"为"真实无妄"②,这是受到佛老二教影响后的说法,而《中庸》的内证为"诚者自成也"③,二说皆深刻可立,且能够相互参证发明。这条材料指出,一个人只有真实无妄地反躬自省,才能让自己的人格走向完成,将其天赋之性发挥到极致;将其天赋之性发挥到极致之时,才能穷尽天下万物之性;能穷尽天下万物之性,则可以赞助天地之化育,并与天地并列为三(或参于天地)。在人格修为走向完成之时,便可穷尽天下万物之性,这是一种由内而外的认识观。而张学君的《〈大学〉原貌与"格物"本义考》一文在这个问题上的看法是与笔者一致的。

为什么说这种认识与《大学》的体系是相似的呢?我们通过分析三纲领八条目,可以得知:格物是获取知识、完善道德的手段,而《中庸》则反向地指出:知识的获得、德性的完善可以让人们穷尽万物之性。假如在"尽(人)性"的功夫上做得不到位,则不能尽万物之性,这两个概念,恰好互相是彼此的充分必要条件。我们可以得出这样的结论:"格物"可以"致知"、"致知"可以"修身",而实现了"修身"的人,对万物之性也是通达的。

然而,一方面,"尽物之性"在《中庸》中只出现一次,在证据上仍显不足;另一方面,《中庸》的作者在谈到这个重要认识论问题的时候,也没有做适当的解释。比起孔子的学说,子思、曾子的理论缺少了"活泼泼地"内容与诠释,呈现一种单纯哲思与内省的倾向,而这正是孔子殁后传道派学术发展的大势。考虑到子思师承曾子,这两位学者在观点上接近是情理之中的。但另一点,"尽物之性"也是一个颇为抽象的话题,其内涵与外延值得我们思考,将其与"格物"直接画上等号,也有草率之嫌。

何为"尽物之性"?《说文解字》释"性":"人之阳气性善者也。"④从此处看似不能索解。段玉裁注:"《论语》曰:性相近也。《孟子》曰:人性之善也,尤水之就下也。董仲舒曰:性者,生之质也。质朴之谓性。"⑤在这个语境下,董说可从,其余说法都难免有比喻论证的成分,兹不取。由此可知,"尽物之性"为竭尽全力了解外物的特质,这正是其与"格物"可以找到共同点的地方,但究竟是认识物的哪一方面特质,这些材料仍显得不够。

四、体会德义:格物学说的萌芽形态与特点

正如前面所说,曾子、子思的思想过于抽象,缺少例证,我们只能上溯到他们想要代表的孔子。在儒家学派内部寻找一些认识论的内容,试图充实我们的认识。孔子作为儒家宗师,他的言论被系统地记录与整理在《论语》中,且都是在认识具体事物中的生动例证,我们可以总结相关材料如下:

子曰:为政以德,譬如北辰,居其所而众星共之。⑥

① (宋)朱熹《四书章句集注》,中华书局1983年版年版,第32页。
② (宋)朱熹《四书章句集注》,中华书局1983年版年版,第31页。
③ (宋)朱熹《四书章句集注》,中华书局1983年版年版,第33页。
④ (东汉)许慎《说文解字》,中华书局2020年版,第337页。
⑤ (清)段玉裁《说文解字注》,中华书局2013年版,第506页。
⑥ 杨伯峻《论语译注·为政篇第二》,中华书局1980年版,第11页。

子谓仲弓曰:"犁牛之子骍且角,虽欲勿用,山川其舍诸?"①

子曰:"知者乐水,仁者乐山。知者动,仁者静。知者乐,仁者寿。"②

子曰:"岁寒,然后知松柏之后凋也。"③

如上述材料,足以让我们看到孔子在认识外物上的独特眼光。在观察外物上,他并不重视其客观性状,如北极星之灿烂、山川之秀美等,而重视从外物之处体会一种德性精神。真正为孔子所关注的,正是北极星的正中、山的厚重、水的灵动等价值。这些价值恰恰是和人格修为相结合的,是物的特性在人的德性上的一种比附,更是一种德性修养的指导。

孔子究竟是如何从物的客观性上体验出主观德性的呢?这个问题仍然需要我们加以理论上的思考。

事物只有在其与其他事物的比较中,方能见其本质。孔子认识外物,似未将事物并列举出,但是其背后概莫能外,也延续了这种思维模式。我们且看这样的一个例子:

子曰:"岁寒,然后知松柏之后凋也。"④孔子此句话甚简明,然若想深入分析这句话背后的外物认识思想,当首先将其扩充至如下的样子:天气寒冷,才知道松柏是后凋谢的,而其他树木都先它们而凋谢。君子也应当像松柏一样耐得住困苦的环境,忍受住折磨却不变初心,傲骨挺立,不能像一般人一样意志不坚,随波逐流。

从此可知孔子在这句话中的思维模式。第一步,在松柏与其他树木的比较中,发现其"后凋"之特点;第二步,将这一特点与人的道德修为比附,实现由物特点的不同跨越到不同的人某方面德性特点的不同,即君子像松柏一样具有"后凋"之德性特点。第三步,由于君子大人与常人德性在该方面特点的不同,指出君子要像松柏一样坚强。通过这三步的跨越,客观之物已然成了德性之物,成了砥砺个体德行的一种手段。另有证据见于《礼记·聘义》:

子贡问于孔子曰:"敢问君子贵玉而贱碈者何也?为玉之寡而碈之多与?"孔子曰:"非为碈之多故贱之也,玉之寡故贵之也。夫昔者,君子比德于玉焉:温润而泽,仁也;缜密以栗,知也;廉而不刿,义也;垂之如队,礼也;叩之,其声清越以长,其终诎然,乐也;瑕不掩瑜,瑜不掩瑕,忠也;孚尹旁达,信也。气如白虹,天也;精神见于山川,地也。圭璋特达,德也。天下莫不贵者,道也。《诗》云:'言念君子,温其如玉。'故君子贵之也。"⑤

这段材料在《荀子》《孔子家语》等文献中也多次出现,可以说得到了儒家学者的认同与传播。材料中所说的"比德于玉",是一个抽象原则。在具体的认识上,又以玉的多方面本质,抽象出主观德性的本质,比如,玉与碈比起来,显得温润而泽,这是它的特点;由此进行抽象的比附,君子与小人相比,也应该有温润而泽的特点,故以此特点回到主观个体,为个体提供进德修业的指导方向,也就是"温润而泽"。这正与前面所说孔子的外物

---

① 杨伯峻《论语译注·雍也篇第六》,中华书局1980年版,第57页。

② 杨伯峻《论语译注·雍也篇第六》,中华书局1980年版,第62页。

③ 杨伯峻《论语译注·子罕篇第九》,中华书局1980年版,第95页。

④ 杨伯峻《论语译注·子罕篇第九》,中华书局1980年版,第95页。

⑤ 李学勤主编,(汉)郑玄注,(唐)孔颖达疏《礼记正义》,北京大学出版社1999年版,第1669~1670页。

认识逻辑完全相同。

如此，则可以由外物认识上实现致知进德，这正是"格物"思想的早期形态与背后的思维逻辑，经曾子、子思等后儒总结发展，成为"尽物之性"或"格物致知"，也唯有这样的思维模式，才能实现"修身""正心""诚意"，"致知在格物""唯天下之至诚，为能尽其性，能尽其性则能尽物之性，能尽物之性则能赞天地之化育"的正反向跨越。故格物思想的要领不在道家式的守静与虚无，而是在动中活泼泼地把握外物的德义，这是笔者观点不同于张学君的地方。

五、总结与反思

如上所见，早期的外物认识思想是充满着道德理性精神的。以上述思想家为代表的知识分子，在认识外物时，不注重探究其科学性，而重视阐发道德性，其最终目的也落实在人格完善上。

而这个传统，恰恰是深刻影响到中国人思维方式的。在中国文学的历史上，借物喻情成了重要的表达方式。文学家在创作时，对自然界的外物加以描写、歌颂，借此阐发德义，砥砺道德，成为文学作品中的重要一隅，这一思想对中国人潜移默化的作用是使德育与美育合流在一起，道德教育可以不是空洞的教条宣教，而是美的教育、诗性的教育。从这个角度上说，孔子深得其精髓。他主张的诗教，在"起兴"之中就表达了借物喻情的因素，从而有了活泼泼的生命力。在充分肯定情欲基础上铺垫开来的儒家学说，自然也带有了人文主义色彩，这种精神，难以用定义加以阐释与言说，而深入《诗经》以降的中国文学作品中却可以体会。而理学家将格物指向孝慈等人伦实践活动、阳明心学认为其为"致吾心之良知于事事物物也"[①]，那则是程朱理学、阳明心学特有的学术体系，本文不涉及对此的讨论；胡适将"格物致知"比附于科学、认为那是"大胆假设、小心求证"的实证方法，则更没有把握到这种精神内核，是一种新背景下的阐释，对当代人们认识"格物"也产生了极其巨大的影响。

《大学》的"三纲领八条目"，借助外物认识论，上升到民本思想与保持社会稳定的基本原则，归结于政权的合法性与统治的稳定性问题，要求统治者修身立德、敬天保民。它并不涉及宗教与彼岸世界，而通过呼吁人与人之间的相互同情与尊重、宣扬仁爱的精神，从人类社会内部寻找社会秩序得以稳定的根据，参与构建了中国文化赖以建立的根基。[②]

① （明）王守仁《王阳明全集》上册，上海古籍出版社 1992 年版，第 45 页。
② 蒋重跃《〈大学〉思想体系的中国特质——基于元典和古代诠释传统的本体论透视》，《南京大学学报（哲学·人文科学·社会科学）》2017 年 11 月第 5 期，第 100 页。

小说戏曲研究

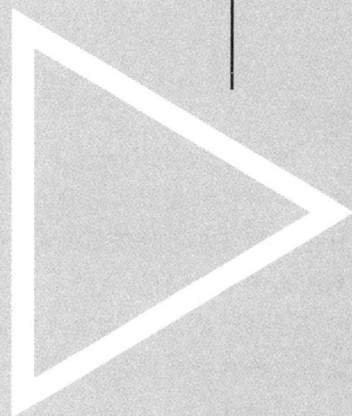

古代小说中棋戏描写的文化意蕴与文学功能

樊庆彦[*]

摘　要：古代小说中具有大量关于棋戏的描写,其不仅具备娱乐的实用价值,作者还将其与时代社会有机地结合起来,更为生动有效地揭示出小说所反映的复杂社会关系、社会矛盾及其所体现出的社会文化心理,具有深刻的人文内涵。而且棋戏描写被赋予独到的文学艺术功能,成为小说的有机组成部分。概而言之,不仅能够借以展开矛盾冲突,推动情节发展,并能刻画人物性格,塑造人物形象,还能展现社会风尚,创造典型环境,更能体现出作者的批判意识与价值取向。

关键词：古代小说；传统棋戏；文化意蕴；文学功能

棋戏是我国古代一项益智赛巧的娱乐游艺活动,主要包括围棋、象棋等在内,还有六博、塞戏、弹棋、双陆等其他种类。"弈棋为诸戏之王。"[①]下棋是古人娱乐生活的重要组成部分。俗语有云：棋局小世界,世界大棋局。这类娱乐游戏通常以棋盘和棋子构成了中国传统社会的缩影,无论帝王将相,抑或普通民众,都乐于此道。他们或是从中悟到治国安邦之理,或于其中体味人生真谛。而且这种活动灵活方便,启发智力,充满乐趣,愉悦身心,使他们在枰声局影、楚河汉界中忘却人间烦恼,神游于尘外,故而深受各个阶层人士的欢迎。不唯如此,在小小的棋戏中还隐藏着深厚的文化意蕴,因此也是古代文人所着意描写的对象,成为小说家的表现手段,从而更为生动地展现出它的独特价值和功能。

一、中国古代棋戏的产生及特点

在中国的棋林之中,影响最为深远的当属围棋和象棋两种。围棋的历史由来已久,甚至被称为："古今之戏,流传最久远者,莫如围棋。"[②]对于其起源也是众说纷纭,如"晋张华《博物志》云：尧造围棋,以教子丹朱。或云舜以子商均愚,故作围棋教之。"[③]又"《世本》云：桀臣乌曹作赌博围棋"[④]。至于制造围棋者究竟是尧是舜还是乌曹,古人已莫能辨之。不过围棋是一项复杂艰深崇尚逻辑思维的游戏,它的产生必须依赖于比较深厚的社会文化积累和人类智慧达到相对发达的程度,而且应当处于一种安定和平的生活状态下。尧舜时期尚处在原始社会末期,人类的生存状况还比较恶劣,社会生产力也处于低级阶段,

＊　樊庆彦,文学博士,山东大学文学院教授,博士生导师,主要从事中国古代小说研究。本文为教育部哲学社会科学研究后期资助项目《古代小说与娱乐文化》(批准号：17JHQ048)的阶段性成果。

①　尚秉和《历代社会风俗事物考》,岳麓书社 1991 年版,第 395 页。
②　(明)谢肇淛《五杂俎》卷六《人部二》,上海书店出版社 2009 年版,第 116 页。
③　杨荫深《事物掌故丛谈》,上海书店出版社 1986 年版,第 487 页。
④　尚秉和《历代社会风俗事物考》,岳麓书社 1991 年版,第 393 页。

所以,在这种情况之下创造出来围棋不太可能,但至少说明围棋起源甚早。据现有文字记载,自汉代始已出现围棋之名,"疏云:《方言》围棋谓之弈。自关东齐鲁之间,皆谓之弈。《说文》:弈从廾,言竦两手而执之,棋者所执之子,围而相杀,谓之围棋。"[①]事实上,棋戏的产生与军事战争有着非常直接的关系。围棋起源于原始部落会议共同商讨对敌作战的需要,就地画图,用两种不同的小石子代替敌我双方兵卒,就双方作战部署进行讨论。桓谭《新论》曰:"俗有围棋,或言是兵法之类也。"[②]刘向《围棋赋》:"略观围棋,法于用兵。"[③]马融《围棋赋》中亦尝有此言:"略观围棋,法于用兵。"[④]这种说法虽然没有实物根据,但比较符合围棋的基本原理。及至春秋战国时期,诸侯割据、纷争并起,以杀伐征战为典型时代特征的社会现实对当时的思想文化产生了重大的影响,围棋这种由作战演变而来带有浓重军事色彩的游戏形式亦转而成为当时社会上层的娱乐生活中的一部分,出现了《孟子·告子上》中所记载的像"弈秋"那样举世闻名的围棋高手。

　　早在先秦时期,虽然已有关于象棋的文字记载,如《楚辞·招魂》:"菎蔽象棋,有六簙些。"刘向《说苑·善说》中,雍门子周谓孟尝君曰:"燕则斗象棋而舞郑女",但这是指的六博;蔡邕《弹棋赋》"列象棋,雕华丽",则是指的弹棋,皆非所谓的现代意义上的象棋。[⑤] 亦有人认为象棋可能与古代起源久远的"象戏"存在关联,"象戏"或曰起于原始时代:"象戏,兵戏也。黄帝之战驱猛兽以为阵,象,兽之雄也,故戏兵以'象戏'名之。"[⑥]或曰:"象戏,相传为武王伐纣时作,即不然,亦战国兵家者流,盖时犹重车战也。兵卒过界,有进无退,正是沉船破釜之意。"[⑦]或曰:"象戏,周武帝所造,而行棋有日月星辰之目,与今人所殊为不同。"[⑧]根据庾信《象戏赋》中的描写,象戏是一种以棋局上圆象天、下方法地的"象天法地"之戏,其规则与六博相近,或以为:"象戏之制……盖弹棋、格五、六博之遗意也。"[⑨]象棋从其形制、棋具及行棋方法等来看,也是一种渊源于军事战争的娱乐活动。现代学者据而认为:"今日所流行的象棋实始于唐,几经改革,而至南宋始渐与今制相同。按僧念常《佛祖历代记载》卷廿二于'唐文宗开成己未'下有'制象碁'三字,原注云:'昔神农以日月星辰为象;唐相国牛僧孺用车马将士卒加炮,代之以为机(棋)矣。'……近人胡适据此作《考作象棋的年代》云:'那时候中国与印度交通已近千年。也许这种游戏,从印度波斯传进来已久,到牛僧孺才把它改作一种中国的象棋戏。念常此书记佛教事忽插入这一段,似不是有心作伪;大概佛教徒也知道象棋是从印度输入的,故把它记在佛教史里。'"[⑩]

　　① 尚秉和《历代社会风俗事物考》,岳麓书社 1991 年版,第 392 页。

　　② (南朝·梁)萧统编,(唐)李善注《文选》卷五十二(三国·吴)韦曜《博弈论》李善注引,上海古籍出版社 1986 年版,第 2284 页。

　　③ (南朝·梁)萧统编,(唐)李善注《文选》卷五十二(三国·吴)韦曜《博弈论》李善注引,上海古籍出版社 1986 年版,第 2284 页。

　　④ (唐)欧阳询《艺文类聚》卷七十四引,见严可均辑《全后汉文》卷十八,上海古籍出版社 1982 年版,第 1271 页。

　　⑤ 参见尚秉和《历代社会风俗事物考》,岳麓书社 1991 年版,第 395 页。

　　⑥ (宋)晁补之《广象戏格序》,见(清)马端临《文献通考》卷二二九《经籍》五十六"杂艺术",商务印书馆 1936 年版,第 1833 页。

　　⑦ (明)谢肇淛《五杂俎》卷六《人部二》,上海书店出版社 2009 年版,第 118 页。

　　⑧ (明)高承《事物纪原》卷九引(宋)李昉等编撰《太平御览》,中华书局 1985 年版,第 349 页。

　　⑨ (北周)庾信撰,(清)倪璠注,许逸民校点《庾子山集注》卷一《象戏赋》,中华书局 1980 年版,第 68 页。

　　⑩ 杨荫深《事物掌故丛谈》,上海书店出版社 1986 年版,第 488~489 页。

无论何种说法，都说明象棋与围棋一样也是一种年代久远的棋类游戏，而后成为人们的娱乐工具。

围棋和象棋作为娱乐活动，都有一定的游戏规则。无论围棋还是象棋，都是游戏双方使用不同颜色的棋子在规定的棋盘上进行。二者在作战的基本原则上也有相通之处，一是照应全局，二是招招争先，都需要精深的"算路"及严密的逻辑思维。但从弈棋的进程上来看，这两种棋戏正好相反。围棋是构筑的运思，棋子越下越多；象棋是消耗的运思，棋子越着越少。作为构筑，围棋以战略为主，在战略指导下运用战术，以有效地占有更多的地域为目的，棋手更着重于全局及长远的考虑，弈棋中所下的每一子除了即时的效用外，还存在着潜在的威力和影响，围棋的局部死活并不能直接决定全盘的命运，随着棋子的增多，局势的得失往往千变万化，而"不战而屈人"乃是棋手追求的最高境界，所以围棋给人带来的是一种玄趣的感受。而作为消耗，象棋的交战围绕着消灭对方的主将、保护己方的安全这一目标开展，棋盘上的各种子力是现成和暴露化的，且处于运动之中，要求兵种之间互相协调配合，棋手更偏重于各个局部的进行，一时间的兵戎相见，使得攻防杀伐的火药味颇为浓重。

不同的弈棋运思带来了不同的结果，因而这两种棋戏便带有不同的象征意义。相比较而言，围棋多表现的是一种超凡脱俗、与世无争的境界，作为一种雅趣的象征，常与天界仙境紧密相连，是上层社会、文人墨客的嗜物；象棋杀伐意味浓厚，所代表的多是人世间的生老病死、你争我夺，或暗度陈仓，或背水一战，战火连绵，煞是雄壮。而且，象棋与围棋相比，棋具简单，对局用时少，具有小巧、紧凑的特点，较有直观性，因而受到民间群众的喜爱和欢迎。象棋易通，人们从掌握与提高棋艺中获得快感；围棋难精，人们从追求与生发理趣中得到满足。前者造就了象棋遍及城乡、以民间竞技为中心的传统，后者则是围棋影响以文人棋为主、棋工棋为辅的形成原因。二者在社会上形成了一俗一雅的传统观念，象棋如"下里巴人"，围棋如"阳春白雪"。围棋也因而与琴、书、画一起被誉为文人四大艺术，以其独特的真善美对中华民族的文化产生久远的影响，成为中国人的理想寄托和生活方式。但象棋在成熟过程中也不时吸收和融汇着其他文化形态的影响，不乏新雅的方面。如排兵布局不仅引人入胜，民间的象棋术语也是不断推陈出新，"二鬼拍门""海底捞月""釜底抽薪"等形象生动，命名巧思。而"雪拥蓝关"用韩愈诗意，暗示局中"马不前"的着法；"投辖留宾"用汉代陈遵款客的典故，解局的关键同卸车相关；"黾勉同心"用《诗经》成句，制胜的一方恰恰是轮流使用盘上的各子而协作奏功。巧妙的局名将棋艺之美与文学之美结合起来，娱乐中结合着审美的趣味，很容易激发人们的联想。围棋和象棋这两种棋戏，既益智，又怡情，同样具有旺盛不衰的生命力。

古代棋戏除了围棋、象棋以外，还有六博、塞戏、弹棋、双陆等其他种类。六博在先秦两汉时期非常盛行，屈原《楚辞·招魂》即曰："菎蔽象棋，有六簿些。分曹并进，遒相迫些。成枭而牟，呼五白些。"这种棋由两人玩，双方各有六枚棋子。其中一枚相当于王的棋子叫"枭"，另有五枚相当于卒的棋子叫"散"。行棋在刻有曲道的盘局上进行，用投箸的方法决定行棋的步数。稍后在六博基础上又出现了塞戏，古文献中常常博塞并称，《庄子·骈拇篇》中就有"博塞以游"之句。两者在棋盘和棋子方面几乎完全一样，主要区别在有无掷采上。六博以投箸行棋。而塞戏行棋时不掷采，这样就摆脱了侥幸靠运气取胜的成分。弹棋始于西汉末年,东汉至唐一度盛行。两人对局,黑白棋子各六枚,魏晋时增至八枚,先列棋相当,下呼上击之。双陆与象棋有相似之处,两人对局,棋子有十五、十二或十六枚之别。下棋时以掷骰子行棋。汉魏六朝及隋唐五代时期盛行,宋明两代尚有流传。这些棋戏与围棋、象棋的最大区别就是在很大程度上是靠运气而非智力取胜。

棋戏作为我国传统文化中的精粹,自然与文化的重要传承者——作为知识分子阶层的文人有着密切联系。中国文人安身立命、行事处世的哲学依据主要是以孔孟为代表的儒家学派和以老庄为代表的道家思想,魏晋以后,又吸收了佛教的某些思想,于是儒、释、道共存一体,形成了"穷则独善其身,达则兼济天下"(《孟子·尽心上》)的人生态度:达时,往往以儒家"修身齐家治国平天下"(《礼记·大学》)为人生追求,积极进取;穷时,则"遗物离人而立于独"(《庄子·外篇·田子方》),"独与天地精神往来"(《庄子·杂篇·天下》)。这就决定了文人对生活方式的体验和选择,他们把自己的理解和智慧应用于对棋戏的体悟中,使它的内涵更加丰厚,充满了深奥玄妙的神秘色彩,也使得棋戏这种娱乐活动更富有其文化价值和哲学意蕴。《论语·阳货》载:"饱食终日,无所用心,不有博弈者乎?"孔子主张用下棋来充实"饱食终日"之人,以免他们无所事事而产生淫欲邪念;《孟子·告子上》中,孟子以围棋为喻教育学生学习要"专心致志",刘安则告诫人们勿因事有利小而害大者:"故行棋者,或食两而路穷,或予踦而取胜。"[1]而东汉班固在其《弈旨》中,更将尧舜以来各朝各代兴衰,一一与围棋之理相印证,把棋局与王政联系起来,以此说明棋理即治国之道。[2]宋代张拟则从下棋这一简单而复杂的智慧游戏中看到了《易》的投影,如其《棋经十三篇》中,"审局篇第七":"穷则变,变则通,通则久。""斜正篇第九":"师出以律,否臧凶。""洞微篇第十":"非天下之至神,孰能与于此。""杂说篇第十三":"君子安而不忘危,存而不忘亡。"[3]无论围棋还是象棋,都象征阴阳之变。而古人的"眼前富贵一枰棋,身后功名半张纸"(唐寅:《闲中歌》),"十亩野塘留客钓,一轩春雨对僧棋"(韦庄:《长年》),则是把富贵、功名看作一局棋,人生如过眼烟云,确有庄子遗风。更有人从小小的棋盘上看出了沧海桑田、世事变迁:"闻道长安似弈棋,百年世事不胜悲"(杜甫:《秋兴》),"棋局可观浮世理,灯花应为好诗开"(陈与义:《夜雨》);他们从一十九道上,又悟出了棋道与兵法的相通之理,或布阵谋兵,运筹于帷幄之中:"对局含情见千里,都城已得长蛇尾"(温庭筠:《谢公墅歌》),或短兵相接,决胜于千里之外:"豪鹰欲击形还匿,怒蚁初交阵已成"(吴宽:《观棋》);亦有人在棋局面前,或磨炼心智:"心似蛛丝游碧落,身如蜩甲化枯枝"(黄庭坚:《弈棋呈任公渐》),或有所参悟:"诗因圆解堪成佛,棋与禅通可悟人"(徐照:《赠从善上人》),或泰然处之:"莫将戏事扰真情,且可随缘道我赢"(王安石:《棋》),或看破时局:"人间胜败寻常有,一局何劳重叹嗟"(孙枝蔚:《棋客》),各有所得。小小棋戏充分展示了中华民族的精神特质和审美情调。

古代小说生动地展现了社会的生活面貌和时代风尚,自然也离不开对于世人所喜爱的娱乐活动的描写,其中就有许多关于棋戏活动的形象记载。不仅在《西京杂记》《搜神

---

[1]　(汉)刘安著,(汉)许慎注,陈广忠校点《淮南子》卷二十《泰族训》,上海古籍出版社 2016 年版,第 525 页。

[2]　(唐)欧阳询编《艺文类聚》卷七十四引,见严可均辑《全后汉文》卷二十六,上海古籍出版社 1982 年版,第 1274 页。

[3]　(宋)张拟《棋经十三篇》,见陈文新译注《雅趣四书》,崇文书局 2010 年版,第 69、71、72、74 页。

记》《世说新语》《述异记》《集异记》等早期文言小说中即有所呈现，更是于明清时期的"四大奇书"及"三言二拍"、《聊斋志异》《儒林外史》《红楼梦》等小说经典中有着繁富性的刻画，各种棋类娱乐几乎应有尽有，真好似满天星斗乱银河，飞红万点花如海，为小说营造了具体可感、生气淋漓的艺术世界。

二、古代小说中棋戏描写的文化意蕴

古代小说中有着大量的关于棋戏的描写，作者将其与时代社会有机地结合起来，更为生动有效地揭示出小说所反映的复杂社会关系、社会矛盾及其所体现出的社会文化心理。因此，小说中的棋类文化有着深刻的人文内涵。这些内涵有的是作者主观意识的反映，有的则从作品所描绘的形象中客观地呈现出来。

首先，棋戏反映出传统文化的阶层观念。由于古代人民深受天命观的影响，认为社会的等级、贵贱之别是"天生"与"注定"的，故信仰"死生由命，富贵在天"（《论语·颜渊》）的结局。而在古人的社会生活中，也呈现出明显的等级、贵贱有别的娱乐时尚，不同的阶层在传统文化方面也有着爱好的差异。

或许是古人常将围棋与治国之道联系起来的缘故，古代帝王对于围棋有着特殊的爱好。由于帝王本身的参与，宫廷中围棋之风很盛。自从戚夫人侍汉高祖（刘邦）：

> 八月四日，出雕房北户，竹下围棋。胜者终年有福，负者终年疾病。取丝缕就北辰星求长命乃免。①

受此影响，以后"八月四日"下围棋就成了汉宫中的风俗。晋干宝在《搜神记》中亦载有此事②，进一步强化了这一风俗的神秘色彩。而西汉刘歆又云：

> 成帝好蹴鞠，群臣以蹴鞠为劳体，非至尊所宜。帝曰："朕好之，可择似而不劳者奏之。"家君（指刘向）作弹棋以献，帝大悦……③

可见自西汉末年始，弹棋在汉宫中也曾一度盛行。

三国时期魏武帝曹操及其子魏文帝曹丕等皇室中人都喜爱下棋。曹操不仅对围棋有浓厚的兴趣，而且具有较高的造诣，其棋艺水平竟与当时四大国手冯翊、山子道、王九真、郭凯等人不相上下。④ 曹丕非常喜欢弹棋，技艺很高，并写了一篇《弹棋赋》，在他的推动下，使得久已中绝的弹棋重又兴起，因此后人多以为弹棋始于曹魏：

> 弹棋始自魏宫内，用妆奁戏。文帝于此技特妙，用手巾角拂之，无不中。有客自云能，帝使为，客著葛巾角，低头拂棋，妙逾于帝。⑤

① （汉）刘歆撰，（晋）葛洪集，向新阳、刘克任校注《西京杂记校注》卷三，上海古籍出版社1991年版，第138页。
② 参见（晋）干宝《搜神记》卷二，辽宁教育出版社1997年版，第14页。
③ （汉）刘歆撰，（晋）葛洪集，向新阳、刘克任校注《西京杂记校注》卷二，上海古籍出版社1991年版，第100页。
④ 参见（晋）陈寿著，（南朝·宋）裴松之注《三国志》卷一《魏书·武帝纪》，裴松之注引（晋）张华《博物志》："冯翊、山子道、王九真、郭凯等善围棋，太祖（曹操）皆与埒能。"中华书局1982年版，第54页。
⑤ （南朝·宋）刘义庆编撰，（南朝·梁）刘孝标注《世说新语》下卷上《巧艺》第二十一，刘孝标注引："《典论·自叙》曰：戏弄之事，少所喜唯弹棋，略尽其妙，少时尝为之赋。……《博物志》曰：帝善弹棋，能用手巾角，时有一书生，又能低头以所冠葛巾角撇棋也。"上海古籍出版社2012年版，第145页。

唐朝许多皇帝也都是围棋爱好者。唐太宗善于此道,还经常与大臣对局。《西游记》第九、十两回中,唐太宗与魏徵对弈,"一递一着,摆开阵势"。唐太宗以魏徵为镜,在人们心目中,君臣相得,围棋是最好的说明。段成式《西阳杂俎》与王仁裕《开元天宝遗事》均记载,唐玄宗李隆基也是位围棋高手,一次其与亲王下棋,一招不慎,逐渐处于劣势,一旁观战的杨贵妃见势不妙,急中生智,将手中的康国猧放到棋盘上,搅乱棋局,保住了玄宗面子。不仅皇帝好棋,亲王会棋,连嫔妃都懂棋。甚至在安史之乱中,唐玄宗逃往四川,仍不忘带上棋待诏随行,可见唐朝统治阶层对围棋的入迷程度了。

相对于围棋的高贵地位来讲,象棋、双陆等更合乎大众的口味。《金瓶梅词话》中,西门庆本人及其周围众人多是喜爱这些游戏。第一回说西门庆"又会赌博,双陆象棋,抹牌道字,无不通晓"。第六十九回描述西门庆私通王招宣府里贵妇人林太太,媒婆文嫂向林太太介绍西门庆说"双陆象棋,无所不通;蹴鞠打球,无所不晓……"此外还写到他的亲朋好友,第一回说应伯爵"会一腿好气球,双陆象棋,件件皆通"。第十八回写西门庆的女婿陈经济"诗词歌赋,双陆象棋,拆牌道字,无所不通,无所不晓"。

而有些发迹变泰的帝王,由于其出身的原因,对于在平民阶层流行的双陆、象棋也很喜爱。宋太祖赵匡胤年轻时有两个嗜好:一是好赌,二是好弈。虽然他黄袍加身后当了皇帝,却是本性难改。相传,有一次他在华山进香时,与陈抟老祖下赌对弈。两人相战数盘,宋太祖连连败北,最后竟以华山作赌,决一雌雄,仍是一败涂地。无奈金口玉言,只得将华山"封"给陈抟老祖。这个传说被清代小说家吴璿改编润饰记于其《飞龙全传》中。而据《李师师外传》载,宋徽宗与李师师赌双陆不胜,输给她两千两银子。帝王的豪赌也缘于对棋戏的酷爱。

同时我们也可以看出,古代文化层次较高的妇女,对于具有较强抽象思维特点的棋类游戏也表现出了极大的兴趣。一般说来,贵族妇女具有较高的文化素质和艺术修养,因此对于那种经过周密细致的思考、分析的围棋自然会表现出一种特有的偏爱,像戚夫人、杨贵妃都懂围棋。武则天喜欢打双陆这类带有赌博性质的娱乐形式,倒也符合她那种权力欲望极重、喜欢征杀冒险的个性。受武则天的影响,富贵之家女性也多爱好双陆之戏,《金瓶梅词话》中,如第三回写潘金莲"诸子百家,双陆象棋,拆牌道字,皆通"。第七回写孟玉楼"双陆、棋子,不消说"。《红楼梦》第八十八回中写"贾母与李纨打双陆"。象棋则是下层人民的嗜物,《镜花缘》第八十七回中象棋的对局者崔小莺是婢女,而秦小春是舵工多九公的甥女。

其次,棋戏反映出传统文化的时代特征。不同时代的社会思潮对传统文化也产生深刻的影响,使之形成较为鲜明的时代特征。如魏晋时期,新的文艺思潮的产生,使得文学创作服务于政治教化的要求大为减弱,文学变成了个人的行为,许多作品中抒发个人的生活体验和情感。而作家们在乱世中感受到人生的短促、生命的脆弱、命运的难卜、祸福的无常,以及个人的无能为力,因而追求及时行乐,更为关注的是生死、游仙、隐逸等主题。棋戏作为一种娱乐,也成为创作中不可或缺的描述对象。不仅出现了许多关于棋戏的诗赋,更在小说中通过棋戏真实生动地表达了作者的思想情感与价值追求。

魏晋志怪小说中关于棋戏最著名的记载就是南朝梁人任昉《述异记》中的"烂柯"传说:

信安郡石室山,晋时樵者王质伐木入山,见二童子下棋。与质一物,如枣核,食之不觉饥。以所持斧置坐而观，局未终，童子指谓之日："汝斧烂柯矣。"质归故里，已及百岁，无复当时之人。

人们对围棋有着一种天然的神秘感，将它视作"仙家覃思之具"，因为棋理精微，难以尽晓；人们更容易将围棋与人生世事联系在一起，因为两者在内容和意象上有着相近之处：它们都有着变幻无常、茫昧莫测的进程，都是一连串眼花缭乱的争竞竭力、成败得失的纪录。然而，前者是轻松的游戏，后者却是沉重的实实在在的负担。时局动荡，战乱频仍，人们无力改变现实和掌握命运，因而渴望着摆脱烦恼和苦闷。围棋"忘忧"的功能已被时人公认，寄心于楸枰之内可以得到万虑俱消的超脱。自晋代起，这一类贪看仙弈而忘却世事的故事层出不穷，不胫而走。如旧题陶渊明作《搜神后记》卷一中写道：

嵩高山北有大穴，莫测其深，百姓岁时游观。晋初，尝有一人误堕穴中。同辈冀其傥不死，投食于穴中。坠者得之，为寻穴而行。计可十余日，忽然见明。又有草屋，中有二人对坐围棋。局下有一杯白饮。坠者告以饥渴，棋者日："可饮此。"遂饮之，气力十倍。……半年许，乃出蜀中。归洛下，问张华，华曰："此仙馆大夫。……"

魏晋时期，受老庄思想和佛学的影响，玄学兴起，开始对宇宙、人生和人的思维都进行了纯哲学的思考。新的社会思潮改变着士人的人生追求、生活习尚和价值观念，在乱世之中，他们否定汉儒的为人准则，肯定自我，返归自然，放荡不羁，超脱飘逸，追求一种具有魅力和影响力的人格美，就是魏晋风流。围棋就是一个浓缩了的宇宙，它的太极阴阳，与《易》相通。围棋是一种高级的心智活动，最贵速悟，棋理中蕴涵着深邃的禅机道旨。魏晋文人将这种对于棋的哲学意识和文化精神的认识运用于生活实践当中，表现于许多志人小说中。从《世说新语》的记载中可以看到，围棋是士族文人重要的生活内容和人格修养之一。"羊长和博学工书，能骑射，善围棋。诸羊后多知书，而射弈余艺莫逮。"[1]在他们看来，围棋水平的高低代表着人品的优劣，成为品评他们人格的标准之一，难怪名士们在围棋上如此较真：

江（彪）仆射年少，王（导）丞相呼与共棋。王手尝不如两道许，而欲敌道戏，试以观之，江不即下，王日："君何以不行？"江日："恐不得尔。"旁有客日："此年少戏乃不恶。"王徐举首日："此年少非唯围棋见胜。"

刘孝标注引范汪《棋品》："彪与王恬等，棋第一品；导第五品。"[2]两人围棋水平相差悬殊，江彪棋艺高超而引以为豪，因而江彪拒绝与王导下不让子的"敌道戏"，以他看来，这几乎是对他人格的侮辱。这种追求人格精神的自尊自强却得到了王导对他的称赞。

而围棋所倡导的"善战者不战""有胜不诛""虽败不亡""无为而无所不为"的人生态度，更成为魏晋名士的人生观念和人格魅力之所求，并努力从他们的音容笑貌和言谈举止中表现出来。因此《世说新语》中专设"雅量"之篇，如：

---

① （南朝·宋）刘义庆编撰，（南朝·梁）刘孝标注《世说新语》下卷上《巧艺》第二十一，上海古籍出版社2012年版，第145页。

② （南朝·宋）刘义庆编撰，（南朝·梁）刘孝标注《世说新语》中卷上《方正》第五，上海古籍出版社2012年版，第68～69页。

裴遐在周馥所，馥设主人。遐与人围棋。馥司马行酒，遐正戏，不时为饮。司马恚，因搙遐坠地。遐还坐，举止如常，颜色不变，复戏如故。王夷甫问遐："当时何得颜色不异？"答曰："直是暗当故耳！"①

而在明万历九年凌蒙初刻四色套印八卷本《世说新语》中，此处有明人王世懋批语："'暗当'之解，似云默受。"亦即所谓"举止如常，颜色不变"。又如：

谢公（安）与人围棋，俄而谢玄淮上信至，看书竟，默然无言，徐向局。客问淮上利害，答曰："小儿辈大破贼。"意色举止，不异于常。②

豫章太守顾邵，是雍之子。邵在郡卒。雍盛集僚属，自围棋。外启信至，而无儿书。虽神气不变，而心了其故。以爪掐掌，血流沾褥。宾客既散，方叹曰："已无延陵之高，岂可有丧明之责？"③

这种遇事不露声色的气量也正是当时名士所崇尚的风度雅量。

唐代薛用弱《集异记》中有《王积薪》一篇，记述山中妇、姑两人"各在东西室"下盲棋的情景，作者在棋技方面展开充分的想象力，王积薪虽然是"翰林善棋者"即棋待诏，并且"无敌于人间"，但对住在山中的妇、姑来说，只"可教以常势"。神奇的棋技使得妇、姑二人具有超自然的性质。王积薪别后再谒时，"则失向来之室间矣"。连深居山中的妇、姑都是围棋高手，可见唐代围棋之盛。唐代女皇帝武则天则是个双陆迷：

天后（指武则天）梦双陆而不胜，召梁公（指狄仁杰）说之。梁公对曰："宫中无子之象是也。"④

则天时，南海郡献集翠裘，珍丽异常。张昌宗侍侧，则天因以赐之。遂命披裘，供奉双陆。宰相狄梁公仁杰时入奏事，则天命昪坐。因命梁公与昌宗双陆，梁公拜恩就局。⑤

这反映了唐朝宫廷内的娱乐风尚。

而晚明时期，城市商业经济繁荣，市民阶层更加壮大。统治集团日趋腐朽，思想控制逐渐松动，因而在资本主义萌芽滋长的同时，思想文化领域掀起了一股启蒙思潮。王学左派兴起，狂禅之风盛行，张扬个性，肯定人欲，人们关注中心转向了对基本生理欲求的重视以及在此基础上的享乐渴求。表现在小说中便是塑造出众多商人和作坊主的形象。《金瓶梅词话》中的主人公西门庆就是商业暴发户的代表，在他的身上及周围集中反映了当时商人的一切生活特征。其中关于西门庆家里妻妾奴婢和亲朋好友都喜爱象棋、双陆的情节，不但反映了西门庆所处的宋代，而且也反映了《金瓶梅词话》作者所处的明代盛行象棋的实际情况，通过棋戏表现出传统文化所具有的时代性。

---

① （南朝·宋）刘义庆编撰，（南朝·梁）刘孝标注《世说新语》中卷上《雅量》第六，上海古籍出版社2012年版，第73～74页。

② （南朝·宋）刘义庆编撰，（南朝·梁）刘孝标注《世说新语》中卷上《雅量》第六，上海古籍出版社2012年版，第78页。

③ （南朝·宋）刘义庆编撰，（南朝·梁）刘孝标注《世说新语》中卷上《雅量》第六，上海古籍出版社2012年版，第72页。

④ （唐）李肇《国史补》卷下，上海古籍出版社1979年版，第61页。

⑤ （唐）薛用弱《集异记》卷二，中华书局1985年版，第7页。

再者,棋戏反映出传统文化的政治意蕴。这种政治功能是多方面的。古人常将围棋与治国之理联系起来,这本身就是其政治功能的一种表现。早期社会尤其是西周中叶以后,朝纲废弛,社会动荡,礼崩乐坏,政教缺失,传统儒家维护礼治,倡导德政,强调文学艺术与政治教化的关系,希望统治者借以修身养性,从棋盘上领悟到"齐家治国平天下"的道理。这里面含有强烈的道德教化意味。

为了围棋,魏晋名士们甚至不顾母终父丧,刘孝标在《世说新语·巧艺》"王中郎以围棋是坐隐"条注中曾引裴启(或裴荣)《语林》曰:"王(坦之)以围棋为手谈,故其在哀制中,祥后客来,方幅会戏。"①他在《任诞》"阮籍当葬母"条注中还引邓粲《晋纪》曰:"籍母将死,与人围棋未决,对者求止,籍不肯,留与决赌。既而饮酒三斗,举号一声,呕血数升,废顿久之。"②这些名士所表现出来的是蔑视传统礼教对抗当时统治集团的自由精神,在这里围棋又成了一种政治观念的代言工具。

政局如棋局,残酷而多变。曹丕借用围棋除掉了自己的皇位竞争对手。曹操另一子曹彰武艺高强,屡立战功,深受曹操喜爱。对这样的竞争对手,曹丕自然恨之入骨,必欲置于死地而后快。据《世说新语》记载:

魏文帝忌弟任城王骁壮,因在下太后阁共围棋,并啖枣。文帝以毒置诸枣蒂中,自选可食者而进。王弗悟,遂杂进之。既中毒,太后索水救之。帝预敕左右毁瓶罐。太后徒跣趋井,无以汲,须臾,遂卒。③

这反映了统治阶级之间尔虞我诈的权力斗争。

帝王喜欢下棋,这就为献媚者制造了机会:

明帝好围棋,甚拙,出格七八道,物议共欺为第三品,与第一品王抗围棋,依品赌戏。抗每饶借之,曰:"皇帝飞棋,臣抗不能断。"帝终不觉,以为信然,好之愈笃。④

羊玄保,泰山南城人也。……入为黄门侍郎。善弈棋,品第三。文帝亦好弈,与赌郡,玄保戏胜,以补宣城太守。……历丹阳尹、会稽太守、太常、吴郡太守。文帝以玄保廉素寡欲,故频授名郡。为政虽无殊绩,而去后常见思,不营财利,产业俭薄。文帝尝曰:"人仕宦非唯须才,亦须运命。每有好官缺,我未尝不先忆羊玄保。"⑤

小说中也有此类记述。《语林》曰:

王武子与武帝围棋,孙皓在侧,武子问孙皓:"归命何以好剥人面皮?"皓曰:"见无礼于君者,则剥之。"乃举棋局下,故讥之。⑥

---

① (南朝·宋)刘义庆编撰,(南朝·梁)刘孝标注《世说新语》下卷上《巧艺》第二十一,上海古籍出版社 2012 年版,第 146 页。

② (南朝·宋)刘义庆编撰,(南朝·梁)刘孝标注《世说新语》下卷上《任诞》第二十三,上海古籍出版社 2012 年版,第 148 页。

③ (南朝·宋)刘义庆编撰,(南朝·梁)刘孝标注《世说新语》下卷下《尤悔》第三十三,上海古籍出版社 2012 年版,第 181 页。

④ (南朝·梁)萧子显《南齐书》卷五十三《列传》第三十四"虞愿"。中华书局 1972 年版,第 916 页。

⑤ (唐)李延寿《南史》卷三十六《列传》第二十六"羊玄保",吉林人民出版社 1995 年版,第 531 页。

⑥ (晋)裴启《语林》,见(宋)李昉等编纂《太平御览》卷七五三《工艺部》十"围棋",中华书局 1960 年版,第 3343 页。

冯梦龙《肉双陆》记载，尚书王天华取媚严世蕃，用彩锦结成点位，曰："双陆图"，别饰美人三十二，衣装缁素各半，曰"肉双陆"以进，每对打，美人闻声该在某点位则自趋之，以此来获得严世蕃的欢心。下棋成为他们升官晋爵的敲门砖。

当然也有些人因下棋而获罪，映射出政坛的残酷性。"宋颜延之，初仕晋，为镇东司马，坐围棋免官。"①《唐才子传》载：

> 宣宗时，宰相令狐绹进奏拟（李）远杭州刺史，上曰："朕闻远诗有'青山不厌千杯酒，白日惟销一局棋。'是疏放如此，岂可临郡理人？"绹曰："诗人托此以写高兴耳，未必实然。"上曰："且令往观之。"②

如果不是令狐绹保举，李远差点丢掉了到手的乌纱帽。南宋棋待诏沈之才的结局更为可怜：

> 沈之才者，以棋得幸思陵，为御前祗应。一日，禁中与其类对弈，上喻曰："切须仔细。"之才遽曰："念兹在兹。"上怒云："技艺之徒，乃敢对朕引经耶？"命内侍省打竹篦逐出。③

"念兹在兹"出自《尚书·大禹谟》，意思是说念念不忘。沈之才只因为一句话便招来宋高宗的迁怒，以此显示皇家之威。"伴君如伴虎"，就是在下棋这种轻松的娱戏中也免不了提心吊胆。

当然，棋戏带给人们最多的还是愉悦身心的审美情趣，人们因而才乐此不疲。

现代意义上的象棋在唐代已经出现。《玄怪录》中有《巴邛人》一篇：

> 有巴邛人，不知姓名，家有橘园。因霜后，诸橘尽收，余有两大橘，如三斗盎。巴人异之，即令攀摘。轻重亦如常橘。剖开，每橘有二老叟，鬓眉皤然，肌体红润，皆相对象戏。身长尺余，谈笑自若。剖开后，亦不惊怖，但相与决赌。

另一篇《岑顺》写汝南岑顺乃唐代宝应年间人，旅居陕州一山宅，"夜中闻鼓鼙之声，不知所来"。以为此乃吉兆。一天晚上，梦见天那军与金象军两军相争，"俄然鼓角四起，声愈振厉"。"忽有数百铁骑，飞驰左右，悉高数寸，而被坚执锐，星散遍地。倏闪之间，云阵四合。"并有军师进言曰："天马斜飞度三止，上将横行系四方。辎车直入无回翔，六甲次第不乖行。"醒后在他的屋内发掘出一个深八九尺的古墓，墓前有金属制作的棋局，棋盘上摆满了各个兵种的棋子。于是明白梦中军师所说之词，是象棋两军相争的情况。

唐代以后双陆又得了"长行"的新名。④张读《宣室志》中有关于长行的记述。张秀才在洛阳城内一所空宅里过夜，看见堂中走出道士、和尚各十五人，排作六行；另有两个怪物出现，各有二十一个洞眼，其中四眼闪动着红光。道士与和尚在怪物的指挥下或奔或

---

①　（清）顾炎武著，（清）黄汝成集释，秦克诚点校《日知录集释·日知录之余》卷二"围棋免官"条，岳麓书社 1994 年版，第 1204 页。

②　（元）辛文房《唐才子传》卷七"李远"条，黑龙江人民出版社 1986 年版，第 129 页。

③　（宋）王明清《挥麈录》附录"余话卷之一"，中华书局 1961 年版，第 270 页。

④　（唐）李肇《国史补》卷下曰："今之博戏，有长行最盛。……其法生于握槊，变于双陆。"上海古籍出版社 1979 年版，第 61 页。

走，分布四方，争相击博，聚散无常。凡当一人单行时，常被对方的人众击倒而离开。秀才非常奇怪，第二天在堂上寻找，结果从壁角中发现三十枚长行和一对骰子，才明白了原委。

唐传奇在题材方面继承了魏晋志怪小说的传统，将客观存在的物体加以幻化，各种物怪以人的形态表现出来，但物体幻化为人或其他有生命的事物之后仍然保持物体原有的形态特征，物怪的物性特征与表现出来的人的形态特征之间包含有修辞学意义上的审美意味。《巴邛人》把弈棋的场景置于橘中，并把下棋的老叟加以"神化"。《岑顺》把娱乐性的棋理"实化"为战场争战，使符号化的棋子"还原"为将军、兵马、士卒等各种角色。《宣室志》里说到怪物四眼红光闪动，是因为骰子四点为红色的缘故，而骰点"著绯"与唐玄宗有关。①作品借象棋、双陆等表现故事的传奇色彩，蕴含着更多的娱乐性。

其实，下棋最容易暴露真性情，能够达到"泰山崩于前而色不变，麋鹿兴于左而目不瞬"（苏洵：《权书·心术》）那种境界的人毕竟还是屈指可数。对于大多数棋迷来说，棋艺未必都很高明，但对棋如醉如痴，癖好之状，形形色色，不一而足。据《棋天洞览》记载："李杓直与人棋而败，乃窃数子咽之，寻问，乃鼓局大怼。"②令人感到新奇有趣，开心解颐。而《阅微草堂笔记》中有两则关于棋道士的逸闻：

棋道士不知其姓，以癖于象戏，故得此名。……棋至劣而好胜，终日丁丁然不休。对局者或倦求去，至长跪留之。尝有人指对局者一着，衔之次首，遂拜绿章，诅其速死。又一少年偶误一着，道士幸胜。少年欲改着，喧争不许。少年粗暴，起欲相殴，惟笑而却避曰："任君击折我肱，终不能谓我今日不胜也。"③

景城真武祠未圮时，中一道士酷好此，因共以"棋道士"呼之，其本姓名乃转隐。一日，从兄方洲入所居，见几上置一局，止三十一子，疑其外出，坐以相待。忽闻窗外喘息声。视之，乃二人四手相持，共夺一子，力竭并踣也。

被称为化外之人的道士，为了一个小小棋子竟然挥以老拳，真是痴迷得有趣而又可爱。这让纪昀也不禁莞尔："癖嗜乃至于此。"④

关于下象棋时棋迷夺子的情景在古代小说里亦时有发生。明浮白主人《笑林》里记载两棋迷门后夺车；《红楼梦》第二十四回也写到大观园的"焙茗、锄药两个小厮下象棋，为夺车正拌嘴"。而李汝珍《镜花缘》第七十四回"打双陆嘉言述前贤，下象棋谐语谈故事"中，崔小莺同秦小春对局象棋，崔小莺一招不慎，被秦小春用马后炮把车打了，崔小莺想悔棋，而秦小春不同意，两人为一车而不相让，此时紫芝又引出门后夺车的笑话：

紫芝道："二位姐姐且慢夺车，听我说个笑话：一人去找朋友，乃至到了朋友家里，只见桌上摆着一盘象棋，对面两个座儿，并不见人，这人不觉诧异，忽朝门后一望，谁知他那朋友同一位下棋的却在门后气喘嘘嘘夺车。"

———————————

① （五代）潘远《西墅纪谈》曰："骰子饰四以朱者，因玄宗与贵妃彩战，将北，唯重四可转败为胜。上掷而连呼叱之，骰子宛转良久，而成重四。上大悦，命将军高力士赐四绯。"见杨荫深《事物掌故丛谈》，上海书店出版社1986年版，第524页。

② （唐）冯贽《云仙杂记》卷四"窃咽棋子"，中华书局1985年版，第26页。

③ （清）纪昀《阅微草堂笔记》卷二十四《滦阳续录·六》，上海古籍出版社1980年版，第552页。

④ （清）纪昀《阅微草堂笔记》卷十一《槐西杂志·二》，上海古籍出版社1980年版，第279页。

一个小笑话缓和了场上的紧张局面，化解了双方的争论。而《二刻拍案惊奇》中写两个青年男女周国能与妙观通过较量棋艺，结成姻缘，故事情节富有喜剧意味，在这里棋类文化的娱乐功能表现得更为明显。

三、古代小说中棋戏描写的文学功能

古代小说中有着丰富多彩的棋戏描写，但小说不同于文化史、社会生活史，它不能仅仅对棋戏现象作直观的罗列，也不能只是把棋戏作为一种点缀和展览，而必须将它与小说的整体艺术构思结合起来，使之成为小说的一个有机成分，从而具有不可或缺的文学功能。

首先，作者将棋戏作为故事发展中必不可少的纽带，通过棋戏描写展开矛盾冲突，推动情节发展。《世说新语·尤悔》"曹丕设计害曹彰"一文中，曹丕忌惮曹彰受曹操宠爱，是他继承皇位的劲敌，故而起谋害之心。但因为曹彰是一员武将，"少善射御，膂力过人，手格猛兽"[1]，凭借武力难以除掉，于是曹丕邀曹彰下棋，转移曹彰的注意力，然后让其食用事先放入毒素的枣，最终中毒而死。如果没有下棋之事，就无法引曹彰前来，无法施展曹丕的阴谋，也就无法展开矛盾冲突，也就不会发生曹彰被毒死的结果，在这里，围棋发挥了它的纽带作用。

武则天执政以后，废中宗为庐陵王，先后贬于均州、房州，而欲立其侄武三思为储君，虽遭到宰相狄仁杰等大臣的坚决反对，却未能改变武后的初衷。如何才能解决这一矛盾冲突？宋话本《梁公九谏》"第六谏"载：

> 则天睡至三更，又得一梦，梦与大罗天女对手着棋，局中有子旋被打将，频输天女，忽然惊觉。来日受朝问诸大臣其梦如何？狄相奏曰："臣圆此梦于国不祥。陛下梦与大罗天女对手着棋，局中有子旋被打将，频输天女。盖谓局中有子不得其位，旋被打将，失其所主。今太子庐陵王贬房州千里，是谓局中有子不得其位，遂感此梦，臣愿东宫之位速主庐陵王为储君，若立武三思终当不得。"

正是梦中打双陆的力量推动了故事的发展，武则天在狄仁杰的劝阻下最终放弃了初衷，重立庐陵王为储君。

《红楼梦》中有多处写到棋戏。如第二十回中，贾环去薛姨妈那里，与宝钗、香菱、莺儿四人赶围棋作耍，输了耍赖，宝钗为他掩饰，莺儿却不服，说贾环不如宝玉，游戏娱乐引发了矛盾冲突。宝钗连忙劝解，贾环却觉得众人对他与宝玉之间不公而哭闹，被赶来的宝玉劝回了家：

> 赵姨娘见他这般，因问："又是那里垫了踹窝来了？"一问不答，再问时，贾环便说："同宝姐姐顽的，莺儿欺负我，赖我的钱，宝玉哥哥撵我来了。"赵姨娘啐道："谁叫你上高台盘去了？下流没脸的东西！那里顽不得？谁叫你跑了去讨没意思！"

恰被凤姐儿听见又训斥了贾环一通，更加引发了赵姨娘对宝玉和凤姐的忌恨，进一

---

① （西晋）陈寿著，（南朝·宋）裴松之注《三国志》卷十九《魏书·任城陈萧王传》，中华书局1982年版，第555页。

步恶化了双方关系，这场顽棋为后文的矛盾冲突埋下了伏笔。

最典型的例子还是明代拟话本小说集《二刻拍案惊奇》卷二中的《小道士一着饶天下，女棋童两局注终身》。小说围绕周国能的围棋生涯展开。蔡州神童周国能自小喜欢下围棋，至十五六岁，"棋名已著一乡"。他在比赛中智高一筹，出奇制胜。年长后一心想觅个棋艺相当的棋坛女高手为偶，于是他一副道童打扮，自称"小道人"，离家来到京城与人对局，无人能出其右。眼见中原无敌手，便产生了"与中国吐一口气，博它一个远乡异域的高名，传之不朽"的想法，在燕京看到辽国的第一围棋高手妙观天生丽质，娇艳美貌，决心只在"这几个黑白子上，定要赚她到手"。周国能能够由家乡来到京师乃至辽国，一切举动皆为围棋使然，而他想娶妙观为妻也是因为妙观是一位围棋高手，符合他的择偶标准。正是围棋推动着小说的故事情节逐步展开。

而接下来的矛盾冲突也是因围棋而起。周国能在妙观的对门挂牌，用"奉饶天下最高手一先"的激将法，公开挑战。矛盾冲突就此产生。妙观不敢贸然应战，使高徒试探，在被让三子的情况下才战平。妙观得知其棋艺"高得紧"，怯场罢战。而好事的胡大郎设置二百贯利物，硬要二人比试。矛盾开始加剧。妙观派人私下请让，周即说明访棋求偶之意，妙观含糊应之。赛时周故意输与半子，然妙观赛后食言，不愿以身相许，矛盾进一步升级。后罕察王府诸王设赌棋之会，周又当众重申前说，得到王爷支持，因连胜二局，妙观仍不允诺，周告到官府，矛盾达到白热化。后在幽州路总管泰不华撮合下，由众亲王保媒，二人缔结姻缘。

小说的情节重点是周国能与妙观的两次对局，作者在此之前，一直借用围棋这个纽带，层层铺垫。他叙述辽国的棋况，引出女主人公妙观的出场，借周国能的观棋暗中进行棋艺的较量；妙观让张生和周国能对局，探听虚实，老嬷居中传话，达成默契……在情节的步步推进中，造成一种"山雨欲来风满楼"的气氛。最后在两次对局中使矛盾冲突达到高潮，整个故事一波三折，引人入胜。

其次，作者借助棋戏描写来表现人物的性格和命运，在对棋类文化的审美观照中完成人物形象的塑造。如《世说新语·尤悔》中，曹丕借下围棋之际，用毒枣害死曹彰，并且将汲水用的井罐毁掉，使得太后无法打水解救，最终任城王"暴薨"，典型地刻画出了曹丕阴险狠毒的本性。在唐传奇杜光庭《虬髯客传》中，李世民与虬髯客两人在棋盘上摆开战场，以棋赌天下。虬髯客的"老虬四子占四方！"企图称霸四方的雄心显露无遗，突出了这位草莽英雄的率真本性。而李世民的"小生一子定乾坤！"暗示出自己想要安定天下的壮志，显示出这位未来君王的宏大气魄与非凡才智。又如《三国演义》第七十五回，关羽手臂被毒箭射中，名医华佗要为其刮骨疗毒，当时关羽与马良对弈，谈笑风生，尽管华佗刮骨时，"悉悉有声"，关羽"臂血流离，盈于盘器"，使"帐上帐下见者，皆掩面失色"，可是关羽却依旧"谈笑弈棋"，"全无痛苦之色"。围棋竟起了麻醉剂的作用，消减了手术时的痛苦。但这段文字主要还是通过下棋表现关羽超乎众人的英雄本色。

《金瓶梅词话》中描写下棋最完整、最全面的一段在第五十四回，白来创、常时节、应伯爵等人到西门庆家吃白食，恰逢主人不在，他们在家里坐等，白来创要与常时节赌棋。常时节水平略高些，但白来创极会反悔。后来白来创一块棋子渐渐输掉了，果然又要反悔：

一手才撤去常时节的子,说道:"差了差了,不要这着。"常时节道:"哥子来,不好了。"伯爵奔出来道:"怎的闹起来?"常时节道:"他下了棋,差了三四着,后又重待拆起来,不算账。哥做个明府,那里有这等率性的事。"白来创面色都红了,太阳里都是青筋绽起了,满面涎唾的嚷道:"我也还不会下,他又扑的一着了。我正待重看个分明。他又把手来影来影去,混账的眼花缭乱了。那一着方才着下,手也不曾放。"又道:"我悔了?你断一断,怎的说我不是?"伯爵道:"这一着便将就着了,也不叫悔,下次再莫待恁的了。"常时节道:"便罢,且容你悔了这着,后边再不许你白来创我的子了。"白来创笑道:"你是常时节输惯的,到来说我。"

这时谢希大与吴典恩两人也在旁以一杯酒赌胜负:

常时节道:"看看区区叨胜了。"白来创脸都红了,道:"难道这把扇子是送你的了。"常时节道:"也差不多。"于是填完了官着,就数起来。白来创丢了五块棋头,常时节只得两块,白来创又该找还常时节三个棋子,口里道:"输在这三着了。"连忙数自家棋子,输了五个子。希大道:"可是我决着了。"指着吴典恩道:"记你一杯酒,行会准要吃还我。"吴典恩笑而不答。伯爵就把扇子并厚稍汗巾送与常时节。

这段文字描写常时节与白来创下棋,不仅写了对弈者,而且写了观弈者,写了从下赌到局终多位参与者的心理活动和表情变化,惟妙惟肖、生动形象地刻画出了一群整日想着从西门庆那里捞些油水的帮闲,庸俗卑劣、"帮嫖贴食"、坑蒙拐骗、无所不及的无耻丑恶形象。

清朝乾嘉时期民间象棋活动盛行,它的一个重要标志就是象棋迷大量涌现,这些人的棋艺未必都很高明,但对象棋如醉如痴,癖好之状,形形色色,不一而足。如纪昀《阅微草堂笔记》中所记述的棋道士,"棋至劣而至好胜,终日丁丁然不休"。假如有人时间长了想离开,他就跪下让人留下来。如果有人帮助对局者支招的话,他便"衔之次首,遂拜绿章,诅其速死"。甚至为了一子与人由屋内争执到窗外。短短故事,便使棋道士好弈的痴迷形象跃然纸上,令人捧腹绝倒。

再者,作者借用棋戏渲染小说的环境气氛,为人物活动创造富有时代特色的典型环境。任昉《述异记》记述了晋时樵子王质"烂柯"的传说,仙界一日,人间千年。魏晋时期是玄思的时代,受佛道思想影响,人们感到生命苦短,人生到底应该何去何从?《庄子·内篇·逍遥游》曰:"小知不及大知,小年不及大年。"庄子看到了人的有限和不自由,但也无可奈何,只能在有限的生命里尽量逍遥自由,追求一种事实上无法企及的境界。沿庄子以来,尤其是到魏晋时期,文人们不断探索生命和宇宙万物的奥秘,思索生命的价值和意义,想要极力把握住时间的足迹和生命的真实。小说借围棋创造出那个时期独有的环境氛围。

而魏晋时期的名士更是悟出了围棋的修身养性之理趣。《世说新语》中,谢安闻淝水大战捷报,不动声色,继续与人对弈;顾雍下围棋时得知儿子夭折,"虽神色不变,而心了其故。以爪掐掌,血流沾褥";裴遐被拽坠地,而"还坐,举止如常,颜色不变",等等,都反映出了那个时代名士所追求的风度雅量。相比之下,阮籍在母终之时留人下棋,继而"饮酒三斗,举号一声,呕血数升,废顿久之";王坦之在守丧期间,公然与客人下围棋,都是对当时司马氏政权的一种变相反抗，从一个侧面折射出当时险恶复杂的社会背景。

《金瓶梅词话》中多处写到棋戏。如说西门庆"双陆象棋，无不通晓"，应伯爵"双陆棋子，件件皆通"，陈经济"双陆象棋，无所不通"。即使小说中的女性也经常以此为乐，如王三官儿娘儿"双陆棋子都会"，潘金莲"双陆象棋皆通"，孟玉楼"双陆棋子不消说"，第十九回中吴月娘"走在一个最高亭子上，名唤卧云亭，和孟玉楼、李娇儿下棋"，第二十三回说"午间，孟玉楼、潘金莲都在李瓶儿房里下棋"，第四十四回写李瓶儿"和吴银儿两个灯下放炕桌儿，摆下黑白棋子，对坐下象棋儿"；就连丫鬟们也通此道，如第十二回："只见春梅抱着汤瓶，秋菊烹了两盏茶来，吃罢茶，两个放桌儿，摆下棋子盘儿下棋。"这些情节反映了晚明时期富商家庭的社会生活，以及整个社会在资本主义萌芽的冲击下人们生活欲求的变化。

而且，小说家还借棋戏的描写对社会加以反思和审视，蕴涵着作者强烈的道德评判和文化批判意识，体现出作者的价值取向。在《红楼梦》中，贾府中的公子哥儿和千金小姐，无不爱下围棋，连貌似道学先生的贾政也常与棋客饮酒对弈，反映出贾家的高雅的生活趣味，这与他们的高贵地位也相符合。在贾府的许多女子中，看破红尘的妙玉和惜春，在空门中以围棋消磨青春，将人物与环境紧密结合起来，预示出两人的悲惨命运。而且，《红楼梦》中的游戏活动，在前八十回描写多而细，但后四十回写到的游戏活动仅有围棋、双陆、博戏三种，其精彩程度远逊于前八十回。有些人认为这是由于前八十回与后四十回的作者并非同一人的文笔所致。但更重要的还是在于前八十回写贾家之盛，有钱有闲，以娱乐活动丰富他们的生活，点缀他们富贵豪华的景象。后四十回写贾家的衰败，大厦将倾，油枯灯灭，风流云散，无兴取乐，因此，后四十回游戏活动大减是一种必然，正同前八十回的"盛""热"形成一个巨大的落差，造成一种强烈对照的效果。

《聊斋志异》中《棋鬼》一篇，写书生（棋鬼）与客对弈，"局终而负，神情懊热，若不自已。又着，又负，益惭愤。酌之以酒，亦不饮，惟曳客弈。自晨至于日昃，不遑溲溺。方以一子争路，两互喋聒。"作者并不仅仅是以此博君一笑，而是有其寓意，棋鬼"癖嗜弈，产荡尽"，"以嗜弈而促寿，复以贪弈而忘生"，"癖之误人也如是夫！"但明伦又加以引申："窃以为天下事皆不可癖，癖者必愚，而其业终不能精。学问之道亦然。每见嗜古之士，皓首穷经，物而不化，而于经济心性，懵然无觉，且有并世故而不知者，至于矻矻以死，而不自知其一无所得，亦可哀矣。"[①]充满谐趣的语言中带有强烈的劝诫教育意味。

综而观之，小说中的棋戏描写生动形象地反映了古代社会的生活面貌与时代风尚，为我们展现出了娱乐活动丰富的文化内涵。不仅使作品增添了盎然的情趣，拓展了小说的审美畛域，并且成为作品的有机组成部分，呈现出其独具的艺术魅力。

---

① （清）蒲松龄著，张友鹤辑校《聊斋志异》（会校会注会评本），上海古籍出版社1986年版，第534页。

20 世纪初海派京剧中的女性与新价值体系的暗涌

倪　君*

摘　要: 20 世纪初海派京剧中一个非常重要的现象就是女性与性别意义,这既关涉海派京剧的商业特性,又反映了社会转型期新价值体系的涌动。通过解读剧名和部分戏剧期刊上登载的女伶轶闻,以及剧作本身建构的侠女和妓女形象,试图指出性别表达中"女性"能指的丰富而复杂的社会文化意味,同时透视近代中国社会转型期作为现代大众文化之重要形态的启蒙、商业和娱乐的多元特征。

关键词: 海派京剧;商业文化;女性;性别表达;多元特征

上海自 1843 年开埠后,逐渐从农业文明向工商文明的现代城市转型,但是,上海的现代化是以列强自身的现代化需求——进行海外侵略和商品、资本输出为前提的,是被强加的现代化。被强加包含两个层面的内容:一是列强在殖民上海的过程中主动或被动带来的示范效应,刺激、推动上海向现代社会转型;二是被强加者在其生存环境改变时,也会被动认同并仿效所示范的现代文明。农耕经济的放逐、商业机制的运行、法制观念的普及、新价值观的传播无形中改变着人们的思维方式和审美趋向。这种被强加带来的被动转变,使上海逐步成为西方工商文明类型的现代都市。现代都市为新兴娱乐业提供了生存土壤——商业物质基础、市民观众来源和现代文化语境。由此,新兴的商业文化逐渐兴盛起来,海派京剧作为在现代工业文明和商业文化浸淫下诞生的新艺术样式,以新兴的市民阶层为主要受众,必然与大众、商业、现代有着天然的联系。

京剧的"根城"在北京,但京剧最大的演出市场却在上海。自 1867 年京剧第一次来沪始,上海京剧即处于商业市场的一环,为了提高商业竞争力,在上海的京剧不断进行着海化历程:表现手法上,海派京剧融入多种表演形式,真刀真枪真马上台,场面火爆;演出场所上,戏园向剧场转型,随着 1908 年新舞台的创办,新式舞台次第涌现,旧式方台改为半月形镜框式舞台,旧式茶桌包厢变为阶梯式长椅座位;舞台美术上,在新式舞台的带动下,机关、灯关、硬片、实景等布景大兴其潮,各种噱头炫彩夺目;剧名题材上,拓展出时事戏、西方戏、新历史戏等全新剧名内容。这些变革甚合沪人口味,以致"肩摩毂击,户限为穿,后至者俱以闭门羹相待"[①]。但是,若仅以新式剧场、新颖手法和新剧名——这些现代性文化形式作为海派京剧吸引市民走进剧场的动力,则明显忽略了海派京剧作为现代大众文化重要形态的内涵特性和社会表达功能。

---

*　倪君,文学博士,湖州师范学院人文学院讲师,主要从事文艺学、美学、艺术学理论研究。本文为湖州师范学院人文社科预研究项目"生态美学视域下的越剧研究"(2020SKYY12)的阶段性成果。

①　玄都《申报·自由谈》1913 年 3 月 13 日。

一、女性性征展演——剧名女性化及报刊女伶

海派京剧作为现代大众文化的内涵特性和社会表达功能，最鲜明的体现之一就是女性性征在剧名、剧作、报刊宣传物上的展演。在 20 世纪初的海派京剧中，女性化的剧目明显增多。这些剧目或直接以女性字眼为剧名，或呈现女性主题，或关涉女性生活，具体为：一是直接含"女""姑娘""女士""佳人""夫人""美人"等字眼的剧目，如《北国佳人》《女君子》《烈女传》《惠兴女士》《女侠红蝴蝶》《荒江女侠》《华伦夫人之职业》等，在女性化的剧目中，此类剧目占绝大多数；二是剧名中虽然没有直接出现女性化的字眼，但以女性姓名为目，或一看就知道与女性有关，如《新茶花》《冯小青》《沉香床》《林黛玉大闹嘉兴府》《红梅阁》《玫瑰花》等；三是像《才子佳人》《杨乃武与小白菜》《儿女英雄传》《黄慧如与陆根荣》类，剧名中含男女双方或只含男性但内容重点在女性或男女关系上；四是剧名中无明显的女性特征，但内容涉及女性群体和生活，甚至以女性性征为卖点的，如《嫖界现形记》《孽海情史》《济公活佛》《封神榜》等。

值得注意的是，部分剧目在上演后，原剧名被改成偏女性化的剧名，如《背凳》后来被改为《怕老婆》，《错中错》改为《难鸳鸯》，《三上轿》改为《烈妇殉夫》，《万里寻夫》改为《孟姜女》，《万花船》改为《女状元》，《玉玲珑》改为《妓女杀贼》，《思凡》改为《小尼姑下山》……根据 20 世纪初《申报》所刊各上海戏园剧目告白，女性化剧目比比皆是：据不完全统计，1914 年到 1915 年，上海舞台共排连台本戏新戏 17 部，分别为《杨贵妃》《改良杀子报》《情天魔战》《双金花》《义侠缘》《三笑》《庵堂相会》《侠情眷属》《珍珠帕》《刘凤英》《沉香床》《玉燕缘》《何文秀》《宏碧缘》《御猫》《情海沉冤》《冥面美人》。其中剧名与女性有关的剧作就有 12 部，占 71%；新舞台在 1909 年编排新戏 47 部①，其中有 24 部剧名与女性有关，占 53%。女性化、性别化的剧目无疑凸显了海派京剧对女性的关注，这些女性角色，不论是妓女、侠女、妖女，还是家庭妇女、未婚情女，只要在舞台上出现，就因其女性化的身体美成为观众目光的聚焦之处。而在编剧及宣传者那里，女性化内容也是他们极其关注的承载市场期待的重要载体。

海派京剧是在市场化的商业环境中孕育生长起来的，为了在商业竞争中获得优势地位，海派京剧充分利用现代出版和摄影、唱片等大众传媒网络，在当时的各类期刊杂志上刊登戏曲广告，使得其女性及性别传播的范围和自由度极大增强。晚清上海有关京剧的报刊有《申报》《新闻报》《瀛寰琐记》《同文沪报》《寓言报》《笑林报》《图画日报》《文娱报》《女报》《时事新报》《戏剧月刊》等约 55 种②报刊，作为近代中国最有影响的报纸《申报》登载了大量京剧演出广告、京剧评论文章和京剧改良理论等。与剧名的女性化密切相关，《申报》中对乾旦坤旦、女子戏班、女伶表演、女性戏甚至女伶私生活都有过详细报道及评

---

① 根据 1909 年新舞台在《申报》刊登广告中含"新编"或"改良新戏"的剧名告白为准。

② 55 种包括 31 种报纸和 24 种期刊，这个数字是在查阅上海图书馆现馆藏晚清上海报刊的基础上，参考了李九华的《晚清文艺期刊与小说传播》、洪煜的《近代上海小报与市民文化研究》、李楠的《晚清民国时期的上海小报研究》、孟兆臣的《中国近代小报史》、徐幸捷与蔡世成的《上海京剧志》、阿英的《晚清文艺报刊述略》、傅晓航与张秀莲的《中国近代戏曲论著总目》《中国近代期刊篇目汇录》《上海图书馆馆藏中文报纸目录（1862—1949）》《中国文学大辞典》等论著和工具书的相关内容。

论,民国后,更是以剧作中女性化的内容吸引读者的眼球。如《林黛玉逃难》,该剧以"北京新闻、上海名妓"为号召的,广告词为:

新排现时新戏。……自从该妓从良以至下堂赴津、遇匪逃难,种种情节,使当局者见之无感悟而悲慨也……①

林黛玉为19世纪90年代上海华界"四大金刚"②之首。《林黛玉逃难》的创作动机显然是借昔日名妓为号召,让人们重新记起19世纪90年代"林黛玉"这个花名所代表的种种风光事体,再以"逃难"暗示"美人落难"所可能出现的狼狈样貌与面对的不堪境遇,从而引发大众观赏兴趣。

《申报》1914年刊有"女伶不认未婚夫"③一文,讲述女伶刘桂林不满未婚夫陈梅轩阻止其唱戏行为,不认双方家长前期订立的口头婚约,致引发争斗报案一事。《申报》根据该案日刊一文,18日的报道是:"无赖陈梅轩前日纠同俞伯金、虞菊生等至妙舞台,托称幼时与女伶刘桂林缔婚,竟入后台调谑并毁去什物。当即鸣警,一并拘至第一区警察署讯判。交保赔偿损失在案。兹悉俞虞二人已经央人保出。惟陈须传到伊母某氏给予领回管束,以后不许再向刘伶滋扰。"④女伶的个人情事经报刊宣传,已成公共事体。林黛玉、刘桂林虽为女伶,但其本身不仅是娱乐、消遣的符号,还是公众判断标准的展现媒介。林黛玉遭遇逃难之尴尬,观众乐于观赏名妓的不堪、狼狈,其实就是对名贵坠入凡俗——阶层平等、众生公平价值观的认同。至于刘案中,公众显然是站在女伶一方,判断陈梅轩为"无赖",并支持严惩陈、俞、虞三人。评文中未对女伶悔婚约含半点不满,甚至带怂恿女伶自主婚姻和生活的感情倾向。这些因素都在撩拨着观众的视觉神经,吸引着观众源源不断地涌向戏园。

在市场的促动下,一批女戏园开办并迅速进入公众视野。1894年上海第一家京剧女戏园美仙茶园开办,随后群仙、云仙、玉仙、霓仙等女戏园相继开办。女戏园较男戏园票价更低、女性真实感更强,更能得到目的愉悦,"一群少女上氍毹,恍在神仙府里居。且喜有声兼有色,登场足极视听娱"⑤。女伶把一种"活女人"的真实风韵艺术性地展现于舞台,强烈地吸引着观众的目光,成为市场的香馍馍,一度超越男伶市场,"海上繁华莫与论,男儿不及女儿身。群仙有个翁梅倩,坤角须生第一人"⑥。女性步入京剧舞台,扮演各种角色,以公开演出向晚清严禁女性演戏的律令发出挑战。而女演员在扮演女性角色时天然的身体优势、特有的女性姿态无疑给观众新的审美享受,这些作为极好的娱乐品时时吸引着大众入园。

女性剧名及女伶群体在戏剧期刊里、在舞台表演上绝不仅仅是供公众在日常生活中

① 参见《新闻报》微卷1901年3月14日。
② "四大金刚"另外三位是陆兰芬、金小宝、张书玉。"四大金刚"其实是晚清著名文人李伯元创作出来的名称,当时这四位名妓喜欢坐在新兴游乐场所"张园"茶座入门处,李氏喻之为佛前镇守山门的"四大金刚",因成是说。四女引领风骚,一举一动都受瞩目,在1890年度的上海娱乐界可谓无人不知。
③ 参见《申报》1914年6月16日。
④ 参见《申报》1914年6月18日。
⑤ 叶仲钧《上海鳞爪竹枝词》,顾炳权编著《上海洋场竹枝词》,上海书店出版社1996年版,第304页。
⑥ 参见《梨园杂咏》,《戏杂志》第3号,1922年7月。

娱乐、消遣的,她们还具有非常严肃的教育启蒙意味。晚清到民初,国势日蹙,救亡图存的民族主义成为中国政治文化的主流话语,报纸杂志上满载"新女性""新女界"论述,为"匹夫匹妇耳目所感触易入"的海派京剧为适应变革需要,更是自觉进入到启蒙运动中来。当时的戏剧期刊《20世纪大舞台》在第二期"告女优"中就对京剧女演员发出参与社会变革的呼声:"愿你姊妹们快快儿做个预备,把那些《瓜种兰因》《玫瑰花》《缕金箱》《桃花扇》照着他一出一出的演唱出来,这是真真了不得哩。"①当然,20世纪初的女伶们亦没有辜负期望,积极参与各种义务戏演出,筹赈募捐(表1)。

表1　1909—1911年上海女伶演戏助赈简表②

时间	参与者	赈济对象
1909年7月	由繁华报馆、嬛杂志社发起,约女伶名妓和丹凤茶园诸伶妓	甘肃旱灾
1909年7月	丹凤园主和诸伶	甘肃旱灾
1909年7月	女伶名妓、丹凤园主	甘肃旱灾
1911年4月	群仙女优林黛玉、三马路雪印轩	江皖灾事
1911年12月	北伐联合会邀艺员夏月珊、三麻子及女伶王三宝和各园著名女伶合班会串	拨充北伐之用

参加赈灾义演以及筹措捐款体现了女伶强烈的社会责任感,凸显了她们在社会生活中所扮演的积极角色。通过出演义务戏,女伶树立了良好的社会形象,并向外界证明了女伶职业的合理性和女性担当救国大任的重要性。

女性化剧作表达启蒙意图的更是数不胜数。《玫瑰花》"以冀唤醒国人之睡梦,开化愚民之智识。……所述者虽为一村之事,而于自治规模、自强法则及优胜劣败之公理,无不一一备具。他若为奴之惨状、暗杀之功效、义士之愤激、侠女之智勇无不描写,以小推大,阅者自能领悟。戏剧改良于社会上之影响极大,然则此种新戏之出现,实中国前途之幸福。届时务乞诸君会临赏鉴为盼。"③

《玫瑰花》最引人注目的点在于设定女性——女主玫瑰花分担救国责任。玫瑰花不仅"知书识字,性极慈爱"④,且胆识超群,和男子共同担当大任。玫瑰花的行动就是编者对大众发出"扶倾危之时局,挽既倒之狂澜,责任所在,万死不辞"⑤的爱国呼吁。当女侠秋瑾赴死后,海派京剧舞台很快排演:"时事新戏女英雄秋瑾——本舞台特烦全部艺员排演秋瑾女英雄新戏,其中关节自女士自述志愿学堂演说起,至贵福至兵捕提杀织受刑、吴女士追悼、西湖吊墓止。"⑥其他如冯子和所编的女性剧《血泪碑》《惠兴女士》等,皆"隐隐

————————

①　傅谨主编《京剧历史文献汇编》(汇编八),凤凰出版社2011年版,第664页。
②　表格根据1909—1911年《申报》戏曲资料整理。
③　参见《新闻报》1904年9月9日。
④　参见《中国白话报》1903年第1期,第51页。
⑤　北京市艺术研究所,上海艺术研究院《中国京剧史》(上卷),中国戏剧出版社1990年版,第504页。
⑥　参见《申报》1912年7月13日。

以改良社会教育为己任"①；《石头人招亲》表对"父母之命，媒妁之言"的封建婚姻模式的批评；《华伦夫人之职业》颂女性在现代社会中的独立价值；《新茶花》倡女性以性别力量实践爱国热情。

吊诡的是，启蒙是种理性、是教条式的规范，属于发起者参与社会现实的强烈责任意识的体现。而现代大众文化是商品性的娱乐品，是大众个体享受的消遣品。启蒙和娱乐这两者在功能上是相悖的。但是，这两者在 20 世纪初的海派京剧中确实客观存在。20 世纪初的上海，戏曲成为大众化的艺术事业，商业利益成为戏曲表演首要追逐的目标，因此，教条式的启蒙不可能完全成为戏曲演出结构的元素，否则将趋于僵化。女演员、新女性形象、女性化剧作，都是为了吸收更多观众而增加的商业元素。女性剧作、女伶群体的娱乐消遣和启蒙教育，其实不仅仅是一种表演模式，更是一种新的风格，也是种实验性质的尝试——启蒙进入消费领域，成了消费对象。在这个原则下，启蒙蜕变为高级的包装、一种特殊时代建构下的标语，并建立在创造新颖的概念上，如"烈女自强新戏"②"文明新戏"③就是当时很好的标题，"文明""自强"成了最流行的消费商标。启蒙与商品的融合，使启蒙成了一种另类、特殊时代的商业包装。在 20 世纪初的海派京剧中，娱乐与启蒙的结合，精英、政治与大众、生活不可思议的融合，就成为一个 20 世纪初上海商业文化中非常有趣的议题。

众多戏院舞台、戏剧期刊、报纸，城市各处张贴的戏剧海报和宣传画，戏剧评论、新戏预告、伶人轶闻等，共同建立起一种有效的媒介环境，使海派京剧中的女性（女性角色及女演员）由戏剧舞台进入日常生活，影响着大众的日常情感和审美心理。这些女性化的剧目、女性主题的剧作、女性性征的卖点，促发观众无限的观看欲望，而"被展示的女人在两个层次上起作用：作为银幕故事中的人物的色情对象，以及作为观众厅内的观众的色情对象"④，而具有"观看癖本能"的当然也包括女性观众，剧作中的男性和女性、女性本身、男女关系也同样在吸引着众多女性。当女性观众作为女人自身在观看、享受女性图像或女性行为时，被观看的女性对于观看的女性来说，不仅仅是一种审美对象，还是一种模仿对象。舞台上、报纸杂志上所展示的女性为女性大众提供了虚幻的模仿对象，女演员的各种实践活动（募捐筹款义演、时尚装扮、高调出行等）则提供了日常的、真实的模仿对象。《点石斋画报》中的《不甘雌伏》篇记载了一个名叫王云仙的女伶，不仅着男装，梳男发，更与人在酒店中豪气饮酒划拳。⑤ 女伶开始颠覆衣服的性别符号，公开向封建禁令挑战，意欲超越性别藩篱，获得两性平等。这些女伶毫无忌惮地"窃用"男扮，在生活上为女性大众提供了可供模仿的新审美、新思想观念、思维方式。作为一种大众文化，海派京剧中的女性（女性角色、女演员）正逐步进入日常生活，并覆盖大众生活的各个面向，成为或潜在地或公开地操控社会性别意义的有效机制。

---

① 庞树松《冯春航传》，《南社丛刻》第八集《文录》，江苏广陵古籍刻印社 1996 年版，第 134～136 页。

② 参见《申报》1907 年 1 月 19 日丹桂茶园新戏《惠兴女士》广告词。

③ 参见《申报》1909 年 6 月 13 日新舞台新戏《二十世纪新茶花》广告词。

④ 〔美〕劳拉·穆尔维《视觉快感与叙事性电影》，参见李恒基、杨远婴主编《外国电影理论文选》，上海文艺出版社 1995 年版，第 567～574 页。

⑤ 见吴友如等绘《点石斋画报·大可堂版第 6 册》，上海画报出版社 2001 年版，第 229 页。

二、侠女——传统、现代、商业的多重意味

20世纪初的海派京剧舞台上，出现了大量以女豪杰、女侠、女烈士、女君子等为主题或卖点的剧名，如女界英雄、烈女传、玫瑰花、女侠红蝴蝶、荒江女侠等。这些剧作女主皆具正义刚烈的侠女之风，统作"侠女"之列。在这类剧作中，《宏碧缘》常被戏曲研究者提起，其单出剧作《扬州擂》《刺巴杰》《嘉兴府》《巴骆和》也常见于上海剧场，但单出剧皆以骆宏勋或其男性友人为主角。直到1915年才确定花碧莲的主角身份，但整剧依然以男性为重点。真正以女侠为主角且倍受市场热捧的是《女侠红蝴蝶》《火烧红莲寺》和《荒江女侠》（三部剧皆为连台本戏，分别是26本、34本和8本），其中，《女侠红蝴蝶》年代最早，该剧于1916年在上海丹桂第一台首演时，即刊登广告：

> 侠女红蝴蝶是前清吉林实事……奥妙非常，忠义节侠，无不兼全。①

《女侠红蝴蝶》后续广告也一再标榜"前清吉林实事"，且情节"奥妙非常"②。半个月后，剧场更是着力宣传真刀真枪、水战和机关布景。《女侠红蝴蝶》的魅力除了形式新颖外，还在于传统与现代结合的内容上。根据当时报纸所载，该剧剧情大要为：

> 前清吉林瓦子峪有剧盗赵大刚，混名盖天红者，专强抢放火，有妹红蝴蝶姿色艳丽，其武功胜过乃兄，专打弹弓，百发百中，但鄙其兄之行为。一日盖函索刘富户巨款，刘所用镖师不允，约盖翌日比武，镖师败，抢刘公子归家索赎，红蝴蝶见之，念刘系富子单丁，竟私放，保之出峪，是遇盖归，一言不合，盖被妹伤指，盖恨言此仇必报。刘公子归见父母，述红蝴蝶救命之恩，必娶为妻，刘公恐前配孙氏不允，以情商之，幸孙女深明大义，与红蝴蝶面谈投机，即日二女同完花烛，红蝴蝶以礼先让孙女洞房，不意夜半刘公子见一大汉杀孙女越墙而逃，诘朝孙家诬红蝴蝶因妒杀女，竟成冤狱，二本中孙公子探监，申明其冤，捉住盖天红等，曲折甚多，容后再布。③

从剧情大要看，一二本《红蝴蝶》中主要涉及三个人物——盖天红、红蝴蝶、刘公子。红蝴蝶对刘公子有救命之恩，刘公子则"必娶为妻"，这依旧是侠女爱上多金男、"报恩许身"、礼让先来之序的传统叙事路线。随着后续剧情发展，传统叙事旧套已被推到后景，代之是红蝴蝶（赵凌茹）的"计探""大怒""领众破贼""带兵将"，以及种种险象环生的离奇之事，目的无外乎突出女侠的智慧、勇敢、道义。在这些情节中，女侠总能化险为夷、打败力大无穷的莽汉，种种恶势力也被女侠的英勇智谋毁灭，通过武功上的公平竞争，女侠屡屡以能力获胜。其实，红蝴蝶在出场时就武功高强——"胜乃兄""百发百中"，她不依靠家长和社会权力机制保护、独行独断。面对兄长的非道义行为直接"鄙"之，完全无视家长（其兄）权威，放走人质后还私嫁人质。这些都颠覆了传统柔顺软弱的女性形象，展现出与传统背道而驰的叛逆、刚烈、个性的现代女性形象。

女侠在面对各种恶势力侵袭时，展现出的是一个不屈服的强者形象。面对权力机构

---

① 参见《申报》1916年8月6日。
② 参见《申报》1916年8月6日。
③ 参见《申报》1916年8月3日。

的压制,她始终没有臣服,并最终以女性柔弱之躯胜男性强健之体——以武功和智慧取胜。这种叙事套路还体现在《玫瑰花》《秋瑾》《女君子》《火烧红莲寺》《荒江女侠》等当时深受欢迎的女侠剧作中。颂扬武功和智慧,就是颂扬个人能力。对能力的推崇、对竞争的鼓励、对出身背景和性别的漠视,这点已暗含对封建王朝统治下所建构的王权意识、权力机制的抛弃,这种意识特别符合现代商业经济社会所建构的商业文化的编码机制。

红蝴蝶类女侠形象的出现及其在舞台上的大展身手,无疑迎合了当时社会女性力量的崛起、女性诉求独立人格的时代潮流。但与此同时,传统价值观一直顽固根植在《红蝴蝶》的血脉里、伸展到该剧的支脉中。首先,虽然女侠和男侠一样秉公仗义,持剑走江湖,武力高强,女侠在实践着与男性类同的行为,并在与男子类似的空间进行自我实现。但性别界线并未泯灭,从剧情大要来看,红蝴蝶对刘公子有救命之恩,刘公子则"必娶为妻"。于是,富家公子成了红蝴蝶的男伴。这依旧是侠女爱上多金男、"报恩许身"的传统叙事套路。因公子有原聘,红蝴蝶便依礼让先来之序,由原聘女子先行洞房,这是旧有妇德的翻版。根据后续剧情,红蝴蝶在遭遇危难时常须仰赖男主刘公子男性之力方能脱身。结合同时期的其他侠女剧作,如《玫瑰花》《宏碧缘》《火烧红莲寺》《荒江女侠》等,随着剧情发展,这些剧作中的女侠都在关键时刻寻求男性救援方能成事。在这里,女性只在男性暂时缺席时代替男性角色来行侠仗义、展现拟男得来的力量,但女性终究需要男性帮助、回归男性主权世界,性别界限并未泯灭。

其次,男权价值观依然存在。这可从两点来看:一是演员方面,这个时间段海派京剧舞台上的女侠很多,从玫瑰花、秋瑾到红蝴蝶、红姑[1]、方玉琴[2],这些叛逆而前卫的女侠,她们的扮演者,却无一例外都是男演员。在这点上,戏剧界对女子演戏,尤其演主角还是持有顾虑态度的,社会认为女子艺术资质不如男的成见依旧普遍存在,很难摒弃。舞台上所展示的"新女性"其实是男性独霸天下的局面。二是内容方面,红蝴蝶在头二本虽嫁为人妇,但只完成拜堂,不曾洞房,此后两人始终处于分离状态,实际上可视作未婚。结合同时期的其他侠女来看,她们都以未婚身份行走江湖,都是贞女,且武艺的重要功能之一就是保全自己的贞节。在剧情发展中,女侠也一直努力保持处女身份,这成为她们魅力来源的重要部分。显然,男权价值观在女侠形象塑造及女侠类剧作中一直存在。

第三,依旧以"寻找好丈夫"为终极旨归。红蝴蝶武艺卓群、英姿飒爽、行侠仗义且独立自主,这体现了她内心女性意识的觉醒。但在后续剧情发展中,女侠一直在竭力回归家庭。她行侠仗义的一个重要原因就是早日铲除阻碍他们夫妻团聚的奸恶力量。最终女侠红蝴蝶和男伴手刃仇敌,终得团聚。故事套路不脱大团圆结局。综观该剧前后的女侠剧,女侠的结局无外乎或与男伴步入世俗婚姻或与男伴偕隐山林,两种都隐含女侠"寻找好丈夫"的终极旨归,只不过偕隐山林还隐含女侠退出江湖、被正常男性秩序所放逐的意味。

由是观之,这些女侠拟仿男子行为与道德标准,取得与男侠类似的满足自我实现的空间。与此同时,女侠并未完全僭越男性权威,她们依旧重视妇德与贞节,并以"得到一

---

① 《火烧红莲寺》中女主角。
② 《荒江女侠》中女主角。

个好丈夫"为终极旨归，最终或回归家庭或偕隐山林。玫瑰花、陈丽卿、红姑、方玉琴、灵姑、云霞道姑(分别为《玫瑰花》《女飞卫》《火烧红莲寺》《荒江女侠》《青城十九侠》《清朝三剑侠》中女主角名)等也大致如此，她们映照出当时社会女性力量的兴起，但仍然以男性价值观作为自我判断与判断他人的标准。其实，这些女侠的形象，只是一个以"旧"为主体又点缀了一点点"新"的形象，这种形象的产生根本在于传统价值观念、思维方式渗透在中国人千百年来的生活当中，潜移默化地影响着人的审美趋向。

这种新旧兼容的形象，显然迎合了20世纪初的上海向都市化进程转型过程中，市民大众的由传统/旧向现代/新过渡的心理特点。在此基础上，《红蝴蝶》类女侠剧才获得了市场青睐。女侠看似矛盾的新旧冲突、水火一炉的大拼盘，正反映了当时上海市民新旧混杂的拼盘式心态结构。对民众而言，才子佳人、男性权威是他们最熟悉的文化素材，传奇情节、火爆武打是他们最喜爱的内容形式，而女性力量、两性平等又是都市现实生活中的新闻，也是充满刺激和乐趣的。机关布景、真刀枪、当场水景……这些奇异的舞台布景，一方面牢牢抓住观众眼球，一方面也以炫耀式的科技展示满足了受众对新兴技术的探知欲望。以《女侠红蝴蝶》为代表的侠女剧，通过现代又传统的思想，通俗的情节，配合新颖真实的道具布景，强烈感官刺激的表演手法，真正成为市民大众的娱乐。就此层面而言，或许20世纪初的海派京剧才是城市公共生活的中心角色。也正是因为拥有广泛的受众体，新价值体系籍海派京剧的舞台才会更有效、更深入、更广泛地传达给了当时的普通大众。

三、妖女——身体、性别、娱乐的复杂表达

海派京剧作为上海商业大众娱乐的一种文化样式，新兴市民阶层是海派京剧的基本观众，"由工商业实业家、产业工人、职员和各式文职人员、小贩、小商、工匠和个体劳动者"[①]所组成的上海市民群体，倍为青睐各种通俗的娱乐消遣活动。为了迎合新兴市民阶层的多元审美心理——现代与传统同在、前卫与保守兼容、深刻与肤浅共存。20世纪初的海派京剧也呈现出多元的文化特性——"商业与艺术、艺术与政治、政治与商业也相互渗透、表达、利用"[②]。正是这种多元的文化特性致使都市商业语境中的海派京剧在女性表达和性别叙事上的错综复杂。除了飞檐走壁、刀剑横飞的女侠剧外，20世纪初的海派京剧也常利用香艳妖娆、魅惑毒辣的妖女剧来进行女性表达。

舞台上的妖女搔首弄姿、妖媚裸露，这直接关联大众难以抵御的性诱惑，激起人们对性的想象，以妖女形象作为表现对象成为上海戏剧舞台迎合大众趣味的一种有效的商业操作。20世纪初海派京剧舞台上的妖女剧有《封神榜》《狸猫换太子》《西游记》《济公活佛》《紫霞宫》《青阳地》《莲花公主》《盂兰盛会》《目连救母》《全游青阳地》《新洛阳桥》等。在众多妖女剧作中，舞台生命最长也最脍炙人口者，当推《封神榜》。1928年天蟾舞台重排《封神榜》(连台16本[③])，再度引发上海剧场热潮。当时报刊常刊巨幅宣传广告，剧场

---

① 徐牲民《上海市民社会史论》，文汇出版社2007年版，第41页。

② 盘剑《女性与现代海派电影中的性别叙事》，《文艺研究》2006年第3期。

③ 以下本文所述《封神榜》俱为此版。

极为卖座，即使台风来袭，水淹到剧场门口，观众仍冒雨看戏，剧场客满"关闸"①。连续三年，该剧始终不衰。

天蟾舞台在《封神榜》首演前近四个月即刊登预告"空前巨制、价值万金、光怪离奇、神秘莫测"②，前三本上演后，报刊甚至特出该剧版面，刊情节剧照，如四本《封神榜》特刊的第一张剧照，就是"妖妲己香汤沐浴"，由剧照看来，"妖女"除了出浴媚态外，还刻意展示妖娆身姿。显然，香艳情节为该剧的一大卖点。当时报刊宣传文字直接标榜：

> 妲己沐浴图最为香艳，美姿媚态，宣泄靡遗……穷致极妍，媚态横生，赤裸裸地在台上用美术艳情身段香汤沐浴给各界诸君们看。③

到第五本更有"显出雾口蝉纱的舞装，展开藕臂，摆动柳腰，点起一双又扁又狭又小，脚样再好没有的六寸圆肤，大舞其表演人体美的香艳舞，一举一动，拘魂摄魄。"④

美术艳情手段、香艳舞、藕臂、柳腰、圆肤，这些是妖女求取生存、打击敌人的主要武器。其实在《封神榜》之前，妖女早已存在，可是舞台上的妖女从未如此魅艳。《封神榜》里的妲己们极力张扬性吸引力迷惑男子，这从传统视角观之就是无视道德节操，是淫荡、罪恶的，是应当杜绝禁止的。但妖女们不仅未禁还大行其道、连演数年，究其原因，实乃20世纪初的上海在西方思想影响下，已呈现出完全异于之前的社会风气：一方面，新兴市民大众作为城市娱乐的消费主体，他们性喜享乐，对舞台视像的需求提升，对开放度接受高，这为妖女在舞台上施展身体魅惑之力提供了宽松空间；另一方面，随着女性进入戏园、成为剧场的重要观众，女性的审美趣味也会影响到戏园的日常演出。当"女性自主""女性的性自主"观进入到妇女日常生活中时，妲己、苗妃、蜘蛛精类妖女公然在舞台上搔首弄姿也就习以为常了。

《封神榜》中的妲己以身体为武器，根据男性喜好"表演人体美的香艳舞"，其实是以塑造身体作为对抗男性权力的武器。妖女通过身体的魅力、性魅力来获得掌控男性进而掌控社会资源的权力。妖女妖艳的身体形态公然步入公共舞台，从私密身体步入公开进程，女性身体开始以主动的方式进入公众视野，营造了女性身体开放、自然的新审美观，而无论编者还是观众，都有意无意地表现出了对女体公开的默认和遵从，这是女性意识的生长，女性身体解放的展示。故妖女在戏曲舞台上大放异彩的深层原因，乃是当时社会女性地位提升、力量增强、自我意识觉醒与（性）解放。其实，这些以身体、以性为手段魅惑男性，进而拥有生存权利的妖女可说是当时上海新女性的化身。妖女在舞台上穿着古装施展身手，魅惑异性并掌控事态发展、决断"猎物"生命存亡。新女性们走出闺门进入社会并获得经济能力后，她们也有掌控自己生活、决定自我命运方向的祈求。《封神榜》《西游记》《济公活佛》中蛊惑男性妖女们，其实都反映出20世纪初上海地区的女性在

---

① "关闸"为戏曲行话，指拉下剧场铁门（大门）。当时演出若遇场内客满而场外观众仍欲涌入；为维护剧场秩序，便会关闸，这是卖座鼎盛的标志。以上台风天客满一事参见徐幸捷、蔡世成主编《上海京剧志》，上海文化出版社1999年版，第177页。

② 参见《申报》1928年8月6日。

③ 参见《申报》1929年5月14日。

④ 参见《申报》1929年8月7日。

社会转型中拥有的新力量。这使我们看到了 20 世纪初上海社会肯定"人欲"的新道德观正浮出水面，女性解禁的曙光正微微透射出来。

　　舞台上的女性形象是 20 世纪初上海社会女性的真实处境与当时社会审美观相互作用的结果。近代开放的商业社会为女性提供了参与社会竞争的机会，女性通过参与社会建设——女工、女佣、女职员等，获得经济独立，进而支撑人格独立。但是，近代女性依旧遭遇的困境，最明显的体现就在于如此艳魅的"妖妲己"居然由须眉男子、乾旦小杨月楼来扮演。当时报刊高度评价小杨月楼饰演的妲己："蛊惑纣王的那一种烟视媚行，巧言令色，真正可爱……小杨月楼演来，把美、媚、狠、暴四个字做表得头头是道，各尽其妙……表演到看客猛地醒悟'倾城倾国的美人祸水是这样倾法'的地步，这是他的无量功德。"[1]异性恋男演员演出女主角，此乃事实人人皆知，但大众依旧被其吸引。反观同剧中的女性演员——潘雪艳演蚌壳精、琵琶精[2]，虽同演妖女，但与小杨月楼的形象完全不同：

　　　　坤角花衫潘雪艳，肤如雪白，貌比花艳，扮相之好，毋待言喻。雪艳的念白，好在字咬得准；唱工，好在挂味儿；做派，好在大方；表情，好在细腻。[3]

　　主角妖女妲己由男性演员小杨月楼扮演，配角妖女才由女性演员潘雪艳扮演，极力表现女性肉体香艳的是乾旦，而坤旦虽扮相好（肤如雪白、貌比花艳），但更为重要的还是"唱工""做派""表情"好，且必须专业表演技艺高超。同样扮演违背纲常、祸乱朝纲的妖女，乾旦负责展露女性的性感肉体，而坤旦只能呈现女性的清纯可人。真正的女性（坤旦）只能"冰雪聪明""纯洁天真"，不可妖娆。展现身体、充满性吸引力的女性只能是妖女身份，不存在于现实世界。这类妖女神奇的妖力也只是短暂存在，终究被打回原形，屈服于既存社会规则。这其实是以舞台向女性投以精神上的警戒。这种矛盾性反映出当时观众（至少大部分）在心理上更倾向于男性演员所模拟的女性风情，而非社会现实中正在崛起的女性群体。他们享受台上搔首弄姿、轻解罗裳的妲己们，又漠然或畏惧于新时代所赋予女性的力量（与权利）。新兴市民观众在面对这些新女性时，呈现出既着迷又警惕，既渴望又畏惧的复杂心理。而正是因为妲己类妖女自身的现代与传统兼容、女权与男权共存的特性，才契合转型期大众的矛盾心理，进而获得市场青睐，常演常胜。

　　其实，妖女在神魔小说中早已出现，但其在戏曲舞台上现身，却是近代以来的事情。随着 20 世纪初电影进入上海的娱乐市场，并从默声时代转向有声时代，电影在声、像、美方面的优势及更直接的视听享受吸引了大批观众。在实际的演出市场上，电影也越来越多地抢占戏曲观众。为了抢占市场，海派京剧在原有的写实表演基础上，增加了更多刺激感官的元素，舞台上各种展示人体美的妖女的出现、以妖女为核心的限制级情节屡见不鲜、各种机关噱头、大幅剧照宣传等，都是海派京剧在 20 世纪初上海激烈的商业竞争中力求胜出的娱乐策略。

　　由此可见，妖女类剧作的娱乐机制在处理娱乐、伦理与启蒙关系时，除了遵从固定的

---

　　①　参见《申报》1928 年 12 月 2 日。

　　②　据《封神演义》，女娲因纣王对其不敬，特遣"轩辕坟三妖"九尾狐狸精（后化为假妲己）、九头雉鸡精、玉石琵琶精下凡，断送商纣天下。

　　③　参见《申报》1928 年 12 月 2 日。

男权秩序外,维护新生的女性力量是另一个基本出发点,同时,男性权威和女性力量的表达则合力于营造适合的娱乐效果,是作为一种商业策略而并存的。市场火爆证明剧作的受众广泛,新观念的获益面就越广,影响也不可小觑。

四、结语

受上海商业文化影响,20世纪初的海派京剧表现出明显的女性倾向,在性和性别叙事中,女性与戏剧及女性与大众文化间已建立起密切联系。同时,可以看出20世纪初海派京剧自身的运行机制:始终紧跟市场步伐、迎合新兴市民阶层的审美心理。无论是女性展演还是侠女、妖女,都是海派京剧在社会变革和商业娱乐结合上的匠心独运。虽然侠女、妖女以全新的女性力量进入舞台,但剧作中的男权视角始终存在,这种矛盾性是近代中国政治、经济发展不平衡在思想文化上的映射,是过渡时代价值观嬗变的重要特点之一。

晚清上海女性戏风靡及剧作丰富的性别表达,其根本原因在于随着上海工商业的发展,社会结构发生内在转变,传统士大夫阶层的社会影响力日趋弱化,他们所代表的封建道统、男性权威也逐渐式微。而商人群体的社会地位则迅速上升,商人受礼教束缚较少,追求风流刺激,其审美趣味也多趋于庸俗。由大小商人、工厂职工、官绅、记者、学生、职员、技工、店员等组成的市民阶层,他们成为戏园最重要的顾客群体,基本主导了晚清上海的戏曲娱乐文化。同时,大量女性步入社会,进入各行各业,她们拥有固定的经济收入,又有家庭之外的闲暇和自由,她们对娱乐消闲有了新的追求。因此她们具备观戏的物质基础和时间保障,于是观戏成为妇女的重要娱乐方式。当妇女成为戏园日常观众后,戏曲工作者必须关注女性观戏感受,这推动戏曲文化进一步走向女性表达和女性倾向。

海派京剧中女性戏毫不冲突地将旧传统与新时代信息混杂在一起,使得带有巨大传统观念束缚的中下层大众能够在平顺的心态下接受新文化(当然包括女性解放)的传递。加上现代媒介的扩散效应及女性剧作本身的市场倾向,使剧作内容成为晚清民初沪上大众最易接受的文化信息。女性剧作及女演员们所释放的现代女性解放信息,为彼时普通大众开辟出向新文明眺望或从西方现代女性图像的凝视中反思内视的深刻视野。在缓慢、艰巨而复杂的近代中国社会文化转型中,这种隐蔽的文化传递产生的真实效果也许比激进的革命宣传更有效、更广泛。把握这些联系和机制,无疑有助于我们对20世纪初海派京剧的评价,也有利于我们今天在同样的大众文化语境中进行戏剧文化的反思和批判。

海外中国
文化研究

《承政院日记》载《康熙字典》研究

杨瑞芳*

摘　要：《承政院日记》因其强烈的原始性、客观性和信凭性等特征,被学界公认为是详细了解朝鲜朝统治思想、政府运作、外交往来的重要官方档案。在其中,有26条提到了《康熙字典》。除1条是谈王锡侯《字贯》案外,其他25条涉及取名字、谈避讳、书谥册、定字音、解字义、查考字、作评价、赏大臣八个方面的内容。通过《承政院日记》载《康熙字典》的研究,不仅可以直观地呈现18世纪上半叶至19世纪下半叶朝鲜朝君臣对这一经典辞书的使用情况和认知程度,而且还能够借用"异域之眼"更加客观而公正地评定它的学术价值及其在"汉文化圈"的学术地位,继而为新时期加深理解东亚文化交流提供一种别样的视角。

关键词：《康熙字典》;《承政院日记》;朝鲜朝;汉文化圈;东亚文化交流

《康熙字典》不仅是中国古代官修辞书发展到顶峰的标志性作品,而且还于1729年传至朝鲜半岛[①],其后又被不断地使用、征引、评价和模仿,极大地促进了当地汉语教育和汉字教学的发展。现存《承政院日记》[②]内容始自仁祖元年(1623),止于纯宗四年(1910)。与《朝鲜王朝实录》相比,其原始性、客观性、信凭性更强,是详细了解朝鲜朝统治思想、政府运作、外交往来的重要官方档案,具有极高的史料价值。综观国内外尤其是中、韩学者的相关研究成果,可以发现,从《承政院日记》出发,借此来探讨《康熙字典》在朝鲜朝的传播与接受情况还未引起注意。笔者认为,通过对其中相关资料的钩稽与分析,不仅可以直观地呈现18世纪上半叶至19世纪下半叶朝鲜朝君臣对其的使用情况和认知程度,而且亦能够借用"异域之眼"利用"他者"来认识"自我",更加客观而公正地评定《康熙字典》在"汉文化圈"的学术价值与学术地位,同时为新时期加深理解东亚文化交流提供一种别样的视角。下面笔者将充分利用第一手文献,对这一主题展开探讨,同时求正于海内外方家。

一、《承政院日记》载《康熙字典》的内容

《承政院日记》提到《康熙字典》者凡26条,其中1条见于正祖五年(1781)四月十八日,内容是谈王锡侯撰写《字贯》以及因此而引发的一系列案件,由于此部分已有相关成果发表[③],兹不赘述。其他25条就其内容来讲,大致分为如下八个方面。

---

* 杨瑞芳,文学博士,中国海洋大学文学与新闻传播学院讲师。

① 杨瑞芳《〈康熙字典〉初传朝鲜半岛考辨》,《中国石油大学学报(社会科学版)》2017年第5期。

② 本文《承政院日记》内容皆源自 http://sjw.history.go.kr/main.do,标点符号依据个人理解而加。

③ 详见杨瑞芳《〈字贯〉东传朝鲜半岛考辨》,《域外汉籍研究集刊》2015年第十一辑,第368~380页。

(一)取名字

姓名是为满足社会交往需要而产生的一种符号,当它们被使用时,不可避免地会让他人产生诸多相关印象,所以古今中外人们在取名字时,总是会有所考虑,皇家君主更是如此。《承政院日记》中有 4 条取名字时参考了《康熙字典》,具体为:

(1)英祖十二年(1736)正月初十日条:

(金)在鲁曰:顷者,宾厅会议只据《字汇》《字典》等书,世子定名单子,悬注以入,受点启下矣,退出后更考《增补字汇》,则又有宽娴貌之注,字义盖好。元单中添书,睿览后更为封置,以为前头表德议定时参考之地,何如? 上曰:本注亦好矣,不必添书,只以此出举条启下,一体藏置礼曹可也。①

按:"顷者"指正月初四日。② 世子为庄献世子李愃(1735—1762)。在他出生之前,其兄孝章世子李緈(1719—1728)因病去世,年仅十岁,此事对英祖(1724—1776 年在位)打击很大,所以李愃一出生,便备受宠爱。从引文来看,当时给李愃取名时查找的辞书有《字汇》《增补字汇》和《康熙字典》。《字汇》"愃"字仅注"快也"之义。《增补字汇》即《正字通》。③ 因为其书为补正《字汇》之作,故称。"愃"字下有引《说文》,言"宽娴貌";引《通雅》,谓"快谓之愃";引《方言》,曰"逞、苦、了,快也"。《康熙字典》承《字汇》《增补字汇》作。与《增补字汇》不同的是,同样是引《说文》,《康熙字典》在"宽娴"二字后多"心腹貌"三字。此外,从金在鲁的请示中可以看出,当时给世子取名首先要召开会议拟定,然后再上报君王,最终确定后存礼曹处备案。④ 世子是朝鲜朝王位的继承者,定名当然要更为慎重,过程自然也很复杂。

(2)英祖三十三年(1757)二月初五日条:

上曰:王孙教傅相见礼在明日,将纳名王孙,将锡名,则元孙之名当先定矣,字用何边为好耶? 上曰:注书出去,《字汇》持入。臣(朴)师海趋出,《字汇》持入。……上曰:《三韵声汇》,注书持入。臣师海持入。又命臣师海持入《康熙字典》。……上命臣师海,《康熙字典》持出后,命(金)履健立展画像。⑤

按:懿昭世子李琔(1750—1752)为英祖长孙,出生次年便被封,但不到两岁就夭折了。正祖(1776—1800 年在位)于英祖二十八年(1752)出生,因此文中之"王孙""元孙"都指的是他。英祖命令臣下将《字汇》《三韵声汇》与《康熙字典》先后持入,显然是以三书为参考。从上下文来看,具体参考哪些内容没有明讲,但是可以肯定的是,其目的是为了给正祖取名字。

---

① 此事还见于《英祖实录》十二年(1736)正月己亥日条:"命议世子名,从心傍字。于是大臣、卿宰会宾厅议,拟三望以进,上下点于首拟愃字。"同样内容亦载于《景慕宫仪轨》卷三《故实》之《丙辰册封仪》。

② 见《承政院日记》英祖十二年(1736)正月初四日条。

③ 参见〔日〕古屋昭弘《关于张自烈〈增补字汇〉》,《中国文学研究》1993 年第 19 期,第 97~108 页。

④ 礼曹是朝鲜朝"六曹"之一,隶属议政府管辖,主要职责是掌管仪式制度、外交辞令、国葬宴会、外宾接待及史官科举等。

⑤ 此事在《英祖实录》中亦有记载,三十三年(1757)二月丁卯日条曰:"上命入字书,定元孙名,亲书付春坊官,使告于东宫。"

(3)正祖八年(1784)七月初四日条:

上曰:再明即世子定名之日也,不可不预为商榷矣,何样字果好耶?……上曰:列圣朝御讳字同边,不可用乎?(李)福源曰:字边则恐不必为嫌矣。上曰:单字同边,未安而然矣。(金)尚喆曰:文字音响,亦当取择矣。上曰:日边、火边甚好,而有嫌于近代,木边未知如何?金曰:土边似好矣。(金)钟秀曰:臣意亦然矣。上曰:又避火边、糸边,则为尤难矣。《璇源谱略》①奉入可也。贱臣承命奉入。上曰:以列圣御讳字边言之,太祖御讳字,定宗不讳,宣庙御讳日边,先朝不讳,定以日边好矣。福源曰:求之义理,少无所嫌矣。(金)煜曰:无嫌,故自古不避矣。上曰:日边字予有思得,列书第一行日下大字实合予意,此外更有可合者乎?金曰:臣等之意,亦以为毋过于日下大字,此外他好字,思之不得矣。福源曰:臣意则专以字义为重,似好矣。上曰:此言果好矣,字音亦较正,然后当避嫌名。《康熙字典》《万姓通谱》②,详细博考,再明入侍时,卿等更思之,各书十余字以进可也。

按:世子为文孝世子李暊(1782—1786)。李福源认为,给其取名字要以字义为重。正祖同意其看法,他还希望臣下继续查阅《康熙字典》《万姓通谱》,广博考证,第二天各写十余字以供讨论。由此可见,正祖对世子取名一事的重视。暊字,不见于《康熙字典》。

(4)正祖八年(1784)七月初六日条:

上曰:世子名字未定,取考卿等所书进者,则日下大字、人傍圣字、日下山字及三土字,似为最胜,而姑未决矣,卿等之意何如?……上曰:三土字音义为何?取考《字典》可也。……上曰:定名一事,大臣之议何如?(郑)存谦曰:臣更考《字典》,则人傍圣字似允合矣。……上曰:日边字是先朝御讳,故予意则欲以日边字择定矣。上曰:《字典》取考可也。(金)尚喆等取考《字典》。(李)福源曰:以玉边字言之,玉边典字似好矣。上曰:诸宰之意,以人傍圣字为,何如?(李)徽之曰:音义字形,非不美矣。诸臣之意,不无异同,所当十分审慎也。上曰:从人从圣,不亦美乎?且日下字,是太祖大王御讳,而列圣御讳,更无日下字,今若以日下字命名,则此为惶悚矣。阁臣承旨意,何如?(吴)载纯等曰:左相之言,似过虑也。福源曰:此是莫重之事,苟有一毫如何,则臣等何敢不陈乎?彼中忌讳多端,人傍圣字,终不能无虑,字义亦未尽善矣。尚喆曰:事体莫重,故诸臣务欲十分稳当,而议各不同,惟愿断自宸衷也。上曰:先朝命予名,予在春宫时,宫僚讳称计士,予则以为过矣。

按:此条与上之(3)仅隔一日,讨论内容相同,谈及世子备用名字有昊、俚、岊、垚。正祖询问臣下,定何字为最好,大家意见不一,其焦点是用何边字,因为根据当时情况,取名字时不仅要考虑意义,也要注意避讳。李福源言"彼中忌讳多端……终不能无虑"之"彼中"是指清朝。由于清、鲜有藩属关系,且历代给世子定名皆是"莫重之事",所以朝鲜朝上下皆不敢有一毫疏忽,"务欲十分稳当"。实际上,从最终的定名来看,"昊、俚、岊、垚"

---

① 《璇源谱略》即《璇源录》,也称《璇源系谱》《璇源谱谍》,记载了朝鲜朝自太祖(1392—1398年在位)始的家族世系。

② 《万姓通谱》即《万姓统谱》,也称《古今万姓通谱》。明代凌迪知撰。此书既是姓氏学专著,又可作为查阅历史人名的工具书,学术价值和实用价值都较高。

四字皆未被采用。

(二)谈避讳

避讳不仅是中国历史上回避君主、尊长的一种制度,而且还影响至"汉文化圈"其他国家。《承政院日记》载《康熙字典》有 4 条谈到了避讳,除了上述"取名字"中的相关内容外,还有下面 2 条:

(1)正祖二十年(1796)九月十五日条:

上曰:字音相似,在所当讳,则小朝睿讳,亦当讳之。……盖以《字典》音韵,有当讳之论,有曰当偏讳,偏讳云者,即只讳字音也;有曰当并讳,并讳云者,音与释俱讳之谓也。

按:《礼记·曲礼上》:"二名不偏讳。"据研究,南宋毛居正最早对"偏讳"还是"徧讳"提出质疑。至清代,很多大家参与考校,就这一问题提出自己的看法,当代学人也多有讨论。① 从文中可以看出,正祖所言偏讳是指只讳字音,而并讳即偏讳是指音和义皆避。"以《字典》音韵",应该是以其所载音为依据来处理避讳问题。

(2)宪宗十五年(1849)七月初三日条:

大王大妃殿曰:今日召卿等非因他事,闻御讳字与彼中讳字,字样虽异,以音相似,自外有不一之论云。此字字边与字义,俱是不当于彼讳,而远外之事,或有未可知者,自彼中若有执言之端,此不可不存商,又不可不审慎,御讳改定似好矣,诸大臣之意,何如?……(郑)元容曰:彼中所讳,即火边华字也。考见《字典》,则火边字上,书以御名而删划,日边字则不为删划矣。又闻他册中日边字,亦有删划处云,以此观之,日边字似或在并讳中而然也。字样既不同,则以我国讳法论之,不必为拘。而彼中讳法,近尤甚严云。事情有难预度,今此慈教,出于审谨之意,臣岂有他见乎?(权)敦仁曰:中国避讳,元有咨文之颁降者,自康熙至嘉庆御讳,皆有代用之字,如康熙御讳之玄代以元、烨代以煜,是也。既以是颁降天下,则外国遵用,无过于此之为信迹,咨文以外字,恐不必论,故臣于在外,亦有酬酢,而只以咨文归重,言之矣。今此下教,固出于审慎之圣意,彼中事情,臣未能的知,以臣愚浅之见,何敢质言仰对乎?博询而裁处之,恐好矣。(金)道喜曰:既有颁示咨文,则似不必讳之,而但彼中事情有难预度,不可无审慎矣。以臣肤浅之见,何敢质对乎?伏愿博询而议定焉。(朴)晦寿曰:避讳咨文,只云从火从华,则今兹御讳字,字样异而义不同,似无所相关。然而取考《字典》与唐本诸书,则毋论日边字日下字,或有省划处,此与烨爗等字互通而并讳也,其并讳之义,果未详其当否。而彼人虽或言之,自有颁示信迹,不患无可答之辞。第若至问答之境,则事体已极悚惶,臣非敢曰必有是虑,而亦难保其必无是虑,莫重莫大事,不能不十分审慎。

按:陈垣《史讳举例》云:"避讳常用之法有三:曰改字,曰空字,曰缺笔。"②"烨"字在《康熙字典》中最后一笔"丨"缺,但"爗"字,正如郑元容所言,最后一笔并不缺。针对"爗"字是否在朝鲜朝典籍中要避讳之事,宪宗(1834—1849 年在位)、孝定王后(1831—1904)与臣下展开热议。有的认为以《康熙字典》为依据,按当时讳法论之,不必为拘。也有的

① 参见武秀成《段玉裁"二名不偏讳说"辨正》,《文献》(双月刊)2014 年第 2 期。
② 陈垣《史讳举例》,上海书店出版社 1997 年版,第 1 页。

认为"彼中事情有难预度",且"近尤甚严",所以避讳乃"莫重莫大事,不能不十分审慎"。据研究,"清之避讳,自康熙帝之汉名玄烨始,康熙以前不避也。雍乾之世,避讳至严,当时文字狱中,至以诗文笔记之对于庙讳御名,有无敬避,为顺逆凭证。……道咸而后,讳例渐宽"①。从引文来看,朝鲜朝君臣上下不仅对清朝避讳制度有了解,而且也是熟知《康熙字典》的。

(三)书谥册

谥册是皇帝为前代帝后进谥号、庙号时制用之物,是推行谥法制度的直接产物。② 由于朝代不同,谥册的形制亦有别。比如《明史·礼志五》载:"洪武元年,追尊四庙谥号,册宝皆用玉。册简长尺二寸,广一寸二分,厚五分。简数从文之多寡。"同避讳一样,谥册不仅流行于中国,而且"汉文化圈"其他国家也有使用。比如《太宗实录》太祖五年(1396)十月初十日条云:"甲午,命左政丞赵浚、判中枢院事李懃,上神德王后谥册。"由于材料的限制,笔者无法确知朝鲜朝谥册的具体规定,但是可以肯定的是,有专门的书写官,而且对其中的字形也有一定的规定,《承政院日记》载《康熙字典》有 2 条与此有关。

(1)英祖二十七年(1751)十二月初三日条③:

尹得和曰:臣当书谥册,而国家重大文字当以正字书之。而文字中剥之憋字,以《佩文韵部》④与《字典》等书廉考,则皆无此字。一处有燁剥二字,以火边书之,明是此字,故臣移书江留,使之陈章请启矣。上曰:此字予亦曾所不见,而承旨以寻音读之,故予亦以寻字知之,明是火边,则不必使之陈章,以火边书之可也。得和曰:即阼之阼字,以衣边书下,而本字则阜边矣,帝尧即位阼阶,故仍称即阼,阼字之义,其有所来矣。上曰:承旨之意,何如? 申晦曰:阜边即正字,而或有通用之者,从初书之亦何妨乎? 上曰:然,以阜边书之可也。⑤

按:尹得和是此次谥册的书写官。⑥《康熙字典》自 1729 年传入后,也成为朝鲜朝正字的重要准绳。"憋"即是以《佩文韵府》和《康熙字典》为书写标准的。《康熙字典》有"憋"字,言"《集韵》蒲拨切。音跋。心起也"。尹得和称即祚之"祚"以衣边书之,当为"礻"旁之误。朝鲜朝文献中,礻和衤混同习见。⑦"阼"本义指古代厅堂前东面的台阶,是

---

① 陈垣《史讳举例》,上海书店出版社 1997 年版,第 122～123 页。

② 张莹、李晓丽《清室尚礼,册宝为证——院藏谥宝谥册》,《文物天地》2016 年第 7 期,第 40 页。

③ 《承政院日记》之十二月初三日记为 1751 年。查核陈久金《中朝日越四国历史纪年表》,则当作 1750 年,即乾隆十五年,英祖二十六年,干支为庚午,1751 年是从十二月初四日开始计算的。另外,从该书之前言得知,朝鲜朝的历史纪年主要参考了韩国学者李铉淙编著的《东洋年表》。为了与《承政院日记》保持一致,本文一律不予改正,只在注释中说明之,下同。

④ 《佩文韵部》即《佩文韵府》。1712 年,康熙赐《佩文韵府》给朝鲜朝,由使臣金昌业等带回,其事载于《老稼斋燕行日记》卷五:"(二月初六日)遂传旨曰:尔国书册少,清朝多新书,今赐四部,毋坏伤,归与国王。……其书《渊鉴类函》二十套、《全唐诗》二十套、《佩文韵府》十二套、《古文渊鉴》四套,共三百七十卷也。"

⑤ 另外,此事在英祖二十七年(1751)十二月初五日条又有谈及。

⑥ 《英祖实录》二十八年(1752)正月辛卯条载:"谥册文制述官赵观彬、书写官尹得和、哀册文制述官李天辅、书写官曹命教……各赐马弓有差。"此文是讲在前揭之懿昭世孙下葬后英祖给参与者所颁发的奖赏,从中可知尹得和是谥册书写官。

⑦ 吕浩《韩国汉文古文献异形字研究》,上海世纪出版集团 2013 年版,第 100 页。

主人迎接宾客的地方，由于历史上传说帝尧在阼阶即位，所以又表帝位、王位。阼，"今字亦作祚"①。

（2）英祖二十七年（1751）十二月初五日条：

（金）尚星曰：谥文中懬剥之症四字，尚未完定故也。都提调送言于臣曰，书问江留，则懬字、症字俱作误书云，不可不筵禀云……（李）彝章曰：闻礼参之言则以为博考《佩文》《字典》等册，而皆无此字……此等文字，事体至重，更问于制述人而决之，似好矣。……（李）天辅曰：臣亦未知，而闻于兵判，则《字典》《佩文》俱无之云。……上曰：朱书，而症字必是俗字，医书中言字边登字是矣，制述官用俗字矣。……彝章曰：症是俗字，则特命改书证字何妨耶？上曰：予当定之，改以言字边登字，可也。

按：此条与（1）仅隔 1 天，讨论焦点除了"懬"字外，主要是"症"字。查检《康熙字典》，确实如朝鲜朝臣下所言无"症"字。《辞源》言："症，俗字。病之征验也。古皆作證。"比如谢肇淛《五杂俎》卷十一《物部三》云："荔支核，性太热，补阴。人有阴證寒疾者，取七枚，煎汤饮之，汗出便差，亦治疝气。"《新字典》将"症"字归入固有汉字之"国义字"，即没有读音变化而使用的汉字。

（四）定字音

凡是韵书所载字音，《康熙字典》皆依序排列，这一集大成性质自然成为查检的必备参考，上文之数条已经涉及了这个问题，除此之外，还见于下列 3 条。

（1）正祖二十四年（1800）闰四月十二日条：

（徐）滢修曰：音韵，若一人专当厘正则好矣。字音之有意义者，书以某字反切；无意义者，直书某音，以为区别矣。……（曹）锡中曰：一从郑玄注疏音，音同者，直书之某音，其外则取《全韵》与《字典》子母，书反切，似好矣。

按：《全韵》即《奎章全韵》，是正祖命李德懋等于 18 世纪末编纂完成的一部韵书。引文中，曹锡中认为《周礼》《尚书》等应从郑玄注疏音，如果音同，就直书某音，其他则以《奎章全韵》《康熙字典》所载音为标准。

（2）宪宗十一年（1845）十一月初四日条：

上曰：衣边殳字，何音乎？（沈）敦永曰：或以褚音读之，或以台音读之，而韵书无可考者矣。……上曰：俄以设字为何音乎？敦永曰：以褚音仰对矣。上曰：考见《字典》，音是秋矣。仍以《字典》衣部出示。敦永奉览曰：果音秋矣。

按：从引文中可以看出，宪宗两次所问字形有异。在《康熙字典》中，"衣边殳字"和"示边殳字"皆有。前者音为"《集韵》春朱切。音枢"，后者音为"《广韵》丁外切。《集韵》《韵会》都外切；《广韵》丁活切"。从沈敦永的回答和当场的查检来看，宪宗说的实际上应该是"示部殳字"，这又是衤部和礻部在朝鲜朝文献中混同的一个例子。

（3）宪宗十一年（1845）十二月二十一日条：

----

① 朱骏声《说文通训定声》，中华书局 1984 年版，第 456 页。

（洪）淳穆读自上谓代言至赵英茂病革之革字，读以剧音。上曰：革，音剧乎？淳穆曰：以病急而言则读为剧音，而见于《礼记》矣。上曰：然乎？考之《字典》可也。

按：《礼记·檀弓上》云："夫子之病革矣。"郑玄注："革，急也。"病革意为病势危急。《康熙字典》"革"下亦注："《集韵》讫力切。音殛。本作亟。急也。"

（五）解字义

《康熙字典》历经五年而始成，使得"无一义之不详"，其权威性自不待言。稽考《承政院日记》，字义方面参考《康熙字典》者主要有如下 3 条。

（1）宪宗六年（1840）十一月十九日条：

（李）正履读自十五年至魏师大败。上曰：止之，文义陈之。正履曰：……救斗者不搏撴。撴字不见于他书。语未竟，上曰：此果何字也？正履曰：以意解之，撴字从手从戟，盖以手冲击人如戟之形也。此等稀见之字，以《字典》等书，置傍考阅，解其音义，则甚有味矣。

按：《史记·孙子吴起列传》载："夫解杂乱纷纠者不控卷，救斗者不搏撴。"司马贞《索隐》云："谓救斗者当善挥解之，无以手助相搏撴，则其怒益炽矣。撴，以手撴刺人。"李正履释"撴"字"从手从戟，盖以手冲击人如戟之形也"，概为"创意解释"[①]。将《康熙字典》放在旁边查考阅读，可见他对其书的认可。

（2）宪宗十一年（1845）十一月二十九日条：

上曰：非谓文体，以笺奏之，有頟而言也。（李）时愚曰：臣实未详缘何生頟，而我国文字岂或欠敬而有頟也？上曰：其时太宗，果亲自奉使矣。……上曰：頟字在于《字典》，而其义与近世所用之义稍异矣。

按：頟字，《龙龛手鉴》言："俗。与之反。正作颐。养也，颔也。"此内容被《改篇四声篇海》称引，《字汇补》亦同，《康熙字典》承之。朝鲜朝文献中"頟"字习见，《字典释要》和《新字典》皆将其列为固有汉字之"国音字"，音탈，即用于特殊义项时有读音变化的汉字。[②]和"頟"字构成的词语丰富，比如頟下、頟免、頟给、頟启、頟报、胃頟、图頟、伪頟、悬頟、丧頟等，当然义项也很多。[③]

（3）高宗十一年（1874）十一月二十二日条：

（李）承辅曰：日前讲筵，以"汾王之甥"下询，故退出后，考诸经史，无明的议论，而及见《字典》，则甥字注有曰姊妹之子，其下又曰《诗·大雅》汾王之甥，其下又注曰姊妹之子。以此观之，韩侯之妻似是汾王之甥侄，非弥甥之谓也。

---

① 运用解字的"活法"或"变通"之法来释汉字，在朝鲜朝文人中不鲜见，比如沈有镇《第五游》。参见〔韩〕河永三《朝鲜时代字书〈第五游〉所反映的释字特征》，《中国文字研究》第十六辑，华东师范大学出版社 2012 年版，第 200 页；李凡、王平《朝鲜朝时期〈第五游〉"解字活法"研究》，《东疆学刊》2018 年第 1 期。

② 〔韩〕河永三《韩国固有汉字国字之结构与文化特点——兼谈〈异体字字典〉之〈韩国特用汉字〉》，《中国文字研究》第六辑，第 258 页。

③ 〔韩〕金钟埙《韩国固有汉字研究》，集文堂 1992 年版，第 166～167 页。

按：《康熙字典》"甥"字下谓："……《广韵》：外甥也。姊妹之子曰甥。《诗·大雅》：韩侯娶妻，汾王之甥。传：姊妹之子为甥。……又《韵会》：外孙曰甥，据外祖而言。一说，外孙曰弥甥。又《左传·昭公二十三年》：以肥之得备弥甥。"《康熙字典》引文有误，当为《左传·哀公二十三年》。杜预注："弥，远也。康子父之舅氏，故称弥甥。"弥甥在文献中一般指远甥、外甥之子。

（六）查考字

由于《康熙字典》收字众多，内容丰富，所以成为朝鲜朝学者查考的必备工具书。《承政院日记》从这一角度的 4 条相关内容中，有的发生在君臣谈话现场，大多数则不是。

（1）宪宗十一年（1845）十一月十七日条：

上曰：溫字，考于《字典》亦无，似或误板也。（尹）定铉曰：此是久边国所贡物名，而或板本之误也，或其国所造之字，如我国畓字，而未可知矣。上曰：畓字，我国果独用矣。

按：查检《康熙字典》，未见"溫"字。李德懋《青庄馆全书》卷六十《盎叶记[七]》之《久边国》载："成宗十三年闰八月，久边国主李获遣使献土宜。久边，前因日本萨州①人来通聘问，至是复遣使，献烧香、胡椒、镴、银、绢、沧具、溫素等物。"畓，音畓，属于固有汉字中之"国字"，即"独用"于朝鲜半岛的汉字，多用于公私文簿。权应仁《松溪漫录下》："世人谓妻之兄弟曰娚，谓石栈曰迁，谓水田曰畓。此等字东人之所创，古书中所无者也。"

（2）宪宗十一年（1845）十二月十八日条②：

上曰：訾是何字也？（严）锡鼎曰：是造字也，音与闍字相似矣。（徐）相教曰：《字典》有之，而注云与闍字同矣。

按："与闍字同"来自《康熙字典》称引《玉篇》。

（3）宪宗十二年（1846）正月十六日条：

上曰：傕是何字乎？（李）教英曰：榷音。《字典》曰人名矣。

按：傕字，《康熙字典》为"《集韵》讫岳切。音角。姓也。又人名。后汉李傕"。李傕是东汉末年继董卓之后的权臣，曾与同僚攻进长安，挟持汉献帝，专政 4 年，短暂地控制过政权。《中华字海》《汉语大字典》和《汉语大词典》《中文大辞典》《王力古汉语字典》均将其标为 jué，吴小如在《治文学宜略通小学》讲座中认为用作人名时应读 què。

（4）高宗十二年（1875）四月十二日条：

上曰：新皇是同治四寸云，果然耶？（李）会正曰：然矣。道光之第七子醇亲王奕譞之子也，即咸丰之侄，同治之四寸矣。上曰：皇帝名字音是湉乎？会正曰：然矣。上曰：《康熙字典》觅见，果有此字矣。会正曰：臣等未及考见矣。

按："寸"，音杏，为固有汉字之"国义字"。表示血缘关系的远近，"寸"前面的数字越

---

① 萨州，即萨摩国。日本古代令制国之一，其领域大致相当于现在鹿儿岛县西部。
② 《承政院日记》之十二月十八日和十二月二十一日皆记为 1845 年。稽考陈久金《中朝日越四国历史纪年表》，则应作 1846 年，干支为丙午。1846 年是从十二月初四日开始计算的。

大,关系越远。丁若镛《与犹堂全书》第一集《杂纂集》第二十四卷《雅言觉非》卷一之《三寸》言:"东语伯父叔父曰三寸,伯父叔父之子曰四寸,从祖祖父曰四寸大父,其子曰五寸叔父,过此以往,皆如此例,以至于八寸兄弟,九寸叔父,谓之寸内之亲,其法盖以父子相承为一寸。……高丽之时,已自如此。"①"新皇"指的是光绪帝爱新觉罗·载湉(1875—1908年在位),醇亲王奕譞之次子,与同治帝为堂兄弟和表兄弟的关系。湉字载于《康熙字典》,为"《广韵》《集韵》并徒兼切。音甜。澶湉,安流貌。左思《吴都赋》:澶湉漠而无涯"。湉是形声兼会意的字,声符恬兼表安然之意。

(七)作评价

对于《康熙字典》的编纂动机及学术价值,朝鲜朝学者皆有论述。在《承政院日记》中,谈及前者仅见1条,而后者则有5条。评价内容既有正面也有负面,负面则主要认为其不可专信、有遗漏字等。

(1)高宗十年(1873)二月初三日条:

上曰:康熙,英杰之主也。清之世代,自顺治至今八代乎?(金)世均曰:然矣。康熙之世,汉人多有慷慨才能之士,不无忧虑。康熙乃搜罗天下之士,入处于文渊阁中,编成《康熙字典》《渊鉴类函》《佩文韵府》等书,书成而人皆老,无能为此,其为英主也。

按:《康熙字典》《渊鉴类函》《佩文韵府》的编纂完成都在7年左右,时间上有交集。②就其实际情况来看,并没有那么长,而且参与者并不都是专司此职③,因此引文言"书成而人皆老"显然是夸大之辞。此外,从前后文意来看,高宗(1864—1907年在位)和金世均皆赞康熙为"英主",笔者认为,其含义可能至少包含两重:一是康熙在自顺治至同治八代帝王中,确实是功勋显著,英明有为;二是在统治过程中,康熙以"高明"手段实行"右文之治",比如编纂《康熙字典》等,既可以附风雅,饰太平,又能够牢笼英才,广收人心,可谓是一箭双雕。④

(2)英祖三十五年(1759)四月二十六日条:

上曰:寔字,予曾以是字,通看同意,近乃觉有真实意。(具)允明曰:臣等在外亦以此相难,蔡济恭偏主真实意思,臣以《康熙字典》"寔,是也"之语,具告明证,而犹不解惑矣。济恭曰:《康熙字典》何必专信?上笑曰:《康熙字典》不可专信,语意深矣,而有牢执不改

---

① 为什么用"寸"来表示亲属关系的远近,中国学者有探讨,参见张涌泉《韩、日汉字探源二题》,《中国语文》2003年第4期,第353~354页;谢士华、王碧凤《〈燕行录〉中的固有汉字研究》,《大理大学学报》2018年第7期,第98页等。

② 《康熙字典》是1710年始撰,1716年完成;《渊鉴类函》为1710年完成;《佩文韵府》于1704年始编,1711年成书。

③ 《康熙字典》实际编纂时间加起来不过两年零几个月,且参与者的知识结构、日常政务等也各有不同,参见虞万里《〈康熙字典〉总阅官、纂修官行历考实》,《中华字典研究》(第一辑),中国社会科学出版社2009年版,第224~242页。

④ 另外,朝鲜朝文献中对于康熙编纂字典的动机还见于李祘《弘斋全书》卷一百七十二《日得录[十二]》、朴趾源《热河日记》之《审势编》、李德懋《青庄馆全书》卷五十六之《盎叶记[三]》、朴思浩《心田稿[二]》之《留馆杂录·册肆记》、洪直弼《梅山先生文集》卷十三之《与申仲立》与卷十六之《与沈景叙》等。

底意也,《康熙字典》盖佳制云矣。允明日:诚好矣。元仁孙曰:寔本真实意,以是字通用云,则似未当矣。南绮老、郑远达曰:固真实意,而当下是字处,亦当下寔字者有之,不可谓全无是字意矣。

按:《康熙字典》"寔"字有两义。一为"止也",见于《说文》;二为"是也",通"实",作"实在、确实"解。《诗·大雅·韩奕》云:"寔墉寔壑。"此外,"寔"还可以通"是",为代词,意为"此、这"。《公羊传·桓公六年》言:"寔来者何? 犹曰是人来矣。"因为笔者无法确知文中所讲"寔"字来自何处,所以对其意义也不能做出判断。但是可以肯定的是,蔡济恭认为《康熙字典》未必专信,而英祖对此的反映是"语意深矣",不过仍言其"盖佳制"。

(3)英祖三十五年(1759)五月初二日条:

上仍呼御制五篇,命具允命、蔡济恭、元仁孙使之校正。允明等奉读校正后,上曰:寔字是非,今已定乎? 允明曰:今则臣快捷矣。上曰:何为然也? 允明曰:臣见《康熙字典》,则寔字果有是字之意。蔡济恭曰:《康熙字典》亦何可专信? 上命元仁孙使问于注书。贱臣对曰:寔字本非是字之意,且以是字意所称处,则臣亦未见矣。上曰:上番意,如何? 安正宅曰:商书"寔繁有徒"句绝谚解,以是字意解之。上曰:蔡济恭意如何? 济恭曰:臣未见其以是所解,臣不信也。上曰:《书传》注书出去持来,贱臣持册更为入侍。蔡济恭曰:训考既无是字之意,谚解但有之,谚文何可信也? 上笑之。

按:此条内容与上之(2)同,只是发生在 5 天之后。《尚书·仲虺之诰》中"简贤附势,寔繁有徒"之"寔"字作"实在"解,整句的意思是实在有不少阿附权势的人。在这里,蔡济恭仍然认为《康熙字典》不可专信。

(4)英祖三十七年(1761)九月初六日条:

上曰:《康熙字篆》何如? (沈)履之曰:好矣。

按:总观朝鲜朝文献,将《康熙字典》写成《康熙字篆》者仅见此 1 处,应为误记。沈履之是当时承政院的右副承旨。从其与英祖两人的对话中可以看出,所谈之事主要与科举考试有关,期间又问起对《康熙字典》的评价问题。英祖缘何主动而问,或者说该次考试中的试题、批阅是否会参考不得而知,但是可以肯定的是,两位对其都不陌生。

(5)宪宗十一年(1845)十月二十一日条:

上曰:麓字在于《字典》,而《字典》无见漏之字乎? (朴)永辅曰:然矣。

(6)宪宗十一年(1845)十一月初三日条:

上曰:《字典》无遗漏字乎? (赵)道淳曰:亦或有遗漏字矣。(尹)定铉曰:《字典》所无之字,虽知之,亦无所用矣。上曰:然矣。

按:此两条都是宪宗(1834—1849 年在位)询问臣下《康熙字典》有无漏字的问题。虽然两次回答及语气皆有不同,但是可以从侧面反映出他们对《康熙字典》的熟知程度,而且对其"集大成"还有一定的怀疑。①

（八）赏大臣

将《康熙字典》赏赐给大臣，在朝鲜朝文献中鲜见，《承政院日记》中有 1 条，即正祖二十三年（1799）十一月初七日条：

教曰：日前筵话，尔等善为构出，而至予本意之在于言外者，亦皆形容得出，虽古之善于记注者亦未多见，予甚嘉之，方有《康熙字典》《五礼通考》二册欲分给，尔等各陈所愿也。贱臣对曰：《五礼通考》，臣尝愿一见而未得矣。上曰：然则当以《五礼通考》给尔矣。

按：文中"贱臣"虽然领受的是《五礼通考》，但是也从侧面说明了历史上朝鲜朝君主曾经将《康熙字典》作为奖品颁赐给臣下的事实。从时间来看，此事发生在 18 世纪的最后一年。回望同时期及其之前和稍后的清朝，虽然《康熙字典》有内府自行刻印、地方政府翻刻②、个人请旨刻印呈交内府③、个人私下托臣僚刻印④等多种形式，但是其整体数量恐怕还是无法与 19 世纪中后叶至 20 世纪上半叶相比，其中一个很重要的原因便是石印技术在清朝的普及。⑤ 引文中正祖欲赏赐的《康熙字典》，其来源到底是哪里，由于资料的限制，笔者还无法给出一个明确的答案，但是可以推想，在当时的朝鲜朝，其数量应该还是有一些的。

二、《承政院日记》载《康熙字典》的特点

需要强调的是，上文笔者对 25 条《承政院日记》载《康熙字典》内容的划分是有所侧重的，很多实际上是兼跨几类的，比如取名字部分，主要牵涉的是字义和字音，谈避讳也是如此。之所以做进一步的细化，主要根据是上下文语言环境。为总结特点之便，先列表 1 如下，然后再进行论述。

---

① 此外，朝鲜朝文献中对于《康熙字典》学术价值的论述还见于《弘斋全书》卷百七十二《日得录[十二]》之《人物[二]》和卷百六十二《日得录[二]》之《文学[二]》、《奎章总目》卷一、洪奭周《洪氏读书录》、李圭景《五洲衍文长笺散稿》中《经史篇·经传类》之《字书字数辨证说》与《经史篇·经史杂类》之《字学集成辨证说》及《经史篇·经史杂类》之《〈佩文韵府〉所漏辨证说》、南公辙《金陵集》卷十之《与权景好书》、张志渊《韦庵文稿》卷八《外集》之《社说上·三十五首》等。

② 乾隆四年（1739）六月，甘肃巡抚元展成奏称："乾隆三年准奉部咨，钦奉上谕将圣祖仁皇帝御制诸书颁发各省布政司敬谨刊刻（中略）。伏查御制《朱子全书》《诗经》《春秋》《书经》《性理》诸书已刊刻完竣，并出示晓谕绅士人等，听其自便刷印在案。至《御纂周易摺中》《康熙字典》现在敬谨刊刻，俟告成之日，印发各属广布外。"载翁连溪《清内府刻书档案史料汇编》（上），广陵书社 2007 年版，第 108 页。

③ 清代朱彭寿《安乐康平室随笔》载："本朝人所刻之书，以康熙间最为工整，至当时钦定诸籍，其雕本尤极精良，然大都出自臣工输赀承办。如……《康熙字典》则为翰林院侍读陈世倌所刻。盖其时士大夫中，皆以校刻天府秘籍、列名简末为荣，故多有竭诚报效者。"

④ 《世宗宪皇帝硃批谕旨》卷三十二载雍正三年（1725）8 月 15 日江苏巡抚张楷的上奏，谓："为奏闻事，窃臣钦奉谕旨行查年羹尧寄匿财产之处，臣即随饬各属严查，去后随据江安粮道马世珩等首报，年羹尧有上年运到木植存贮发卖，并漏税不纳，缘由批问确讯另行题报外，又据苏州府详报生员李份出首托伊刊《成陆宣公集》一部，又民人李长春出首托伊刊刻《康熙字典》一部。"

⑤ 参见杨瑞芳《1949 年以前沪刊〈康熙字典〉考论》，《汉字文化》2014 年第 5 期。

表 1 《承政院日记》载《康熙字典》基本信息表

序号	公元	干支	农历	清朝	朝鲜朝	臣下数目①
1	1736	丙辰	正月初十	乾隆元年	英祖十二年	1
2	1751	辛未	十二月初三	乾隆十六年	英祖二十七年	6
3	1751	辛未	十二月初五	乾隆十六年	英祖二十七年	8
4	1757	丁丑	二月初五	乾隆二十二年	英祖三十三年	8
5	1759	己卯	四月二十六	乾隆二十四年	英祖三十五年	9
6	1759	己卯	五月初二	乾隆二十四年	英祖三十五年	7
7	1761	辛巳	九月初六	乾隆二十六年	英祖三十七年	10
8	1784	甲辰	七月初四	乾隆四十九年	正祖八年	7
9	1784	甲辰	七月初六	乾隆四十九年	正祖八年	14
10	1796	丙辰	九月十五	嘉庆元年	正祖二十年	23
11	1799	己未	十一月初七	嘉庆四年	正祖二十三年	4
12	1800	庚申	闰四月十二	嘉庆五年	正祖二十四年	9
13	1840	庚子	十一月十九	道光二十年	宪宗六年	7
14	1845	乙巳	十月二十一	道光二十五年	宪宗十一年	7
15	1845	乙巳	十一月初三	道光二十五年	宪宗十一年	7
16	1845	乙巳	十一月初四	道光二十五年	宪宗十一年	7
17	1845	乙巳	十一月十七	道光二十五年	宪宗十一年	8
18	1845	乙巳	十一月二十九	道光二十五年	宪宗十一年	7
19	1845	乙巳	十二月十八	道光二十五年	宪宗十一年	7
20	1845	乙巳	十二月二十一	道光二十五年	宪宗十一年	7
21	1846	丙午	正月十六	道光二十六年	宪宗十二年	7
22	1849	己酉	七月初三	道光二十九年	宪宗十五年	9
23	1873	癸酉	二月初三	同治十二年	高宗十年	6
24	1874	甲戌	十一月二十二	同治十三年	高宗十一年	6
25	1875	乙亥	四月十二	光绪元年	高宗十二年	20

首先，从时间跨度来看，《承政院日记》载《康熙字典》的最早记载是 1736 年，最晚是 1875 年，历时近 140 年。在此期间，朝鲜朝君主有 4 位，清朝皇帝有 5 位。朝鲜朝君主

---

① 《承政院日记》的书写有一定格式，一般是干支纪年＋农历月日＋某时＋某地＋参加人员＋以次进伏讫，此处数字仅根据"以次进伏讫"之前的人数统计。

中,英祖最值得注意。在他执政期间,《承政院日记》载《康熙字典》使用次数多,不仅是因为其在位时间长,还有一个很重要的原因是他遣使赴清 80 余次,留下《燕行录》30 多种,其中最为著名的是洪大容的《湛轩燕记》。此书当时不仅在朝鲜朝上下引起广泛热议,而且间接促使有识之士提出了"北学论"的主张,继而在某种程度上影响了英祖的"对华观"[①],比如开始称赞乾隆为"贤君",而且也逐渐认同其对某些事情的处理方法,并言"康熙之纪纲尚存矣"等,以上这些在某种程度上又会影响到其他方面,比如对《康熙字典》的评价与使用等。

其次,从利用情况来看,朝鲜朝君臣查检的侧重点虽有不同,但是其范围不可谓不广。《康熙字典》本质上是一本辞书,主要是收录字形、罗列字义、示范字音,但实际上它还是包罗万象的百科全书。也正是基于此,所以才成为朝鲜朝君臣处理日常政务时的必备参考。这一点,可以从《承政院日记》记载的多次当场持入看出来。与此相关的,表格中的"臣下数目"一栏还可以侧面反映出朝鲜朝君臣对《康熙字典》的熟知程度是比较高的,这也说明了正是由于其学术价值高所以他们才会对其高度认可。

最后,再做深入分析,还可以发现,《康熙字典》在朝鲜半岛的影响是十分深远的。这种深远影响不仅体现在前述之近 140 年中,而且还续至 20 世纪初,其中既包含了时间的长久,又体现在深度的增加。朝鲜朝学者大概自 15 世纪 40 年代起开始自编汉文辞书,但是其高峰却是在 18 至 20 世纪初。[②] 它们不仅品种多,内容丰富,而且本土化特色日显。比如《全韵玉篇》(18 世纪末)、《字类注释》(1856)、《国汉文新玉篇》(1908)、《字典释要》(1909)、《汉鲜文新玉篇》(1913)、《新字典》(1913)等有一个共同点,那就是无一例外地、或多或少地、直接或间接地受到了《康熙字典》的影响,尤其是书名中出现"字典"的两部更是如此,这一点在其序、凡例中都有明确说明。[③] 也就是说,自 1729 年传入始至 1910 年朝鲜朝结束甚至稍后的一段时间,《康熙字典》的影响从未停止过。

结语

《康熙字典》集完备、系统、权威、典范与实用于一身,不仅对中国的历史文化传承和教育事业发展做出了重大贡献,而且还福及周边,泽被深远。《康熙字典》能够在如此短的时间内跋山涉水远扬海外,其后又被广为传颂及频繁使用,除了与其本身的价值和地位密不可分之外,也同清、鲜两朝在 18 世纪上半叶至 20 世纪初政治文化的频繁交流息息相关。

综观《康熙字典》在朝鲜朝的传播与接受,可以看出,它分为两个层次。第一层次是从清朝传入,主要包含赏赐、赠送和购买三种类型。后者最多,原因是多方面的,比如朝

① 对于洪大容燕行的意义,日本学者夫马进有深刻阐释,详见氏著《朝鲜燕行使与朝鲜通信使——使节视野中的中国·日本》,上海古籍出版社 2010 年版,第 160～162 页。

② 王平、冯璐《朝鲜朝汉文辞书及其研究意义》,《东疆学刊》2020 年第 1 期,第 77 页。

③ 《字典释要序》谈到编纂动机时,言:"我东训蒙字书之以国文释义者,不过《千字文》《类合》《训蒙字会》之类,而国文之译法亦未明其高低,是以血目混义,东动同音,苟非原于汉文,无从下别。余概于此,阅《康熙字典》,撮其字之精要,取其义之简易,释以国文。"是书凡例亦称:"一以《字典》反切而正之。"《新字典序》也阐明:"是书也,以《康熙字典》字作本位,以邦文邦语解正义。"其凡例则谓:"此书用《康熙字典》为台本,剪其繁衍,补其阙漏,兼收新制之字、新增之义,以应时代之用,故名曰《新字典》。"

鲜朝历代君臣积极购买汉籍的悠久传统、外在禁书环境的逐渐松弛、赴京使臣与清朝文人的不断往来、文本本身的大量刊刻与广泛流通等。第二层次是传入后在当地的再流转，很大程度上就是接受。笔者认为，这一情况更值得重视。因为从某种程度上来说，它已明显地表明《康熙字典》对邻邦的影响已经"由衣裳而化为肌肤"继而"溶为骨骼与血肉"了，上文分析的《承政院日记》八个方面的相关内容即是很好的注脚。

最后补充说明的是，上文笔者只是选取了《承政院日记》这一史料来探讨《康熙字典》在朝鲜朝的传播与接受情况，其实其他比如《朝鲜王朝实录》《燕行录》《韩国文集丛刊》等中载《康熙字典》的内容更为丰富。时至今日，对于成书于 300 余年前的《康熙字典》，由于诸多原因，除了少数学者关注外，已经很少有人问津，但是不容置疑的是，它在历史上曾经对"汉文化圈"其他国家有着深远影响，对于它的多方面价值，需要现代学者细细发掘。正如学者所言，"当我们把历史上的汉字文献赋予一个整体意义的时候，我们的眼光自然就超越了国别的限制；当我们观察问题的视野超越了一乡一国而扩大到天下整体的时候，我们所得出的结论就会具有不同凡响的意义"①。

---

① 张伯伟《域外汉籍入门》，复旦大学出版社 2012 年版，第 19 页。

思想史研究

顾太清与庄子

曾小霞*

摘　要:顾太清的诗词与庄子有着清晰的内在联系,其诗词多处引用庄子词语或意象,以抒发内心情怀。庄子超脱的意境和形象的寓言使顾太清摆脱了闺阁作家常见的春愁秋怨、自怜自伤,赋予其诗词以开阔超然之姿,庄子的生命哲学,也让她能以阔大高远的胸襟去化解人生面临的种种痛苦和磨难。

关键词:顾太清;庄子;人生如梦;天游

庄子对中国文学的影响是毋庸置疑的,郭沫若认为:"秦汉以来的一部中国文学史,差不多大半是在他的影响之下发展。"[1]闻一多也说:"中国人的文化上永远留着庄子的烙印。"[2]顾太清作为一个满洲贵族女性作家,其诗词与庄子也有着清晰的内在联系,这很大程度上应归功于她的丈夫奕绘的影响。奕绘是八旗子弟中少有的精通中西之学的才子,他"一生善诗词,工书画,喜文物,习武备,于《易》、乐、佛、道、数理算法、工程建筑、直至梵文、拉丁语,无所不涉"[3]。他在《观古斋妙莲集自序》中有过这样一段自述:"十五岁著《读易》十则,邀尊长之誉称;余幼好《易》,癸酉岁冬……著《读易心解》一卷,凡十则,约万言。"[4]奕绘在道家思想方面颇有造诣,而他曾感慨太清"读书深喜同吾好",可以想见,奕绘的玄道思想在潜移默化中对太清产生了极大影响。事实上,无论是词语的选用,还是对人生的感触,顾太清诗词中都有着深深的庄子烙印。

一、太清诗词中的《庄子》话语

检点顾太清的诗词,我们可以发现,《庄子》一书中的话语和意象非常密集地渗透其中。意象如"樗""蝴蝶""藐姑射仙"等,话语如"观化""浮生""无为""御风""虚静"等,皆是其例。

顾太清诗词中喜用"浮生""浮休"等字眼。"浮生"即取自《庄子·刻意》中"其生若浮,其死若休"之典。《庚子生日哭先夫子》第10首中,太清向九泉下的丈夫倾诉自己的悲苦和哀伤:

四十二年如梦过,东风暖日又新春。半生劳碌凭谁话,两字浮休寄此身。观化暂能忘俗累,餐书或可疗清贫。九泉寄语须相待,独坐挑灯泪满巾。[5]

----

*　曾小霞,文学博士,湖南城市学院文学院讲师,主要从事中国古代文学研究。
①　郭沫若《庄子与鲁迅》,《郭沫若全集》文学编第19卷,人民文学出版社1992年版,第64页。
②　闻一多《古典新义》,《闻一多全集》第2卷,三联书店1982年版,第281页。
③　顾太清、奕绘著,张璋编校《顾太清奕绘诗词合集》,上海古籍出版社1998年版,第2,3页。
④　顾太清、奕绘著,张璋编校《顾太清奕绘诗词合集》,上海古籍出版社1998年版,第305页。
⑤　顾太清、奕绘著,张璋编校《顾太清奕绘诗词合集》,上海古籍出版社1998年版,第112页。

　　此诗作于顾太清42岁生日,感情甚笃的丈夫奕绘此时已去世两年。丈夫死后,她与年幼的子女被迫离开王府,孤儿寡母在外赁屋居住,生活的沉浮不定令她产生人生如梦之感,诗中直接运用《庄子》"浮休"语词表达人生的孤寂与悲伤。"观化"也是顾太清诗中的常用之词,如:"观生观化无穷理,成佛成仙有数人"(《重阳前二日钊初两儿同石介孙先生过天宁寺访菊且有九日登高之约用次原韵》其二)、"三十六年如梦过,观生观化实悠哉"(《次夫子天游阁见示韵四首》其二)、"白日莫闲过,光阴浪不留。读书良有益,观化邈无休"(《壬辰闰九月十三夜作》)、"观化观生明镜里,随缘随分寸心中"(《答观生斋主人乐天知命并次原韵》)、"虚中个个能容物,观化头头各趣途"(《瓠落》),等等,"观化"即观察变化,观察造化。《庄子·至乐》:"且吾与子观化而化及我,我又何恶焉",旨在说明"死生如昼夜",人只能顺应这一自然变化。

　　其他习用《庄子》中的话语还有"御风""三多""天籁""无为"等:"海天寥阔,千里万里御风游"(《水调歌头·谢古春轩老人见赠竹根仙槎》),"御风"来自《庄子·逍遥游》:"夫列子御风而行,泠然善也。""华堂春暖设春筵,灯彩月华天……喜君与我生同岁,祝三多、乐胜从前"(《风入松·春灯次夫子韵二首》其二),"三多"典出《庄子·天地》:"尧观乎华,华封人曰:'嘻,圣人,请祝圣人,使圣人寿。'尧曰:'辞。''使圣人富。'尧曰:'辞。''使圣人多男子',尧曰:'辞。'"故后人以多福、多寿、多子之三多为祝颂之词,顾太清用"三多"一典祝福丈夫奕绘。"残烛尚荧荧,好梦初惊。纱窗晓色已平明。天籁不知何处寺,一片虚灵"(《浪淘沙》)、"天籁无声归浩荡,大均一气转鸿蒙"(《钱元昌升恒图》),句中的"天籁"出自《庄子》:"女闻人籁,而未闻地籁;女闻地籁,而未闻天籁矣。""珠冠璎珞好威仪,端坐证无为"(《木兰花慢·登妙峰题碧霞元君祠》)、"至道无为欢河伯,(太清)寓言得意忘鱼"(《乙渠联句》),诗词中的"无为",即道家中的熟典,《老子》有云:"道常无为而无不为,侯王若能守之,万物将自化。"庄子继承并发展了老子的无为观,而太清的多处袭用足以证明她对道家思想的服膺。

　　顾太清诗词《九日登后山四首》其二云:"纫兰为佩桂为楹,沧海桑田几变更。芳草微霜悲宋玉,马蹄秋水感庄生。诗如陶谢终为累,道贯聃周亦强名。此日登高长太息,凌风谁见远游情。"[1]此诗作于重阳节后。庄生即庄子,"马蹄""秋水"均为《庄子》篇名。"道贯聃周亦强名"中"聃"即老子,"周"即庄子,皆为道家之祖。

二、太清诗词中的《庄子》意象

　　《庄子》一书"以寓言为广"[2],创造了众多诡诞可观的寓言,像《达生》《山木》《田子方》等十余篇几乎全由寓言连缀而成,庄子那充满奇思异想的哲学思想就在这一个个流动诙诡的寓言之"意象"中得以体现。"颜回坐忘""鼓盆而歌""支离疏""梦蝶""藐姑射仙""鱼之乐""哀骀它"等大量意象,都具有浓郁的荒诞色彩。这种非逻辑、重悟性的诗性意象也被女作家顾太清所接受。如《金缕曲·王子兰公子寿同寄词见誉,谱此致谢,用次来韵》:

① 顾太清、奕绘著,张璋编校《顾太清奕绘诗词合集》,上海古籍出版社1998年版,第11页。
② 郭庆藩《庄子集解》,中华书局1980年版,第1098页。

今古原如此，叹浮生、飞花飘絮，随风已矣。落涧沾茵无定相，最是孤臣孽子。经患难、何曾容易。况是女身芜薄命，愧樗材枉受虚名被。思量起，空挥涕。

古人才调诚难比。借冰丝、孤鸾一操，安排宫徵。先世文章难继绪，不过扶持培置。且免个、鹑衣粟米。教子传家惟以孝，了今生女嫁男婚耳。承过誉，感无已。①

此词上阕中"浮生""樗"两词显然来自《庄子》，而"樗"更是《庄子》中的特殊意象，"樗材"指无用之才，出自《庄子·内篇·人间世》："惠子谓庄子曰：'吾有大树，人谓之樗。其大本拥肿而不中绳墨，其小枝卷曲而不中规矩，立之涂，匠人不顾。'"庄子借用这类"匠人不顾"的树木说明其"无用之用"的观点，"樗"正因其无用而悠游自在、得享天年，而那些看似"有用"的东西，倒是往往中道弃养。顾太清借用此意象表达自谦之意。

其他如《被花恼·题王石谷〈友梅轩图〉》词：

疏枝老干自横斜，开满冷花冰蕊。竹里柴门对流水。夜深人静，梦回酒醒，半隐乌皮几。明月下，小窗前，乱飞琼雪寒烟里。②

这首题画词写梅花之清雅，画中人午夜梦回，"半隐乌皮几"，"隐几"一词取自《庄子·齐物论》："南郭子綦隐几而坐，嗒焉似丧其耦。"成玄英疏解："子綦凭几坐忘，凝神遐想，仰天而叹，妙悟自然，离形去知，嗒焉坠体，身心俱遣，物我兼忘，故若丧其匹耦也。"③这里借用了庄子物我两忘、超然尘外的自由精神。关于"隐几"的意象尚有《题画山水二首》之一：

板桥一道往来还，松下毛斋不闭关。雨后壮添千尺瀑，云开忽现两重山。穿廊流水听无厌，堆案好书相对闲。隐几先生如丧偶，几曾步履到人间。④

此外，《金缕曲·题吴淑芳夫人〈霜柏慈筠图〉》也有"此际身心清凉甚，兀坐嗒然隐几"句，直接借用"隐几先生"这一意象，表达超尘脱俗的情怀。

藐姑射神人也是顾太清运用较多的形象，如："藐姑射仙冰雪姿，延年长劲紫灵芝"（《题陈南楼老人画扇》）、"宝塔十三层，楼观飞惊。藐姑射仙冰雪貌，玉佩玲玲"（《浪淘沙·冰灯》）等。"藐姑射"，山名。《庄子·逍遥游》云："藐姑射之山，有神人居焉，肌肤若冰雪，绰约如处子。不食五谷，吸风饮露；乘云气，御飞龙，而游乎四海之外。"藐姑射神人即是庄子所谓的得道者的逍遥自由境界。

"满城风雨竟难嗔，应责花神嫩是真。已负寒香篱下句，尚劳蝴蝶梦中身"（《重阳前二日钊初两儿同石介孙先生过天宁寺访菊且有九日登高之约用次原韵》其二）、"梦为蝴蝶到罗浮，问，问，问"（《醉春风·自题画梅，用竹叶庵韵》），两处均运用了庄周梦蝶的典故，《庄子·齐物论》："昔者庄周梦为蝴蝶，栩栩然蝴蝶也。"真实与虚幻、生死与物化的哲学思考，都浓缩在庄周梦蝶的曼妙想象中。

① 顾太清、奕绘著，张璋编校《顾太清奕绘诗词合集》，上海古籍出版社 1998 年版，第 271 页。
② 顾太清、奕绘著，张璋编校《顾太清奕绘诗词合集》，上海古籍出版社 1998 年版，第 221 页。
③ 郭庆藩《庄子集释》，中华书局 1981 年版，第 43 页。
④ 顾太清、奕绘著，张璋编校《顾太清奕绘诗词合集》，上海古籍出版社 1998 年版，第 38 页。

三、"若梦"的浮生

顾太清对《庄子》一书的熟稔和使用,表明了她对《庄子》思想的认同。庄子善于在寓言神话中以梦的形式阐述其人生观和生死观,《知北游》篇记叙庄子梦见自己同骷髅一起探讨生死,《齐物论》更以梦幻的方式集中探讨了人生如梦的哲理。在《齐物论》中,庄子如此阐述"梦":"梦饮酒者,旦而哭泣;梦哭泣者,旦而田猎。方其梦也,不知其梦。梦之中又占其梦焉,觉而后知其梦也,且有大觉而后知此其大梦也。"他描述了人生存在的梦境感,人生如在梦中,且梦中有梦。篇中庄子借孔子之言"丘也与汝,皆梦也,予谓汝梦,亦梦也",说明一个人即使明白了人生如在梦中,能够告诉别人这是做梦,而这告诫之语也仍然是梦中之言。层叠式的梦中梦让人无法感觉到稳定性和坚实性,仿佛一切都是虚空,人像无根的浮尘,与世界之间的关系充满着不确定性,就连自我也是值得怀疑的。

纵观顾太清诗词,我们很容易看到其诗词中流露出的人生如梦思想。如在《九日登后山四首》第一首中,太清写道:

九日登临一怆颜,从游幸喜此身闲。高人语妙惊神鬼,帝子魂归冷佩环。(端悯固伦公主园寝在山东南)百岁无非真梦幻,千年犹是旧河山。不堪亲故凋零甚,鬓插黄花独自还。[①]

诗人登高远望,看到了前人的墓地。这偶尔进入视野的景象触动了作者敏感的心,"百岁无非真梦幻,千年犹是旧河山",作者感叹人生百岁如同梦幻,并以自然山河的永恒对比生命的渺小短暂。此时太清的丈夫奕绘仍然健在,夫妻尚处于恩爱幸福的时期,但是人生的短暂和物是人非的沧桑之感仍然轻易地触动了作者的心,故而发出人生如梦的感叹。

顾太清有不少于生日时作的诗,如 36 岁所作:"三十六年如梦过,观生观化实悠哉。"(《次夫子天游阁见示韵四首》其二)人生只不过是梦一场,要用悠然的心情去"观生观化"。37 岁生日所作:"我生己未今乙未,忽忽流光似梦中。双泪自伤迟暮眼,半生空过马牛风。"(《生日》)太清 26 岁成为奕绘侧室,育有三儿两女,其中九子载同因与母亲生日相同的巧合而备受太清夫妇的珍视。奕绘在诗《甲午正月五日同儿生》中写道"祝儿同父母,名同字同之",喜悦之情溢于言表。然而载同未满一岁便因病去世,去年太清生日时载同刚刚出生,而今年生日孩子却已不在人世。天人相隔的今昔对比让顾太清对人生产生了深深的怀疑,于是发出人生如梦、"半生空"的感叹。如 38 岁生日时所作:"三十八年日月催,年年此日不胜哀。"(《生日》)39 岁所作:"未交四十即多病,间有星星白发添。开岁春光俟五日,迎人彩胜又新黏。"(《生日》)40 岁所作:"过眼韶华成逝水,惊心人事等浮沤。那堪更忆儿时候,陈迹东风有梦不?"(《四十初度》)41 岁生日所作:"虚室东风冷,幽居泻泪泉。去年同宴乐,此日隔人天。生死原如幻,浮休岂望仙。断肠空有恨,难寄到君前。"(《己亥生日哭先夫子》)太清与奕绘同年(太清正月初五生日,奕绘正月十六生日),奕绘不幸于 40 岁病逝。去年与此日,同样是生日,今昔对比却犹如天上人间,以

---

① 顾太清、奕绘著,张璋编校《顾太清奕绘诗词合集》,上海古籍出版社 1998 年版,第 10 页。

致发出"生死原如幻，浮休岂望仙"的悲叹。42 岁生日所作："四十二年如梦过，东风暖日又新春。"（《庚子生日哭先夫子》）人在生日的时候对于年华的流逝会有特别清醒的认识。在奕绘去世前后的这几年中，顾太清的生日诗作无一不透露出人生如梦、年华似水的感叹，光阴如指尖沙，越想握紧越觉得易流逝。正如王国维所叹："已恨年华留不住，那知恨里年华去。"（《蝶恋花》）其他尚有"忽忽光阴同逝水，昏昏大梦几时醒"（《庚子十月初七先夫子服阕因太夫人抱病未果亲往谨遣载钊恭诣南谷痛成六绝句》），此诗作于太清 42 岁，奕绘服丧期满。太清 78 岁所作的绝笔词依然不脱人生如梦思想：

　　寻得夕阳小寺，梅花初放厓阿。一湾流水绕陂陀，细路斜通略彴。好梦留连怕醒，偏教时刻无多。登山临水乐如何，好梦焉能长作。（《西江月·光绪二年午日梦游夕阳寺》）①

　　"好梦留连怕醒，偏教时刻无多"，与道家浮生若梦的思想相似，美好的梦境像人生一样短暂。在经历了人生磨难之后的太清，世间的功名利禄，荣华富贵如过眼云烟。

四、"天游"的启示

　　顾太清集名《天游阁诗集》，因其居室"天游阁"而得名，晚年，太清常自署名"天游老人"。"天游"取自《庄子·外物》："心无天游，则六凿相攘。"陈鼓应先生指出："庄子哲学中，特别喜欢用'游'、'游心'、'心游'等表达一种精神的安适状态……庄子的'游心'就是无限地扩展生命的内涵，提升'小我'，成为'宇宙我'。"② 孙敏明将庄子的"游"分为"外游、内游、至游"，"外游'游物'、内游'游心'、至游'游道'"③，"天游"即"独与天地精神往来……上与造物者游，而下与外死生、无终始者为友"④的"逍遥游"，是"游"的最高境界。庄子的"天游""吾丧我""坐忘""齐物"等都是获得精神自由、超然物外的方式。"天游"思想在顾太清的诗词中也有较多体现：

　　叠叠银涛翻雪浪，黯黯冷云飞涨。垂藤古木，石壁高无量。望蓬莱，三山远，长风荡。日月双丸小，来复往。天地渺无涯，窈空旷。（《迷神引·题徐廷昆画》）⑤

　　日月如双丸一样小，在茫茫天地间来往，词的气魄极为远大。魏远征评说顾太清的"山水画题词之所以能够表现出这样壮逸开阔的气势，一是她好读庄子之书，汲取庄子宇宙大化的思想，精神上达到了相当自由的境地；二是与她不同于汉族女性的生活方式有关……她可以同丈夫奕绘并辔远游"⑥，将顾太清精神上的自由归因为庄子宇宙大化的思想以及现实中的远游，此说较为确切。

　　道家思想使顾太清摆脱了闺阁作家常见的春愁秋怨、自怜自伤，赋予其诗词以开阔超然之姿，如《女游仙》其八："惜花不作愁春梦，消受虚无天地宽"，在经历丈夫病逝、被驱

---

① 顾太清、奕绘著，张璋编校《顾太清奕绘诗词合集》，上海古籍出版社 1998 年版，第 298 页。
② 陈鼓应《庄子新论》，商务印书馆 2008 年版，第 424 页。
③ 孙敏明《庄子"游"的人生哲学研究》，浙江大学 2011 年博士论文，第 8 页。
④ 郭庆藩《庄子集释》，中华书局 1961 年版，第 2 页。
⑤ 顾太清、奕绘著，张璋编校《顾太清奕绘诗词合集》，上海古籍出版社 1998 年版，第 237 页。
⑥ 魏远征《词境画境心境——论顾太清题画词》，《民族文学研究》2007 年第 2 期，第 37 页。

离出府等一系列打击之后,她并没有沉沦在悲伤自怜情绪中,而是很快地振作起来。道家超然物外的人生观,使她写出"人间限满归泉下,他日同游亦快哉"(《先夫子大祥率钊、初两儿、叔文、以文两女恭谒南谷》)的诗句,往日与丈夫并辔出游的情景则给了她面对死亡的豁达和继续生活的勇气。事实上,中年守寡的太清仍不废登临,在奕绘去世后的二三十年中她屡屡同亲人好友游览名胜古迹,借大自然清幽空明的意境和广阔雄壮的气势,化解心中的孤寂和伤痛。如《中伏日游净业湖次湘佩韵》:

倒影垂杨媚绿漪,红衣翠扇舞参差。市声远隔蝉声急,身在尘寰竟不知。[①]

大自然的清净超俗抚平了作者的丧夫之痛,让她的心灵得到了安宁。

顾太清的自由精神还体现在其诗词中不时流露出的对人世间的超越思想,这种超越往往表现为遁世,即在尘世之外为身心安顿一个归宿,如《金缕曲·红线》中:

功成岂为求人见。慰君忧、感知酬德,免他争战。遁迹云山游世外,酒海花场谁恋?劳主帅、中庭夜饯。野鹤翩然随所适,冷朝阳、特赋菱歌怨。乘雾去,碧天远。[②]

73岁时所作《同治辛未八月南谷养病示儿孙辈》:

是非休告诉,烦恼莫相寻。远避人间世,深山自养心。[③]

同年作《水调歌头·中秋独酌,用东坡韵》:

何日谢尘累,肥遁水云间。[④]

同年作《水调歌头·谢古春轩老人见赠竹根仙槎》:

蓬莱渺何许,仙侣泛仙舟。……王母驾灵虬。松为篷,桂为楫,破云流。……泛览十州三岛,对此可忘忧。欲借长风便,吹我到杭州。[⑤]

无论是隐居遁世,还是对仙界的描绘,都是作者安顿自己生命的方式,即她渴望有一个与"人间"保持一定距离的空间,有时候这个空间的存在以梦境的方式展现:"烟笼寒水月笼沙,泛灵槎,访仙家。一路清溪双桨破烟划。才过小桥风景变,明月下,见梅花。梅花万树影交加,山之涯,水之涯。澹宕湖天韶秀总堪夸。我欲游遍香雪海,惊梦醒,怨啼鸦。"(《江城子·记梦》)顾太清将自己的世界安顿在这样一个纯净而澄澈的世界中。

顾太清与其他失意文人一样,也把苦闷与忧愁寄托到虚无缥缈的超自然力量上。当置身于如仙境般的佛道古刹,面对出家人的放逸与飘然,她回想自己人生的坎坷与困顿,难免有遨游仙界、摆脱俗累之向往。她的游仙诗词格调大多类此,在极力描绘仙界的景象后,常常不自禁地流露出欣羡追慕之情或超尘脱俗之意:"我欲往从之,不见三青鸟"(《游仙五首》其三)、"悠悠世中事,泠泠弦上音"(《游仙五首》其五)。游仙诗在思想上主要受到老、庄思想的影响,表现出企图超越世俗社会的局限、生死的局限、人生短暂的局

---

① 顾太清、奕绘著,张璋编校《顾太清奕绘诗词合集》,上海古籍出版社1998年版,第151页。
② 顾太清、奕绘著,张璋编校《顾太清奕绘诗词合集》,上海古籍出版社1998年版,第214页。
③ 顾太清、奕绘著,张璋编校《顾太清奕绘诗词合集》,上海古籍出版社1998年版,第174页。
④ 顾太清、奕绘著,张璋编校《顾太清奕绘诗词合集》,上海古籍出版社1998年版,第261页。
⑤ 顾太清、奕绘著,张璋编校《顾太清奕绘诗词合集》,上海古籍出版社1998年版,第208页。

限、人生坎坷的局限的强烈愿望。《庄子》的文本世界中,仙人往往上天入地,上到宇宙星辰,下到江湖河海,甚而入芥豆之微,无不来去自由。顾太清的游仙诗也继承了这一点,如《游仙五首》(其二):"飘渺十二楼,上有仙人居。左据青玉案,右拥鸿宝书。琼瑶制危冠,芙蓉曳轻裾。欢笑粲玉齿,从容下丹除。俯察碧流水,清波戏朱鱼。仰观青天云,舒卷任太虚。"

太清受道教思想浸染甚深,其诗词中往往写到夫妻二人与道教人物的往来应酬以及观看道教仪式等,如《临江仙慢·白云观看坤鹤老人受戒》《次夫子燕九白云观观放斋原韵》《四月三日白云观看道场作》等。白云观住持张坤鹤曾于1835年6月21日冒雨登门造访他们夫妇二人。为此,顾太清填词《冉冉云·雨中张坤鹤过访》以记此事:

秋雨潇潇意难畅。忽敲门,道人来访。玄都客、谈论海天方丈。全不管、世间得丧。惟有真知最高尚。一任他、你争我让。把身心、且自忘忧颐养。阅尽古今花样。[①]

顾太清叙述了全真教道士来访的情景及其宣教内容。教义的核心思想与庄子超然物外的思想一脉相承,"惟应以清心寡欲为要,不去管世间得失,任凭人们争让,且自忘忧颐养"[②]。

又如《鹧鸪天·冬夜听夫子论道,不觉漏三下矣。盆中残梅香发,有悟赋此》:

夜半读经玉漏迟,生机妙在本无奇。世间莫恋花香好,花到香浓是谢时。蜂酿蜜,蚕吐丝,功成安得没人知。恒沙有数劫无数,万物皆吾大导师。[③]

词中流露出超尘出世的思想。夫妇二人一起论道至半夜,由寻常事物悟出"世人莫恋花香好,花到香浓是谢时"的道理,进而延伸到蜜蜂酿蜜、春蚕吐丝结茧等现象,认为世间万事万物的兴废,皆为此理。所以人活在世间应该超然物外、放弃事功,以无所欲求为最高境界。再如《浪淘沙·偶成》:"人世竞无休。驿马耕牛。道人眉上不生愁。闲把丹书窗下坐,此外何求? 光景去悠悠。岁月难留。百年同作土馒头。打叠身心安稳处,顺水行舟。"[④]此词直接表述了顾太清洁身自好、清静无为的生活态度。身外无他累,不为人世无休止的竞争而烦恼。

生活的沉浮不定令顾太清深刻地认识到人生如寄,因而她渴望超脱,但是她的理智使她对仙境始终保持着一种观望,最终得出"但求无事是安居,成仙成佛何须慕"的人生体会。

余论

家庭的学术氛围、个人的秉性气质、人生的种种磨难,多种因素汇集在一起,将太清指引向道家思想的核心人物——庄子。为与丈夫奕绘的号"太素"相匹配,她取号曰"太清",且两人请黄云谷道士为他们画了两张道装像,分别自题诗词。平时她也精研道家思

---

① 顾太清、奕绘著,张璋编校《顾太清奕绘诗词合集》,上海古籍出版社1998年版,第200页。
② 张菊玲《旷代才女顾太清》,北京出版社2001年版,第58页。
③ 顾太清、奕绘著,张璋编校《顾太清奕绘诗词合集》,上海古籍出版社1998年版,第203页。
④ 顾太清、奕绘著,张璋编校《顾太清奕绘诗词合集》,上海古籍出版社1998年版,第186页。

想，与丈夫论道切磋。奕绘 38 岁即辞职消闲、超脱世俗，顾太清在他的影响下，心胸渐开，这直接影响了她的创作气象，"清代闺阁词中不少佳作，然往往失之纤弱，像太清这样笔端豪迈而以气格胜者，实不多见"①。庄子思想不仅赋予顾太清的诗词以超脱的意境和深刻的哲理，也让她能以阔大高远的胸襟去化解人生面临的种种痛苦和磨难。

　　不唯顾太清，晚清其他女性作家笔下也时有涉及庄子意象者，如陈家庆诗歌《戊辰感事》其二："游仙有梦正还家，睡起槐阴听落花。夜静披衣无个事，满庭明月读南华。"②其三："绿暗红稀满上林，旧游回首肯沾襟。鹃啼蜀帝偏多恨，蝶化庄生讵有心。万里关河魂欲断，一春风雨梦难成。最怜极目非吾土，便有情怀莫浪吟。"③"南华"即指《庄子》。（汉代道教出现以后，便尊之为《南华经》，且封庄子为南华真人。）《清平乐·冬尽日》："寒侵翠袖，且尽新醅酒。姑射仙人如我瘦，可忆风神依旧。"④郭步蕴咏物诗《梅花》："藐姑仙人谪几时，垂垂白发两三枝。"比喻新颖贴切，将梅花写得毫无人间烟火气。又如《早春》："岁月自伤愁里过，风光漫向眼前新。凭栏细念浮生事，离合悲欢一梦身。"春色正好，诗人却满腹愁绪，生趣黯然。这与诗人的生平经历密切相关，郭步蕴寡居几十年，生活异常凄清，常常以泪洗面，女儿文秀的早死，令她悲痛欲绝，唯一的希冀是小名莲儿的儿子，却长年游学游幕，令她牵挂不已。

　　要之，庄子将人生艺术化、审美化、理想化，不胶着于人生一隅，他那清醒中能超脱、与万物融合、随大化流行的生命哲学，为后世困境中的人们点亮了一盏明灯。晚清不少女作家，无论是遭遇个人的小悲伤，还是面临国家民族的大灾难，她们不约而同地从庄子的人生哲学中寻找慰藉，承受苦难、理解苦难，最终以超越的姿态挣脱苦难，从而获得精神上的达观从容、自足自适。

---

① 夏纬明《清代女词人顾太清》，香港商务印书馆编《艺林丛录》（第 5 编），香港商务印书馆 1964 年版，第 102 页。
② 贝京校点《湖南女士诗钞》，湖南人民出版社 2010 年版，第 523 页。
③ 贝京校点《湖南女士诗钞》，湖南人民出版社 2010 年版，第 523 页。
④ 贝京校点《湖南女士诗钞》，湖南人民出版社 2010 年版，第 537 页。

儒家伦理传统的现代转化与当下传承

刘师健*

摘　要：中国儒家伦理传统思想承继殷周以来的道德观念，以"仁"与"礼"为道德规范，形成了悠久的"德性论传统"。近代以来，儒家思想传统在新与旧、中与西的紧张对立中，几经变迁：先是制度化的儒家伦理，断失政治中心的主导地位，进而在具体规范到形而上学方面遭遇到全盘否定，后又由虚而实，再造道德形而上学根基，重新发展为纽结民族精神认同的基石。20世纪初以来，儒家伦理的现代转型主要出现了义理上的心性之学、生活中的人伦之理与信仰上的内在超越的理论形态。在走向现代文明的进程中，儒家伦理传统在近代嬗变与现代创造性发展中，经过重新诠释与建构性重塑，依然是中国人道德生活的价值源泉。习近平总书记结合当今时代特征与时代使命，赋予儒家伦理传统鲜活的时代价值，使之成为党和国家治国理政的丰富思想文化资源。

关键词：儒家伦理；近代嬗变；现代转化；当下传承

中国儒家伦理体系承继殷周以来的道德观念，以心性之学为形而上的依托，关涉伦理的本性、根源、原理、理想等一系列道德理性问题，有着悠久的"德性论传统"，造就了中国传统价值世界的核心支柱地位。至十九世纪末，随着封建王朝的瓦解，儒学及其伦理思想所依附的制度全面衰落，制度化的儒家伦理基本死亡，张之洞的"中体西用"、康有为之"孔教运动"是儒家伦理制度化的最后努力，也正因为不再与封建制度相关联，儒家伦理开始了新的发展机遇，客观上推动了儒家伦理传统的现代转型。当今在文化自信、文明自觉的背景下，着眼于现实反思历史，我们需要从理论形态与核心意旨层面重新审视儒家伦理传统，凸显儒家伦理传统中的道德精神与淑世的普遍价值，重建儒家与世人生活的紧密联系。这既是一个理论问题，也是一个现实课题。

一、儒家伦理传统"德性"的起源与基本特质

道德观念的萌发是人类人文精神觉醒的一种标志，其形成早期与原始宗教信仰有着密切的关联，而在早期道德观念与原始宗教信仰之间，天命思想是融通二者的关键因素，既被赋予主宰宇宙世间万物的形上意义，还一度被视为道德判定的唯一标准。面对前儒家时期道德观念的蜕变，早期儒家突破天命思维的束缚，推德至仁、以仁释礼，将儒家伦理确立在现实具体的道德实践之中，关注人的道德品质与行为动机。可以说，伦理之"德"作为一种意识形态，在前儒家时期，经历了由宗教信仰形态到天命思想形态，再到现世规范形态的变化。

---

　　*　刘师健，湖南省社会科学院助理研究员，主要从事宋代文学与学术史研究。本文为湖南省社会科学院项目"流寓文化与湖湘精神的动态建构研究"（批准号：20BMZD020）的阶段性成果。

原始社会早期,"德"观念尚未成形,原始宗教信仰、原始思维状态下的泛神观念支配着人们的思想。[1] 如《国语·楚语下》记载了"绝地天通"的神话,其中关于民神杂糅的描述部分,就在一定程度上反映了原始宗教对于神人关系格局的基本认知。殷商时期,人们的崇拜对象逐渐由原始宗教的鬼神传统转向上帝、宗神,如《礼记·表记》中即记载了"殷人尊神,率民以事神",只是上帝作为自然与下国的主宰,具有更高的权威。至西周,周公总结夏、商两代兴亡的历史教训,将天命的流转归于德,由此而唯德以"敬"。如:"王先服殷御事,比介于我有周御事,节性惟日其迈。王敬作所,不可不敬德。"(《尚书·召诰》)德观念开始从最为原始的神意中剥离出来,而成为判断人的行为、品质的重要因素,儒家仁德的伦理化遂发展出"为己"与"为人"两重面向。[2]

孔子面对周礼的日渐崩坏,在吸收殷周以来"德"观念的同时,通过确立仁的主体性,强调伦理功用的具体发挥。如"志于道,据于德,依于仁,游于艺"(《论语·述而》)指出德之所得在于道,道即"君君臣臣父父子子"人伦秩序的正常化,仁则指从自身出发,把对人伦秩序的礼的恪守落实到修身立己之上,诚如其"仁远乎哉? 我欲仁,斯仁至矣",仁以道德意志的存在切入现实之中,以此成就人的美德,仁德在突破政治化限定的进程中,发展出有别于"礼"的,而又为人所普遍遵守的规范,即"仁",强调以恭敬谦卑合乎礼的原则来规范自己的行为,德由此从不可逆的天命标准,跨越统治者具体身份的限定,转而成为一种普遍化的人格标准,"仁"从血亲伦理转变为以孝悌为实践基础的普遍的人际伦理,如"居处恭,执事敬,与人忠。"(《论语·子路》)"君子有九思:视思明,听思聪,色思温,貌思恭,言思忠,事思敬,疑思问,忿思难,见得思义。"(《论语·季氏》)在道德实践中,对人格修养的关注,这是为开辟了儒家"德性"的内在化新途径,在某种意义上,促使了儒家"德性"向人性层面的转化。

有别于孔子仁的具体化的道德实践方式,孟子强调仁、义并举,指出:"仁,人心也;义,人路也。舍其路而弗由,放其心而不知求,哀哉! 人有鸡犬放,则知求;有放心,而不知求。学问之道无他,求其放心而已矣。"(《孟子·告子上》)心性善端的先在性,使得在"义"所铺陈的人性上,仁心的发明应是自然无失的,这里指出了显于外的仁义礼智并非外在的赋予,而是人的内在固有,伦理之"德"作为自然的善端始于人性的发明,在对普适性的"道"的追求中,人的主体认知不断深化,道德修养的自觉化水平越来越高。"德性"获得了超越具体品质描述的依据,其思想依据从外在的天命转移到内在的人心人性之中,儒家伦理学完成了道德主体内在品质的培养。

综上可知,传统儒家伦理主要关涉道德问题,以天为起源,关注人性、义利与修养等个体问题,追求个体、社会、国家与自然的和谐共生,聚焦了个人与本心、个人与他人、国家与社会以及人类与自然之间的伦理关系。在这一思想体系中,与家族最密切的宗亲关系,是维持儒家人伦日用的根本,血亲关系的"德性"底限逻辑使儒家伦理的建构有了最为稳固的道德情感支撑,家庭或家族是为儒家伦理"家国天下"愿景内存在的基本单位,儒家家庭层面的道德伦理最终转化为国家层面的社会治理功能,对中国社会各阶段精

---

① 晃福林《先秦时期"德"观念的起源及其发展》,《中国社会科学》2005 年第 4 期,第 192 页。

② 参见任凯龙《德性与德化:儒家伦理特质研究》,山东师范大学 2016 年硕士学位论文,第 26 页。

神、生活领域的诸多问题产生了切实有效的影响。

二、近代儒家伦理精神的嬗变轨迹

近代以来，随着科举制的废除与帝制的消亡，"制度化的儒家"随之被打散；西方资本主义致使社会结构发生改变，更是冲击了儒家的社会基础，儒家伦理传统在新与旧、中与西的紧张对立中，历经了从失去权力庇护逐渐边缘化，直至失去在中国封建社会独尊地位的变迁。在此历程中，遭遇质疑、否定、批判，却又迎来发展机遇，重新焕发生机。

其一是晚清士大夫建制化儒教努力的失败，传统政教关系破裂，儒家思想断失政治中心的主导地位。晚清以来，西方文化以坚船利炮为手段，强势进入中华大地，中国封建社会不断走向瓦解，儒学的"人治"传统以及对人性的压抑与逐渐被觉醒的现代意义上的"人"形成尖锐的矛盾，越来越成为阻碍中国近现代社会转型的障碍。面对"三千年未有之变局"，不少有识之士起而抨击理学，寻觅救国之道，提出保国、保种、保教的主张，兴起爱国救亡运动。张之洞立足于中国"家国一体"伦理同质化结构的"政教关系"，提出："吾闻欲救今日之世变者，其说有三：一曰保国家，一曰保圣教，一曰保华种。"①其"三保"方案强调了保国、保教、保种的高度统一，认为"保国"方能"保教"，"保教"才能"保种"，将实现国家的独立置于首要任务。较之张之洞坚持国体以保教的渐进改革的保守方案，康有为针对中国"淫祠遍地"的社会现实，主张通过改教以保教，以保教带动保国与保种。这种以政治改良为目的对传统儒学的改造，包含着对一个文明的整体性理解，是一个关乎儒教文明全面转型的整体方案，不仅是保教，还有保国和保种，都被他囊括在这个以改教为枢纽的一揽子计划中了。② 这些制度化改革儒学的努力，代表了时人重振传统纲常伦理的思想倾向。但无论是张之洞以政治为先，还是康有为以儒教为先的改革方案，都无法挽救中国封建社会灭亡的命运，辛亥革命结束封建帝制，传统"政教一体"同盟关系瓦解，依附于封建政体的儒学解体，传统儒家伦理失去维系人心的力量，制度化儒教的改革方案终究是难以获得全民众的支持，而以失败告终。

其二是在取法西方道德知识体系的"道德革命"中，儒家伦理思想从具体规范到形而上学遭遇到了全盘的否定。历经戊戌政变、庚子国难后，知识分子走出传统儒家思想的窠臼，拥戴现代西方道德概念与价值理论，展开了对传统伦理的彻底批判。梁启超通过"公德"与"私德"之辨，开启"道德革命"运动。认为"道德之立，所以利群也。故因其群文野之差等，而起所适宜之道德亦往往不同"③。在维系社会的关系中，产生维系群体所需要的道德，道德由此成为人类社会的普遍道德，其作用在于利群，超越社会现实的道德是不存在的，原本神圣性的伦理价值遭遇到了前所未有的声讨与批判。陈独秀即指出"三纲五常"是违背人性的奴隶道德。推翻帝制的革命家孙中山在民国之后有一段观察："前几天我到乡下进了一所祠堂，走到最后进的一间厅堂去休息，看到右边有一个孝字，左边

---

① 张之洞著，陈山榜评注《劝学篇》，吉林出版集团有限责任公司 2011 年版，第 13 页。
② 唐文明《儒教文明的危机意识与保守主题的展开》，《清华大学学报（哲学社会科学版）》2017 年第 4 期，第 104 页。
③ 梁启超《饮冰室文集点校》（第 1 集），云南教育出版社 2001 年版，第 622 页。

一无所有……由此便可见现在一般人民的思想以为到了民国,便可以不讲忠字。"①在时人的意识中,儒家伦理中的"忠"是与"君"相对应的,所忠之君既指作为个体存在的统治者,也指作为整体存在的国家,忠君由此极大地强化了君主专制,这有悖于民主共和的政治体制与时代精神。儒家伦理思想体系中的糟粕和精华始在外力作用的冲撞下剥离开来。在西方以"权利"为中心的功利主义思想盛行的时代氛围中,传统儒家以"天下"理念为核心,以道德上的正当性作为规则的出发点,其克己成仁的德性论传统受到前所未有的冲击。② 梁启超认为,权利意识的启蒙,有利于世人改造传统儒家伦理倡导的消极道德修养之道。刘师培同样认为:"以权利与人,即可使人尽义务。"③即指出现代社会发展离不开人的发展,要培养良好国民,就需要改变传统儒家内在超越式的心性修养方式,明晰个体义务与责任,为人的发展提供平等权利与机会,以积极的道德发展社会个体的人格。传统儒家思想由此在普遍取法于西的激进反传统思潮中,从伦理体系的中心位置而退居边缘地位。

　　其三是在新文化运动中,儒家思想又从失去制度支撑的边缘,重新发展为纽结民族精神认同的基石。在由传统向现代的转型过程中,中国近现代转型的核心事件即为道德重建。激进与保守的相互论争构成了传统伦理的现代转型的两维视角。传统伦理制度是新文化运动要打倒的靶子,此时,激进大有压过保守之势,保守思潮逐渐转为历史叙事的"低音",其后期,在全面反传统思潮中,世人认同上的迷失与虚无更为凸显。20 世纪20 年代,国立东南大学以《学衡》为旗帜,汇聚一批认同儒家思想和传统文化的学者,反思中国传统,反思中国如何复兴以重回世界中心位置。30 年代,在民族危亡的严峻局势下,激进的反传统者放弃消极破坏而重新重视建设责任,保守主义开始以国族认同竞相号召,以《国风》创刊为标志,在接引西方现代性道德价值的基础之上,抛弃陈旧的"道统",始以民族意识为内核,致力于守护民族文化的"伦理精神",重新发掘、充实和丰富儒学传统在精神、道德、伦理及制度等层面的资源,从重新认识孔子及其儒学的精华等角度为儒家伦理进行了辩护,试图重建社会伦理秩序,激进与保守在"复兴"的时代主题下得以汇合,思想界自觉地走出了传统与现代相互对立的狭小视域,开启了儒学复兴的新篇章,致力于从民族复兴的高度,思考整个国家的伦理重建。

　　儒学在近代遭遇了来自思想、政治、社会全方位的冲击,从洋务运动开始,始是器物层面的"以洋为师",接而历经伦理层面的"道德革命",最后到晚近以来思想层面的"文化运动"。④ 制度化的儒家伦理在这一浪高过一浪的反传统大潮中已然消亡,现实困境重重,成为没有肉体的游魂(余英时语)。道德伦理的重塑,必然伴随着中国政治、阶层、文化等多方因素的解体与重构,面对中国社会结构的变化,在此基础上重塑中国人的道德伦理生活,这既是当时儒家面临的问题,也是中国革命面对的问题。可以说,近现代历史中,"作为文化的儒家"不断地受到冲击,处于消解与式微的过程中,这与近现代中国面临

---

① 孙中山《三民主义·民族主义第六讲》,《孙中山全集》(第 1 册),中华书局 2016 年版,第 55 页。
② 胡芮《中心与边缘:近代儒家伦理精神嬗变轨迹及其超越》,《天府新论》2018 年第 6 期,第 56 页。
③ 刘师培《伦理学教科书》,广陵书社 2013 年版,第 7 页。
④ 胡芮《中心与边缘:近代儒家伦理精神嬗变轨迹及其超越》,《天府新论》2018 年第 6 期,第 53 页。

的救亡以及现代化的主题紧密相关。①

三、儒家伦理传统的创造性转化

20 世纪 40 年代，贺麟相继出版了《五伦观念的新检讨》与《儒家思想的新开展》，用会通中西的方式开启了以现代哲学方法研究儒家伦理的新理路。相对于传统儒学的伦理形态，儒家伦理的心性之学、人伦之理与内在超越是 20 世纪以来儒学研究的新方向、新理路。这些研究既是理性的思考，又有着重建"伦理精神象征"的情结，促进了儒家伦理的现代转型。

其一，心性之学的兴起是现代新儒学最重要的理论建树之一。心性论发展历经两千余年，由孔子开其端，孟子言性善，至程、朱曰"性即理"，陆、王倡"心即理"与"致良知"，是传统儒家伦理的基石，是格物、致知、正心、诚意的内在修身之本，是"明明德"之前提，"内圣外王"是其道德理想。现代新儒学心性之学上承阳明心学，更为注重现实关切，认为儒家的生命与"内在目的"应是积极地要求现代化②，对心性之学寄予厚望。自熊十力开创现代新儒学"新心学"一系之后，唐君毅在《生命存在与心灵境界》中建构了"心通九境"的形而上学体系，以儒家之"心"作为人类文明的根源与本体，贯通人类的一切文化创造与文明成果。与此相比，牟宗三则重建"新内圣外王之道"，其"三统之说"③对"心性"与"良知"的现代阐释更具使命感与问题意识。

儒家伦理主导下的这种认知，强调"尽性、知性、知天"的天人贯通之道，注重与彰显心性本源与德性之智的关系，但若缺失"知性"发展、科学的进步，儒家伦理精神是贫乏而不充实的。只是儒家心性之学的本来意义与直接目的乃是塑造道德理想人格。贺麟即指出："人道本身就有贯通天道和地道的性格，正因为人可合天地之德，于是，便不再仅仅是天地之撰，即不再仅仅是天地的作品，而是变成了自我生成着的人，人以自我生成的方式变化着自己的气质，顺承天地的精神，推进天地的事业，在这个意义上，人才是天地之心。"④人之心性给予人一种自信的力量与向善的根基，向内体悟道德之本源，向外开出建立事业之理想，以此成就君子乃至圣贤人格，这即是两千多年来心性之学的真正价值所在。

其二，人伦之理的返本开新。梁启超与贺麟率先肯定了儒家人伦之理的意义，并开始对其进行创造性的诠释。其对待儒家日用人伦的态度，是基于儒家伦理的本来面貌进行的客观分析，如梁启超"报恩""明分""虑后"的现代诠释与贺麟"五伦"精神实质的阐释，都肯定了基于血缘之爱的人伦之理的合理性，在这些本有的内容中引申出了具有现代价值的伦理内涵，使我们可以看到中国伦理本位的发源以及现代伦理的萌芽。⑤ 以伦

---

① 陈来曾区分"作为哲学的儒学"和"作为文化的儒学"，并认为近代"作为哲学的儒学"相当活跃，而"作为文化的儒学"则十分缺乏。这里"作为文化的儒学"包含了制度与社会两个层面。参见干春松《制度儒学》（增订版），中央编译出版社 2017 年版，第 1 页。

② 牟宗三《政道与治道·序》，吉林出版集团有限责任公司 2010 年版，第 3 页。

③ 牟宗三《道德的理想主义·序》，吉林出版集团有限责任公司 2010 年版，第 3 页。

④ 贺麟《文化与人生》，商务印书馆 2015 年版，第 7 页。

⑤ 参徐嘉《中国近现代伦理启蒙》，中国社会科学出版社 2014 年版，第 307～310 页。

理传统作为源头活水所生发的道德要求,充分顾及到了中国人的情感倾向,由此而更能深入人心。诚如贺麟所言:"必定要旧中之新,有历史有渊源的新,才是真正的新。"①

同时,学者也认为儒家人伦之理并非狭隘地限于血缘之情,虽然"仁者爱人"之爱是由近及远、由亲及疏,实际上,儒学经过不断发展与诠释,已深入到社会生活的方方面面,于家庭、家族、乡亲、社会、国家,皆有责任与义务,是平正的情感与人之常情(贺麟语)。但人伦之理亦有天然缺陷,需要我们进行自觉反思与建构性重塑。儒家言人伦主要着眼点在于有限的"熟人社会",时至今日,生活领域扩大,人际交往频繁,公共领域伦理失范、道德缺失,这既与中国社会的快速发展有关,也缘于我们伦理传统的天然缺陷。其三是重建伦理信仰的"内在超越"(或"内向超越")理论。在中国传统社会,中国人的信仰世界从总体上说是以儒家的"天"为主体构成的。② 从庙堂上的祭天仪式到民间的风俗、禁忌,都在人的心理上暗示着"天"的权威,渲染着"天道"与"天理"的神圣,最后形成了"忠诚于天理的神圣责任"。以"天"为对象的伦理信仰,一直主导着中国人的心灵思想。儒家人伦之理的血缘之爱,由亲而疏,由五伦而推己及人,推至民胞物与、天下一家,这种朴素的伦理观念经由天道化、天理化之后,便具有了神圣而超验的意味。一方面,"天理""天道"是价值之源,是"超越世界";另一方面,"天"赋予人以人性,因而人性具有与"天理""天道"相同的道德属性,所以天理、天道既内在于人又超越于现实世界。在人伦之理的践行中,由父母、兄弟而家族、而家乡,进而国家、天下。基于这种信仰,个体有限的生命遂融入无限的发展之中,个体由此获得安身立命之感以及精神上的终极寄托。

综上,在现代儒家伦理的发展方向中,心性之学若脱离现实的道德生活,只能是没有根基的空中楼阁;与封建意识形态密切关联的制度伦理、纲纪之道,已成为历史,而其伦理的教化功能,尤其是早期儒家修身律己、心怀天下的道德理想,依然能够依托于制度而发挥作用。儒家人伦之理经数千年之浸染已深入人心,充分挖掘儒家的资源,引导我们日常的道德生活,是儒家人伦之理焕发生命力的重要方向;内在超越理论揭示了儒家伦理的超越性,也彰显了建构非宗教式信仰的意义。当然,儒家伦理的发展不应停留于理论层面,只有立足于中国社会的道德生活,才是其生命力的保证。诚如《再论东亚儒学的建构逻辑》一文中所言:"儒家经典所内在的普遍真理总是通过不同时代、不同区域的解经者的内在转换而以适应时代要求的形式表现出来,儒家经典所内含的普世性义理只有获得在地化表现,才能成为活的思想资源对当下产生意义。"③

四、传统儒家伦理的当下传承

今天我们重新审视儒家伦理传统,既要探寻其文化基因,更要着眼于其时代价值。传统儒家伦理既是生活实践中的礼仪规范,更是国家典章制度、社会人伦与宇宙万物发

① 贺麟《文化与人生》,商务印书馆 2015 年版,第 51 页。
② 尽管中国社会有道教与佛教,但都不能取代对"天"的信仰与敬畏,而"天"的本质是儒家伦理的神圣化。在中国历史上,佛教与道教都不能违背儒家的伦理原则,凡是与儒家伦理相抵牾的观念,最后都需要进行调整而改变。赖永海教授指出,"佛教的中国化"历经曲折,其实质就是印度佛教的儒家伦理化。参见赖永海《佛学与儒学》,浙江人民出版社 1992 年版,第 23 页。
③ 傅永军《再论东亚儒学的建构逻辑——以黄俊杰的相关论述为中心》,《周易研究》2016 年第 1 期。

展规律的规范与秩序。习近平总书记指出："中华民族在长期实践中培育和形成了独特的思想理念和道德规范，有崇仁爱、重民本、守诚信、讲辩证、尚和合、求大同等思想……不论过去还是现在，都有其永不褪色的价值。"①总书记对儒家伦理传统进行了高度的理论概括与梳理，创造性地赋予了其鲜活的时代价值。在全面深化改革、推进中国特色社会主义伟大事业、实现中华民族伟大复兴的历史条件下，儒家伦理传统的当代价值日益彰显。

其一，为推进国家治理体系与治理能力现代化提供有益借镜。实现国家治理的现代化，是完善和发展中国特色社会主义的必然要求。这一目标任重道远。目前，我们"思想观念跟不上，治理能力有待提升。这两者都要靠政治智慧来解决"②。习近平总书记明确指出："一个国家的治理体系和治理能力是与这个国家的历史传承和文化传统密切相关的。解决中国的问题只能在中国大地上探寻适合自己的道路和办法。"③一定意义上说，伦理传统中治国安民与安邦兴国的思想，体现了古今共通的治国理政之理，为当今治理体系与治理能力的现代化，提供了基本经验、有益借鉴与深刻启示。④

从社会治理层面来看，"民本"作为儒家伦理传统的核心范畴，自古就有"民惟邦本""政得其民"之说，并形成了以民为根、以民为本、关爱苍生等思想内涵丰富、实践价值日益健全的民本思想。习近平总书记指出："'政之所兴在顺民心，政之所废在逆民心。'全心全意为人民服务，是我们党一切行动的根本出发点和落脚点，是我们党区别于其他一切政党的根本标志。党的一切工作，必须以最广大人民根本利益为最高标准。"⑤新中国建立后特别是改革开放以来，中国共产党高度重视国家和社会治理，社会稳定和长治久安的总目标是引领全局工作的旗帜与方向。其执政宗旨就在于，坚持以人民为中心的发展思想，时刻将人民利益放在首位，寻找全社会意愿和要求的最大公约数，凝聚起社会各界的共识，满足人民日益增长的美好生活需要。这一执政目标与宗旨就与古已有之的民本思想一脉相承。

从生态治理层面来看，古人追求自然和谐，讲求"天人合一""以德配天"，孔子言"敬畏天命"，孟子曰"仁民而爱物"，均将"人道"与"天道"统一起来。提炼这些伦理传统中蕴含的人与自然关系方面的深邃智慧，可为生态治理提供有益的价值借鉴。党的十九大指出"建设生态文明是中华民族永续发展的千年大计"，坚持绿色发展，推进人与自然和谐共生，特别强调树立和践行"绿水青山就是金山银山"的理念，坚定走生产发展、生活富裕、生态良好的文明发展道路。这体现着对民族、历史以及后人高度负责的精神，同时是对中华文明乃至人类文明的贡献。从政治治理层面来看，"道之以德，齐之以礼，有耻且格""欲修其身者，先正其心；欲正其心者，先诚其意""当今之时，能去私曲，就公法者，则民安国治"等传统观念是习近平总书记提出"为政以德""治国先治吏"等论断的重要思想

① 习近平《在文艺工作座谈会上的讲话》，《人民日报》2014年10月15日，第4版。
② 王斯敏、韩业庭《治国理政：向优秀传统文化要智慧》，《光明日报》2016年3月15日，第5版。
③ 《习近平在中共中央政治局第十八次集体学习时强调　牢记历史经验历史教训历史警示　为国家治理能力现代化提供有益借鉴》，《人民日报》2014年10月14日，第1版。
④ 李军《传统文化的当代价值》，《光明日报》2019年2月22日，第6版。
⑤ 习近平《在纪念毛泽东同志诞辰120周年座谈会上的讲话》，《人民日报》2013年12月26日第2版。

来源。总书记用"不矜细行,终累大德"的古语指出,党员干部要从我做起、从小事做起、坚守正道、弘扬正气;用"物必先腐,而后虫生"要求党要一贯坚持鲜明政治立场,坚持廉政建设;从"欲知平直,则必准绳;欲知方圆,则必规矩"的古训中,强调要"严明政治纪律、严守政治规矩",并指出:"党要管党,首先是管好干部;从严治党,关键是从严治吏。"①儒家伦理传统中的这些为政之理、治吏之道为新时期治党治吏提供了历史镜鉴。

其二,构建人类命运共同体的重要价值支撑。当代世界经济全球化、世界一体化趋势日益增强。地区冲突、贫富差距、金融危机、恐怖主义、强权政治等诸多风险因素日益增多,在社会高速发展的大环境下,机遇与挑战并存。面对这一局势,习近平总书记站在全人类的角度,提出构建人类命运共同体的思想,以全人类共同的命运为关怀指向。他指出:中国人自古就推崇"协和万邦""亲仁善邻""和而不同""兼爱非攻"的和平思想。这些思想传承造就了我们在对外关系上,主张吸纳百家优长,要具"强不执弱""富不侮贫""协和万邦"的精神。这一思想的构建,实际上是伦理传统中"大同理想"在当今时代的创新性发展。

习近平总书记将此思想精华运用于处理当今世界的国际关系,提出"主权平等""共同安全""共同发展""合作共赢""包容互鉴""公平正义"等主张,推动建设"持久和平、共同繁荣的和谐世界"。以此为基础,中国政府在国际事务中坚定不移地推行和平发展道路。②作为当代中国促进世界和平发展和全球治理的长期努力的成果,人类命运共同体的构建既是历史的选择,也是现实的选择,更是价值的选择,展现了我们国家与世界各国人民携手共创美好未来的坚定信念,也是对儒家伦理传统推己及人思想的最好升华与传承。

其三,涵养社会主义核心价值观的重要根基与源泉。培育和践行社会主义核心价值观是凝魂聚气、强基固本的基础工程。社会主义核心价值观,是我们党凝聚全党全社会价值共识作出的重要科学论断,是实现中国梦的价值观建设基础工程。它与中华优秀传统文化和人类文明优秀成果相承接,是当代中国精神的集中体现。习近平在系列重要讲话中,深刻阐释了伦理道德传统与社会主义核心价值观的内在联系。指出:"中华民族在长期实践中培育和形成了独特的思想理念和道德规范,有崇仁爱、重民本、守诚信、讲辩证、尚和合、求大同等思想,有自强不息、敬业乐群、扶正扬善、扶危济困、见义勇为、孝老爱亲等传统美德。"③他认为:"核心价值观,其实就是一种德,既是个人的德,也是一种大德,就是国家的德、社会的德。"随着社会的演进,中华传统文化中蕴含的思想理念、道德规范、伦理价值元素,历经创造性转化与创新性发展,体现着思想的引领力,影响着世人的理想信念与道德理念。

儒家伦理传统历来强调,人性善则行仁政,而天下来归;礼法合治则心中有戒,社会才会秩序井然,国家才能文质彬彬。"不患寡而患不均,不患贫而患不安","道之以德,齐之以礼,有耻且格",倡导形成以义制利的社会文化氛围,以实现社会的公平正义。"仁、义、礼、智、信"等儒家伦理思想核心,包含着清正廉洁、忠诚担当、修身成人、经邦济世、笃

① 《建设一支宏大高素质干部队伍　确保党始终成为坚强领导核心》,《人民日报》2013年6月30日,第1版。
② 龙静云《道德问题治理与提升文化软实力》,《马克思主义研究》2015年第1期,第67页。
③ 习近平《在文艺工作座谈会上的讲话》,《人民日报》2014年10月15日,第4版。

实守信等传统文化道德的思想精华。从传统的德性文化中吸取、借鉴传统儒家伦理注重整体、强调人伦、讲求诚信、追求和谐、崇德重义等超越时代永恒性的道德观念，可以助力于推进个人品德、职业道德、家庭美德、社会公德建设，实现社会公平正义，共同构建和谐、美好社会，是我们必不可缺的民族传统资源。

"历史是最好的老师，它忠实记录下每一个国家走过的足迹，也给每一个国家未来的发展提供启示。"①儒家伦理传统延续着我们国家和民族的精神血脉，时至今日，依然闪烁着睿智的光芒。我们既需要薪火相传，也需要与时俱进、革故鼎新。一方面要不忘本来，继承儒家伦理传统中蕴含的优秀的思想观念、人文精神、道德规范；另一方面，也要吸收外来，要对一切人类优秀的文化进行科学汲取与合理消化，在文明的交流与交锋中实现互补与交融，结合时代要求，激活、焕发和培植由儒家伦理传统长期熏陶而形成的道德精神与价值理念，勉以高度的自觉、谨严的行为，示范于世界，将人类共处之道推向新世纪、新境界。

---

① 习近平《在德国科尔伯基金会的演讲》，《人民日报》2014 年 3 月 30 日，第 2 版。

医疗与
文学研究

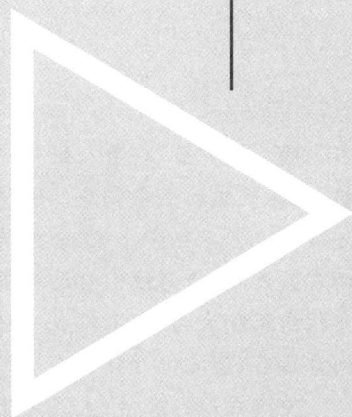

唐诗中的瘴及其文化内涵

牛建州 *

摘　要："瘴"在唐人眼中一直是一个恐惧的存在。他们认为南方的"瘴"对人的危害极大，甚至威胁生命安全。这除了与"瘴"本身的危害有关之外，还与当时文人对"瘴"的过度描述密不可分。从《全唐诗》可以发现，文人们有关"瘴"的记载对时人产生了非常大的震慑效应，使得他们自己对"瘴"的恐惧心理蔓延到整个社会。到了唐中后期，"瘴"的文化内涵发生变化，不仅成为描述南方疾病的称呼，也逐渐成为代表中原主流文化圈对南方落后"蛮文化"的代称。

关键词：瘴；唐诗；主流文化；恐惧心理；文化内涵

关于"瘴"及由"瘴"所衍生出来的"瘴气"及"瘴病"等内容的研究，历史学界起步甚早。从最开始，对"瘴"及"瘴气"的地理空间分布的研究①，再到对"瘴"字及"瘴病"本身的研究。② 特别是近年来，随着医疗社会史的兴起，学者们的研究视角也开始逐渐摆脱最早关注"瘴气"病理学的研究，转而研究由其所引起的人口迁徙以及人类文化活动的变迁。③这一变化无疑反映出学界研究兴趣的转变，也显示出了学界对现实问题的人文关怀倾向。但是从这些成果可以发现，学者们的研究大都是在长时间段内对"瘴"进行比较宏观的论述，而较少就某一个时期进行系统的观察。无疑"长时段"的研究能够更加直观地体现研究对象的变化及其所带来的影响，但却缺乏对这一现象的深入探讨，如对"瘴"的发展演变过程的研究即是如此。本文拟立足唐诗对唐人对"瘴"的认识及"瘴"的文化内涵的演变做一初步的考察。

一、古代医者对"瘴"的认识

"瘴"字的出现，据张珂风的考证，当不晚于西晋至南朝刘宋初年的一段时期。而隋唐三百年则是"瘴"及其衍生物之观念逐渐形成并产生影响的时期，因此有必要就隋唐这一时期进行比较系统的研究，以明确"瘴"的发展演变过程。

我国古代很早就认识到由于环境因素导致的大规模流行病现象。六朝以后，开始对

　＊　牛建州，陕西师范大学历史文化学院硕士研究生，研究方向为隋唐史。

　①　最重要的研究有龚胜生《2000 年中国瘴病分布变迁的初步研究》，《地理学报》1993 年第 4 期。

　②　参见张轲风《从"障"到"瘴"：瘴气"说生成的地理空间基础》，《中国历史地理论丛》2009 年第 2 期；左鹏《"瘴气"之名与实考辨》，《南开学报》（哲学社会科学版）2011 年第 5 期；蔡永敏、王梦婷《"瘴气"名称考证及规范》，《中华中医药杂志》2017 年第 10 期。

　③　参见左鹏《汉唐时期的瘴与瘴意象》，《唐研究》第 8 卷，北京大学出版社 2002 年版；左鹏《宋元时期的瘴疾与文化变迁》，《中国社会科学》2004 年第 1 期；张文《地域偏见和族群歧视：中国古代瘴气与瘴病的文化解读》，《民族研究》2005 年第 3 期。

这种流行病渐渐形成了一种固定的名称，这就是"瘴"。并且根据"瘴"又衍生出了很多与之有关的词语，如"瘴气""冷瘴""瘴疠""烟瘴"等。① 细读这些文献，发现关于"瘴"的记载，突出表现在描写南方的恶劣环境当中。现代医学研究认为"瘴气"就是通常所说的恶性疟疾。这与古代史料的记载也非常相似。《外台秘要方》卷五曰："《备急》夫瘴与疟，分作两名，其实一致。或先寒后热，或先热后寒，岭南率称为瘴，江北总号为疟。此由方言不同，非是别有异病。然南方温毒，此病尤甚。"② 巢氏《诸病源候论》卷十有记载："夫岭南青草黄芒瘴，犹如岭北伤寒也。"③ 宋人周去非在《岭外代答》中，对两者的联系说得更为清楚："南方凡病，皆谓之瘴，其实似中州伤寒。……轻者寒热往来，正类痁疟，谓之冷瘴，重者纯热无寒，更重者蕴热沉沉，无昼无夜，如卧灰火，谓之热瘴。最重者，一病则失音，莫之所以然，谓之哑瘴。"④ 即南方所谓的"瘴"就是北方中州地区所谓的伤寒、恶性疟疾，而且还分为"冷瘴""热瘴"和"哑瘴"。这种疾病对人的威胁非常大。患者患病之后会出现头痛呕吐，忽冷忽热，四肢酸软，精神昏愦，严重者毒气攻心，甚至可致死。明人《普济方》中提到关于"瘴气"的危害时仍然说："夫江东、岭南之地卑湿，春夏之间气毒弥盛，又山水湿蒸，致多瘴毒，风湿之气从地而起，易伤于人。所以此病多从下上，脚先屈弱，然后痹疼心痛，心烦痰滞吐逆，两胫微肿，小腹不仁，壮热憎寒，四肢缓弱，精神昏愦，大小便不通，毒气攻心，死不旋踵。此皆瘴毒、脚气之类也。"⑤ 可见，直到明代，医学界依然认为，"瘴"是非常严重的疾病。

二、唐诗中所见的"瘴"

文学作品最能体现时代风貌，而诗歌则是唐代文学作品的代表。有唐一代，留下了大量脍炙人口的诗篇。清代编纂的《全唐诗》共收录唐五代时期 2200 余位诗人约 48900 多首诗，这为我们研究唐史提供了非常便利的条件和充足的史料。"以诗证史"是陈寅恪先生研究唐史的重要方法之一，对笔者的研究深有启发。因此，考察《全唐诗》涉及"瘴"的诗篇，分析唐人对"瘴"的认识，考察"瘴"的含义在唐代的发展变化，应是很有意义的工作。

据笔者统计，《全唐诗》中共有 96 位诗人，285 首（包括重收和同诗异作共 5 首）诗歌提到了"瘴"。我们将这些诗人所处的时代按照文学史传统的划分，分为 4 个阶段，并以《全唐诗》为例，对诗中有关"瘴气"的内容做一简要统计（表 1），以此来了解唐代诗人笔下的"瘴气"及其对当时人的影响。⑥

---

① 参见张轲风《从"障"到"瘴"："瘴气"说生成的地理空间基础》，《中国历史地理论丛》2009 年第 2 期。

② （唐）王焘著《外台秘要方》卷五《山瘴疟方》，中华再造善本，国家图书馆出版社 2006 年版。

③ （隋）巢元方著，南京中医学院校释《诸病源候论校释》卷十，人民卫生出版社 1980 年版，第 357 页。

④ （宋）周去非著，杨武泉校注《岭外代答校注》卷四，中华书局 1999 年版，第 152 页。

⑤ （明）朱橚《普济方》卷二四六《脚气门》，人民卫生出版社 1959 年版，第 4024 页。

⑥ 此表统计数据根据（清）彭定求编，中华书局编辑部点校《全唐诗》，中华书局 1980 年版。

表 1　唐代涉"瘴"诗歌统计表

时期	诗人数	与"瘴"有关的诗句	备注
初唐（618—713）	6	17	骆宾王《军中行路难》卷 25；辛常伯《军中行路难》卷 63，且卷 77 重收
盛唐（713—766）	10	40	杜甫《相和歌辞·后苦寒行二首》卷 22 重收
中唐（766—835）	37	141	《奉和陕州十四翁中丞寄雷州二十二翁司户之作》，张籍与卢纶同题异作，王言史与刘言史或为同一人
晚唐（835—907）	43	87	翁绶《行路难》卷 25 重收
总计	96	285	5

据上表可以发现，中晚唐时期，以"瘴"入诗的诗人和诗句都明显增多，约占整个唐代的 2/3。其中，又以中唐时期最多，几乎占总数的 1/2。造成这一现象的原因，我们认为主要有以下四点。

第一，唐代是科举制发展的关键时期。自天宝以后，不仅常举进士科要加试诗赋，制举考试也要加试诗赋。《旧唐书·玄宗本纪下》天宝十三载秋曰："上御勤政楼试四科制举人，策外加诗赋各一首。制举加诗赋，自此始也。"①这是这一时期诗人和诗的产量大幅度增加的原因之一。

第二，唐代中后期，官员被贬之地，大都位于南方未开化地区。② 这些官员们到达南方之地后，心情烦躁，郁郁不得志，因此便会对当地环境的印象较差。而"瘴气"作为一种南方最常见、最恐怖的疾病之一，便时常出现在诗人的作品里。

第三，唐代中后期，北方战乱频繁，而南方则相对比较稳定，因此大量的文人为了躲避战乱，便开始向南方迁徙。随着南方经济的发展与开发，人们对南方的认识也在不断加深。

第四，在唐中后期，南方地区的南诏等国开始崛起，对唐朝的威胁增大，使得唐人的注意力也开始由北方地区向南方转移。

综上可以发现，这一时期描述南方风土人情的诗歌也开始与日俱增。从当时的自然环境来看，南方气候卑湿，瘴气弥漫，这在有唐一代确实是事实，也是唐人经常提到的话题。早在隋朝末年，隋炀帝因四方兵起，欲谋徙都丹阳时，李桐客就有"江南卑湿，地狭州小"③的论调。到了唐贞观初年，唐太宗欲任命卢祖尚为交州都督，据《旧唐书·卢祖尚传》记载：

太宗思求良牧，朝臣咸言祖尚才兼文武，廉平正直，征至京师，临朝谓之曰："交州大藩，去京甚远，须贤牧抚之。前后都督皆不称职，卿有安边之略，为我镇边，勿以道远为辞也。"祖尚拜谢而出，既而悔之，以旧疾为辞。④

---

①　（后晋）刘昫《旧唐书》卷九《玄宗本纪下》，中华书局 1975 年版，第 229 页。
②　参见龚胜男根据《旧唐书》所做的统计，唐代被贬的官员共有 379 人，其中有半数以上是被流放在了云贵和两广之地。见《2000 年来中国瘴病分布变迁的初步研究》，《地理学报》1997 年第 48 卷第 4 期。
③　（后晋）刘昫《旧唐书》卷一八五上《李桐客传》，中华书局 1975 年版，第 4785 页。
④　（后晋）刘昫《旧唐书》卷六九《卢祖尚传》，中华书局 1975 年版，第 2522 页。

卢祖尚之所以反悔,是因为"岭南瘴疠,皆日饮酒,臣不便酒,去无还理"。但他的做法惹怒了唐太宗,最后竟被"斩之于朝"①。柳公绰在被出为湖南观察使之后,也因"以地卑湿,不可迎养,求分司东都"②。到了中唐时期,张谓因罪被贬期间所作的《长沙土风碑铭并序》中曰:"巨唐八叶,元圣六载,正言待罪湘东。郡临江湖,大抵卑湿修短,疵疠未违天常,而云家有重腿之人,乡无颁白之老,谈者之过也;地边瘴岭,大抵炎热寒暑,晦明未愆时序,而云秋有爀曦之日,冬无凛冽之气,传者之差也。"③从以上史料可知,整个唐代,南方瘴气弥漫的说法一直存在。这就在当时文人内心种下了恐惧的种子。这种恐惧的种子一旦种下,便会长期腐蚀他们的意志,使得他们对南方的环境产生过度的解读。正是这些原因的综合作用,使得有关描写"瘴"的诗歌数量显著增加。

从前文的表1可以看出,在初唐近一百年的时间,只有六位诗人写到过"瘴气",其中,宋之问六首,沈佺期五首,数量较多。这两位诗人都是初唐著名文士,史载"沈佺期,相州内黄人也"④,曾经因"坐赃配流岭表"④。"宋之问,虢州弘农人,善属文,尤善五言诗,当时无能出其右者。"后"因尝附张易之,武三思,配徙钦州,经途江、岭所有篇咏,传布远近。"⑤由此可见他们二人都有过被贬岭南的经历。作为长时期生活在北方地区的人来说,初到南方,那种潮湿闷热的环境,他们无法很快适应。因此在面对这种窘迫局面的时候,他们不得不发出"身经大火热,颜入瘴江消"⑥的感叹,以及"昔传瘴江路,今到鬼门关。土地无人老,流移几客还"⑦,"南海风潮壮,西江瘴疠多"⑧的恐惧。

盛唐时期,"瘴气"的分布范围逐渐扩大,"江南""西江"等地多"瘴气"的说法,已经非常流行了。这在杜甫的诗中即可看到,他描述"瘴气"的诗作共有22首。而且在杜甫的诗作中"瘴疠""秋瘴""炎瘴""毒瘴"等名词的出现频率显著增加。杜诗中之所以会有这么多描写南方"瘴气"的句子,与他所处的自然环境和他的遭遇有非常大的关系。众所周知,杜甫的一生处在唐王朝由盛转衰的关键时期,他人生的后期漂泊西南,客居他乡而又久病缠身,这使得他对周围现实环境的认识更加悲观⑨,在他的诗歌中多有对恶劣环境的夸大描述。但是在杜甫看来,最恐怖的并不是威胁生命的"毒瘴",而是久久不能平定的战乱,他从最初的"南纪巫庐瘴不绝,太古以来无尺雪"⑩到"毒瘴未足忧,兵戈满边徼"⑪的转变,似乎也可以看出诗人观念发生的变化。

中唐之后,描写"瘴气"的诗作大量增加,数量高达141首。其中,白居易31首,元稹30首,数量较多。史载元稹"工为诗,善状咏风态物色,当时言诗者,称元、白焉。自衣冠

①　(后晋)刘昫《旧唐书》卷六九《卢祖尚传》,中华书局1975年版,第2522页。
②　(宋)欧阳修、宋祁《新唐书》卷一六三《柳公绰传》,中华书局1975年版,第5020页。
③　(清)董诰等编《全唐文》卷三七五,张谓《长沙土风碑铭并序》,中华书局1983年影印本,第3809页。下引该书均为此版本。
④　(后晋)刘昫《旧唐书》卷一九〇中《沈佺期传》,第5017页。
⑤　(后晋)刘昫《旧唐书》卷一九〇中《宋之问传》,第5025页。
⑥　(清)彭定求编《全唐诗》卷五三,宋之问《早发韶州》,第654页。
⑦　(清)彭定求编《全唐诗》卷九七,沈佺期《入鬼门关》,第1050页。
⑧　(清)彭定求编《全唐诗》卷八七,张说《端州别高六戬》,第951页。
⑨　杜甫的一生处境参见刘文典《杜甫年谱》,云南人民出版社2012年版。
⑩　(清)彭定求编《全唐诗》卷二二二,杜甫《后苦寒行二首》,第2365页。
⑪　(清)彭定求编《全唐诗》卷二二三,杜甫《次空灵岸》,第2377页。

士子，至闾阎下俚，悉传讽之，号为‘元和体’。既以俊爽不容于朝，流放荆蛮者仅十年。俄而白居易亦贬江州司马，积量移通州司马。遂通、江悬邈，而二人来往赠答。……观其流离放逐之意，靡不凄婉。"①而造成这种"靡不凄婉"的原因之一就是"瘴气"的存在。元白来往赠答诗中有大量描写"瘴气"的诗句，元稹诗中有："瘴侵新病骨，梦到故人家。"②"瘴窟蛇休蛰，炎溪暑不徂。……光阴流似水，蒸瘴热于炉。"③白居易得知元稹被贬通州之后写道："来书子细说通州，州在山根峡岸头。四面千重火云合，中心一道瘴江流。……人稀地僻医巫少，夏旱秋霖瘴疟多。"④而且二人为了预防"瘴气"的危害，还会经常互赠药物。如元稹就曾经给白居易寄赠"金石棱"，白居易也给元稹送过药。⑤

与此同时，"瘴"的内涵也慢慢发生了变化，它已经不再只是指疾病。我们发现，这一时期，"瘴"与"蛮"字同时出现的次数不断增多，如张籍的"柳叶瘴云湿，桂丛蛮鸟声。"⑥李德裕的"风雨瘴昏蛮日月，烟波魂断恶溪时。"⑦卢仝诗中也说："就中南瘴欺北客，凭君数磨犀角吃，我忆君心千百间。"⑧其中，"瘴"与"蛮"、"南瘴"与"北客"并举，使得"瘴"在疾病之外，又有了指代与中原"汉"族有别的南"蛮"族的文化含义。此时，人们一方面对"瘴气"的恐惧并未降低，另一方面也开始用"瘴"来代替与中原主流文化不同的区域。而且这种诗歌到晚唐时期大量出现。根据笔者统计，"瘴"与"蛮"同时出现的共有16首，约占整个晚唐时期的18%⑨，与此前相比，数量明显上升。

三、唐代文人恐"瘴"的原因

唐代的文人之所以对"瘴"以及由此衍生的"瘴气"与"瘴病"如此恐惧，笔者认为主要是有以下几个方面的原因。

一是缺乏对"瘴"的正确认识。一直以来，古人对"瘴"究竟是什么，众说纷纭。前引《外台秘要》《诸病源候论》和《岭外代答》皆认为，南方的"瘴"是指恶性疟疾。但是根据文献来分析，当不止如此。如当时对现在所谓的高山（原）反应也称为"冷瘴"。史载吐火罗国："地辄有瘴气，使人断气，牛马得之，疲汗不能行。"⑩杜佑《通典》一书中有记载："其国（笔者按，指吐蕃），风、雨、雷、暴隔日有之，盛夏节气如中国暮春之月。山有积雪，地有冷瘴，令人气急，不甚为害。"⑪冯汉镛先生在系统梳理了文献中关于"瘴气"和"瘴病"的记载

① （清）彭定求编《旧唐书》卷一六六《元稹传》，第4331～4332页。
② （清）彭定求编《全唐诗》卷四〇三，元稹《酬乐天见忆，兼伤仲远》，第4506～4507页。
③ （清）彭定求编《全唐诗》卷四〇七，元稹《酬乐天东南行诗一百韵》，第4530～4531页。
④ （清）彭定求编《全唐诗》卷四三八，白居易《得微之到官后书，备知通州之事，怅然有感，因成四章》，第4896页。
⑤ 参见《全唐诗》卷四四〇，白居易《十二年冬江西温暖，喜元八寄金石棱到，因题此诗》，第4902页。而白居易也曾因为元稹生病，寄送给他治病的药材，见《全唐诗》卷四三七，白居易《闻微之江陵卧病，以大通中散、碧腴垂云膏寄之，因题四韵》："已题一帖红消散，又封一合碧云英。凭人寄向江陵去，道路迢迢一月程。未必能治江上瘴，且图遥慰病中情。到时想得君拈得，枕上开看眼暂明。"第4854页。
⑥ （清）彭定求编《全唐诗》卷三八四，张籍《送蛮客》，第4307页。
⑦ （清）彭定求编《全唐诗》卷四七五，李德裕《到恶溪夜泊芦岛》，第5397页。
⑧ （清）彭定求编《全唐诗》卷三八八，卢仝《寄萧二十三庆中》，第4382页。
⑨ 这一比例初唐时期约为6%，盛唐约为5%，中唐约为8%。
⑩ （宋）王钦若编《册府元龟》卷九六一《外臣部》，中华书局1960年影印本，第11305页。
⑪ （唐）杜佑《通典》卷一九〇《边防典六》，中华书局1988年版，第5171页。

后,认为古人所谓的"瘴气"与"瘴病",大致是包括热带病、地方病、人体寄生虫病、水源污染、大气污染所致疾病等一系列复杂疾病的统称。具体来说,有疟疾、痢疾、脚气病、黄疸、消渴、克汀病、沙虱热、瘰疬以及瘴毒发背、青腿牙病、高山病、硒中毒,或因空气污染所导致的一氧化碳中毒、硫中毒、汞中毒,以及水源污染所致的乌脚病、癌中及花粉过敏、甚至梅毒等都可称为"瘴气"与"瘴病"。① 这种对中原地区所不易见到的疾病统称为"瘴"的记载,史书中俯拾皆是。一言以蔽之,即当时人对"瘴"究竟是什么,缺乏正确的认识。

二是文人遭受贬谪时的特殊心态。《全唐诗》中描写"瘴"的诗人,大多有被贬南方地区的经历。② 他们从繁华的长安来到荒凉的蛮夷之地,从位高权重的高官显贵变成背负罪责的底层官吏,从锦衣玉食到靠微薄俸禄生活③,无疑对他们的内心造成了极大的打击。在这种情况下,他们内心必然会产生怨恨和壮志难酬的苦闷,反映在他们的诗歌之中,便是对当地环境的抱怨。刘禹锡曾经讲到自己读张九龄文章的一段话,颇能说明这一问题:

世称曲江为相,建言放臣不宜于善地,多徙五溪不毛之乡。今读其文章,自内职牧始安,有瘴疠之叹,自退相守荆州,有拘囚之思。托讽禽鸟,寄辞草树,郁然与骚人同风。嗟夫,身出于遐陬,一失意而不能堪,矧华人士族,而必致丑地,然后快意哉!④

张九龄在做宰相时,建议罪臣应当流放到环境恶劣的不毛之地,可是当他自己左迁始安的时候,也发出南方卑湿,瘴气弥漫的感叹与苦闷。当他被罢相贬官荆州时,又有"抱影吟中夜,谁闻此叹息"的怨伤⑤,与其他文人骚客一样,充满了被帝王抛弃的不满和哀叹。岭南地区落后的文化更加剧了他们的孤独感。元稹曾在给白居易的诗中写道:"瘴窟蛇休蛰,炎溪暑不徂。怅魂阴叫啸,鹏貌昼踟蹰。乡里家藏蛊,官曹世乏儒。"⑥白居易也说:"浔阳小处无音乐,终岁不闻丝竹声。"⑦这对于渴望"谈笑有鸿儒,往来无白丁"⑧的文人骚客来说,真是莫大的煎熬。因此当他们一旦要离开"宁知瘴疠地,生入帝皇州",终于可以摆脱瘴疠之地重新回到"帝皇州"时,"看花便独笑,看草即忘忧"⑨的喜悦之情便会跃然纸上。

三是对南方环境的固化认识加深了他们对"瘴"的恐惧。自先秦以来,中国的政治、经济、文化中心一直都在北方地区,政治、经济、文化高度发展。而南方地区,特别是岭南地区,经济、文化发展相对落后。这种南北方政治和经济发展的差距及地理的阻隔,使得南方长期被视为环境恶劣的蛮夷之地,而且这种认识长期没有改变。如司马迁在写到南

① 参见冯汉镛主编,四川省文史研究馆编《巴蜀科技史研究》,四川大学出版社1995年版,第231～246页。
② 除此之外,《全唐诗》里面收录的有关的诗还有因亲朋好友被贬所作,如卷四四二白居易《送客南迁》,第4937页;或去南方赴任,如卷四九二殷尧藩《送刘禹锡侍御出刺连州》,第5572页;或游玩,如卷四九四施肩吾《送人南游》,第5586页。里面都无一不表现出对南方"瘴气"的恐惧。
③ 关于唐代流贬官员的收入及经济状况,可参见梁瑞《唐代流贬官研究》,浙江大学2010年博士学位论文。
④ (后晋)刘昫《旧唐书》卷一六〇《刘禹锡传》,第4211页。
⑤ (清)彭定求编《全唐诗》卷四七,张九龄《感遇十二首》,第571～572页。
⑥ (清)彭定求编《全唐诗》卷四〇七,元稹《酬乐天东南行诗一百韵》,第4530～4531页。
⑦ (清)彭定求编《全唐诗》卷四三五,白居易《琵琶行》,第4821～4822页。
⑧ (清)董诰等编《全唐文》卷六〇八,刘禹锡《陋室铭》,第6145页。
⑨ (清)彭定求编《全唐诗》卷八八,张说《喜度岭》,第976页。

方的风土人情时说："江南卑湿，丈夫早夭。"①南朝范晔的《后汉书》中仍然说："南州水土暑湿，加有瘴气，致死亡者十必四五。"②可见这种观念影响之深。到了隋唐时期，南方卑湿、多瘴气，甚至巫术盛行的描写越来越多。这种日积月累形成的固化认识，再加上由于对南方危害的过度渲染，使得南方在唐人眼里成了一个充满神秘与恐惧的未知之地。如前文讲到的，卢祖尚宁可忤逆唐太宗旨意被斩，也不愿意去交州任职。白居易《新丰折臂翁》中的主人公为了逃避服兵役，宁可自残肢体也不愿去南方打仗，原因竟然不是怕战死沙场，而是因为："闻道云南有泸水，椒花落时瘴烟起。大军徒涉水如汤，未过十人二三死。"③对南方的恐惧程度可见一斑。

正因如此，唐代文人在描述南方"瘴疠"时，便会不自觉地放大其危害。而随着这些诗歌的传播，使得从未感受过"瘴疠"的人，也对之充满了恐惧。

四、"瘴"作为地域文化符号的新变

前文已经讲过，古人对"瘴"的认识，是一个渐变的过程。"瘴"的地理范围并不是固定的，而是处于不断的变化中。龚胜生通过对"瘴病"的研究认为，在过去的 2000 年间，由于人为的作用和气候的变迁，"瘴"主要分布范围具有逐渐南移的趋势：战国时期以秦岭淮河为界，隋唐五代时期以大巴山长江为北界，明清时期则以南岭为北界。④ 隋唐时期"瘴病"范围南移，一方面与这一时期气候温暖有关，但更重要的是人为因素在起作用，即随着对南方的开发，使得时人对"瘴"的认识也发生了变化，它经历了作为疾病的从"瘴"，到以"瘴"为与中原主流文化不同的南方地区的文化符号。在中原主流文化进入南方，并逐渐被接受和认同后，南方"瘴病"弥漫的边界，也开始向更为偏远的地方转移。

其实早在南北朝时期，伴随着"瘴"的出现，"瘴"的文化内涵就已经开始萌生了。如北魏永安年间陈庆之与杨元慎之间的一场辩论，颇能说明这一问题。代表梁朝的陈庆之说："魏朝甚盛，犹曰五胡。正朔相承，当在江左，秦皇玉玺，今在梁朝。"而代表北魏的杨元慎则答道："江左假息，僻居一隅。地多湿蛰，攒育虫蚁，疆土瘴疠。蛙黾共穴，人鸟同群。短发之君，无杼首之貌；文身之民，禀从陋之质。俘于三江，棹于五湖。礼乐所不沾，宪章弗能革，虽复秦余汉罪，杂以华音；复闽楚难言，不可改变。"⑤代表北魏正统的杨元慎睥睨南朝，认为南朝气候卑湿，瘴疠弥漫，是不知礼仪，野蛮没有文化的地方。即所谓江左疆土瘴疠，不过是中原汉文化对南方尤其是西南地区文化的偏见和种族歧视⑥，"瘴"在此充当了南方文化的替代品。

到了唐朝，"瘴"作为一系列疾病的统称，被唐人继承了下来。与此同时，其文化内涵也被继承并获得了发展。唐初，北方经济仍然超过南方，再加上北方游牧民族对唐朝的

---

① （汉）司马迁《史记》卷一二九《货殖列传》，中华书局 2014 年修订本，第 3965 页。
② （宋）刘晔《后汉书》卷八六《南蛮传》，中华书局 1965 年版，第 2838 页。
③ （清）彭定求编《全唐诗》卷四二六，白居易《新丰折臂翁——戒边功也》，第 4693 页。
④ 参见龚胜生《2000 年来中国瘴病分布变迁的初步研究》，《地理学报》1993 年第 4 期。这一时期，"瘴病"的范围不仅向南扩展了，甚至也向北方地区推移。关于此可参见左鹏《汉唐时期的瘴与瘴意象》，《唐研究》卷八，北京大学出版社 2002 年版；《"瘴气"之名与实商榷》，《南开学报（哲学社会科学版）》2011 年第 5 期。
⑤ （魏）杨衒之著《洛阳伽蓝记校释》卷二《景宁寺》条，周祖谟校释，中华书局 1963 年版，第 105～106 页。
⑥ 参见张文《地域偏见和种族歧视：中国古代瘴气与瘴病的文化学解读》，《民族研究》2005 年第 3 期。

威胁远远大于南方,因此造成唐人对南方的认识不足,视南方为未经开化的蛮夷之地。但是到安史之乱爆发之后,北方经济遭受了较大的破坏,经济重心逐渐开始向南方转移,使得南方地区的社会、经济、文化出现显著的发展,南方经济开始超过北方。经济的全面发展,必然导致南方地位的提升。因此,在这些文人墨客主动或被动地迁往南方的过程中,由于对南方的认识逐渐加深,在他们的意识中,代表南方恶劣环境的"瘴"的文化内涵也开始随之发生变化。如同"蓄蛊"一样,中原主流文化所指称的蓄蛊之地,往往处在中原文化与少数民族文化产生碰撞的地带,更为边远且没有接触到的区域,并没有这样的指称。而当蓄蛊之地完全融入主流文化圈之后,有关蓄蛊的传说就开始消退,并开始转移到新的刚刚与主流文化圈发生密切接触的地域。这种蓄蛊之地在文化交界地带形成并逐渐向外推移的现象,实际上是主流文化圈对其边缘地带的一种想象模式。① "瘴"的空间与文化内涵,也同样呈现出与蓄蛊之地的空间变化类似的发展轨迹。当中原主流文化进入"瘴区"之后,随着他们对"瘴"之认识的逐渐加深,"瘴"的内涵开始逐渐由原先单纯指代各种疾病,转化为"汉—蛮"之间不同文化的代称。

华夏对应蛮夷,主要是基于文化而非人种。如元人所说:"中夏夷狄之名,不借其地与其类,惟其道而已。故春秋之法,中国而用夷礼则夷之,夷而进入中国则中国之。"②诚如是也。以至于"瘴气"不仅成为南方自然环境的标志,而且构成"汉—蛮"间不可逾越的文化畛域。

结语

唐人对于"瘴气"的认识,经历了一个从蒙昧恐惧到逐渐平和的过程。而在这一过程中,文人们对瘴气的描述,则起了一个非常重要的作用。他们大多数生活在中原主流文化圈,对当时南方所谓的"蛮夷"文化和次文化圈充满了文化歧视。他们长期生活在北方,当习惯了北方的气候环境,当因为政治原因或是战争的威胁,突然要面对南方湿热的环境时,便会出现严重的不适,可能导致身心抑郁甚至危及生命。因此,他们诗文有关南方地理环境的书写,多为感时怀乡之作,有意无意地渲染夸大了环境的恶劣程度。随着这种观念的传播,使得普通人也深受影响,从而对南方的"瘴气"产生恐惧心理,宁肯自残手脚也不愿意去南方面对"瘴气",但他们对"瘴气"的恐惧心理并非都是因为"瘴病",更多的是源于这种传播已久的观念。

到了后期,随着人们对南方的认识逐渐加深,更多人开始致力于从医学角度解释瘴气的危害,人们开始更多地了解瘴气的病理知识。因此,文人们对于瘴气的描述也逐渐更接近瘴气本身,其恐惧心理也开始逐渐平和。到了宋朝,苏轼就曾坦然地提道:"瘴疠之邦,僵仆者相属于前,然亦皆有以取之,非寒暖失宜,则饥饱过度,尚不犯此者,亦未遽病也。若大期至,固不可逃,又非南北之故也。以此居之泰然,不烦深念。"③与本文开头所述古代医者的观点相比,苏轼的观点显然更为客观通达。

①　参见于赓哲师《蓄蛊之地——一项文化歧视符号的迁转流移》,《中国社会科学》2006 年第 2 期。收录于其著作《唐代疾病、医疗史初探》,中国社会科学出版社 2011 年版,第 171~199 页。

②　(元)许衡《鲁斋遗书》卷十四《郡人何瑭题河内祠堂记》,清文渊阁四库全书本。

③　(宋)苏轼著《苏轼文集》卷四十九《与王庠书》,孔凡礼点校,中华书局 1986 年版,第 1422 页。

白居易诗歌的睡眠养生书写

顾云骢*

摘　要：白居易非常重视睡眠的生理养护和心理调适作用，"睡足再起""饭后午睡"和"随时补觉"的睡眠实践，在他诗中多有表现。他的诗歌继承"难眠与不眠"的文学传统，除表现前人已有的相思难眠外，还发展了独具特色的老病难眠书写。他将"睡眠"与"养生"这两大题材相结合，开创了睡眠养生的新题材，并在清幽静谧的睡眠环境描写、睡眠养生与仕途奔波的对比和闲适遂性的养生主旨表达等方面，对睡眠养生书写有新突破。

关键词：白居易；诗歌；睡眠；养生

中唐著名诗人白居易是一个善于养生之人。在作于长庆三年(823)的《食饱》一诗中，白居易写道："食饱拂枕卧，睡足起闲吟。浅酌一杯酒，缓弹数弄琴。既可畅情性，亦足傲光阴。谁知利名尽，无复长安心。"①可见，白居易非常注重通过休息和娱乐活动来舒畅性情，调养身心。其中，白居易最具代表性的养生方法，便是睡眠养生和音乐养生。本文拟重点考察白居易诗歌睡眠养生书写的特点及创新。

一、睡眠养生书写界定

在当今世人心目中，睡眠应该是再普通不过的人类日常作息活动了。然而，即便是这种延续生命健康的常规环节，也不见得每一个人都能真正重视，更不用说将其视为养生的重要方法了。

事实上，古人一向都很重视睡眠的养生功效。战国时期的名医文挚就曾向齐威王说道："臣为道三百编(篇)，而卧最为首。"②文挚撰写了三百多篇有关于养生的论著，却把常人眼中平平无奇的睡眠放在了养生的首位。清人所撰养生论集《养生三要》亦写道："古人以眠食二者为养生之要务……安寝乃人生最乐。古人有言，不觅仙方觅睡方。"③古人将保持良好的睡眠视作养生要务，认为这是人生中最值得快乐的事情。与其寻觅仙丹妙药，倒不如寻觅有益于睡眠的良方。可见，睡眠一事有着不可忽视的养生效用。从上引《食饱》诗可见，白居易利用日常休息和娱乐活动来舒畅性情和调养身心，其中就包括睡眠养生和音乐养生。本文重点考察白居易诗歌在睡眠养生题材上的书写特点。

对于睡眠养生题材的诗歌，一些学者又将其称作"咏眠诗"。日本学者埋田重夫就在其著作《白居易研究：闲适的诗想》的第五节"白居易与睡眠——使'闲'和'适'充足之物"

---

　*　顾云骢，中国海洋大学文学与新闻传播学院中国古代文学专业硕士研究生，研究方向为唐代文学。

　①　(唐)白居易著，谢思炜撰《白居易诗集校注》(全六册)，中华书局 2006 年版，第 693 页。
　②　周一谋、萧佐桃撰《马王堆医书考注》，天津科学技术出版社 1988 年版，第 389 页。
　③　(清)袁昌开撰，杨柳竹、宁越峰注释，白恒慧校释《养生三要》，内蒙古科学技术出版社 2002 年版，第 10 页。

中,对其所谓白居易的咏眠诗进行了细致研究。埋田重夫对于咏眠诗的界定如下:

> 在本文中,我将在诗题中出现"眠""寝""睡""卧"等语言、整首诗以睡眠为主题(theme)的作品,界定为狭义的咏眠诗。此外,我将以睡眠为素材、部分地加以叙述的作品理解为广义的咏眠诗,并在必要的时候提及。另外,关于作为题材诗的咏梦诗,我将其定位为狭义的咏眠诗的下级分类之一而加以使用。①

本文对于白居易及前人诗歌所出现的睡眠养生书写②的界定,在埋田重夫"咏眠诗"的定义基础上,有所补充和区别。

其一,本文采用"睡眠养生书写"的表述取代"咏眠诗"的表述。埋田重夫在其著作中所引用的大部分"咏眠诗",以及本文所搜集到的一些诗歌,还远远达不到以睡眠为核心对象进行吟咏的高度,只是单纯地涉及了睡眠相关词汇,更不用谈对于睡眠养生功效的详尽表现了。因此,本文采用"睡眠养生书写"这一涵盖面更为广泛的概念,取代涵盖面相较而言显得狭窄的"咏眠诗"概念。

其二,本文不关注咏梦诗。因为,梦境描写和睡眠养生的关系并不紧密,二者并非同一个概念。所以,本文将埋田重夫"咏眠诗"定义中涉及的"咏梦诗",从"睡眠养生书写"概念的外延中剔除出去。

其三,本文研究重点放在白居易诗歌睡眠养生书写中所涉及的有关养生保健的元素。也就是说,虽然名为"睡眠养生书写",但本文的核心关注点仍在于借助合理的"睡眠"从而实现有效的"养生",即个体通过养成科学合理的睡眠习惯,从而实现预防疾病、养护身心的医疗保健功效。

在对白居易诗歌睡眠养生书写进行重点分析之前,本文先对唐代以前诗歌中出现的睡眠养生书写概况进行梳理,以便更清晰地反映白居易在睡眠养生这一题材上对前人书写的继承和变革,进而肯定白居易作为睡眠养生题材开创者的诗歌史地位。

二、唐前诗歌的睡眠养生书写

从《诗经》时代开始,睡眠养生书写便已在诗歌中出现。例如《周南·关雎》:"窈窕淑女,寤寐求之。求之不得,寤寐思服。悠哉悠哉,辗转反侧。"③男子对于白日所见之女子一见钟情,渴望追求却又求之不得,内心十分煎熬。又因为男子实在是对该女子思念深长,所以总觉得醒也不是,睡也不是,在床上一个劲地翻来覆去,无法安然入眠。再如《邶风·柏舟》:"耿耿不寐,如有隐忧。"④因为内心有着深深的忧愁,所以主人公一直圆睁着双眼,难以入眠。有关此诗背景,历来有所争议。有认为是见侮的妇女所作,有认为是爱

---

① 〔日〕埋田重夫著《白居易研究:闲适的诗想》,王旭东译,西北大学出版社 2019 年版,第 97 页。
② 在白居易之前,绝大部分涉及睡眠养生题材的诗歌,更多的只是单纯地书写睡眠或是难寐和不眠,并不凸显睡眠在养生方面的重要意义。因此,若是严格而论,只能认为这些诗歌涉及了睡眠题材,而较少涉及养生题材。也正是据此,本文才坚定地认为,白居易是睡眠养生题材诗歌的开创者。
③ 程俊英、蒋见元撰《诗经注析》,中华书局 1991 年版,第 4 页。
④ 程俊英、蒋见元撰《诗经注析》,中华书局 1991 年版,第 62 页。

国忧己的臣子所作。① 但不管怎么说,抛开性别和身份,其忠贞仁义的情感态度是明确的。本文倾向于将其认为是爱国忧己的仁人士大夫所作,只是用女性口吻进行含蓄表达。又如《小雅·斯干》:"下莞上簟,乃安斯寝。"②全新的宫室落成,并在床上铺好蒲席和凉席后,君王就安稳地进入甜美的梦乡。

《诗经》基本上奠定了唐前诗歌睡眠养生书写的两大倾向。其一,书写难眠与不眠的愁苦孤寂心情。这其中又主要包括文人士子、志士仁人的慷慨难眠,和游子思妇、热恋思慕之人的相思难眠。而在后者的书写中,往往既有生离之思的书写,又有悼亡之思的书写。其二,书写将欲入眠和酣然入睡的轻松安逸。总的来看,第一种书写倾向,占据唐前诗歌睡眠养生书写的主体地位。接下来,本文会列举若干唐代以前历代关于睡眠养生书写的诗作,从而对以上论断进行证明。

先来看第一种,书写难眠与不眠的愁苦孤寂心情的诗作。这其中的主体部分,又是历代文人士子和志士仁人的慷慨难眠书写。试举数例如下:

涕泣交而凄凄兮,思不眠以至曙。终长夜之曼曼兮,掩此哀而不去。(屈原《九章·悲回风》)③

夜炯炯而不寐兮,怀隐忧而历兹。心郁郁而无告兮,众孰可与深谋?(庄忌《哀时命》)④

秋日苦促短,遥夜邈绵绵。贫士感此时,慷慨不能眠。(应璩《杂诗》)⑤

夜中不能寐,起坐弹鸣琴。薄帷鉴明月,清风吹我襟。孤鸿号外野,翔鸟鸣北林。徘徊将何见,忧思独伤心。(阮籍《咏怀诗·其一》)⑥

殷忧不能寐,苦此夜难颓。(谢灵运《岁暮》)⑦

日暮耿耿不能寐,秋风切切四面来。(吴均《行路难五首·其五》)⑧

令人感到震惊的是,纵览唐前诗人的睡眠养生书写,几乎呈现出了一部郁郁不平、彻夜无眠的忧心愁苦史。"不寐""不眠""不能寐""不能眠""长夜""遥夜"等沾染上消极意味的词汇,尤显刺眼地频繁出现在这些涉及睡眠养生书写的诗歌中。本文认为,造成这一情况的主要原因,是中国传统文人士子心中那种以家国为己任的责任感,在和严峻现

---

① 支持女性诗人身份的,例如刘向《列女传》将《柏舟》一诗归入卫宣夫人笔下。参见(汉)刘向撰,张涛译注《列女传译注》,山东大学出版社1990年版,第135页。再如朱熹《诗集传》:"妇人不得于其夫,故以柏舟自比。"参见(宋)朱熹集注,赵长征点校《诗集传》,中华书局2011年版,第21页。支持男性诗人身份的,例如《毛诗正义》:"《柏舟》,言仁而不遇也。卫顷公之时,仁人不遇,小人在侧。"参见(汉)毛亨传,(汉)郑玄笺,(唐)孔颖达疏,龚抗云等整理,肖永明等审定《十三经注疏·毛诗正义》,北京大学出版社1999年版,第113页。再如马瑞辰《毛诗传笺通释》:"传、笺以柏舟之泛流水中喻仁人之不见用,是也。"参见(清)马瑞辰撰,陈金生点校《毛诗传笺通释》,中华书局1989年版,第107页。

② 程俊英、蒋见元撰《诗经注析》,中华书局1991年版,第546页。

③ (宋)洪兴祖撰,白化文等点校《楚辞补注》,中华书局1983年版,第157页。

④ (宋)洪兴祖撰,白化文等点校《楚辞补注》,中华书局1983年版,第259~260页。

⑤ 逯钦立辑校《先秦汉魏晋南北朝诗》,中华书局1988年版,第472页。

⑥ (魏)阮籍著,李志钧等校点《阮籍集》,上海古籍出版社1978年版,第83页。

⑦ (南朝宋)谢灵运著,顾绍柏校注《谢灵运集校注》,中州古籍出版社1987年版,第22页。

⑧ (南朝梁)吴均著,林家骊校注《吴均集校注》,浙江古籍出版社2005年版,第79页。

实交锋过程中所遭受到的挫败感,两相对立又不断交织从而形成的。那种对于家国命运的忧虑,对于政局险恶的担心,对于个人出处进退的矛盾纠结,在屈原、阮籍、吴均等一代代诗人的笔下被重复书写,最终凝结成为只可意会不可多言的慷慨难眠书写。在这"难眠"的睡眠书写中所积压的,正是一代代志士仁人"有志不获骋"[①]的激昂难平的愁苦情绪。

难眠与不眠书写的另外一类情况,是游子、思妇以及悼亡者的相思书写。本文将其概括为"生离之相思难眠书写"和"悼亡之相思难眠书写"。前者例如秦嘉《赠妇诗三首·其一》:"长夜不能眠,伏枕独展转。忧来如循环,匪席不可卷。"[②]秦嘉当时正要去京师致事,想在临走前与妻子当面告别。可他的妻子恰巧因为患病而回娘家养病,二人未能面别。于是秦嘉就将对于妻子的思念化作了自己长夜难眠的诗语,希望借此排遣萦绕不去的相思之情。再如《古诗十九首·明月何皎皎》:"忧愁不能寐,揽衣起徘徊。客行虽云乐,不如早旋归。"[③]不管是将诗中这位抒情主人公解读为独守深闺的思妇抑或是羁旅他乡的游子,本质上这首诗的难眠书写意义并没有改变,那就是异地之人的乡思与情思。后者例如潘岳《悼亡诗三首·其一》:"寝息何时忘,沉忧日盈积。"[④]即便是在入寝的时候,潘岳也难以忘怀亡妻的音容笑貌,无法得到良好的睡眠休息,从而导致心中的忧愁日益堆积,可见其情深似海。

再来看第二种,书写将欲入眠和酣然入睡的安逸情态的诗作。试举数例如下:

忆眠时。人眠强未眠。解罗不待劝。就枕更须牵。复恐傍人见。娇羞在烛前。(沈约《六忆诗四首·其四》)[⑤]

美人绵眇在云堂,雕金镂竹眠玉床。(萧衍《江南弄·龙笛曲》)[⑥]

北窗聊就枕,南檐日未斜。攀钩落绮障,插捩举琵琶。梦笑开娇靥,眠鬟压落花。簟文生玉腕,香汗浸红纱。夫婿恒相伴,莫误是倡家。(萧纲《咏内人昼眠诗》)[⑦]

拂枕薰红帕,回灯复解衣。傍边知夜永,不唤定应归。(戴暠《咏欲眠诗》)[⑧]

总的来看,这种书写欲眠与酣眠的睡眠养生书写诗作,其诗人群体主要是梁代帝王及其宫廷文人,描写对象则主要是容貌艳丽和身姿曼妙的女性。这些诗篇语调柔缓,用词华丽,氛围轻松安逸,表现出明显的宫体诗风格。

结合上述一系列诗歌例证可推知,睡眠养生书写在南北朝时期颇为兴盛。对此,埋田重夫认为:"这恐怕与同时期所谓咏物诗流行的趋势有一定的关系。凝视花鸟风月和日常生活中的事物、摹写其形状、形态的咏物诗,以六朝贵族沙龙为中心被陆续创作出

① (东晋)陶渊明著,袁行霈撰《陶渊明集笺注》,中华书局2003年版,第342页。
② 逯钦立辑校《先秦汉魏晋南北朝诗》,中华书局1988年版,第186页。
③ 隋树森编著《古诗十九首集释》,中华书局1955年版,第27页。
④ (西晋)潘岳著,王增文校注《潘黄门集校注》,中州古籍出版社2002年版,第284页。
⑤ (南朝梁)沈约著,陈庆元校笺《沈约集校笺》,浙江古籍出版社1995年版,第441页。
⑥ 逯钦立辑校《先秦汉魏晋南北朝诗》,中华书局1988年版,第1522页。
⑦ 逯钦立辑校《先秦汉魏晋南北朝诗》,中华书局1988年版,第1941页。
⑧ 逯钦立辑校《先秦汉魏晋南北朝诗》,中华书局1988年版,第2100页。

来。……咏物诗的大量创作是那个时期文学最大的特色。"①本文认可埋田重夫的这一分析，认为所谓"咏眠诗"（本文以"睡眠养生书写"概念取代）的大量出现，受到了六朝时期咏物诗创作风潮的影响。然而，尽管睡眠养生书写不绝如缕，但在白居易之前，却并未出现单个诗人以睡眠养生为题材，创作大量诗歌的情况。并且，前人诗歌的睡眠养生书写的侧重点，也仅仅在于"睡眠"而非"养生"。

综上，在白居易之前的诗人中（包括唐代诗人），并没有任何一位大量书写睡眠，更不用说是有意表现睡眠的医疗养生功效了。而白居易不仅创作了大量以睡眠养生为题材的诗歌②，还有意表现出自己将睡眠视作日常医疗养生的主要环节和重要方法的强烈意味，即更加重视表现"睡眠养生书写"中的"养生"元素。所以，本文认为，白居易是中国古代睡眠养生题材诗歌的开创者。

三、白居易诗歌睡眠养生书写的医疗启示

白居易非常重视睡眠在医疗养生方面的重要功效，进而将养生题材与睡眠题材相结合进行书写，从而极大地丰富了睡眠养生题材诗歌的表现广度和思想深度。总的来看，白居易在涉及睡眠养生的诗歌中，反复书写自己所亲身践行的三种良好睡眠习惯，以及表现睡眠对生理治疗和心理调适的双重益处。

（一）白居易所践行的三种良好睡眠习惯

从白居易诗歌的睡眠养生书写中，本文归纳出三种基本的睡眠习惯类型。其一，睡足再起；其二，饭后午睡；其三，随时补觉。接下来，本文就考察这三种睡眠养生习惯类型在白居易诗歌中的书写情况。

其一，睡足再起。考虑到自己体衰多病的情况，白居易绝对不会起得过于早，甚至和普通人的起床时间也不一样，而是在确保睡眠充足后再起床。③

白居易很多诗歌都表现出这种在早上充分睡饱，养足精神之后再起床的情况。例如《适意二首·其一》："朝睡足始起。"④再如《春日闲居三首·其一》："舍上晨鸠鸣，窗间春睡足。睡足起闲坐，景晏方栉沐。"⑤又如《晚起》："起晚怜春暖，归迟爱月明。放慵长饱睡，闻健且闲行。"⑥白居易在后两首诗中非常坦诚地说明，因为珍惜春日温暖的气候（借沐浴阳光以疗养病体），所以选择了再多睡一会儿。同时，白居易也非常注重锻炼，

---

① 〔日〕埋田重夫著《白居易研究：闲适的诗想》，王旭东译，西北大学出版社2019年版，第99页。
② 据本文统计，白居易有97首诗歌写到了"睡"字，有137首诗歌写到了"眠"字，有46首诗歌写到了"寝"字，有14首诗歌写到了"寐"字，有196首诗歌写到了"卧"字，涉及睡眠养生书写的诗篇占其全部诗歌的比例达到16.54%。仅就单个诗人而言，书写了数百首与睡眠养生相关的诗歌，这绝对是一个值得被关注的文学现象。然而，对于白居易诗歌睡眠养生书写的研究，还远未受到学界重视。
③ 需要说明的是，白居易早上晚起，并不等同于一般人的睡懒觉。因为这里需要考虑到的是白居易特殊的身体状况。白居易自幼体弱多病，中年以后多病齐发，到了晚年更是深受病痛折磨。因此，早上适度地延长睡眠时间，或者说，即便睡醒之后，仍然卧床休息一段时间，这也是有利于白居易治病养生的。对于病患来说，躺在床上休息，不失为一种基本的养病方法。
④ （唐）白居易著，谢思炜撰《白居易诗集校注》（全六册），中华书局2006年版，第529页。
⑤ （唐）白居易著，谢思炜撰《白居易诗集校注》（全六册），中华书局2006年版，第2711页。
⑥ （唐）白居易著，谢思炜撰《白居易诗集校注》（全六册），中华书局2006年版，第2192页。

并非一味地赖床。在养精蓄锐之后,他会通过散步来活动筋骨。可见白居易的晚起,是在对自身健康状况有充分的体认之下,所做出的合理选择。正如《九日登西原宴望》写道:"病爱枕席凉,日高眠未辍。"①白居易是为了更好地抵御疾病带来的痛苦,才选择了晚起。

白居易对待睡眠的态度与方式,总是要和他的疾病联系起来考虑。在早上睡足睡饱,确实能给白居易的身心两方面都带来益处。《二年三月五日斋毕开素当食偶吟赠妻弘农郡君》:"睡足支体畅,晨起开中堂。"②充足的睡眠让白居易感到肢体舒畅。又《晚起》:"卧听謩謩衙鼓声,起迟睡足长心情。"③充足的睡眠同时也带给了白居易更好的心情。由此可见,白居易睡饱后再起床,确实是针对自身体弱多病情况所做出的有利选择。

其二,饭后午睡。为了更好地调养身体,白居易养成了午睡的好习惯。众所周知,即便是身体健康,完全不受疾病侵扰的正常人,每天安排一段午休时间,也会对恢复精神,更好地从事下午的学习和工作有益。古人也提倡"子午觉"这一睡眠养生法,即在每日子时(晚11点至凌晨1点)大睡的同时,在每日午时(中午11时至13时)小憩。对于年老之人,午睡就显得更有必要了。古人云:"少寐乃老年大患。"④睡眠的缺失对于年老之人而言是大问题。

就白居易而言,我们必须要考虑到他因为头风、腰痛等多种疾病的交相摧残(进而加速衰老),未必能像正常人一样在夜里安然入睡,从而导致夜晚睡眠质量不高的情况。正如在《睡觉》写道:"老眠早觉常残夜,病力先衰不待年。"⑤白居易坦言,因为年老和疾病的双重原因,自己越来越睡不着,经常还会早早地就在夜晚醒来。站在这一角度来看,白居易通过白天午睡以补足睡眠一事,就愈发凸显其必要性。《闲吟二首·其二》:"长歌时独酌,饱食后安眠。"⑥在用完午餐后,白居易就安安稳稳地进入了午睡状态。午睡对于白居易而言,既是静养衰病之身的一种方式,也是消磨闲散时光的一种方式。《昼寝》就写道:"不作午时眠,日长安可度?"⑦

白居易在午睡静养的同时,也会通过较为温和的运动来活动身体。这种运动方式通常表现为随性的散步。午睡过后,白居易会先喝茶醒脑,进一步恢复精神。《府西池北新葺水斋即事招宾偶题十六韵》:"午茶能散睡。"⑧《食后》:"食罢一觉睡,起来两瓯茶。"⑨而在通过午睡养足体力,以及喝茶恢复精神之后,白居易就会独自散步,活动因睡眠而慵懒的身体。例如《池上竹下作》:"食饱窗间新睡后,脚轻林下独行时。"⑩可见,白居易并不仅仅把午睡当作一种偷懒的消遣行为,而是将其作为日常闲适养生策略的重要一环。

---

① (唐)白居易著,谢思炜撰《白居易诗集校注》(全六册),中华书局2006年版,第542页。
② (唐)白居易著,谢思炜撰《白居易诗集校注》(全六册),中华书局2006年版,第2740页。
③ (唐)白居易著,谢思炜撰《白居易诗集校注》(全六册),中华书局2006年版,第1930页。
④ (清)曹庭栋著,杨柏柳、尚桂枝注释《老老恒言》,内蒙古科学技术出版社2002年版,第1页。
⑤ (唐)白居易著,谢思炜撰《白居易诗集校注》(全六册),中华书局2006年版,第2244页。
⑥ (唐)白居易著,谢思炜撰《白居易诗集校注》(全六册),中华书局2006年版,第2196页。
⑦ (唐)白居易著,谢思炜撰《白居易诗集校注》(全六册),中华书局2006年版,第791页。
⑧ (唐)白居易著,谢思炜撰《白居易诗集校注》(全六册),中华书局2006年版,第2224页。
⑨ (唐)白居易著,谢思炜撰《白居易诗集校注》(全六册),中华书局2006年版,第639页。
⑩ (唐)白居易著,谢思炜撰《白居易诗集校注》(全六册),中华书局2006年版,第1854页。

其三,随时补觉。在其他适宜的闲暇时间,因外部环境刺激、身体的自然反应以及内在心境的影响,白居易也会顺其自然地进入到睡眠状态。这与古人养生所提倡的,尤其是针对老年人的"遇有睡意则就枕"①的睡眠养生经验也是相合的。

让白居易临时性决定进行额外睡眠活动的情况有很多种,本文仅列举其中六种。第一种情况,恰如《偶眠》所写:"老爱寻思事,慵多取次眠。"②因为年龄渐长,身体又本就衰弱多病,所以较之常人,白居易更容易感到慵困。③ 既然感到慵困,就顺应身体的自然反应,随时选择睡眠。第二种情况,《雨中招张司业宿》:"泥泞非游日,阴沉好睡天。能来同宿否,听雨对床眠?"④在阴雨连绵的日子里,不便外出游玩,同时闲情雅致也被一并打消。与其无所事事,徒增烦恼,倒不如选择听雨而眠。第三种情况,《酬梦得见喜疾瘳》:"昏昏布裘底,病醉睡相和。"⑤因为疾病加重,同时又饮酒过度,只能尽量避免不必要的劳作运动,并通过睡眠来相调和,缓解酒醉和病痛对身体的伤害。第四种情况,作于元和六年(811)的《闲居》:"南檐半床日,暖卧因成睡。绵袍拥两膝,竹几支双臂。"⑥气候的回暖(尤其是在春天)促使人体自然而然地生发困倦的反应,所以像白居易这样的老病之人,也就顺理成章地选择安睡。第五种情况,《日长》:"日长昼加餐,夜短朝余睡。"⑦白居易顺应季节的变迁和昼夜长短的变化,在日长夜短的情况下(北半球夏季中国北方尤为明显),合理地增加白天的餐食,并借助白天临时性的补觉以弥补夜睡不足的问题。第六种情况,因为公务外出,或者是自主外出游玩等情况,在路途中或者归家后感到身体疲乏,从而借助睡眠回复体能。《朝归书寄元八》:"归来昭国里,人卧马歇鞍。却睡至日午,起坐心浩然。"⑧《自望秦赴五松驿马上偶睡睡觉成吟》:"长途发已久,前馆行未至。体倦目已昏,瞌然遂成睡。"⑨

可见,白居易对于自然环境和自己身心状况的变化非常敏感,一旦受到外部刺激,其身体就会自发地警醒白居易要进行睡眠休养。这种因时制宜的敏感和对自己身心状况细微变化的敏感,是白居易注重睡眠养生的鲜明表现。

(二)睡眠的生理治疗和心理调适功效

睡眠对于养生有着诸多益处。战国名医文挚曾言:"夫卧,使食靡宵(消),散药以流刑者也。"⑩睡眠不仅有助于食物消化,还能促进药物流散到全身,加快治愈病体。白居易也常常在睡眠养生书写中直言不讳地表达睡眠对于治疗病体的诸多益处。白居易诗歌对于睡眠养生益处的表现,主要见于如下两个方面。

---

① (明)高濂著,赵立勋等校注《遵生八笺校注》,人民卫生出版社 1994 年版,第 214 页。
② (唐)白居易著,谢思炜撰《白居易诗集校注》(全六册),中华书局 2006 年版,第 1975 页。
③ 若是按照谢思炜《白居易诗集校注》据汪本所校情况,则"慵多"一作"慵便"。从这一个"便"字中,我们就可以更加形象地感受到白居易那种委运任化的随性态度。
④ (唐)白居易著,谢思炜撰《白居易诗集校注》(全六册),中华书局 2006 年版,第 2032 页。
⑤ (唐)白居易著,谢思炜撰《白居易诗集校注》(全六册),中华书局 2006 年版,第 2641 页。
⑥ (唐)白居易著,谢思炜撰《白居易诗集校注》(全六册),中华书局 2006 年版,第 527 页。
⑦ (唐)白居易著,谢思炜撰《白居易诗集校注》(全六册),中华书局 2006 年版,第 1776 页。
⑧ (唐)白居易著,谢思炜撰《白居易诗集校注》(全六册),中华书局 2006 年版,第 577 页。
⑨ (唐)白居易著,谢思炜撰《白居易诗集校注》(全六册),中华书局 2006 年版,第 661 页。
⑩ 周一谋、萧佐桃撰《马王堆医书考注》,天津科学技术出版社 1988 年版,第 390 页。

一是睡眠有助于生理治疗。在睡眠养生对于肉体病痛的治疗效用书写中,白居易首先充分肯定稳定睡眠是为了养护身体这一真理。《想东游五十韵并序》:"饱餐为日计,稳睡是身谋。"①睡觉和吃饭一样,是个体延续生命的重要事项。然后,白居易又指出,睡眠对于消除疾病,有着重要作用。《天竺寺七叶堂避暑》:"清宵一觉睡,可以销百疾。"②简单睡上一觉,就能消除上百种疾病,这其中或许带有诗人的夸张修辞,难以令人信服。所以接下来,白居易又结合自身情况,有针对性地一一指出,睡觉有助于缓解腰病、头风、眼疾等病痛。作于会昌五年(845)的《闲眠》,可以看作人生末年的白居易对睡眠有利于治愈疾病的一次真诚感叹:"暖床斜卧日曛腰,一觉闲眠百病销。"③和煦的阳光从窗口照射进来,床铺也逐渐变得温暖。白居易躺在温暖的床上,同时阳光又照在常年患病的腰间,虽不敢说能让百病消除,但至少对于缓解腰痛,是有一定作用的。又如《晨兴》:"头醒风稍愈,眼饱睡初足。"④饱受头风困扰的白居易,若是保持清醒状态,就要一直硬撑着忍受头风带来的病痛折磨,反而会对身体造成更大损害。这种情况下,借助睡眠来缓解头风的病痛,是非常明智的选择。另外,正如后一句所写,充足的睡眠有助于养护眼睛。白居易谈及睡眠护眼的诗歌是最多的。例如《病中五绝·其四》:"目昏思寝即安眠。"⑤《咏老赠梦得》:"眼涩夜先卧。"⑥《斋月静居》:"忽忽眼尘犹爱睡。"⑦《宿东亭晓兴》:"眼昏春睡足。"⑧由上可见,一方面,因为眼疾的困扰,白居易似乎更嗜睡;另一方面,充足的睡眠又确实缓解了眼疾的严重程度。埋田重夫对此曾不无夸赞意味地指出:

在没有列举的点眼、服药、金篦等医学疗法惊人成果中,安眠熟睡也是能使衰老双眼恢复所必不可缺的条件。在中国历代的文学家中,白居易堪称是最能理解睡眠的诗人之一了。⑨

的确,正是因为对自身疾病状况有着清楚的认识,所以白居易才能有的放矢地借助睡眠来舒缓自身病痛。而白居易对于睡眠养生的重视,也能从他大量的睡眠养生诗歌书写中得到证明。

二是睡眠有助于心理调适。白居易诗歌的睡眠养生书写也表现出睡眠对于闲适心境的调和效用。《感事》:"睡适三尸性,慵安五藏神。无忧亦无喜,六十六年春。"⑩"三尸"是道教理论的产物,大意是指人体有三个丹田,其中各有神灵驻守。相传只要斩死三尸

① (唐)白居易著,谢思炜撰《白居易诗集校注》(全六册),中华书局 2006 年版,第 2119 页。
② (唐)白居易著,谢思炜撰《白居易诗集校注》(全六册),中华书局 2006 年版,第 1779 页。
③ (唐)白居易著,谢思炜撰《白居易诗集校注》(全六册),中华书局 2006 年版,第 2801 页。
④ (唐)白居易著,谢思炜撰《白居易诗集校注》(全六册),中华书局 2006 年版,第 1778 页。
⑤ (唐)白居易著,谢思炜撰《白居易诗集校注》(全六册),中华书局 2006 年版,第 2632 页。
⑥ (唐)白居易著,谢思炜撰《白居易诗集校注》(全六册),中华书局 2006 年版,第 2488 页。
⑦ (唐)白居易著,谢思炜撰《白居易诗集校注》(全六册),中华书局 2006 年版,第 2036 页。
⑧ (唐)白居易著,谢思炜撰《白居易诗集校注》(全六册),中华书局 2006 年版,第 1680 页。
⑨ 〔日〕埋田重夫著《从视力障碍的角度释白居易诗歌中眼疾描写的含义》,李寅生译,《钦州师范高等专科学校学报》2001 年 3 月第 16 卷第 1 期,第 32 页。
⑩ (唐)白居易著,谢思炜撰《白居易诗集校注》(全六册),中华书局 2006 年版,第 2554 页。

神灵，就会成仙不死。① 然而，白居易并没有迷信这种说法，正如他在《不睡》中所写："年衰自无睡，不是守三尸。"②白居易不会为了追求长生，而减少宝贵的睡眠时间，更不可能在本应该睡觉的时间，违背生理规律，耗费精力去做一些荒诞之事。白居易对待"三尸"这一理论概念的态度，正如松浦友久指出的那样："……好的睡眠把心中的三尸（三虫·三彭）的'性'也被'适'占住了，使其忘却了向天帝进献谗言。强调了睡眠这种生理现象对精神的巨大影响力。"③白居易非但没有把精力浪费在"守三尸"的行为上，反倒是通过睡眠这一生理手段，培养出了自己闲适的心境，从而反客为主，变成"三尸"的主宰。这种通过睡眠所调和的闲适心境，最终的外在表现就是既不过度忧虑，也不过度欢喜，以平静随和的姿态，自然而然地迎接年岁的增长。

综上，白居易诗歌睡眠养生书写的三种基本睡眠习惯类型，正是白居易自身有选择性地利用良好睡眠习惯进行医疗养生的实录。而这种睡眠养生活动带来的有益之处，既表现在对于身体的疗养，也表现在对于心境的调适。

四、白居易诗歌睡眠养生书写的继承和创新

白居易继承了前人难眠和不眠的书写范式，但在相思难眠这一书写倾向之外，还涉及了具有个人病患特色的老病难眠书写。此外，白居易在清幽静谧的睡眠环境描写、睡眠养生与仕途奔波的对比修辞和闲适遂性的养生主旨表达这三方面，都实现了对于前人诗歌睡眠养生书写的创新。

其一，对难眠和不眠书写的继承与创变。与六朝时期诗人存在明显不同的是，白居易诗歌中几乎没有专门刻画年轻女性欲眠与酣眠的睡眠养生书写。但是，白居易还是继承了前人难眠和不眠的书写。这又主要表现在两个方面，其一是和前人具有较多共通性的相思难眠书写，其二则是带有白居易个人特色的受困于老病折磨的难眠书写。

相思难眠。思乡怀亲是每一个宦途游子的诗歌母题，白居易自然也不例外。《除夜寄弟妹》写道："感时思弟妹，不寐百忧生。"④正值除夕良夜之际，白居易却无法和兄弟姐妹团聚，而是独自一人在外漂泊。因此，怀亲思乡之情自然而然地被触发，令白居易忧愁万分，从而难以入眠。再如《秋暮西归途中书情》："耿耿旅灯下，愁多常少眠。思乡贵早发，发在鸡鸣前。"⑤归乡心切的白居易无法抑制内心的愁绪，从而难以安然入眠。另外，对于相爱之人刻骨铭心的思恋，也是白居易难眠书写的重要表现内容。《独眠吟二首·

① 《抱朴子》："又言身中有三尸，三尸之为物，虽无形而实魂灵鬼神之属也。欲使人早死，此尸当得作鬼，自放纵游行，享人祭酹。"参见（晋）葛洪著，王明撰《抱朴子内篇校释》（增订本），中华书局1985年第2版，第125页。又《云笈七签》："常以庚申日彻夕不眠，下尸交对，斩死不还。复庚申日彻夕不眠，中尸交对，斩死不还。复庚申日彻夕不眠，上尸交对，斩死不还。三尸皆尽，司命削去死籍，著长生录上，与天人游。"参见（宋）张君房撰《云笈七签》卷八十二庚申部二《三尸篇》神仙守庚申法，转引自《钦定四库全书》子部十四·道家类，台湾商务印书馆《影印文渊阁四库全书》1986年版，第1061册，第1页。
② （唐）白居易著，谢思炜撰《白居易诗集校注》（全六册），中华书局2006年版，第1579页。
③ 〔日〕松浦友久著《论白居易诗中"适"的意义——以诗语史的独立性为基础》，李宁琪译，《山西师大学报》（社会科学版）1997年1月第24卷第1期，第41页。
④ （唐）白居易著，谢思炜撰《白居易诗集校注》（全六册），中华书局2006年版，第1048页。
⑤ （唐）白居易著，谢思炜撰《白居易诗集校注》（全六册），中华书局2006年版，第761页。

其一》写道："夜长无睡起阶前，寥落星河欲曙天。十五年来明月夜，何曾一夜不孤眠。"①据谢思炜《白居易诗集校注》按语可知，此处所谓"十五年来"，指的是白居易与在符离时期相恋的名为湘灵的女子分别以来的时间。因为困苦于相恋之思，在与恋人分别的十五年时间里，白居易常有夜长无睡的苦恼，从而只能通过诗歌创作，借以排遣内心中爱而不得的难眠苦痛。

　　老病难眠。白居易诗歌还写到因为饱受老病折磨进而导致的难眠状况。这在前人难眠与不眠的书写中并不多见，很大程度上与医疗养生拉近了关系，可以看作白居易难眠与不眠书写的个性化呈现。例如《衰病无趣因吟所怀》："朝餐多不饱，夜卧常少睡。自觉寝食间，多无少年味。……病姿与衰相，日夜相继至。"②这首诗写作于长庆二年（822），白居易当时年满五十岁。对于古人而言，年满五十岁已经可以视作步入老年状态了。白居易也因此感到身体衰弱得愈发迅速，各类疾病也一并发作，对白居易的饮食和睡眠造成了不良影响，让他无法在夜晚安然入睡，因而兴味索然。再如《小亭寒夜寄梦得》："老睡随年减，衰情向夕多。不知同病者，争奈夜长何？"③睡眠本是养生的有效方式，但是困苦于老病折磨，年岁渐长的白居易越来越无法在夜晚安心入眠，从而有了这漫漫长夜下难眠和不眠的愁苦哀叹。

　　总的来看，白居易继承了前人睡眠养生书写中"难眠与不眠"这一书写倾向，并结合自身老病交缠的实际情况，在相思难眠书写之外，还增创了老病难眠书写这一特色。

　　其二，清幽静谧的睡眠环境描写。白居易会通过细致描写休憩地周边的景物，将一种清幽静谧的睡眠环境在诗歌中呈现出来。这是白居易诗歌睡眠养生书写的一大创新。

　　松和竹这两种具有比德之美的植物，便经常融入到白居易诗歌的睡眠养生书写中，二者共同营造出一种清幽高雅的安眠氛围。例如《小院酒醒》："好是幽眠处，松阴六尺床。"④再如《新栽竹》："最爱近窗卧，秋风枝有声。"⑤又如《桥亭卯饮》："松影过窗眠始觉，竹风吹面醉初醒。"⑥一阵清风吹过，松竹在日光下不住摇晃，把枝影投射到窗户上，就像依约而至的友人一般，将诗人从美好的睡梦中不紧不慢地唤醒。此处对于松影和竹影的描写极具留白意味。白居易不写松竹如何伴己入眠，却写松竹如何将己唤醒，而这种唤醒又给人一种轻柔平静的感受，由此不难想象松竹是如何幽然无声地陪伴着诗人进入安稳的梦乡。欲显其静，偏写其闹，这种灵动的反衬笔法将松竹所渲染的清静幽深氛围表现得不落俗套。

　　的确，白居易善于运用以动写静的笔法，从听觉感官切入，通过捕捉睡眠环境中的细微声响，来烘托睡眠环境的清幽静谧。例如《春眠》："何物呼我觉，伯劳声关关。"⑦诗人原本正纵情享受着春日晨眠的舒适惬意，直到鸟鸣声将其唤醒。这种一时间不知何物呼我

①　（唐）白居易著，谢思炜撰《白居易诗集校注》（全六册），中华书局2006年版，第1495页。
②　（唐）白居易著，谢思炜撰《白居易诗集校注》（全六册），中华书局2006年版，第897页。
③　（唐）白居易著，谢思炜撰《白居易诗集校注》（全六册），中华书局2006年版，第2857页。
④　（唐）白居易著，谢思炜撰《白居易诗集校注》（全六册），中华书局2006年版，第1840页。
⑤　（唐）白居易著，谢思炜撰《白居易诗集校注》（全六册），中华书局2006年版，第725页。
⑥　（唐）白居易著，谢思炜撰《白居易诗集校注》（全六册），中华书局2006年版，第2201页。
⑦　（唐）白居易著，谢思炜撰《白居易诗集校注》（全六册），中华书局2006年版，第525页。

醒觉的朦胧状态,恰恰暗示着诗人此前睡眠的安逸静谧。此处颇有孟浩然"春眠不觉晓,处处闻啼鸟"①之意境。再如《秋雨夜眠》:"卧迟灯灭后,睡美雨声中。"②秋雨绵绵之夜,淅沥的雨声非但没阻碍诗人入睡,反倒成为浇灭一切繁杂之音,陪伴诗人美妙入眠的益友。又如《南侍御以石相赠助成水声因以绝句谢之》:"泉石磷磷声似琴,闲眠静听洗尘心。莫轻两片青苔石,一夜潺湲直万金。"③白居易是一个善于借助园林景物的搭配进行养生的诗人。此处泉水流淌到青苔石上的撞击声,令白居易获得了欣赏古琴音乐般的美好感受,将其内心的尘俗污垢清洗得一干二净,从而帮助他更好地进入一夜安稳的长眠。

由上可见,白居易在前人单纯的睡眠养生书写中,别出心裁地加入了对于睡眠环境的精细描写,营造出清幽静谧的睡眠氛围,极大地丰富了其诗歌睡眠养生书写的表现广度和艺术美感。

其三,睡眠养生与仕途奔波的对比。为了突出睡眠在养护身心方面的医疗功效,白居易经常会在诗歌中,将睡眠养生与仕途奔波形成鲜明的对比书写,从而达到对睡眠养生的歌颂目的,同时流露出自己的隐逸态度。④

作于大和三年(829)的《赠梦得》写道:"心中万事不思量,坐倚屏风卧向阳。……头垂白发我思退,脚蹋青云君欲忙。"⑤一方面,白居易将自己塑造成一个头垂白发向阳而眠的无忧无虑的老者形象;另一方面,白居易笔下的好友刘禹锡,又是一个在仕途上逐渐青云直上的忙碌官宦形象。两类生活状态截然相反的人物形象并置于一首诗中,反差感非常强烈。而从"不思量""思退"等关键语词中,我们能够感受到白居易内心对于仕途奔波的疲累和厌倦之感。

在上述《赠梦得》一诗中,白居易对于睡眠养生的歌颂和对于仕途奔波的倦怠之感,表现得还是较为含蓄的。其实在白居易的很多睡眠养生书写诗歌中,这种扬此抑彼的态度都是十分鲜明的。试举数例如下:

一种共君官职冷,不如犹得日高眠。(《初授赞善大夫早朝寄李二十助教》)⑥

只合一生眠白屋,何因三度拥朱轮?(《自咏》)⑦

粥熟呼不起,日高安稳眠。……忽思远游客,复想早朝士。蹋冻侵夜行,凌寒未明起。(《风雪中作》)⑧

身稳心安眠未起,西京朝士得知无?(《即事重题》)⑨

以上所引述的四首诗歌的写作时间,依次是814年、825年、834年和835年。也就

---

① (唐)孟浩然著,佟培基笺注《孟浩然诗集笺注》,上海古籍出版社2000年版,第84页。

② (唐)白居易著,谢思炜撰《白居易诗集校注》(全六册),中华书局2006年版,第2521页。

③ (唐)白居易著,谢思炜撰《白居易诗集校注》(全六册),中华书局2006年版,第2751页。

④ 需要说明的是,白居易所倡导的并非全然的归隐之道,而是一种"中隐"的隐逸思想,其核心是在仕隐之道上的一种委运任化、悠然从容的进退态度。这种思想在他的《中隐》一诗中阐述得最为明晰。可参见(唐)白居易著,谢思炜撰《白居易诗集校注》(全六册),中华书局2006年版,第1765页。

⑤ (唐)白居易著,谢思炜撰《白居易诗集校注》(全六册),中华书局2006年版,第2117页。

⑥ (唐)白居易著,谢思炜撰《白居易诗集校注》(全六册),中华书局2006年版,第1171页。

⑦ (唐)白居易著,谢思炜撰《白居易诗集校注》(全六册),中华书局2006年版,第1875页。

⑧ (唐)白居易著,谢思炜撰《白居易诗集校注》(全六册),中华书局2006年版,第2310页。

⑨ (唐)白居易著,谢思炜撰《白居易诗集校注》(全六册),中华书局2006年版,第2485页。

是说,白居易从元和年间在长安为官时期开始,就已经心生退意,觉得与其受困于每日早朝的京官身份,倒不如做一个日高而眠的闲人来得惬意自在。这种对于睡眠养生的向往之情,不管是在担任地方官时期,还是直到晚年在洛阳过着半官半隐的生活时,都可以从白居易的睡眠养生书写中显露出来。白居易有意把自己塑造成一个身稳心安的睡眠者形象,再通过细致刻画一个个冒着严寒忙碌地奔赴早朝的长安官员形象,兼用"不如""只合""何因"等副词转折过渡,以及加上强烈的反问语气,将睡眠养生与仕途奔波放置于医疗养生的价值天平上进行对比衡量,进而高度肯定自己睡眠养生选择的合理性和有益性。

由上可见,白居易在前人单一层面的睡眠养生书写中,增加了睡眠养生与忙碌少眠的对比书写,从而丰富了其诗歌睡眠养生书写的层次感,也更加明确地传达出白居易借助睡眠养护身心的认真态度。

其四,闲适遂性的养生主旨。在前人诗歌的睡眠养生书写中,不管是慷慨难眠书写也好,相思难眠书写也罢,抑或是酣然入眠书写,都缺少明确的对于养生主旨的表达,因而显得零碎杂乱。这一点,白居易在他大部分睡眠养生书写诗歌中却是一以贯之的,即注重表现对于闲适遂性①的医疗养生之道的追求。

闲,指的是空暇、安宁,与繁忙相对,既指涉外部环境,也反映内在心境。适,《康熙字典》写作"適",当用作形容词性的词语时,其含义是"乐也……安便也,自得也"②。然而,养生者若是过度执着于"适"的状态,也无法实现遂性的目标。必须要做到得意忘言、兼忘是非,才算真正到达了遂性的境界。

白居易诗歌大量的睡眠养生书写,都在不遗余力地表现"闲适"的生命状态。例如《效陶潜体诗十六首并序·其三》:"兀然无所思,日高尚闲卧。"③白居易推崇不被繁杂情绪和思虑所牵绊的闲逸安眠,只有做到心中昏然无知,无所思虑,才能睡个清闲的好觉。再如《北亭》:"脱衣恣搔首,坐卧任所适。"④无论是脱衣入睡,还是穿衣起行,抑或是搔首抓耳,白居易都强调任性而为,只求安适于己身便可。这种外部躯体的闲适感受,最终也会对个体的内心调养起到积极有益的作用,正如《立秋夕凉风忽至炎暑稍消即事咏怀寄汴州节度使李二十尚书》所写:"或行或坐卧,体适心悠哉。"⑤不管是在运动状态还是睡眠状态,白居易都强调追求闲适,身心兼养,进而到达悠然遂性的养生境界。这种闲适遂性的睡眠养生书写的艺术化表现,还体现在白居易对于"羲皇上人"这一典故的反复运用。例如《池上闲吟二首·其一》:"高卧闲行自在身……得作羲皇向上人。"⑥白居易将自己高卧闲行的生活状态,与上古无忧无虑之人的闲适状态作类比,表现出强烈的知足之感。

---

① "万物遂性",是白居易终其一生所追求的医疗养生的最高境界,指的是所有生命都顺应自己的本性,在最适合自己的状态中生存发展。例如《春日闲居三首·其二》所写:"鱼鸟人则殊,同归于遂性。"参见(唐)白居易著,谢思炜撰《白居易诗集校注》(全六册),中华书局 2006 年版,第 2712 页。

② (清)张玉书等编纂,汉语大词典编纂处整理《康熙字典:标点整理本》,汉语大词典出版社 2002 年版,第 1247 页。

③ (唐)白居易著,谢思炜撰《白居易诗集校注》(全六册),中华书局 2006 年版,第 501 页。

④ (唐)白居易著,谢思炜撰《白居易诗集校注》(全六册),中华书局 2006 年版,第 597 页。

⑤ (唐)白居易著,谢思炜撰《白居易诗集校注》(全六册),中华书局 2006 年版,第 2707 页。

⑥ (唐)白居易著,谢思炜撰《白居易诗集校注》(全六册),中华书局 2006 年版,第 2397 页。

再如《偶作二首·其二》："日午脱巾簪，燕息窗下床。清风飒然至，卧可致羲皇。"①午睡时分，白居易脱去衣物发簪，悠然徐缓地临窗而卧。这时清风如约而至，令白居易这位卧枕而眠的闲人，一时间有幸感受到了太古之人那种闲适遂性的养生境界。

由上可见，白居易诗歌紧紧围绕着"闲适遂性"这一核心理念来进行睡眠养生书写。相较于前人，白居易诗歌的睡眠养生书写在养生主旨的表达上更为突出和明确，也因此形成了独特的闲适诗风。

结语

白居易立足于形神兼养的医疗理念，高度肯定睡眠对于生理和心理的双重疗效。"睡足再起""饭后午睡"和"随时补觉"的睡眠实践，在他的诗中得到了较为充分的表现。闲适遂性是他睡眠养生书写一以贯之的思想主旨。他关于老病难眠的书写，明显受到杜甫的直接影响②，但又有他个人的特点。白居易诗长于以动衬静，通过松、竹等景物的描写，营造清幽静谧的安眠环境，并常将之与在朝为官的劳碌奔波置于同一首诗中，形成强烈的反差和对比，借以表达对仕途奔竞的厌倦，丰富了诗歌睡眠养生书写的社会人生内涵。从诗歌史的发展来看，白居易在总结个人养生心得的同时，将睡眠养生与艺术美感、生存哲思融为一体，不仅拓展了诗歌题材，也为诗歌发展开辟了新的道路。

---

① （唐）白居易著，谢思炜撰《白居易诗集校注》（全六册），中华书局 2006 年版，第 1772 页。
② "总体而言，白居易的疾病书写继承了杜甫疾病书写的日常化与通俗化。"参见薛翻《唐诗中的疾病书写》，西北大学 2018 年硕士学位论文，第 53 页。

硕博论坛

明清小说中宗教空间的文化蕴涵与叙事策略

——以《聊斋志异》为例

李永添 *

摘　要：宗教空间是信徒祭祀、供养神明，并通过虔诚地祈祷来实现自身愿望的公共场所。《聊斋志异》中共有101篇涉及宗教空间的描写，约占全部篇目的20%。蒲松龄认识到宗教空间的公共属性，并且利用这一属性进行叙事；同时又用夜化、荒野化两种方式削减其公共属性，使之成为私密空间。无论是作为公共空间还是私密空间，宗教空间在构建故事情节、塑造人物形象、突出故事主题以及把控叙事节奏等方面承担了非常重要的叙事功能。蒲松龄笔下的宗教空间植根于有着浓厚神明信仰氛围的故乡——山东淄川地区，并且在此基础上经过"才子之笔"细致勾勒之后形成文学空间。

关键词：明清小说；宗教空间；文化蕴涵；叙事策略；《聊斋志异》

作为文言小说史上"专集之最有名者"，《聊斋志异》中叙写了大量狐媚花精、神仙妖怪的奇异故事。值得注意的是，这些故事"产生—发展"的过程多依赖于宗教空间的建构。刘绍信对此曾做过精粹的论述："远离城镇""空旷寂静，人迹稀少"的寺庙环境为狐精鬼魅提供了舞台，同时为书生理性道德的破解提供了条件。① 笔者认为，刘氏的认识是准确的。在此情况下，我们围绕着情恋主题，更多地关注荒寺破庙环境下书生与狐媚花精交合的合理化问题，却较少对《聊斋志异》中的宗教空间加以全面考察。

之所以在此处采用"宗教空间"的概念，而非"寺庙"，是因为笔者认为宗教空间的概念相较于寺庙更加宽泛。言及寺庙，我们认为无非就是佛教中的寺庵和道教中的庙观。其实《聊斋志异》中所描写的宗教空间并非仅是寺庙，还包括供奉先贤圣哲的圣庙以及诸多民间信仰（诸如青蛙神、关公、雹神）的祠堂。宗教空间是指人们在崇拜超自然精神体的心理作用下，纪念、供奉、祭祀某位或某几位神明以祈求实现自身愿望的场所，通常包括寺、庵、庙、观、宫、祠等。

据笔者统计，《聊斋志异》言及宗教空间之处共有101篇之多，除却20余篇仅是简单提及之外，有70余篇涉及承担叙事功能的宗教空间，约占《聊斋志异》总篇目的14%。通过考察，笔者发现这70余篇中的宗教空间不仅仅是为书生狐媚恋情创造合理空间，而且在证见因果报应，与世俗空间对垒，描摹人物气质，起承转合故事情节，烘托孤清冷寂的氛围等方面都起到了非常重要的作用。

一、公共视野下《聊斋志异》宗教空间的功用

《聊斋志异》中的宗教空间的功能是多元的。如前文所言，宗教空间是信徒供奉、祭

---

* 李永添，辽宁大学文学院博士研究生，研究方向为汉唐文学与文献。

① 刘绍信《〈聊斋志异〉叙事研究》，中国社会科学出版社2012年版，第101～102页。

祀神明,并寄希望于祈祷的方式来实现自身愿望的公共场所。可以说,祭祀求福是宗教空间的主要功能。除此之外,宗教空间也会承担为民众日常生活(诸如集会、借宿、学艺)提供便利的功能。无论是祭祀求福等宗教活动,抑或是借宿集会等日常活动,宗教空间作为公共空间必然会为人物的行动、故事情节的发生发展提供"舞台"。

在宗教空间这个庄严肃穆的场合下,举凡有不尊敬神明或者触犯戒律之类的行为时,行为主体则会遭受神明严厉惩罚。《齐天大圣》中云许盛同众人至大圣祠,诸客"肃然起敬,无敢有惰容",反观许盛却"窃笑世俗之陋"。在众人焚奠叩祝之际,许盛"潜去之"。面对兄长斥责,许盛仍不思悔改,称齐天大圣乃是"丘翁之寓言"。① 在肃然起敬与不屑一顾两种态度鲜明对比之下,作者在刻画出许盛"素刚直"性格的同时,也描写了许盛刚直性格所招致的祸患。当夜许盛便受到了神灵的惩罚:先患头痛,接着遭"菩萨刀"穿胫股而连生巨疮。不仅冒犯神明的主体要受到惩罚,还有可能会殃及旁人。《雹神》言及济武去日照安村参加葬礼,途经雹神李左车祠,不听道士劝告而击打庙前池塘中鱼。在之后济武行程中遭遇到"簌簌雹落,大如绵子"的恶劣天气。雹神惩罚完济武之后并没有结束,还预言将灾难带给安村村民。② 同类的事情还有《泥鬼》,其云济武幼同表亲在见寺中泥塑"睁瑠璃眼,甚光而巨",而"阴以指抉取"。回家之后,济武表亲便遭受鬼神附体索要眼睛的故事。③

反之,发善心进行修桥铺路、修缮庙宇等佛事活动或者娱神活动则会受到神明暗中奖励和护佑,而这些佛事活动或娱神活动多以宗教空间为背景。《布商》讲述了某布商见一寺庙院宇零落,在僧人央求之下发善心修缮山门,而遭僧人谋财害命,最后在神明庇佑下得以救助的故事。④ 在《鄱阳神》中同样如此,翟湛持司理饶州,道经鄱阳湖神祠,见本姓神明所居诸神末尾,为了提升该神明的地位,便为之向上挪一位次。后来途中,翟湛持所用船只被强风吹断桅杆,在危急时刻被翟姓神明现身救助之事。⑤《刘全》中提及邹平牛医侯某在城隍庙见刘全献瓜的塑像被鸟粪"糊蔽目睛",便为之清除干净。其后,牛医颇得刘全阴间之助,纵使是在他死后,刘全在阴间也为其打点一切,使其免受地狱之苦。⑥ 在此处,神明早已不再是高高在上、顺昌逆亡的统治者,而是一个知恩图报,可以为恩人走后门、开小灶的普通人。不难看出,宗教空间中的布施者或娱神者可以通过一些微不足道的行为则感动神灵,而这些发生在宗教空间内的行为往往会推动故事情节的发展,为之后遇难得救埋下伏笔。

作为宗教空间——一个可以短时间内聚集大量信众举行"狂欢"活动的地方,其公共属性尤为明显。宗教狂欢活动一般发生在节日期间一些较为著名的宗教空间。信众、香客人数众多,社会身份复杂,不分高低贵贱、不分性别地聚集在一起。宗教狂欢在《聊斋

---

① (清)蒲松龄著,张友鹤辑校《聊斋志异汇校汇注汇评本》,上海古籍出版社 2011 年版,第 1459~1463 页。
② (清)蒲松龄著,张友鹤辑校《聊斋志异汇校汇注汇评本》,上海古籍出版社 2011 年版,第 1606~1607 页。
③ (清)蒲松龄著,张友鹤辑校《聊斋志异汇校汇注汇评本》,上海古籍出版社 2011 年版,第 403~404 页。
④ (清)蒲松龄著,张友鹤辑校《聊斋志异汇校汇注汇评本》,上海古籍出版社 2011 年版,第 1035~1036 页。
⑤ (清)蒲松龄著,张友鹤辑校《聊斋志异汇校汇注汇评本》,上海古籍出版社 2011 年版,第 667 页。
⑥ (清)蒲松龄著,张友鹤辑校《聊斋志异汇校汇注汇评本》,上海古籍出版社 2011 年版,第 1650~1652 页。

志异》中也有着多处体现：《阿霞》云"祠内外士女云集"①庆祝海神寿，《桓侯》中"村中岁岁赛社于桓侯之庙"②，《吴令》中"居民敛资为会，辇游通衢。建诸旗幢，杂卤簿，森森部列，鼓吹行且作，阗阗咽咽然"③庆祝城隍神寿节。蒲松龄将特殊节日时期的宗教空间作为一个叙事兴奋点，利用公共属性下的宗教空间作为故事发生和展开的场景进行叙事。《云翠仙》便是记述了泰山岱庙四月份时节庙会的盛况，"四月交，香侣杂沓。又有优婆夷、塞，率众男子以百十，杂跪神座下"④。不分阶级、不分性别的宗教狂欢场合给予登徒子以可乘之机。梁有才骚扰翠仙的场景极其具有画面感，"诈为香客""伪为膝困无力状"见其狡猾，"以手据女郎足"见其下流，"亦膝行而近之""亦起，亦出履其迹"则是体现其"口香糖"似的无赖。该篇小说关于梁有才的一系列动作描写，正是发生于狂欢时节的宗教空间之中。在庄重的宗教空间内，梁有才的轻浮举动与庄严的宗教活动显示出极大的行为反差。这种反差描写充分展现了其不怕因果报应、嗜赌好偷、无情无义的泼皮形象。

　　在宗教空间之下，人们很容易产生畏惧心理。在"通达一切"的神明面前，每个人心灵的阴暗处都会被洞悉。法官巧妙地利用犯人迷信观念和做贼心虚的心理，巧妙设计，揪出凶手。法官"巧妙地操纵大众关于精灵世界在法律实行中起作用的观念确实能强化政府力图强调的道德观点"⑤。在中国古代小说中借助神明来判案的故事是很常见的，郝铁川在《中华法系研究》一书中曾举出元世祖时期的案例：至元二十八年七月七日夜，一个强盗杀了一家三口人。官府怀疑强盗系该家邻居，便将邻居投进大牢，拷讯了一年多，但仍不能了结。后来，来了一位大官，率领官吏斋戒沐浴，祈祷于城隍神面前，夜间还住到了庙里。半夜时分，一阵音乐隐约传来，接着又听到开门锁的声音，殿门似被推开，一道亮光闪现，像是大神降下。躺在庙里的官吏都说："鬼神既然如此真实，那么它们一定知道谁是真正的杀人犯。"第二天，重新开庭审讯囚徒。其中有一个叫赵塔齐尔的人，不打自招道："是我杀的人。"⑥很显然，蒲松龄在构建故事情节时承袭了这种书写传统。在《聊斋志异》中有很多鬼神参与公案故事，宗教空间在其间扮演了非常重要的角色，《冤狱》《诗谳》等即是如此。值得注意的是，在某些篇章中，蒲松龄更加注重"人"在办案过程中的作用，并且利用宗教空间这一特殊场所进行叙事。在《胭脂》中，济南府吴公将阴气森森的城隍庙作为审理案情的公堂，目的是通过犯人对神明的恐惧以及做贼心虚的心理诈出案件实情。⑦在小说叙述中，城隍庙不仅仅是一个单纯的宗教空间，而是作为办案中不可缺少的空间背景所在，充分发挥了其衙门公署的功能。

　　从某种程度上讲，公共视野下的宗教空间在故事中充当空间背景或作为故事情节发生发展的重要场所，承担了非常重要的叙事功能。蒲松龄在注重描写宗教空间的公共属性的同时，也没有忽略宗教空间的私密性。

① （清）蒲松龄著，张友鹤辑校《聊斋志异汇校汇注汇评本》，上海古籍出版社2011年版，第423页。
② （清）蒲松龄著，张友鹤辑校《聊斋志异汇校汇注汇评本》，上海古籍出版社2011年版，第1674页。
③ （清）蒲松龄著，张友鹤辑校《聊斋志异汇校汇注汇评本》，上海古籍出版社2011年版，第265页。
④ （清）蒲松龄著，张友鹤辑校《聊斋志异汇校汇注汇评本》，上海古籍出版社2011年版，第748页。
⑤ 卫周安著《清代中期法律文化中的政治和超自然现象》，张少瑜译，载于高道蕴等编《美国学者论中国法律传统》，中国政法大学出版社1994年版，第410页。
⑥ 郝铁川《中华法系研究》，复旦大学出版社1997年版，第139页。
⑦ （清）蒲松龄著，张友鹤辑校《聊斋志异汇校汇注汇评本》，上海古籍出版社2011年版，第1367～1379页。

二、《聊斋志异》宗教空间的"私密化"处理

一般来说,宗教空间多以其公共属性出现在大众认知中。而颇可玩味的是,在《聊斋志异》的编排过程中,蒲松龄似有意消解这种公共属性,而增附以神秘化、私密化的特点,为故事情节的发展与人物形象的塑造延伸出更多可堪腾挪的空间。最为明显的就是夜化、荒野化叙事手法的运用。

中国古代便有鬼神喜在夜间出没的信仰传统,作为"志异"之作,《聊斋志异》在叙事时有明显的夜化倾向。这种"夜化"叙事倾向已经受到前彦关注,黄霖、李桂奎主编《中国古代小说叙事三维论》中便有一文《〈聊斋志异〉"夜化"叙事及其特效》云《聊斋志异》"依托于灯月等意象创造了富有神秘感、朦胧美、恐怖境的叙事特效"①。对于蒲松龄自身而言,在冷清的夜间进行小说创作是其常见的写作状态:

独是子夜荧荧,灯昏欲蕊;萧斋瑟瑟,案冷疑冰。集腋为裘,妄续幽冥之录;浮白载笔,仅成孤愤之书:寄托如此,亦足悲矣! 嗟呼! 惊霜寒雀,抱树无温;吊月秋虫,偎阑自热。知我者,其在青林黑塞间乎!②

基于鬼神信仰的文化传统和自身创作习惯,蒲松龄在编织故事情节时不可避免地具有较多的关于夜晚场景的描写。

夜幕笼罩下的庄严肃穆的寺庙成了男欢女爱的私密闺房,这样的情况并不少见。"寓居在寺庙中的年轻士人,多值知慕少艾的年龄。寂寞长夜,相对荧荧一灯;或悠长白日,苦读倦怠之际,临窗一望,难免会有种种幻想。庙寺幽静神秘的环境、造像与壁画中美丽的天女、寺院里的亡灵以及周遭什物草木,也自然成为他们的幻想对象,人神、人妖、人鬼情恋故事的构设也就自然而然了。"③在《聊斋志异》中,夜间的宗教空间也是容易产生的人神、人鬼、人妖情恋的场所。在人神情恋故事中,多是女性神灵与男性凡人相恋,嫦娥与宗子美(《嫦娥》)、竹青与鱼客(《竹青》)、土地夫人与王炳(《土地夫人》)、梅姑神与金生(《金姑夫》)等即是如此。那么如何将凡人与女神恋爱故事叙述得亲切自然,是至关重要的一个问题。蒲松龄采取的措施是将女神世俗化:或者为抹平人神不平等身份,女神化身为普通女性与男性进行恋爱;或者直接放下女神的威严、沾染了世俗"淫荡"习气,在夜间与男性偷情。《金姑夫》言及梅姑神生前坚贞,乡人为之立祠,然而成神之后却在夜间庙中勾引冥想徘徊的金生。④《土地夫人》中土地夫人打算与王炳"夜奔"。⑤黑夜为宗教空间削减了公共属性,成了人神恋情故事发生的私密空间。寺庙中人鬼情恋一般与"停灵寺中"的传统有关,熊明先生在《略论唐人情恋小说中的寺庙意象》指出这些早夭而葬于寺庙或者暂殡于寺庙的年轻女子,也让人易生翩翩之思⑥。诚然,检视《聊斋志异》诸篇,我们不难发现《鲁公女》和《聂小倩》均是如此,前者停灵寺中,后者埋骨寺侧,二者皆

---

① 黄霖、李桂奎等著《中国古代小说叙事三维论》,上海书店出版社 2009 年版,第 162 页。
② (清)蒲松龄著,张友鹤辑校《聊斋志异汇校汇注汇评本》,上海古籍出版社 2011 年版,第 3 页。
③ 熊明《唐人小说与民俗意象研究(增订本)》,上海古籍出版社 2020 年版,第 150 页。
④ (清)蒲松龄著,张友鹤辑校《聊斋志异汇校汇注汇评本》,上海古籍出版社 2011 年版,第 942 页。
⑤ (清)蒲松龄著,张友鹤辑校《聊斋志异汇校汇注汇评本》,上海古籍出版社 2011 年版,第 578 页。
⑥ 熊明《略论唐人情恋小说中的寺庙意象》,《中南大学学报》2013 年第 4 期,第 166 页。

与男子产生爱慕之情。人妖在夜间宗教空间内相恋的故事也是值得注意的一点。如《绿衣女》中夜间绿衣女（绿蜂精）主动勾引、挑逗在醴泉寺读书的于璟，并与之同寝，自此之后"无夕不至"。经过夜化处理之后的宗教空间，虽然具有了私密的属性，但是这种私密属性并非是绝对的，比较容易受到外界干扰。绿衣女在歌唱一曲之后，"启门窥曰：'防窗外有人。'绕屋周视，乃入。"①绿衣女虽然意识到醴泉寺是可以和书生幽会的私密场所，但对这一空间的私密性也有一定的疑虑。

宗教空间的住持或观主在夜间邀请好友、同门，举办具有"沙龙"性质的私人聚会。在聚会中，僧道往往会表演一些超乎寻常的能力，炫耀技法。《道士》中就写了道士在村东破庙中邀请客人参加聚会，并且用幻术将破败的寺庙焕然一新的故事。② 同样精彩的还有《劳山道士》，该篇写王生看到道士和客人在观中饮酒，主客三人大肆炫技动摇了王生"阴有归志"之心。③

蒲松龄不仅在有意识地运用"夜化"来削减宗教空间的公共属性，而且也会描写一些"野寺""荒庙""古寺"等偏僻或者破败不堪、鲜有人迹的宗教空间来为其赋予神秘的特色。通常而言，那些鲜有人至的宗教空间往往是奇异事件发生之所。《蟒蛇》便是讲述了一位打猎的少年在"四无村落，人迹罕到"的山中禅院见到十围粗细巨蛇的故事。④《大蝎》写将军彭宏在深山"已百年无僧"的禅院见到"大蝎如琵琶"的奇闻逸事。⑤ 在荒野中的宗教空间，不仅有一些奇异的事物，而且会遇见一些奇异的人。《大力将军》言查伊璜清明节在一野寺中见到乞儿一只手便能将寺院大钟抬动，后经举荐成为将军的故事。⑥

同时，荒芜、偏僻的宗教空间成为人或妖居住的场所，具有充当暂时性私人家庭的功能。但其私密属性并非特别强烈，经常被异类所"侵扰"。人在荒寺居住容易遭到鬼怪侵犯，同理，狐鬼在破庙定居也会受到人的打扰。《山魈》云孙太白祖先在"案上尘生，窗间丝满"的荒寺居住，夜间遇到鬼怪之事。此文写山魈进入寺庙的过程极富场景感，由于孙祖居住寺庙乃是封闭的空间，其视觉在这里受到房间墙壁的限制，仅能够凭借听觉来感觉怪物一步步逼近：

忽闻风声隆隆，山门豁然作响。窃谓寺僧失扃。注念间，风声渐近居庐，俄而房门辟矣。大疑之。思未定，声已入屋；又有靴声铿铿然，渐傍寝门。心始怖。俄而寝门辟矣。⑦

四周的墙壁阻碍了视觉的延伸，孙祖无法直白地观察怪物的情况，仅能通过听觉感知怪物经"山门—房门—寝门"逐渐接近的过程。可以说，孙祖内心的恐惧一方面来源于怪物的侵扰，另一方面与寝处封闭空间所带来的威胁感不无关系。此外，还有妖怪寓居荒芜寺庙的情况。《辛十四娘》则是记述了狐妖一家居住在荒芜的寺庙，在冯生与辛十四

---

① （清）蒲松龄著，张友鹤辑校《聊斋志异汇校汇注汇评本》，上海古籍出版社2011年版，第678～679页。
② （清）蒲松龄著，张友鹤辑校《聊斋志异汇校汇注汇评本》，上海古籍出版社2011年版，第299页。
③ （清）蒲松龄著，张友鹤辑校《聊斋志异汇校汇注汇评本》，上海古籍出版社2011年版，第40页。
④ （清）蒲松龄著，张友鹤辑校《聊斋志异汇校汇注汇评本》，上海古籍出版社2011年版，第812～813页。
⑤ （清）蒲松龄著，张友鹤辑校《聊斋志异汇校汇注汇评本》，上海古籍出版社2011年版，第1495页。
⑥ （清）蒲松龄著，张友鹤辑校《聊斋志异汇校汇注汇评本》，上海古籍出版社2011年版，第758～760页。
⑦ （清）蒲松龄著，张友鹤辑校《聊斋志异汇校汇注汇评本》，上海古籍出版社2011年版，第18页。

娘邂逅之后,尾随至辛十四娘住处,并更进一步闯入辛十四娘的内帷空间的故事。①

另外,某些不法分子选择荒野状态下的宗教空间作为"贼窟"。《某乙》讲述了某乙经过乡野寺庙发现小偷团伙聚集暗号,并随之入伙作案的故事。② 荒野状态下的宗教空间成为法制所忽视的"边缘化"地带。由于人迹罕至,又易于躲避藏身的特征,犯罪分子将宗教空间作为最佳选择。

蒲松龄一方面在利用宗教空间的公共属性进行叙事,另一方面利用夜化、荒野化将宗教空间的公共属性删减。但是不可否认的是,蒲松龄在有意识地利用宗教空间进行叙事,并且在叙事过程中,充分发挥宗教空间的重要作用。

三、《聊斋志异》宗教空间的叙事功能

《聊斋志异》中的宗教空间并非仅是现实生活的逼真还原,是经过蒲松龄以"才子之笔"特殊处理过的,是蒲松龄精心构思设计之后的文学呈现。在一些重要篇目中,宗教空间已不仅是为人物活动提供了"舞台",而且在构建故事情节、塑造人物形象、突出故事主题以及把控叙事节奏等方面承担了非常重要的叙事功能。

故事情节是小说不可或缺的要素,而空间为人物活动、故事情节的发生和发展提供了依托。因此,从空间的角度来审视故事人物命运、情节发生发展是非常有必要的。《聊斋志异》中的宗教空间习惯性地出现在人物命运转折点和故事情节起承转合之处。如前文所言,宗教空间作为一个公共空间或半公共半封闭空间,是人物集聚之地,成为男女相识、相恋的起点,如《聂小倩》中宁采臣与聂小倩、《鲁公女》中张于旦与鲁公女,《绿衣女》中于璟与绿衣女等形象的恋情均产生于这种空间。宗教空间因其神秘属性,住持其间的人物往往能够通过神秘力量给予主人公提供帮助或解决困难,推进故事情节发展或者收束故事。《宦娘》在古寺遇见擅长弹琴的布衲道人,并且在道士帮助之下成就了高超的琴技,为获得良工青睐奠定了基础。③《钟生》讲述钟庆余因无心之失纵驴杀人,遵从道士嘱托去往东南方向化解灾厄,并且在寺中凭借和尚施法化解伤人之罪。

人物的行动推动情节的发展,在宗教空间中所展现出的人物是多姿多彩的。虔诚的信徒、读书的士子、流浪的旅客以及宗教空间内的孤魂野鬼、花妖狐怪都是经常出入其间的主体。宗教空间对于人物形象的塑造起到至关重要的作用。《吴令》写吴地重视祭祀城隍,每年斥巨资城隍神寿节。吴令认识到这一"无益之费,耗民脂膏"行为,毅然去城隍庙指责、鞭笞神明,在死后仍与城隍神争论不止。吴令在城隍庙发难城隍的场景富有动态感:先是"指神而责之",之后又"曳神于地,笞之二十"④。这一举动凸显出吴令体恤民心、正气凛然的性格。私密化的宗教空间也能够将人物气质性格表现出来,《聂小倩》中聂小倩夜间勾引宁采臣即是如此:

> 方将睡去,觉有人至寝所。急起审顾,则北院女子也。惊问之。女笑曰:"月夜不寐,

① (清)蒲松龄著,张友鹤辑校《聊斋志异汇校汇注汇评本》,上海古籍出版社 2011 年版,第 535~547 页。
② (清)蒲松龄著,张友鹤辑校《聊斋志异汇校汇注汇评本》,上海古籍出版社 2011 年版,第 1088~1089 页。
③ (清)蒲松龄著,张友鹤辑校《聊斋志异汇校汇注汇评本》,上海古籍出版社 2011 年版,第 985~990 页。
④ (清)蒲松龄著,张友鹤辑校《聊斋志异汇校汇注汇评本》,上海古籍出版社 2011 年版,第 265 页。

愿修燕好。"宁正容曰："卿防物议，我畏人言；略一失足，廉耻道丧。"女云："夜无知者。"宁又咄之。女逡巡若复有词。宁叱："速去！不然，当呼南舍生知。"女惧，乃退。至户外忽返，以黄金一锭置褥上。宁掇掷庭墀，曰："非义之物，污吾囊橐！"女惭，出，拾金自言曰："此汉当是铁石。"①

　　小说首句便将宁采臣"性慷爽，廉隅自重"的性格和盘托出，宁采臣夜拒聂小倩暧昧行为的描写便是对文章首句的呼应和铺展。文中通过聂小倩"夜无知者"的口吻确认了寺庙的私密属性，然而在这私密空间内，宁采臣经受住"美女"的诱惑与考验。其正直而有操守的"铁石"形象通过夜间寺庙这一私密空间塑造出来。

　　蒲松龄也经常把宗教空间作为深化主题的工具。郭沫若先生在为蒲松龄故居题楹联，称《聊斋志异》"写鬼写妖高人一等，刺贪刺虐入木三分"。《聊斋志异》中不少篇章针对当时社会风气进行讽刺和鞭挞。《夏雪》记述了大王神认为百姓对自己现有的称呼不能满足自身的尊荣而夏天降雪，直至被百姓尊称为"大老爷"之后才停雪的故事。② 此事针对康熙四十余年"下者益谄，上者益骄"、人心不古的社会风气进行了冷嘲热讽。宗教空间也是证实因果报应的重要场所，借此间发生的故事劝人向善。刘绍信在《〈聊斋志异〉叙事研究》认为佛教理论及因果报应观念对中国古代小说的虚构想象，叙事时间和空间的拓展，叙事逻辑的成熟都起到了至关重要的作用。③《聊斋志异》也有不少篇章讲述因果报应，达到了劝人向善的效果。《骞偿债》记述了李著明资助乡人王卓做生意，王卓死后托生为驴报答李著明的故事。④ 蒲松龄在文后抒发感慨："噫！昭昭之债，而冥冥之偿，此足以劝矣。"作者果报观念和劝善思想非常明确。

　　叙事者在有意识地描摹宗教空间的某些景观和描写宗教空间内发生的场景，来延长叙事时间。法国叙事学家热拉尔·热奈特根据故事时间和叙事时间的关系，将叙述运动分为四种速度：省略、概要、场景和停顿。⑤ 作者总是会给予宗教空间"特写镜头"来延缓叙事节奏，主要表现为大量的停顿和场景。作者借用人物的视角"聚焦"宗教空间的整体环境和主题物：《聂小倩》便是通过宁采臣的眼睛看到"寺中殿塔壮丽，然蓬蒿没人，似绝行踪。东西僧舍，双扉虚掩，惟南一小舍，扃键如新。又顾殿东隅，修竹拱把，阶下有巨池，野藕已花"⑥；《画壁》借朱孝廉眼睛看到"殿中塑志公像。两壁画绘精妙，人物如生。东壁画散花天女，内一垂髫者，拈花微笑，樱唇欲动，眼波将流"⑦。当然，这诸多环境描写并没有给读者带来重复、枯燥之感，而是让人眼前一亮，仿佛被导游领入一个诗意空间。《画壁》更是延伸空间来压缩故事时间，在宗教空间之外旁生出一个幻境，如同唐人小说中的《枕中记》一般，大大延伸了叙事时间和空间，相对而言故事时间便被大幅度缩短。全篇大部分内容由场景构成，概述性语言较少，大大延缓了叙事的节奏。

---

① （清）蒲松龄著，张友鹤辑校《聊斋志异汇校汇注汇评本》，上海古籍出版社2011年版，第161～162页。
② （清）蒲松龄著，张友鹤辑校《聊斋志异汇校汇注汇评本》，上海古籍出版社2011年版，第1058页。
③ 刘绍信《〈聊斋志异〉叙事研究》，中国社会科学出版社2012年版，第80页。
④ （清）蒲松龄著，张友鹤辑校《聊斋志异汇校汇注汇评本》，上海古籍出版社2011年版，第554～555页。
⑤ 〔法〕热拉尔·热奈特著，王文融译《叙事话语 新叙事话语》，中国社会科学出版社1990年版，第59页。
⑥ （清）蒲松龄著，张友鹤辑校《聊斋志异汇校汇注汇评本》，上海古籍出版社2011年版，第160页。
⑦ （清）蒲松龄著，张友鹤辑校《聊斋志异汇校汇注汇评本》，上海古籍出版社2011年版，第14页。

不仅如此,宗教空间作为世俗空间的相反面,还具有强烈的象征功能。《成仙》中描绘出一个"时十月中,山花满路"又有"异彩之禽,驯人不惊,声如笙簧"的劳山上清宫正是象征着蒲松龄自身向往的"仙境"所在,代表着与尘世空间对垒的神仙世界。

四、淄川地区民间信仰与宗教空间

蒲松龄之所以能够熟练且频繁地使用宗教空间进行叙事,这与明清时期淄川地区的民间信仰有着重要联系。明清时期,民间大众对于神明的信仰和祭祀是日常生活中非常普遍的一件事情。民间既有着数量庞杂的宗教空间,又有较高的祭祀频率。民间大众认为鬼神普遍存在,相信"举头三尺有神明",通过对神明的恐惧来约束自身行为,在对神明的虔诚祈祷和忏悔中化解灾厄。因此,对于鬼神的崇拜成为民间大众日常生活的精神支柱和依托。山东地区的民间信仰经过数千年生产、生活方式的改造和传统道德观念、社会民众道德意识的整合后,形成了自己的一套完整的系统。[1] 对于地处齐鲁大地的蒲松龄故乡——《聊斋志异》主要创作之地——淄川而言更是如此。

淄川环邑皆山,宗教空间密布。通过考察乾隆《淄川县志》"建置志"中学校、祀典和寺观部分可知,该部分所记载的民间宗教空间多达百余处:其中以古圣先贤祠庙和佛道寺观为主,还包括一些自然神庙宇和民间传说人物的庙宇。淄川久经儒家文化熏陶,崇拜古圣先贤的风气充斥乡里。其中文庙、名官祠、乡贤祠、启圣祠(后改为崇圣祠)、忠义祠、节孝祠均供奉、祭祀着古圣先贤,这种供奉与祭祀具有"以励人心,以正风化"[2]的作用。文庙是纪念儒家先师孔子的祠庙,名官祠供奉隋梓州刺史公孙景茂、唐淄州刺史李邕、宋淄州刺史尹崇珂、宋通判淄州魏国公韩琦、明淄川知县沈琦、淄川县儒学教瑜吴倬等历代在淄川地区任职官员六人,乡贤祠在名官祠之后,供奉周齐大夫宁戚、汉平津侯公孙弘……明遵化兵备道按察司副使高捷等淄川籍名臣贤士十六人。除去古圣先贤祠堂之外,占据较大比重的宗教空间便是佛道寺观。自魏晋南北朝以来,佛道中国两支宗教团体已经在民间扎下根基并广泛传播开来。时至明清,佛道已经与民间信仰融合在一起,很难将其明确划分。然而,《淄川县志》有"祀典""寺观"二类,"祀典"类记载了社稷坛、风云雷雨山川坛、土地祠、玄帝庙、关帝庙、城隍庙、旗纛庙、龙神庙等38处,"寺观"类共记载了龙兴寺、普照寺、碧霞元君庙、炳灵王庙等64处。"祀典"和"寺观"两种类别,或许是编撰者为民间信仰和佛道宗教空间作出的一种下意识的区分。民众不仅祭祀古圣先贤和诸天神佛,也会崇拜民间传说中的人物。为彰显传说人物的某种优良品质,人们通过想象杜撰神明。在神明信仰的基础上,传说人物虽非正统,仍为之建寺立庙。其中"老实哥哥庙"便是一例,其云:"城东二十里许,壁有石室仅容二人。昔有男子避雨其中,一妇继至,偎坐彻夜。男子不为动,终亦不言。质明雨止,妇去,敛衽谢之。曰,汝真老实哥哥也。后人高其义,于室旁凿一龛,又琢一小石像置其中,祀之。"[3]老实哥哥传说与柳

---

① 陈泽华《民国山东民间信仰研究(1912—1937)》,山东师范大学2012年硕士论文,第13页。

② 张廷寀等纂,张鸣铎修《中国地方志集成·山东府县志辑·乾隆淄川县志》,凤凰出版社2004年版,第79页上。

③ 张廷寀等纂,张鸣铎修《中国地方志集成·山东府县志辑·乾隆淄川县志》,凤凰出版社2004年版,第132页上。

下惠坐怀不乱的传说如出一辙，其品行高洁、操守坚贞正是民间为其立庙的原因。

中华民族长期以来重视祭祀。《左传》云"祀，国之大事也"①，又云"国之大事，在祀与戎"②。中华民族已经把祭祀当作了与军事并驾齐驱的"大事"。在民间，这种重视祭祀的传统也流传了下来，"士宦焚黄有祭，登科第有祭，赴任有祭"③。每在人生转折点，诸如做官、登科、赴任前后都要举行祭祀仪式告祭祖先。不仅如此，民众通常也会在特殊日期和传统节日中举行祭祀仪式，民间便有"初一十五，烧香磕头"的说法。《淄川县志》有明确的祭祀时间和地点的记载：

> 时祭则有清明、有孟冬朔日、有忌日，皆于墓。中元、除夕则祭于家庙，无庙者，设位于庭而祀之。各称其家，焚以楮锭，麦秋荐新，有庙者于庙，无庙者于墓。祭外祖外家，惟科第一行之，娶妇亦自有祭者。④

庙祭、墓祭和庭祭是家族祭祀的三种方式，祭祀的日期有清明、孟冬朔日、家族成员周年忌日、中元、除夕等。此外还有"元旦鸡鸣起祀天地灶""（腊月）二十三日祀灶"等家庭祭祀活动。不仅家庭内部举办祭祀活动，官府祭祀和民众也举办约定俗成的祭祀活动。官府每岁春秋仲月上戊日在风云雷雨山川坛祭祀自然诸神和城隍，每岁仲春亥日于田祭先农神，每岁六月十三日于火神庙祭祀火神，每岁九月初一于旗纛庙祭祀军牙纛神、在马神庙祭祀马王神，十二月初八日于八蜡庙祭祀农业八神，春秋两季于刘猛将军庙祭祀刘猛将军，每岁春二月、冬十一月上甲日于先医庙祭祀三皇四配众神。祭祀活动频仍，宗教空间密布是淄川地区民间信仰氛围浓厚的主要表现形式。

不仅如此，民众对于神明体系的信仰还具有杂乱的特征。正如赵世瑜在《狂欢与日常——明清以来的庙会与民间社会》中所言："民间信众中多数并不固定于佛教寺观或道教庙观烧香祈祷，而具有较大的灵活性；即使是那些固定于本村本社的神庙中参与仪式活动的人，也并不在意它属于哪个宗教，只在意它与地方文化传统的关系。"⑤正因为民间信仰的随意性，非要明确民众的信仰属于哪个神统是一件不容易的事情。

在明清时期，佛道和民间信仰的宗教空间没有了严格的划分界限。以佛教空间而言，寺庵内供奉道教或民间神灵的现象时常出现。《王村三官阁募铸钟序》称"三官阁"为"兰若"，阁内确有佛教法器，"三官"却是文昌帝君以及天地水道教三官。《清稗类钞》云："又浙东诸家桥镇，一小市集也，有庵祀关羽，某学究书一联榜其门云：'荒村古庙犹留汉，野店浮桥独姓诸。'"⑥佛教空间内部也很难有明确区分，我们通常认为"庵"为"尼姑所居住的寺庙"⑦。然而现实生活中，和尚在庵内做住持的情况也不在少数。"湖州北门外有

① 杨伯峻编著《春秋左传注》，中华书局 1981 年版，第 524 页。
② 杨伯峻编著《春秋左传注》，中华书局 1981 年版，第 861 页。
③ 张廷寀等纂，张鸣铎修《中国地方志集成·山东府县志辑·乾隆淄川县志》，凤凰出版社 2004 年版，第 62 页下。
④ 张廷寀等纂，张鸣铎修《中国地方志集成·山东府县志辑·乾隆淄川县志》，凤凰出版社 2004 年版，第 62 页下。
⑤ 赵世瑜《狂欢与日常——明清以来的庙会与民间社会》，生活·读书·新知三联书店 2002 年版，第 56 页。
⑥ 徐珂《清稗类钞》，中华书局 1984 年版，第 1040 页。
⑦ 王力《古汉语常用字字典》，商务印书馆 2005 年版，第 2 页。

一庵,破屋数椽,仅蔽风雨,一僧居之,耕田自给。"①"沪城铎庵僧漏云,号静峯,汉军人,大将军年羹尧孙也。乾隆时,自浙西飞锡来此。在庵,与客谈画,不涉时事。"②《儒林外史》第一回开头便讲述了众人在汶上县薛家集和尚住持的观音庵里商议闹龙灯的故事。和尚不仅在佛教寺庵住持,也会在道观或者民间信仰的小庙中做住持。蒲松龄的《新建龙王庙碑记》:"满井一名柳泉,虽大旱,水涓涓不竭,祷雨者皆来挹取,久宜建庙安神,而未遑暇也。壬午岁,僧来存忽发是愿,业鸠工庀石矣,以隔年大荒而罢,迟之六七年,势已中寝。其徒自悟受禅戒而归,干师之蛊,沿门托钵而工以落成。"③便是讲述了和尚师徒二人建龙王庙的缘起。因此,明清时期,尤其是乡下,由于民间信仰和宗教空间功能的杂乱特征,很难将其明确区分开来。

崇尚祭祀、宗教氛围浓厚且信仰杂乱的社会环境对蒲松龄有着潜移默化的影响。淄川地区诸多宗教空间在蒲松龄的作品中有着直接反映。蒲松龄文集便言及当地关帝庙、五圣祠、文昌阁、城隍庙、玉谿庵、龙王庙、三官阁、炳灵庙、三皇庙、北寺、王村寺、后土庙、姜家庙、白衣阁、聚善庵等宗教空间二三十处。其为寺庙殿堂或铸像所做的碑记、序、疏二十九篇,对于淄川地区民俗、史料、地理研究都有着很重要的意义。蒲松龄的创作很大程度上受到淄川地区的民间信仰的影响,《聊斋志异》中大量利用宗教空间进行叙事很大程度上也是源出于此。

《聊斋志异》中的宗教空间绝不是蒲松龄对于现实生活的直接"搬运",而是经过深思熟虑加工过后所形成的文学意象,并在叙事过程中承担了很重要的叙事功能。不仅《聊斋志异》之类的文言小说中的宗教空间值得被关注,白话小说中亦然。《红楼梦》中的"栊翠庵""铁槛寺",《儒林外史》中的"观音庵""泰伯祠"均是我们需要认真考量的对象。具有公共属性且又带有神秘色彩的宗教空间在中国古代小说中占据了相当大的比重,应当值得我们深入研究。本文则仅以《聊斋志异》中的宗教空间为个案,希望能给相关研究提供帮助。

① 徐珂《清稗类钞》,中华书局 1984 年版,第 1091 页。
② 徐珂《清稗类钞》,中华书局 1984 年版,第 4097 页。
③ (清)蒲松龄著,路大荒整理《蒲松龄集》,上海古籍出版社 1986 年版,第 46 页。

特设专栏

吴志达先生学术人生

吴志达先生的学术道路与学术成就

——陈文新教授访谈

采访者：熊　明

2020 年 1 月 25 日,吴志达先生驾鹤归道山。吴先生在中国古代小说、明清文学研究领域成就卓著,在吴先生仙逝一周年之际,《中国传统文化研究》副主编、中国海洋大学中文系熊明教授就吴先生的学术道路与学术成就相关问题,采访了武汉大学文学院陈文新教授,以此形式表达对吴先生的缅怀之情。

熊明:您应该在本科时就已认识吴先生了吧? 那时,他给您怎样的印象? 跟随他读研后,近距离接触的机会多了,体会更深,作为导师,吴先生是一个怎样的导师?

陈文新:我与吴先生的交往在我毕业留校之前就开始了。1982 年元月,我本科毕业于武汉大学中文系,留校任教。在这之前,吴先生给我们上过明清文学史,我的本科毕业论文也是吴先生指导的。1985 年,为了进一步提高教学科研水平,我随吴先生攻读中国古代文学硕士学位。在长期的交往中,对吴先生的了解逐渐加深。

吴先生 1931 年 8 月出生于南京,原籍浙江东阳。1956 年 7 月毕业于北京师范大学中文系,随即考取武汉大学古代文学研究生,主攻宋元明清文学史,导师程千帆教授。遵师之教,走广博与专精统一、文献考据与理论批评结合的治学之路,严谨求真而敢于开拓创新。在 1957 年 12 月号《文史哲》上,发表首篇论文《王安石诗初探》,得到学术界前辈冯沅君等好评。自"大跃进"风起,劳动成了"文科的专业",批判白专道路,集体编教材,师生打擂台。本想每年写两篇达到发表水平的学术论文,毕业论文能充实为专著出版,但因运动冲击,根本无法按既定计划从事学术研究。毕业时,原分配到北大中文系任教,离校前夕,却突然被作为"右派"批判,然后下放劳动,再留中文系资料室工作以观后效。这使吴先生意外获得博览典籍的良机。一度奉系主任李健章先生之命,协助编写《宋元明清文学史》讲义,李先生"一字不改就印发了",认为"业务上可用",经党组织正式宣布:不划为"右派",暂不宜发表署名文章。1961 年春,在严重饥荒、强调落实政策的背景下,始上讲坛任教。

虽然因为说了切中时弊的真话而被批判,但吴先生始终认为,无论是政治上还是学术上,都应该说真话,即便因此而"犯了错"也不后悔,不认为挨了批判就比别人矮了一截。"挺直脊梁做人,脚踏实地工作",这是他的人生信条。

从 1960 年冬至 1965 年间,吴先生除写了大约 60 万字的元明清文学讲义外,在学术性的会议上,本着探求真理的态度,作过几次长篇发言。例如在古代文学教研室和 1961 届学生的会议上,作了《古典文学中的战争与和平问题》的报告。在全系教师会议上,对某位党内专家所作的《批判"时代精神"汇合论》的观点不愿苟同,当即作了《"时代精神"在我国古典文学中的表现》——与×××同志商榷的发言。吴先生认为,每当外敌入侵之时，昂扬的爱国主义，就成了全民的时代精神，在古代和近代文学中名篇甚多。某个阶级，在处于上升时期时，其文化思想具有蓬勃生机，也能体现时代精神。武王伐纣，以臣伐君，杀了昏暴之君，代表人民的意志；春秋战国时代的儒家思想，乃至辛亥革命前后孙中山的思想，都是当时时代精神的体现。岳飞、文天祥、于谦、林则徐等，就是他们所处时代的民族的脊梁。在一次全系师生大会上，他发言指出，不能因批判《海瑞罢官》而否定历史上的清官海瑞。在 1963 年湖北省社联主办的学术年会上，作了《论〈牡丹亭〉的艺术特色》的报告，论文铅字排印散发，两家学术刊物本拟采用，被某"学术权威"说明原因而作罢。系领导出于政治运动的需要，居然将在课堂上讲《牡丹亭》受学生好评也当作反面典型加以批判。

　　1972 年回到教学工作岗位，重理旧业。1973 年和 1975 年，先后受校图书馆工作人员马克昌先生之邀，向全校师生作了关于《红楼梦》《水浒传》的报告，属于纯学术性的讲座，未受任何政治风向的干扰。马先生之举，成了"老右请老右"的佳话，组织上似乎也乐观其成，顺水推舟。

　　当科教事业的春天到来之时，距吴先生发表首篇论文已有二十年之久。二十年不能发表学术论文，这种情形在吴先生这一代和他的老师一辈中，并非罕见。在那二十年间，除了受惩罚性的监督劳动期间和进"五七干校"牛棚改造，前后约八年光景，无法读书、写作之外，其余十多年，毕竟是个大学教师，必须从事教学、科研，需要认真读书、独立思考，不断充实、提高自己。作为教师，讲课受学生欢迎，就是吴先生的幸福；纵有苦恼、冤屈，一上讲台，就通通抛到九霄云外了，所以很乐意讲课。学者的人生价值，固然需要通过发表论著展示出来，反观那个年代出版的论著，涉及古代文学领域的，经得住时间检验，真正有学术价值的，又有多少呢？大环境的气氛，大批判的文风，身在其中，为文著书，想摆脱此风影响，恐怕也不容易，这就是所谓时代的局限性。有些众所周知的文豪，竟投人所好，违心著书，信口雌黄，传为笑柄，又何苦呢！这样看来，二十年不发表一篇文章，也非什么坏事。久经风雨，吴先生更珍惜自改革开放以来的大好局面。记得在一次回答关于《中华大典·明清文学分典》出版的采访中，吴先生曾经说过："反思人生历程，从'反右'到'文革'终结，蹉跎岁月，创造力最旺盛的二十年，想有所作为而不可能。如今，恰逢盛世修典，正是以所学报国之时，这既是挑战，亦是机遇，应把握时机，竭余生之绵薄，做点有益的实事。"

　　1977 年夏，应《长江文艺》编辑部之邀，中文系派吴志达和陈美兰二位老师撰写评长篇小说《李自成》的文章，吴先生的选题是《大起大落，波澜壮阔——评〈李自成〉的艺术结构》，以"钟平"（意即中文系评论组）的笔名，发表在《延河》杂志 1978 年第 2 期。1978 年冬，根据中央文件精神，学校改正"反右扩大化"错误，撤销了共青团内对吴先生的处分。当年《武汉大学学报》（社会科学版）第 6 期发表了其署名文章《关于元杂剧的几个问题》。解脱了头上无形的紧箍咒，怀着以学术报国之心，奋发耕耘，发表了古典文学研究论文近百篇，为他人著述作序多种。《从历史和美学的角度论宋江形象的塑造》《沈祖棻评传》等，分别获中国《水浒》学会和湖北省文学学会优秀论文奖。《古小说探源》《现实主义在唐人传奇中的表现》等文章，在人大复印资料上转载或《新华文摘》上摘要刊出。1979 年为研究生编写的《唐人传奇探说》讲义，应邀改写成《唐人传奇》，于 1981 年 3 月由上海古籍出版社出版,获 1981 年度武汉大学科研成果二等奖。此书先后在日本、新加坡、韩国及我国台湾出版,在国内外有一定影响。

　　因指导研究生工作成绩显著,吴先生《尽心竭力为祖国培养高层次的专门人才》获武汉大学首届优秀教学成果一等奖,被评为武汉大学优秀研究生指导教师。从 1992 年开始,享受国务院特殊津贴。历任中国《水浒》学会、《三国演义》《儒林外史》诸学会常务理事或理事,《水浒争鸣》副主编,湖北省《水浒》学会、《三国演义》学会副会长等。担任电视连续剧《诸葛亮》文学顾问,对当事者虑及某种因素,删去《七擒孟获》情节,颇不以为然。从 1994 年以来,被聘为武汉大学校长教学工作顾问,连任三届。兼任中国明代文学学会顾问。

　　熊明:在文言小说领域,吴先生著有《唐人传奇》《中国文言小说史》等学术专著,与李格非合编《唐五代传奇集》《文言小说·先秦—南北朝卷》,您能谈谈吴先生在文言小说研究领域的成就和研究方法吗?在白话小说领域,吴先生先后点校《东周列国志》,校注《水浒全传》(上、下册),对于中国古代白话小说,特别是章回小说,吴先生有怎样的看法,为何选择点校《东周列国志》和对《水浒全传》进行校注?吴先生点校的《东周列国志》和校注的《水浒全传》,取得了怎样的成就?

　　陈文新:关于学术研究的方法,吴先生认为,应以中国传统的文论为主,吸收外国某些合理的文艺理论,与中国的文论融汇一体,反对食古不化或食洋不化。曾几次提及反对"新太学体"的文风,强调文贵清新自然,如行云流水,具有朴素通畅、不假雕琢的天然之美,在论述中饱含感情,理与情融化一气。最好能从作品中抽象出理论,有真正的理论创新,才能促进学术研究的发展。吴先生自己的研究,就体现了这些特点。

　　吴先生科研方向的重点,是中国文言小说史和元明清文学,成就卓著。担任多卷本《文言小说》执行主编,并负责选注《元明清文言小说》,1987 年由中州古籍出版社出版。这是为撰著文言小说史而做的资料准备工作。"七五"期间,承担了国家教委社科研究重点项目《中国文言小说史》,倾十年之功完成这一专著。程千帆先生在其序中,对作者的人品及其求真创新、独抒己见的治学理念,备加赞许。此书 1994 年由齐鲁书社出版,颇受学术界瞩目,报纸刊物上发表书评多篇,对其史裁、史识、史家风度及其严谨而善于开拓的学风,多所称道。先后获武汉大学第八届、湖北省政府 2001 年社科研究成果一等奖。先此承担国家教委文科教材编写项目《明清文学史·明代卷》,1991 年由武汉大学出版社出版,几度重印,为多所高校采用,获武汉大学优秀教材二等奖、湖北省人文社会科学奖三等奖。此外,校注古典名著《水浒传》,点校《东周列国志》及《元散曲新选》等,分别由岳麓书社、湖北人民出版社和湖北教育出版社出版。堪称硕果累累。

　　20 世纪 70 年代末,吴先生还参加了教研室的集体项目《新选唐诗三百首》,由人民文学出版社出版,发行量多达上百万册。吴先生认为选本不是绝对不能搞,关键在于要打造精品,对读者负责,由于当时思想还欠解放,有些名篇没有入选,篇目需适度调整;至于科研的重点,当然要放在学术专著上。

　　熊明:吴先生晚年主持编纂《中华大典·文学典·明清文学分典》,完成专著《明代文学与文化》,体现出由文学到文化的拓展,学术道路走向宏阔与深邃,您能谈谈吴先生的这两部书吗?

　　陈文新:2005 年 10 月 28 日,《武汉大学学报》报道了吴先生主持编纂的《中华大典·

文学典·明清文学分典》面世的消息，并刊发了《使命·责任·良心》这篇通讯，《珞珈文镜》第7期刊出采访报道《梅花香自苦寒来》；《人民日报》《光明日报》及一些地方报纸，都作了新闻报道；《文学评论》《文艺研究》《武汉大学学报》等学术性刊物，发表了《明清文学分典》出版座谈会暨学术研讨会的评论或综述，新华网上也可以看到相关文章。《文艺研究》编辑部曾委托我采访吴先生，请他谈谈他作为当事人的感想，吴先生告诉我："接受这个任务，是在1994年4月间。程千帆老师得知我已完成《中国文言小说史》清样的校对工作，来信说：'我想给你压副重担，就是请你担任《中华大典·文学典》副主编兼《明清文学分典》主编，明清分典的任务是1200万字，你考虑一下，找几位专业能力强、踏实可靠的人作副手，组建一个编纂班子，在四五年内完成，稿酬标准是千字18元，统包干。你认真研究后尽快回复。相关文件随后由《中华大典》办公室寄给你。'果然，第二天就收到一大包文件，包括国务院批复新闻出版署同意立项、《中华大典》工委会、编委会组成名单，工委会主任李彦、编委会主任任继愈、编委会副主任兼《文学典》主编程千帆诸先生的讲话，以及以《文学典》为试点的一些材料，共计二十三件。我领悟到程先生已确定要我承担此项任务，如果我不接受，他会感到失望，甚至伤心。但我确实需要'认真研究'，把文件的精神吃透。所谓'犹豫'，当然有，老师托付给我这么大的文化工程，不慎重考虑才怪呢！作为一个即将退休的老人，挑得起这副重担吗？能不能干得好？困难很大，这是完全可以料想得到的。但这既是老师的嘱托与信任，也是国家赋予的使命，义不容辞。况且我也有较为有利的条件：一是长期从事该领域的教学与研究，对明清两代文史典籍、治学门径较熟；二是虽然年逾花甲，但精力未衰，尚堪重负；三是我有一批专业能力强、为人诚信、有责任感的学生和朋友，能够组建起同心协力的学术团队。反思人生历程，从'反右'到'文革'终结，蹉跎岁月，创造力最旺盛的二十年，想有所作为而不可能。如今，恰逢盛世修典，正是以所学报国之时，这既是挑战，亦是机遇，应把握时机，竭余生之绵薄，做点有益的实事。"

《中华大典·明清文学分典》含明文学部一、明文学部二、清文学部一、清文学部二、清文学部三，共5个分卷，计1200万字。其编纂历时11年，引用书目3000余种，收录资料所涉及的文献数量约9亿字。这是一部系统汇辑明清文学研究资料的大型类书，对明清文学史、思想史、传统史学、传世典籍研究诸方面都具有重要意义。《中华大典·文学典·明清文学分典》于2005年由凤凰出版社出版，在海内外产生了广泛影响。这是吴先生退休之后的一个重要学术贡献。

2010年6月，武汉大学出版社出版了吴志达先生的《明代文学与文化》一书。这部书，洋洋60万字，对有明300年间文学与文化的特质及其升降盛衰的状况、原因，作了深入论述，提出了一些值得注意的见解。立论严谨，资料翔实，是研究明代文学及文化的一部力作。

有人可能难以理解，耄耋之人，为何还要埋头读书、写作？吴先生有一种潜意识，想把那段失去的时光，争些回来。岁月不会倒流，青春年华难以复返，只能以勤补拙。他时常提到千帆先生为勉励抓紧《大典》工作所赠对联："恪勤在朝夕；俯仰愧今古"，总想以勤奋耕耘作为回答。当然也不是终日伏案，他对国内外大事也常萦绕于怀，现当代的文坛状况、学术界讨论的热点问题，也都感兴趣，还坚持锻炼身体。

　　熊明：吴先生重师道，我注意到吴先生写过多篇怀念沈祖棻先生、程千帆先生和刘永济先生的文章，包括《沈祖棻评传》发表于《武汉大学学报》(社会科学版)1985 年 4 期；《沈祖棻的生年及其他》发表于《武汉大学学报》(人文科学版)2009 年 1 期；《大师的风范——刘永济先生的学术与人格》发表于《人文论丛》2012 年卷，中国社会科学出版社 2012 年 11 月；《不思量，自难忘——忆千帆老师的几件事》发表于《长江学术》2016 年第 1 期；《两代大师的风范——刘永济、程千帆两先生的学术与人格》发表于《武汉大学学报》(人文科学版)2003 年 6 期。您能谈谈吴先生在这方面的思想和观念吗？我注意到您在 2017 年出版了《刘永济评传》，也写过多篇怀念吴先生、刘先生的文章，能谈谈您的感想吗？

　　陈文新：我想谈一个具体的例子，即吴先生整理出版《元代文学史讲义》一事。

　　程千帆先生的《元代文学史讲义》，原稿约 10 万字，而经吴先生整理定稿的《元代文学史》，则长达 20 余万字，规模扩展了 1 倍以上。从《元代文学史讲义》到《元代文学史》，吴志达先生付出了辛勤劳动。

　　吴先生 1956 年 7 月从北京师范大学中文系毕业，随即考取武汉大学古代文学研究生，师从程千帆先生，主攻宋元明清文学史。从 2010 年到 2012 年，他的主要精力都花在修订程先生的《元代文学史讲义》上。修订程先生这部 50 多年前的讲义，在吴先生看来，不只是为了完成一部文学史著作，也是为了纪念程千帆先生，尽一份弟子对先师的心意。吴先生所做的工作，除了增写第十一章《话本与文言小说》、第十二章《元代诗文》外，还补写了绪论、第一章《伟大的戏曲家关汉卿》、第三章《白朴和马致远》的相当一部分内容，并根据近 30 年来的学术进展对其他部分做了或多或少的修订。全书的注释也是新增的，目的是尽可能提供完整的学术信息。从全书的修订来看，可以说，吴先生也是《元代文学史》的作者之一。《元代文学史》这部草创于 20 世纪 50 年代中期的著作，最终成书于 2012 年底。经吴先生悉心修订的《元代文学史》，2013 年由武汉大学出版社出版。

　　从胡适《白话文学史》在 20 世纪 20 年代问世以来，到 20 世纪 50 年代末，前后数十年间，学术界已大体形成一个共识，即民间文学是文学的正宗，任何文学都是从民间来的。郑振铎的《插图本中国文学史》等都是按这一共识来处理的，其元明清文学部分，元代重在戏曲和散曲，明代重在小说和戏曲，这种处理方式得到学术界的广泛认可。程先生的《元代文学史讲义》不列专章写元代诗文，所反映的正是当年的学术常态。吴先生在新的时代修订程先生的旧作，所依托的学术常态已经有所不同，吴先生认为，如果不为元代诗文列专章，作为一部断代文学史，是不够完整的。吴先生指出："标志元代文学最高成就的，当然是戏剧和散曲，相比之下，诗、文、词就大为逊色了，但是，这不是说，除了戏剧、散曲，其他文体就不足道了。如果说戏剧的作者和观众，主要是不屑仕进的文人和市民，那么诗、文、词则主要是中上层人士抒发性情、咏叹志趣或借描写景物以言志的载体。作为一个民族大融合的时代，值得重视的文坛新气象是：不仅汉族诗人利用传统的文学样式进行创作，有些少数民族具有高度汉文化修养的人士也善于诗词，如耶律楚材、马祖常、萨都剌等。"吴先生这些观点，既折射出我们这个时代的学术进展，也显示了吴先生个人的学术眼光。

　　熊明：感谢陈老师接受采访。吴先生一生颇历坎坷，然而初心不改，育人为学，都为后来树立了榜样，先生虽逝，而其学术遗产必将持续嘉惠学林。

吴志达先生《中国文言小说史》述论

宋　昭 *

摘　要：我国古代小说，宋以前大多是以文言形式书写，宋元以后则沿着文言和白话双线并行发展。关于文言小说，其在唐代达到了第一个高峰，宋元趋向衰微，至明清又攀上新的艺术高峰。然而在 20 世纪 80 年代以前的文学史和小说史著作中，白话小说研究占据了主流位置，对文言小说的研究相对缺乏。吴志达先生的《中国文言小说史》在主持编选《文言小说》的基础上，较全面地掌握了文言小说史的有关资料，并在借鉴《中国小说史略》观点的基础上推陈出新，形成了才、学、识兼备的小说史，创制出了中国文言小说史书写的科学体例。

关键词：古代小说；文言小说；小说史

中国小说源远流长。"小说"一词早在先秦典籍中就已出现，意指与主流思想不一致的另类见解，隐含贬抑之意，即庄子所说"饰小说以干县令，其与大达亦远矣"[①]。表明此时已有"小说"之书存在。由此，小说间出，小说之书渐多，至班固《汉书·艺文志》得以独自为类，侧列于子部九家之后。魏晋南北朝之后，小说创作渐成洪流，小说文体也在嬗变中走向成熟。然而，虽小说创作兴盛，但由于受传统观念的影响，小说仍被认为是"小道"而受到歧视，小说研究也未得到应有的重视，直到明代胡应麟的小说研究才稍具理论性质，经金圣叹、毛宗岗、张竹坡、脂砚斋的专著点评，才有了较为系统的小说理论。而于小说之史的梳理，虽往往而有，但皆不过只言片语。鲁迅先生在《中国小说史略·序》中说："中国之小说自来无史；有之，则先见于外国人所作之中国文学史中，而后中国人所作者中亦有之，然其量不足全书之什一，故于小说仍不详。"[②]揭示并总结了这一历史现象。

现代学术意义上对中国小说发展历史的梳理和撰述，始于鲁迅先生的《中国小说史略》，自此以降，随着小说地位的提升，小说研究成为热点，小说史著述也不断出现。至 20 世纪 80 年代，研究渐趋深入和细化，文言小说研究渐兴，相关著述渐多。从文言小说摘选和文言小说书目整理以及资料汇编开始，如 1980 年出版的李伟实《明清小说选》，1981年袁行霈、侯忠义的《中国文言小说书目》，1985 年侯忠义的《中国文言小说参考资料》等。其后渐至于对文言小说发展历史的考察和撰述，如 1990 年出版的侯忠义《中国文言小说史稿（上）》、1993 年侯忠义、刘世林的《中国文言小说史稿（下）》，等等。1994 年，齐鲁书社出版吴志达先生的《中国文言小说史》，应该是这一时期出现的体现了当时水平和高度的中国古代文言小说通史著作。

此书是吴先生在主持选编多卷本《文言小说》的工作基础上，广搜文言小说史资料，

---

* 宋昭，中国海洋大学文学与新闻传播学院博士研究生，研究方向为中国古代小说、中国古代传记。
① 郭庆藩集释《庄子集释》，《诸子集成》第三册，中华书局 1986 年版，第 399～400 页。
② 鲁迅《中国小说史略》，中华书局 2010 年版。

耗十年心力而成。全书材料丰富,论述深入,归纳并总结中国文言小说的基本特征,发现并揭示了文言小说的基本规律,清晰地描述了中国文言小说的历史发展。吴先生的这部文言小说史著作继往开来,在继承鲁迅先生研究方法的基础上融会贯通,既将已有学术成果涵纳其中,而又新见迭出,沿着其书的脉络顺流而下,中国文言小说的历史面貌宛然清晰。

一、文言小说的整理与《中国文言小说史》的完成

元代虞集认为:"一代之兴必有一代之绝艺,足称于后世者。汉之文章,唐之律诗,宋之道学,国朝之今乐府,亦开于气数音律之盛。"这一构建经世累积,清代焦循提出文学"一代有一代之所胜"的理论,至王国维《宋元戏曲史·序》又主张"一代有一代之文学""楚之骚,汉之赋,唐之诗,宋之词,元之曲,皆所谓一代之文学,而后世莫能继焉者也。"[①]中国过去的史书或是历代诗文评,总是把讨论各种文体的成就和演变放在中心位置,影响所及,汉赋、唐诗、宋词、元曲、明清小说的说法基本成为常识。然而就小说而言,中国古代小说内部因为种种因素的影响,在不同的历史时期出现了具有不同特点的小说类型,各类小说的演进与繁荣,造成了中国古代小说发展呈现阶段性的特征,照此"一代有一代之文学"说法,小说是明清时期的代表文体,如果仅观照明清小说,则易陷于片面,无法揭示小说发展的整体面貌。

《中国文言小说史》则未囿于此"一代有一代之所胜"之陈规,力图探讨文言小说演变的具体路径,将文言小说的发展划分为五个阶段,上起先秦,下逮清世,因枝振叶,沿波讨源:第一阶段先秦至西汉为前小说时期;第二阶段东汉至南北朝为文言小说的雏形时期;第三阶段隋唐五代为文言小说由成熟到鼎盛的黄金时期;第四阶段宋元为文言小说承袭唐人余绪而渐趋萧条的时期;第五阶段明清为文言小说由复苏而推向新的艺术高峰的时期。整体来看,《中国文言小说史》"从纵向(时序)和横向(空间)的结合上来观察文言小说发展的历程"[②],在历史流变的背景中着重阐释文言小说的发展线索及其所具有的规律性问题,探讨不同流派与风格的审美价值,指出文言小说与诗歌、散文、戏曲等文学艺术样式的关系,以及文言小说的艺术特色。正如程千帆先生在序中所说:"虽推唐传奇为极致,而于宋明以还话本章回诸体已度越传奇之际,亦能洞察文言小说仍在发展变化之中,生机尤旺,术艺可观,不独蒲留仙《聊斋志异》之为苍头异军突起也。"[③]吴先生将文言小说发展的整个脉络做了清晰的梳理,并在宋元白话小说兴起之际,不遗传奇、志怪、志人小说之变迁,更于明清文言小说中不单关注《聊斋志异》,且将《子不语》《谐铎》《夜谈随录》等同列为文言小说的新高峰,给予较高的评价。这样的论述,可以让读者全面深刻地把握中国古代文言小说的发展历程。

鲁迅先生《中国小说史略》是中国小说史的奠基之作,该书以进化论思想为基础,呈现中国古代小说发展的历史进程,以乾嘉之学方法遴选中国古代小说的重要作品,判断其艺术成就和历史地位,既借鉴了西方的小说观念又尊重中国传统的小说观。吴先生借

---

① 王国维《宋元戏曲史》,上海古籍出版社 2011 年版,第 1 页。
② 吴志达《中国文言小说史》,齐鲁书社 1994 年版,第 9 页。
③ 程千帆《序言》,吴志达《中国文言小说史》,齐鲁书社 1994 年版,第 1 页。

鉴鲁迅先生治学之法，延续《中国小说史略》的小说分类名目，并考证相关作品作者，在审美层面以西方小说标准为衡量尺度，分析文本时围绕小说人物、情节、环境三要素原则进行论述，如在《汉魏六朝的杂传体小说》篇讲到《燕丹子》："作品集中刻画荆轲豪侠、智勇的性格。樊於期自刎献首，既写了樊於期的慷慨捐躯、洒热血、抛头颅的豪情壮志，也起到了渲染加强荆轲性格的作用。"①"《燕丹子》全篇构思已颇有匠心，并非平铺直叙。……故事情节逐步展开，层层深入，愈来愈紧张，而又曲折有致。"②以及"易水送别、慷慨悲歌场面的悲壮气氛，图穷匕首见、荆轲掷匕首贯秦王耳等惊心动魄的场景，绘声绘色，栩栩如生"③。即按照荆轲人物形象、全篇构思情节、易水送别环境渲染三方面分析。西方向以诗歌、戏剧、小说为文学的主体，当时受西方文学观念的影响，以胡适、胡怀琛为代表的学者，以西方文学理论为标准，弃传统目录学观念来探讨小说，吴先生此书虽也以西方小说标准为衡量尺度，但正如陈文新先生所述："吴志达《中国文言小说史》可算分寸把握较好的一部代表作。"④

二、融会贯通：唐前"古小说"的考证与确认

学术界通常用"古小说"或"古体小说"来指唐代以前的文言小说，是与宋元以来的白话小说相对而言的。关于"古小说"起源的问题，古今论者争议颇多，有班固的稗官说、张衡的方士说、刘知己的史传说、胡应麟的诸子说以及鲁迅的神话说，其中"神话说"的讨论较为激烈。鲁迅先生在《中国小说史略》第二篇《神话与传说》中提出："'街谈巷语'自生于民间，固非一谁某之所独造也，探其本根，则亦犹他民族然，在于神话与传说。"⑤即古小说来源于神话传说。吴先生对鲁迅先生这一观点展开分析，并做了部分补充，他在《古小说探源》一文中先指出："古小说的渊源，实非仅仅神话一途。先秦寓言、叙事散文、史传文学，特别是大量的野史杂传，对我国古小说民族形式的形成，都具有深刻的影响。"⑥其后《中国文言小说史》单就"神话说"又进一步归纳："就散见于古籍的神话与传说来看，作为古小说的渊源之一当然是对的，但这些片段的，零碎的神话传说本身，还不足以称为'小说'。"⑦接着详细论述了六朝志怪小说是神话在新的历史条件下的新发展，唐人传奇中的神话色彩较明显，以《剪灯新话》《聊斋志异》为代表的明清文言小说又进一步发展了神话，由此揭示神话从六朝至明清已经成为文言小说的有机组成部分。所以最后吴先生总结道："神话和传说，虽然还不能算是小说，但是从对以后小说发展的影响来看，神话是古小说的渊源，是毫无疑问的。"⑧然而从神话到"古小说"的演变并不是一蹴而就的，还需要经历一个漫长的过程，李剑国先生概括为这样一个小说发生学模式："即故事—史书—小说……从早期小说的类型、题材来分析，作为小说叙事源头的故事大体可以概括为五

①　吴志达《中国文言小说史》，齐鲁书社1994年版，第43页。
②　吴志达《中国文言小说史》，齐鲁书社1994年版，第43页。
③　吴志达《中国文言小说史》，齐鲁书社1994年版，第43～44页。
④　陈文新《文言小说审美发展史》，武汉大学出版社2007年版，第6页。
⑤　鲁迅《中国小说史略》，中华书局2010年版，第6页。
⑥　吴志达《古小说探源》，《武汉大学学报（社会科学版）》1986年第6期，第88页。
⑦　吴志达《中国文言小说史》，齐鲁书社1994年版，第25页。
⑧　吴志达《中国文言小说史》，齐鲁书社1994年版，第31页。

大类,即神话传说、地理博物传说、宗教迷信故事、历史遗闻、人物逸事。"①把神话传说作为故事的一个类型,与其他类型共同影响"古小说"形成。陈洪先生则倾向于"把神话(巫话)与故事区别对待,把史部小说的发生学模式概括为神话、巫话、仙话—故事—史书、小说"②。将神话单独分出,看作"古小说"最早的源头。这些论断证明,神话因素无疑在"古小说"形成过程中起了重要作用。

在"古小说"阶段,杂史杂传小说、志怪小说、志人小说等小说类型率先形成。鲁迅先生率先使用了"志怪小说"和"志人小说"的小说类型概念对笔记小说进行分类。"志怪"一词最早见于《庄子·逍遥游》:"齐谐者,志怪者也。"③"志怪"即记录怪异。到魏晋六朝"志怪"变成了具有概括性的通称,并开始有以"志怪"为书名的小说集如《志怪录》《志怪集》等。唐代"志怪小说"概念出现,段成式《酉阳杂俎》称:"固役而不耻者,抑志怪小说之书也。"④明代胡应麟更多次使用"志怪小说"这一名词,于小说分类专列"志怪"一类,进一步明确了志怪小说的概念。至鲁迅先生厘定古代小说类别,将志怪小说定义为六朝记录鬼神怪异,佛法灵异的小说,最终明确了志怪小说的内涵,并得到学术界的普遍认同。但是"志怪小说"还是一个大的类型概念,它还包含了若干子类,更需要进一步分类才能深入研究。鲁迅先生《中国小说史略》按照作者身份把六朝志怪小说详分为三类,即文士之传志怪、释家之明因果、方士之行劝诱;李剑国先生则按作品题材及表达方式把六朝志怪分为三种类型,即地理博物体志怪小说、杂史杂传体志怪小说、杂记体志怪小说;陈文新先生则以三个子类的代表作品标目,命名为"博物体""拾遗体""搜神体",其实质与以上三种分类相同;吴志达先生则分为杂记体志怪、地理博物志怪、杂史传志怪,也同李剑国先生所分名目大体一致,可见在古小说研究界,虽然对志怪小说三个子类命名稍别,但是实质上相差无几,其实真正有区别的在于志怪小说的表现手法,正如陈文新先生所言:"关于志怪小说三个子类的表现手法,笔记小说研究界的看法则不尽一致。"⑤以"拾遗体"为例,若以史传论衡,则如《四库全书总目》所评《拾遗记》:"其言荒诞,证以史传皆不合,如皇娥宴歌之事,赵高登仙之说,或上诬古圣,或下奖贼臣,尤为乖迕"。⑥若以小说论之,则如石昌渝先生赞扬《拾遗记》语言:"恣情迂诞、辞富膏腴。"⑦王晶波看重其唯美倾向:"《拾遗记》用华美的语言与奇特的想象,描绘出若干糅合了道教玄想和现实生活诗意的美好境界,显示出相当明显的唯美艺术倾向。"⑧吴先生对"拾遗体"的表现手法分析更为全面:"野史杂传体志怪小说,文学与历史的文化积淀较深厚,再加上宗教文化的影响,使这类志怪小说在艺术上比较成熟,结构相对完整,有的篇幅长至千余字。……如《拾遗记》中《申毒国道人》《铸剑工人》《薛灵芸》《翔凤》等故事,都各有特色,写人事而志怪异,

① 李剑国《小说的起源与小说独立文体的形成》,《锦州师范学院学报》2001年第3期,第5页。
② 陈洪《中国早期小说生成史论》,中华书局2019年版,第8页。
③ 王先谦《庄子集解》,中华书局2012年版,第9页。
④ 段成式撰,曹中孚校点《酉阳杂俎·序》,《唐五代笔记小说大观》上册,上海古籍出版社2000年版,第1327页。
⑤ 陈文新《文言小说审美发展史》,武汉大学出版社2007年版,第12页。
⑥ 永瑢等《四库全书总目》卷一四二《子部·小说家类三》,中华书局1965年版,第1207页。
⑦ 石昌渝《中国小说发展史》,山西教育出版社2019年版,第85页。
⑧ 王晶波《论〈拾遗记〉的唯美倾向》,西北师大学报(社会科学版)2003年第1期,第44页。

似野史杂传而又多民间传说或神话色彩。"①后又单列一章全面论述杂史传志怪的变迁，尤其是对《拾遗记》，从作者、体裁内容和艺术特色三部分详细分析。认为其想象的丰富性："既有较高的审美价值，又摆脱上古神话艺术想象的童稚性，接近于当今的科幻小说。"②

鲁迅先生在辑录六朝小说时以乾嘉之学考证文献资料，基本确定了这一时期小说的版本流传情况和作者归属，吴先生此书在探究六朝小说之时，囊括鲁迅史略提及的各篇小说，并在其中几篇作品作者问题上做了进一步考证，同时代以及后来研究者大致不出这一范围，见表1。

表1　鲁迅、吴志达、李剑国、陈文新六朝小说作者考证比较

	鲁迅	吴志达	李剑国	陈文新
《列异传》	魏晋人作	魏文帝作后人又掺入	张华续魏文帝书	魏晋人作
《搜神记》	干宝（非原书）	干宝（胡应麟辑）	干宝（胡应麟辑）	干宝（胡应麟辑）
《搜神后记》	伪托陶潜作	陶潜作后人又掺入	陶潜（胡应麟辑）	陶潜（明人辑）
《述异记》	唐宋人伪托任昉作	任昉作后人篡改	任昉作后人篡改	
《世说新语》	三十八篇刘义庆作（或成于众人之手）	三十六篇刘义庆及门人作		三十六篇刘义庆及门人作

三、纲举目张：唐人传奇的发展脉络与艺术渊源

唐代传奇体小说大盛，这类小说文体基本具备了现代文艺学意义的小说特征，其繁荣标志着文言小说的发展已臻于成熟。传奇产生之初，人们将其称为传记或杂传记，如《任氏传》《柳氏传》等，最早用"传奇"命名的是中晚唐时期裴铏的小说集，但是这时"传奇"还未指一种文体。宋代谢采伯用传奇指称唐代出现的新小说："经史本朝文艺杂说几五万余言，固未足追媲作者，要之无抵牾于圣人，不犹愈于稗官小说、传奇、志怪之流乎？"③将传奇同志怪并举，意在区分二者。至元代的虞集、陶宗仪以及明代的杨慎、胡应麟、臧懋循在著作中均用传奇指代唐代新小说"使传奇具有了通称唐代兴起这一小说类型的含义"④。鲁迅先生《中国小说史略》专门用"传奇小说"指称唐代诞生并定型的新体小说，"以传奇名唐代兴起的与六朝志怪不同的新小说，得到学术界的普遍认同"⑤。关于唐人传奇小说研究，吴志达先生在1981年先出版了《唐人传奇》一书，从唐传奇的命名、兴起原因、发展概况、表现内容、艺术成就和地位影响六方面对唐传奇作了全面分析，此后吴先生《中国文言小说史》唐代小说部分基本上沿袭了《唐人传奇》的思路，在探讨唐人小说之时重点关注传奇小说。

① 吴志达《中国文言小说史》，齐鲁书社1994年版，第91~92页。
② 吴志达《中国文言小说史》，齐鲁书社1994年版，第136页。
③ 谢采伯《密斋笔记·序》，文渊阁《四库全书》本，第864册，第644页下。
④ 熊明《中国古代小说史论》，中国文联出版社2017年版，417页。
⑤ 熊明《唐人小说与民俗意象研究》，上海古籍出版社2015年版，第3页。

关于唐人传奇的艺术渊源,鲁迅先生已说明:"传奇者流,源盖出于志怪"①,但概括稍简略,吴先生则对唐人传奇追本溯源,上溯至志怪小说与史传文学,他认为志怪小说之题材、主题与唐传奇有直接的渊源关系,野史杂传细致生动的人物描写和严谨完整的结构安排,对唐传奇影响亦不容忽视。这一观点基本勾勒出唐传奇发展脉络,后来学者追溯唐传奇艺术渊源大多沿着这一方向进一步发掘。吴先生同样在《魏晋南北朝志怪小说的审美特征——兼对是时"非有意为小说"质疑》一文指出:"唐人传奇……从文学内部的发展规律来看,则不能无视魏晋六朝小说叙事模式的继承与革新的辩证统一。"②强调魏晋六朝小说对唐传奇的直接影响。程毅中先生的《唐代小说史》、李宗为先生的《唐人传奇》则认为唐小说渊源于志怪、史传、民间说话等多种文体;郝敬注意到:"魏晋时期的诗传作品,已经开启了唐传奇文体形成的序幕。"③孙逊、潘建国先生以及熊明先生将唐人传奇文体渊源追溯到汉魏六朝的杂传杂记类作品,孙、潘二位先生认为:"传奇就是继承人物杂传的文体传统,结合唐代其他文化、文学因素而诞生的一种新文体,传奇和人物杂传之间存在十分密切的文体渊源关系。"④熊明先生则概括了唐人传奇的宗祖源流图式"正统史传—泛杂传(汉魏六朝杂传、汉魏六朝志怪)—唐人传奇"⑤得出"一方面是志怪的精致化、文章化,一方面是杂传的小说化,它们相互交织,比肩雁行,走向了传奇"⑥的结论将唐传奇源于志怪、杂传的详细过程论述得相当到位。

论及唐人传奇兴盛的原因,历来学界的主要看法有:一是与唐代古文运动相关,二是同进士科举有关,三是与佛教有密切的关联。其中围绕着科举与唐传奇关系的争论较为激烈,刘开荣先生承鲁迅先生之说认为唐代行卷、温卷之风推动传奇小说创作⑦,李剑国先生则考证中晚唐行卷都用诗文或著作投谒主司,那么"行卷"推动传奇小说创作是没有道理的。⑧ 程毅中先生则明确否定唐代小说和进士阶层的联系,认为传奇小说的作者并不都是进士出身的。⑨ 吴志达先生的小说史专列《唐人传奇兴盛的原因》一章,从社会政治、经济、思想、文化特别是进士行卷风气等原因,来说明传奇小说得以在唐代繁荣兴盛的必然性,"政治开明、经济繁荣,特别是市民阶层的发展,意识形态领域的开放,促使知识分子思想的解放,敢用传奇行卷或乐于欣赏这种行卷,这是儒士突破传统文艺观的一大进步,传奇小说因此得以兴盛"⑩客观概括了唐传奇兴盛的多方面原因,又从文学发展内部规律角度,另外阐释了同时代的诗歌、民间说唱文学以及"古文运动"对唐传奇

———————————————

① 鲁迅《中国小说史略》,中华书局 2010 年版,第 40 页。

② 吴志达《魏晋南北朝志怪小说的审美特征——兼对是时"亦非有意为小说"质疑》,《人文论丛》1998 年卷,武汉大学出版社 1998 年版,第 100 页。

③ 郝敬《唐传奇名实辨》,《文学评论》2015 年第 4 期,第 200 页。

④ 孙逊、潘建国《唐传奇文体考辨》,《文学遗产》1999 年第 6 期,第 40 页。

⑤ 熊明《从汉魏六朝杂传到唐传奇——关于唐人传奇渊源的再思考》,《社会科学辑刊》2005 年第 5 期,第 184 页。

⑥ 熊明《从汉魏六朝杂传到唐传奇——关于唐人传奇渊源的再思考》,《社会科学辑刊》2005 年第 5 期,第 185 页。

⑦ 刘开荣《唐代小说研究》,商务印书馆 1956 年版,第 33～35 页。

⑧ 李剑国《唐五代志怪传奇叙录》,南开大学出版社 1993 年版,第 10～11 页。

⑨ 程毅中《唐代小说史话》,文化艺术出版社 1990 年版,第 329 页。

⑩ 吴志达《中国文言小说史》,齐鲁书社 1994 年版,第 271 页。

的促进作用。这样吴先生论述唐传奇的兴盛就很全面得当，几乎包括了学者们共同关注的三种因素。其中吴先生更赞同唐代行卷、温卷之风对传奇小说创作的推动作用，吴先生考察出科举考试的进士科才用"行卷"，而"行卷"开始大概是用诗，中唐以后才盛行用传奇。由于传奇小说文本可以体现作者的史才、议论、诗笔等多方面才能，因此可以用来进士行卷，向主司展现自己的才华；另外，随着文艺审美观念的变化，一些上层士大夫或士林的主考官已经乐于欣赏甚至也创作传奇小说了，所以用传奇"行卷"蔚然成风。

四、雅俗交响：话本勃兴背景下的宋元传奇小说面相

中国古代文言小说主要包括三种类型，即志怪小说、志人（轶事）小说、传奇小说。志怪小说在魏晋六朝时期勃兴，经历唐、宋、元的低迷，到清代重新崛起。志人小说则以《世说新语》为代表，在南北朝取得了相当高的成就，于宋代又攀上了新的高峰。传奇小说发展到宋代，作品缺乏想象和虚构，艺术性相比于唐人传奇较低，无论是在数量还是质量上都逊于唐人传奇。尽管宋代的文言小说整体成就不如宋代的白话小说，但吴先生仍高屋建瓴，从审美研究层面，结合时代风气并同唐代文言小说对比，探求宋元传奇、笔记小说不容抹杀的特色。其中吴先生更多着意的是宋代传奇小说同其他文本之间的关系以及元代传奇的奇迹——《娇红记》。

在诸文体中，宋代新兴的话本小说同文言小说无疑有着密切关系，以往众所周知文言小说的题材被戏曲、话本小说所取资，而吴先生更注意到二者之间的互动关系："北宋中期以后的传奇体小说，受话本的影响，带有话本化倾向的某些因素。应该说，这也是一种开拓与进步，使文言小说有了新的生机；反转过来，它又对戏曲、话本小说产生更积极的影响。"[1]市民文学的兴起，白话小说的繁荣，使士人的传奇小说同市民的俗文学相互渗透融合，从北宋中期一直到明代，出现了一批带有话本倾向的传奇小说，吴先生详细考察了具体的影响路径：第一，传奇小说语言上受话本小说的影响，变得浅显易懂。第二，话本小说因果报应类的说教，使宋人传奇也有不少教训文字。第三，话本小说中女子对婚恋自由的要求，使传奇小说直接在现实生活中的女性形象中展现出来。另一方面，说话艺人受传奇小说的影响，从其中撷取相关题材大量创作，达到一定成就后，又影响文言小说的创作。同时石昌渝先生针对传奇小说俗化的问题提出："所谓传奇小说的俗化，即意指传奇小说从士大夫圈子里走出来，成为下层士人的写给一般人民欣赏的文学样式。宋代传奇小说的观念意识明显下移，这就是俗化的开端。"[2]陈文新先生则认为宋代一部分作者深受宋代说话影响，以世俗化追求为其使命，传奇已与俗文学合流"话本体与传奇的结合体，可名之为话本体传奇"[3]。刘勇强先生认为文言、白话小说除了文体上相互影响，文言与白话的语言形式在小说中也有交融的现象："实际上，无论是文言还是白话，都不是孤立存在的。大量吸收文言的词汇，丰富了白话的表现力；而文言受白话的影响，也在小说中形成了一种独特的浅近文言。"[4]熊明先生也对这一问题进行了探讨：体制方面，宋

---

① 吴志达《中国文言小说史》，齐鲁书社1994年版，第18页。
② 石昌渝《中国小说源流论》，生活·读书·新知三联书店1994年版，第191页。
③ 陈文新《文言小说审美发展史》，武汉大学出版社2007年版，第394页。
④ 刘勇强《中国古代小说史叙论》，北京大学出版社2007年版，第33页。

代一些传奇小说受话本小说影响,文本骈散杂糅、诗文相间;内容方面,宋代话本小说题材从唐传奇和当代文言小说中取资,同时文言小说受白话小说影响,重视书写市井、世情题材;审美意趣方面,表现为文言小说中市井意趣的存在与白话小说中文人意趣的存在。① 这样就将中国古代文言与白话交汇这一纷繁复杂的历史过程做了较清晰的说明,比吴先生更进了一步。

　　要写一部好的文学史,作者还必须要有敏锐的眼光,能够披沙拣金,挖掘出真正优秀的作品,吴先生对元代传奇小说《娇红记》的论述尤引人注目。《娇红记》描叙北宋宣和年间书生申纯与娇娘的爱情悲剧,这篇小说的情节脱胎于《莺莺传》,结局又受《搜神记》中《韩凭妻》的影响,篇幅长大、情节婉曲、文笔细腻、艺术形象生动感人堪比唐传奇而又自具特色,在元代传奇小说沉寂之时,出现此作确是文言小说史上的一个奇迹。而这样一部优秀传奇小说,却因歌颂男女自由相爱、以身殉情,被清政府打入禁书的行列,直到20世纪30年代才被郑振铎先生注意,但在后来的文学史中依旧未受到应有的重视。如石昌渝先生即认为该篇作者是“当时一位多情的才疏学浅的读书人”②。吴先生则对《娇红记》作出了较高的评价,他首先把此书同唐传奇中的霍小玉型和崔莺莺型爱情悲剧作比较,揭示王娇与申纯的爱情悲剧,不在于当事人的背叛,而有其社会的特殊性,引出此书的写作只是假托宋代背景,真正写的是元代武夫骄横跋扈、儒士地位低下的特殊时代出现的悲剧。其次,吴先生反驳了此书模仿《莺莺传》的论调,他认为《娇红记》吸取了唐传奇艺术滋养又熔入时代特色,尤其在重大场面描写上比《莺莺传》更细腻传神,情节设置上,更在矛盾冲突最尖锐的时刻,把爱情悲剧推向极致。最后,吴先生揭示出此书比以往同类型题材作品的可贵之处在于这是一部真正的爱情悲剧,是《红楼梦》的先声。此外《娇红记》的思想内容和艺术表现都对明清两代的戏曲小说产生较大影响,如刘兑、汤舜民都以此题材编写杂剧,沈寿卿、孟称舜分别编为传奇,可见其影响之大。陈文新先生也对《娇红记》作出了相当高的评价,他认为此篇传奇有两点超越了宋人同类旧作:“一是其情节推进曲折有致,并大体上合情合理。二是不取大团圆结局。”另“《娇红记》在《莺莺传》之外,以一种新的处理恋爱题材的方式,成为传奇小说中的又一经典。”其在文言小说审美发展史上的重要性在于“它标志着中篇传奇小说的正式诞生”③。王恒展先生从题材内容、形式写法方面总结《娇红记》:“既继承了唐传奇的成就,又吸收了话本小说的营养,对中国小说史影响颇大。”④从以上分析来看,《娇红记》确实在文言小说史上占据一席之地,有其独特的艺术魅力。

五、洞幽察微:明、清文言小说的新特征及其发现

　　明代传奇小说集的相继问世,中篇传奇小说的大量产生,重振了传奇小说创作潮流,传奇小说也成为明代文言小说的主体。以瞿佑《剪灯新话》、李昌祺《剪灯余话》、邵景詹

①　熊明《中国古代小说史论》,中国文联出版社2017年版,第396~401页。
②　石昌渝《中国小说源流论》,生活·读书·新知三联书店1994年版,第192页。
③　陈文新《文言小说审美发展史》,武汉大学出版社2007年版,第434~436页。
④　王恒展《中国文言小说发展研究》,马瑞芳主编《中国古代小说发展研究丛书》,山东教育出版社2015年版319页。

《觅灯因话》为代表的传奇小说集和以《贾云华还魂记》《钟情丽集》《花神三妙传》为代表的中篇传奇小说,对后世小说都产生了深远影响。以往学界多侧重明代白话小说,对文言小说的关注不能尽如人意,但是由明代文言小说创作浪潮余波所及,传奇风韵易代未改,至清初蒲松龄创作《聊斋志异》,文言小说又攀上了新的高峰,可见明代文言小说在我国文言小说史上的兴衰起微之功。吴志达先生尤为关注明代文言小说的地位与影响,他认为明代文言小说是继承唐传奇艺术传统而来,又为《聊斋志异》的创作和文言小说新高峰的出现提供了有益借鉴,而且对短篇白话小说的发展也提供了创作经验。《聊斋志异》之所以能取得如此成就,总体而言是与明代文言小说复兴积累的艺术经验有关,其"用传奇法,而以志怪"更是受明代同类传奇小说的直接滋养;具体而言,明代文言小说中狐妖鬼魅形象,也给予《聊斋志异》启迪,比如《剪灯余话》中《胡媚娘传》的狐妖胡媚娘,《绿衣人传》《秋夕访琵琶亭记》等作品的女鬼形象。然而这些都是表层影响,吴先生意在发掘其背后的深层脉络,他提出:"明代文言小说的艺术追求、审美意象,以及理想人物风度气质、韵致丰采的表现,对蒲松龄创作《聊斋志异》也起了潜移默化的作用。"①因此,明代文言小说的地位和影响是不可忽视的,吴先生的这一论述,给予了明代文言小说客观评价。陈大康先生另择取文言小说的中篇传奇小说,对这类小说的地位作用作了切合实际的论述,他认为中篇传奇是:小说体裁从糅杂趋于纯粹的重要的中介过渡;构成明代小说编创手法演进过程中的重要一环;提供介于雅与俗两者之间的小说创作模式;促进了通俗小说的崛起和繁荣。② 的确,中篇传奇处于明代文言小说发展的转折过渡阶段,其整体具有承接以往启迪后来的意义,对明代中篇传奇历史地位的整体把握,有助于对古代文言小说流变历程作更全面的分析。

清代是文言小说创作的又一高峰,文言小说作品中超群拔萃者当推《聊斋志异》和《阅微草堂笔记》,吴先生对二书都作了较为全面的评价,认识到了二者在文言小说史上不可磨灭的艺术价值,同大多学者观点相合,此处不再赘述。在清代文言小说研究中,吴先生独出己见之处是在于关注到了传记性文言小说。关于传记文学,韩兆琦先生将其概括为具有真实性、艺术性、透过真实人物的生平事迹反映某种特定的社会现实,传达作者思想且语言优美的文学作品。他将传记文学分为五类,即史传文学、杂传、散传、专传和传记体小说。③ 自司马迁开创纪传体史书体例以来,以文学笔法写历史人物的传统多为后世所效法,经过唐宋古文家的发展而大盛于明清之际,清人张潮编纂的《虞初新志》中的很多篇目就属于传记性的小说。吴先生列举王猷定、李渔、侯方域、魏禧、汪琬等人的传记性小说作品,从人物形象、故事情节、文章结构等艺术手法方面分析这些作品的审美价值。此外还有自传体文言小说沈复《浮生六记》,吴先生特从爱情主题入手,以《闺房记乐》篇为例讲述封建社会少有的美满夫妻生活,并从思想内容和艺术特色方面给予了此篇高度评价。张新科先生也赞同清代的自传体传记在前代基础上进行了创新,取得了一定的成就"尤其是沈复的《浮生六记》,以细腻而真挚的情感描绘自己和妻子陈芸的夫妻

---

① 吴志达《中国文言小说史》,齐鲁书社 1994 年版,第 722 页。
② 陈大康《明代小说史》,人民文学出版社 2007 年版,第 326~327 页。
③ 韩兆琦《中国传记文学史》,河北教育出版社 1992 年版,第 1~10 页。

生活,有欢乐,有痛苦,有悲伤,传主陈芸的可爱、可怜、可敬、可悲的形象颇受后人称赞"①王恒展先生在艺术传承方面指出《浮生六记》"继承了冒襄《影梅庵忆语》的艺术传统而又有所发展,最突出的便是采用了第一人称自传体的叙事模式"②。传记文学的研究起步稍晚,如今学界逐渐关注到了传记体小说,吴先生早在关注文言小说之时,便将传记体的小说也纳入其中,可以说是发蒙起蔽了。

　　吴先生以卓越的才识,深厚的学识,过人的胆识,梳理了整个中国文言小说史,让我们大致了解了中国文言小说的总体面目,但是臻而未善,纵观中国古代文言小说的发展历程,唐传奇确实是重中之重,或许也是由于此前吴先生出版过《唐人传奇》一书,对唐代文言小说的材料掌握得更全面,因此这部分的论述占全书比重较大。相较于此,关于明代文言小说,虽然吴先生也指出了其在文言小说史中的地位与影响,但是对这一时期具体作品的着墨并不多,例如嘉靖朝前后盛行的中篇传奇小说,多收录于《花影集》《国色天香》《花阵绮言》《绣谷春容》《万锦情林》等文言小说集中,吴先生却有所忽略,可能由于当时条件有限,大多数作品集还未经整理,因此未能著录其中。一部文言小说通史未必会尽善尽美,受当时客观原因的限制,不能臻其善美也是无可厚非的,其薄弱之处也正给后之学者以更大的拓展空间,如此来看吴志达先生这部《中国文言小说史》更有导夫先路之功。余读吴先生此书,想念其为人,于此作文,也是对吴先生的一种追忆。

---

① 张新科《中国古典传记文学的生命价值》,人民出版社 2012 年版,第 29 页。
② 王恒展《中国文言小说发展研究》,马瑞芳主编《中国古代小说发展研究丛书》,山东教育出版社 2015 年版,第417 页。

吴志达先生学术年表简编

黄肖肖 *

吴志达（1931—2020），浙江东阳人，武汉大学文学院教授，致力于中国文言小说与元明清文学研究。历任中国《水浒》《三国演义》《儒林外史》诸学会常务理事或理事，《水浒争鸣》副主编，湖北省《水浒》学会、《三国演义》学会副会长等，兼任中国明代文学学会顾问。吴志达先生在武汉大学从事教学科研工作六十余载，为武汉大学古代文学学科建设和人才培养工作做出了巨大贡献。

1931 年，出生

原名吴文星，1931 年 8 月出生于南京，原籍浙江东阳。

1952 年，21 岁

考入北京师范大学中文系。

1956 年，25 岁

7 月毕业于北京师范大学中文系，同年考取武汉大学古代文学专业研究生，研究方向为宋元明清文学史，师从程千帆教授。

1957 年，26 岁

首篇论文《王安石诗初探》发表于《文史哲》1957 年第 12 期。

自"大跃进"风起，劳动成了"文科的专业"，批判白专道路，集体编教材，师生打擂台。本想每年写两篇大道发表水平的学术论文，毕业论文能充实为专著出版，因运动冲击，根本无法按既定计划从事学术研究。①

1959 年，28 岁

毕业留校。

原分配到北大中文系任教，离校前夕，却突然被作为"右派"批判，然后下放劳动，再留中文系资料室工作以观后效。这使吴先生意外获得博览典籍的良机。一度奉系主任李健章之命，协助编写《宋元明清文学史》讲义，李健章"一字不改就印发了"，认为"业务上可用"，并经党组织正式宣布：不划为"右派"，暂不宜发表署名文章。②

---

　 *　黄肖肖，中国海洋大学文学与新闻传播学院硕士研究生，研究方向为中国古代小说、中国古代传记。
① 陈文新《吴志达先生的学术道路》，古代小说网。
② 陈文新《吴志达先生的学术道路》，古代小说网。

回忆起下放劳动,吴先生坦诚地说:"受到不公正待遇,在当时虽然不服气,但毕竟只是过眼云烟,何况人处逆境,只要自己不倒下,经受艰难困苦的磨练,不一定是坏事。"[1]在资料室工作,吴先生分管文学类的图书资料,得以阅读典籍、补习薄弱点,这段时间的学习于他来说是"终生受用"的。

1961 年,30 岁

"在严重饥荒,强调落实政策的背景下,始上讲坛任教。"[2]

1963 年,32 岁

在湖北省社联主办的学术年会上,作了题为《论〈牡丹亭〉的艺术特色》的报告,"论文铅字排印散发,两家学术刊物拟采用,被某'学术权威'说明原因而作罢。"[3]

1977 年,46 岁

应《长江文艺》编辑部之邀,撰写评论《李自成》的文章——《大起大落,波澜壮阔——评〈李自成〉的艺术结构》,以"钟平"为笔名,发表于《延河》杂志 1978 年第 2 期。

1978 年,47 岁

"根据中央文件精神,学校改正'反右扩大化'错误,撤销了共青团内对吴先生的处分。"[4]是年吴志达先生提升为讲师。

《关于元杂剧的几个问题》发表于《武汉大学学报》(哲学社会科学版)1978 年第 6 期。

《出于幻域,顿入人间——试析〈聊斋志异·梦狼〉的艺术特色》发表于《长江文艺》1978 年第 10 期。

1979 年,48 岁

《评金圣叹批改〈水浒〉的问题——兼与张国光同志商榷》发表于《江汉论坛》1979 年第 2 期。

1980 年,49 岁

《史传·志怪·传奇——唐人传奇溯源》发表于《武汉大学学报》(哲学社会科学版)1980 年第 1 期。

《论〈牡丹亭〉的浪漫主义特色》发表于《江汉论坛》1980 年第 3 期。

《纵横豪宕慷慨悲歌——读辛弃疾〈水龙吟·登建康赏心亭〉》发表于《长江文艺》1980 年第 8 期。

---

[1] 陈文新《"一年好景君须记,最是橙黄橘绿时"——吴志达教授访谈录》,《文艺研究》2007 年第 4 期。
[2] 陈文新《吴志达先生的学术道路》,古代小说网。
[3] 陈文新《吴志达先生的学术道路》,古代小说网。
[4] 陈文新《吴志达先生的学术道路》,古代小说网。

1981 年,50 岁

《现实主义在唐人传奇中的表现》发表于《武汉大学学报》(哲学社会科学版)1981 年第 2 期。

3 月,《唐人传奇》由上海古籍出版社出版,1983 年 1 月第 2 次印刷。

该书由吴先生 1979 年为研究生编写的《唐人传奇探说》讲义改写而成,获 1981 年度武汉大学科研成果二等奖。1983 年 9 月,中国台湾版由台北市木铎出版社出版;1994 年 6 月,韩国版由姜中卓翻译,韩国启明大学出版社出版。此外,在日本以及新加坡也有出版。

1982 年,51 岁

晋升副教授。

与陈文新合作《封建末世统治阶级的正统派人物——论谭孝移兼与贾政比较》,载于中州书画社编《歧路灯论丛(第一集)》,由中州书画社出版。

1983 年,52 岁

《〈水浒传〉的思想性及其存在的问题》发表于《水浒争鸣》(第二辑),由长江文艺出版社出版。

1984 年,53 岁

与李格非合作《落日余晖晚晴异彩——元明清文言小说初探》发表于《武汉大学学报》(社会科学版)1984 年 5 期。

与陈文新合作《关于〈歧路灯〉评价中的几个问题》,载于中州古籍出版社编《歧路灯论丛(第二集)》。

与李格非合编《元明清小说选》,由中州古籍出版社出版。

1985 年,54 岁

《沈祖棻评传》发表于《武汉大学学报》(社会科学版)1985 年第 4 期,获湖北省文学学会优秀论文奖。

1986 年,55 岁

《古小说探源》发表于《武汉大学学报》(人文科学版)1986 年第 6 期。

1987 年,56 岁

《从历史和美学的角度论宋江形象的塑造》发表于《水浒争鸣》(第五辑),获中国《水浒》学会优秀论文奖。

《龙宫仙府,曲尽人情:读〈柳毅传〉》发表于《古典文学知识》1987 年第 2 期。

与李格非合编《文言小说·先秦—南北朝卷》,由中州古籍出版社出版。

1988 年,57 岁

《从诸葛亮的谋略联想到海南的开发》发表于《海南大学学报》1988 年第 3 期。

《论明前期文学升降盛衰的原因》发表于《武汉大学学报》(社会科学版)1988 年第 5 期。

《推陈出新,情真意深——诸葛亮形象的再创造》载于《电视连续剧〈诸葛亮〉创评文集》,中国文联出版社 1988 年出版。

1989 年,58 岁

晋升为教授。因指导研究生工作成绩显著,获武汉大学首届优秀教学成果一等奖,被评为武汉大学优秀研究生指导教师。

1991 年,60 岁

《〈水浒传〉的艺术特色与民族风格》发表于《武汉大学学报》(社会科学版)1991 年第 6 期。

《明清文学史·明代卷》由武汉大学出版社出版。1991 年 12 月第 1 版,1994 年 3 月第 2 次印刷。获武汉大学优秀教材二等奖、湖北省人文社会科学奖三等奖。

1992 年,61 岁

开始享受国务院颁发的政府特殊津贴。

1993 年,62 岁

《关于中国文言小说史的几个问题》发表于《武汉大学学报》(社会科学版)1993 年第 3 期。

《刚柔兼济之美——〈三国演义〉中体现的最高美学境界》载于《〈三国演义〉与荆州》,中州古籍出版社 1993 年出版。

1994 年,63 岁

被聘为武汉大学校长教学工作顾问,连任三届。

《〈明清英雄传奇综论〉序》发表于《湛江师范学院学报》1994 年第 1 期。

《中国文言小说史》由齐鲁书社出版。

此书的总体构想是:"从纵向(时序)和横向(空间)的结合上,来考察文言小说发展的历程;在与白话小说的比较中,提出文言小说文体规范与审美取向的特质;对古小说的渊源、何时始有意为小说、宋明以后文言小说的变异、各体文学之间的互动作用等理论问题,以及文言小说的发展规律,作实事求是而有创意的探索。"

这是吴先生"倾十年之功"完成的专著,程千帆先生为其作序,对吴志达先生的学问以及人品给予了很高的评价。该书先后获得武汉大学第八届、湖北省政府 2001 年社科研究成果一等奖。①

1995 年,64 岁

《严谨求实自成体系——评陈文新〈中国传奇小说史话〉》发表于《社会科学研究》1995 年第 4 期。

1996 年,65 岁

点校《东周列国志》,由湖北人民出版社出版。

1997 年,66 岁

与李格非合编《唐五代传奇集》,由中州古籍出版社出版。

1998 年,67 岁

《魏晋南北朝志怪小说的审美特征——兼对是时"亦非有意为小说"质疑》,发表于《人文论丛》1998 年卷,由武汉大学出版社出版。

1999 年,68 岁

主编《元散曲新选》,由湖北人民出版社出版。2001 年由湖北教育出版社重印。

2000 年,69 岁

《一部拓宽创新的力作——评〈中国戏曲文化概论〉（修订本）》发表于《出版发行研究》2000 年第 5 期。

2002 年,71 岁

《野火春风话崛起——评吴代芳教授著〈世说新探〉》发表于《武汉大学学报》（人文科学版）2002 年第 6 期。

校注《水浒全传》（上、下册）,由岳麓书社出版。2007 年 2 月第 2 次印刷。

2003 年,72 岁

《两代大师的风范——刘永济、程千帆两先生的学术与人格》发表于《武汉大学学报》（人文科学版）2003 年第 6 期。

2005 年,74 岁

《编纂〈中华大典·明清文学分典〉的体会》发表于《武汉大学学报》（人文科学版）2005 年第 5 期。

《众志成城克雄关——写在中华大典·明清文学分典出版之际》发表于《长江学术》

---

① 陈文新《"一年好景君须记,最是橙黄橘绿时"——吴志达教授访谈录》,《文艺研究》2007 年第 4 期。

2005 年第 8 辑。

主持编纂《中华大典·文学典·明清文学分典》,由凤凰出版社出版。

1994 年,63 岁的吴志达先生在即将退休之际接到恩师程千帆先生的任务,即担任明清分典的主编,分典的任务是 1200 万字,要求在四五年内完成,尽管深知任务艰巨,"但这既是老师的嘱托与信任,又是国家赋予的使命,义不容辞。"①

这一重大文化工程由四代人组成的学术团队完成,稿酬低、任务重、难度大,但"凡是要干的事,就尽心竭力干好,既正视困难,又不怕困难,想方设法,全力以赴克服困难"②,在吴先生的这种指导思想下,"虽屡经艰辛,但这支老、中、青三代人自由组合的学术队伍,始终凝聚在为国家传统文化事业尽心竭力这一崇高目标之下,各尽其职,较圆满地完成了各自的任务。"③

《武汉大学学报》报道了该书面世的消息,并刊发题为《使命·责任·良心》的通讯,《人民日报》《光明日报》等报纸都作了新闻报道,《文学评论》《文艺研究》等学术性刊物,发表了《明清文学分典》出版座谈会暨学术研讨会的评论或综述。

2006 年,75 岁

参加中国·温州国际刘基文化学术研讨会,提交会议论文《刘基的品格、谋略与文章》,载于人民出版社 2008 年出版的《刘基与刘基文化研究》。

2008 年,77 岁

参加明代文学与科举文化国际学术研讨会,提交会议论文《封建专制统治与作家厄运》,载于中国社会科学出版社 2010 年出版的《明代文学与科举文化》;武汉大学出版社 2011 年出版的《明代文学与科举文化国际学术研讨会论文集》。

2009 年,78 岁

《〈红楼梦〉与宗教》序,发表于《长江学术》2009 年第 3 期。

《沈祖棻的生年及其他》发表于《武汉大学学报》(人文科学版)2009 年第 1 期。

2010 年,79 岁

《明代文学与文化》由武汉大学出版社出版。

这是吴先生在 79 岁高龄之际奉献给学术界的一部新作,"明代的文学与文化,五彩纷呈,绚丽多姿。题材、文体、表现手法多样化,既有刀光剑影、战火纷飞的场景,也有高人雅士的轻吟低唱和才子佳人的花前月下;有台阁重臣的歌舞升平,也有山林隐逸的洁身自好,或狂放不羁;有士人的文坛争斗,也有市井芸芸众生的风俗人情;有高亢昂扬之

---

① 陈文新《"一年好景君须记,最是橙黄橘绿时"——吴志达教授访谈录》,《文艺研究》2007 年第 4 期。
② 陈文新《"一年好景君须记,最是橙黄橘绿时"——吴志达教授访谈录》,《文艺研究》2007 年第 4 期。
③ 吴志达《编纂〈中华大典·明清文学分典〉的体会》,《武汉大学学报》2005 年第 5 期。

声,也有娱乐遣兴之音,不可偏废。"①吴志达先生没有孤立地谈文化,也没有简单地关注文学,而是将两者置于主从关系,从其章节标题就可以看出,如第一章"《三国演义》等历史小说与史文化"、第六章"明朝前期诗文的变迁与文化专制"等,从文学角度联系到文化的某个侧面,"既体现了文学的主体地位,又兼顾了文化的探讨,深入浅出地解释了文学在发展过程中的表现及其深层的形成机制"②,力求将明代文学与文化面貌真实地反映出来。

2011 年,80 岁

参加中国青田刘基文化研讨会,提交会议论文《重读刘基诗集》,载于延边大学出版社 2013 年出版的《刘基文化论丛 3》。

这是吴先生退休的第十五个年头,在这十五年间,他并未因退休而休,而是坚持学术研究,共计著述约一千五百万字,平均每年百万字,被学界誉为"退而不休"的教授。2011年 8 月,吴志达先生八十高寿之际,新华网刊文——"退而不休"教授:要补回被反"右"和"文革"耽误的 20 年;《湖北日报》刊文——"武大教授吴志达退而不休";《武汉晚报》刊文——"武大教授吴志达续写人生精彩华章";武汉大学新闻网刊文——吴志达:"退而不休"的教授等。

2012 年,81 岁

《大师的风范——刘永济先生的学术与人格》发表于《人文论丛》2012 年卷,由中国社会科学出版社出版。

2013 年,82 岁

《关于元代文学史的几个问题》发表于《武汉大学学报》(人文科学版)2013 年第 5 期。
《高明及其〈琵琶记〉》发表于《长江学术》2013 年第 3 期(程千帆著,吴志达修订)。
与程千帆合著《元代文学史》,由武汉大学出版社出版。

这部文学史的前身是程千帆先生 1957 年为武汉大学中文系三年级学生授课而编写的《元代文学史讲义》,1957 年夏全国掀起"反右运动",程千帆先生被打为"右派分子",讲义还没有印完便被迫中止。2011 年,八十岁高龄的吴先生开始修订该讲义,"既要尊重历史,保持程先生讲义的原貌,又要与时俱进,汲取新的史料和新的研究成果,推陈出新,力求做到让程先生在九泉之下感到满意。"③

2013 年该书得以出版,时隔 56 年,"他们的灵魂与精神,才情与博学,珠联璧合,共同造就了这部特殊的《元代文学史》。"④

---

① 吴志达《明代文学与文化》,武汉大学出版社 2010 年版,第 640 页。
② 顾瑞雪《明代文学发展进程的完整阐述——评〈明代文学与文化〉》,《武汉大学学报》2011 年第 2 期。
③ 陈文新《"一年好景君须记,最是橙黄橘绿时"——吴志达教授访谈录》,《文艺研究》2007 年第 4 期。
④ 欧阳祯人《论程千帆著,吴志达修订的〈元代文学史〉》,《武汉大学学报》2013 年第 5 期。

2015 年,84 岁

《重提旧案评"复古"——李梦阳、何景明复古理论与创作的高下得失》发表于《长江学术》2015 年第 2 期。

2016 年,85 岁

《不思量,自难忘——忆千帆老师的几件事》发表于《长江学术》2016 年第 1 期。

2020 年,89 岁

1 月 25 日,在武汉去世。

参考文献

[1] 吴志达. 中国文言小说史[M]. 济南:齐鲁书社,1994.

[2] 巩本栋. 程千帆沈祖棻学记[M]. 贵阳:贵州人民出版社,1997.

[4] 程千帆著,吴志达修订. 元代文学史[M]. 武汉:武汉大学出版社,2013.

[5] 陈文新. 吴志达先生《中国文言小说史》阅读手记[J].《明清小说研究》,1995(2).

征稿启事

《中国传统文化研究》是中国海洋大学中国传统文化研究中心主办的学术集刊,由中国海洋大学出版社出版。常设栏目有经学研究、思想史研究、齐鲁文化研究、古代各体文学与文化研究、民俗文化研究、海洋文化研究、医疗与文学研究、硕博论坛等,鼓励、支持前沿性专题研究和交叉研究。

一、基本要求

来稿字数不限,一般以1万~2万字为宜,最长不超过3万字;来稿文章应包含中文摘要,关键词,作者简介(姓名、性别、学位、职称及通讯地址、邮编、手机号码等);来稿正文五号宋体,注释采用页下注,标序使用①②③等依次排列,每页重新编号,页下注文字为小五号宋体,具体要求见后附"注释格式"。稿件出版后,敬奉薄酬,并寄样书2册。

二、注释格式

1. 关于专著

注明作者、书名、出版社、出版时间、页码,如:汤用彤《汉魏两晋南北朝佛教史》,中华书局1983年版,第341页。

2. 关于古籍

(1)一般古籍注明:朝代、作者、书名、卷数、篇名、出版社、出版时间、页码,如:(唐)姚思廉《梁书》卷五四《诸夷列传》,中华书局1973年版,第794页。

(2)现在尚未出版的古籍注明:朝代、作者、书名、卷数、篇名、出处、页码。如:(宋)罗泌《路史》卷三十云《国名记·杂国下》,上海古籍出版社1987年影印文渊阁《四库全书》,第383册,第405页。

(3)若古籍有著者、注释者,需要逐次注明,如:(梁)萧绎著,许逸民笺《金楼子校笺》,中华书局2011年版,第325页。

3. 关于译著

注明国别、作者、译者、书名、出版社、出版时间、页码,如:〔德〕黑格尔著,朱光潜译《美学》,商务印书馆1979年版,第130~135页。

4. 关于外文原著

注明作者,书名(斜体,主体词首位字母大写),出版地点及出版机构,出版时间,页码(英文采用Times New Roman字体)。如:G. E. Mingay, *A Social History of the English Countryside*, New York and London：Routledge Publish Press, 1990：92-93.

5. 关于中外文期刊论文

标明著者、文章名、期刊名、年期卷数、页码,如:①何龄修《读顾城〈南明史〉》,《中国史研究》1998年第3期,第69页。

②Heath B. Chamberlain, *On the Search for Civil Society in China*, Modern China, Vol. 19, No. 2 (April 1993)：199-215.

三、投稿邮箱

经学研究、齐鲁文化研究:mafanghm@163.com

思想史研究、海洋文化研究:hxj@ouc.edu.cn

中国古代诗文研究:juyan2011@126.com

中国古代小说、戏曲研究:qingdaoes@sina.com

民俗文化研究:zhuoxia2020@163.com

医疗与文学研究:775872661@qq.com

域外汉学研究:yuxun_ding@163.com

硕博论坛:3134579812@qq.com

与传统文化相关的其他文章,亦可寄到上述邮箱。本书将根据实际来稿情况,确定是否新增栏目。